尉庆国 韩文艳 苏铁熊／主编

汽车发动机构造及原理

第2版

人 民 邮 电 出 版 社
北 京

图书在版编目（CIP）数据

汽车发动机构造及原理 / 尉庆国，韩文艳，苏铁熊主编. -- 2版. -- 北京 : 人民邮电出版社，2024.1
工业和信息化精品系列教材
ISBN 978-7-115-60267-1

Ⅰ. ①汽… Ⅱ. ①尉… ②韩… ③苏… Ⅲ. ①汽车－发动机－构造－教材②汽车－发动机－理论－教材 Ⅳ. ①U464

中国版本图书馆CIP数据核字(2022)第191569号

内 容 提 要

本书第 1 版为工业和信息化部“十二五”规划教材，第 2 版在保持第 1 版主体结构不变的前提下，对内容进行了更新、补充与改进。本书通过对典型汽车发动机实例的分析，系统介绍了汽车发动机构造及工作原理。全书共 15 章，主要内容包括绪论、汽车发动机的工作原理及总体构造、汽车发动机曲柄连杆机构、汽车发动机换气系统与配气机构、汽车发动机燃料供给系统、汽车发动机冷却系统、汽车发动机润滑系统、汽车发动机点火系统、汽车发动机起动系统、汽车发动机燃料燃烧过程、汽车发动机排放净化装置、典型汽车发动机、新能源汽车发动机、汽车发动机制造工艺及汽车专业英语等。

本书注重理论联系实际，在每章开头引入相关图例，内容表达力求言简意赅、通俗易懂、知识性与趣味性并重。本书可作为本科院校、高职高专院校汽车工程类专业的教材，也可供相关专业的技术人员及汽车爱好者阅读参考。

◆ 主　　编　尉庆国　韩文艳　苏铁熊
责任编辑　王丽美
责任印制　王　郁　焦志炜

◆ 人民邮电出版社出版发行　　北京市丰台区成寿寺路 11 号
邮编　100164　　电子邮件　315@ptpress.com.cn
网址　https://www.ptpress.com.cn
三河市君旺印务有限公司印刷

◆ 开本：787×1092　1/16
印张：18.5　　2024 年 1 月第 2 版
字数：459 千字　　2024 年 1 月河北第 1 次印刷

定价：69.80 元

读者服务热线：(010)81055256　印装质量热线：(010)81055316
反盗版热线：(010)81055315
广告经营许可证：京东市监广登字 20170147 号

前言

本书是山西省精品课程“汽车构造”的建设成果之一，该课程课件曾获全国多媒体课件大赛二等奖，该课程教改获山西省教学成果奖一等奖。

本书是在人民邮电出版社 2015 年出版的《汽车发动机构造及原理》教材基础上修订而成的。考虑到距离原教材出版已经时隔多年，而汽车发动机技术日新月异，汽车排放限制日趋严格，新能源汽车技术发展如火如荼，原教材内容有些已显陈旧，需要更新。同时考虑到如今本科培养方案的调整，以及金课建设对知识饱满度、系统化的需求，原教材内容难以满足现在课程的需要，因此要对原教材进行修订。

本书贯彻党的二十大精神。本书对原教材中的汽车发动机换气系统与汽车发动机增压、汽油机燃料供给系统与柴油机燃料供给系统的内容进行了合并与简化，更新了近年来世界十佳和中国十佳发动机案例，更新了发动机排放限值及相应的减排措施，整合并完善了发动机燃烧室及燃烧过程的内容，补充了汽车发动机点火系统、汽车发动机起动系统、新能源汽车发动机、汽车发动机制造工艺等内容，更新了汽车专业英语知识，力争使教材紧跟汽车工业的发展，促进与世界的交流。

本书由中北大学尉庆国、韩文艳、苏铁熊任主编。其中，绪论由中北大学苏铁熊编写；第 1 章由中北大学尉庆国编写；第 2 章、第 3 章由中北大学韩文艳编写；第 4 章由山西晋中理工学院徐燕茹编写；第 5 章由中北大学李峰编写；第 6 章由中北大学王军编写；第 7 章、第 8 章由中北大学吕彩琴编写；第 9 章由北京工业大学杨富斌编写；第 10 章由山西工学院王志勋编写；第 11 章由中北大学罗佳编写；第 12 章由中北大学张志文编写；第 13 章由中北大学王吉昌编写；第 14 章由山西晋中理工学院王锋编写。

编者在编写本书的过程中，援引了相关技术资料，在此对所引资料的作者表示由衷的感谢。本书若有疏漏与不妥之处，敬请专家和读者批评指正。

编者

2023 年 2 月

目录

第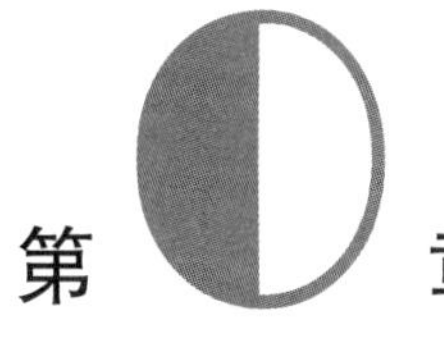章　绪　论

导入图例（见图 0-1）：奥托和狄塞尔的邮票。

内燃机是一种用途非常广泛的机器，它不仅可以驱动车辆和船只，还可以在工业的许多领域里使用，它是发明飞机必不可少的条件(到 1939 年第一架喷气式飞机飞上蓝天为止，所有的航空飞行器都是用奥托四冲程内燃机提供动力的)。但内燃机最重要的用途是驱动汽车。

图 0-1　奥托和狄塞尔的邮票

1876 年，奥托制造出世界上第一台实用的四冲程活塞式内燃机，在动力史上具有划时代的意义。在此之后不到十五年的时间里，有两位发明家——卡尔·本茨和戈特利布·戴姆勒各自都制造出实用且畅销的汽车。过去一个多世纪里制造出的数以亿万计的汽车中有 99%使用的都是四冲程内燃机。

1892 年，狄塞尔向全世界展示自己的成果——一台实用的柴油动力压燃式发动机，它使用的四冲程基本上与奥托冲程相似，但其着火方式为压缩燃烧。这种柴油发动机功率大，油耗低，可使用劣质燃油，显示出其辉煌的发展前景，在汽车、船舶等工业领域得到越来越广泛的应用。

导入图例（见图 0-2）：“中国心”年度十佳发动机评选品牌形象标识。

发动机是众多汽车技术中的一项核心技术，它不仅为汽车工业提供动力支持，还支撑起许多其他工业的发展。“中国心”年度十佳发动机评选活动由《汽车与运动》杂志社于 2006 年创办，是国内唯一的车用发动机评选活动，受到汽车行业和媒体圈的一致认可。作为世界三大知名发动机评选活动之一，该评选活动自创办以来，不仅见证了世界动力的发展、中国动力的成长、自主品牌发动机技术的进步，同时也不断为中国自主汽车发动机产业发展做出贡献。年度十佳发动机评选，可以促使更多国内的企业更加重视发动机技术的研究、开发、制造与产业化，掌握越来越多的自主核心技术，满足国内汽车工业对发动机技术的需求。

图 0-2　“中国心”年度十佳发动机评选品牌形象标识

0.1 汽车的定义及组成

1. 汽车的定义

通常人们所说的汽车一般指内燃机汽车。但从广义上讲，汽车应该包括蒸汽汽车、电动汽车、内燃机汽车。世界上最早出现的汽车是蒸汽汽车，其次是电动汽车。以内燃机作为动力源、装备齐全、性能较高的现代汽车才出现 100 多年，但其所表现出来的优良性能使得蒸汽汽车和蓄电池电动汽车被淘汰了。

我国国家标准《机动车运行安全技术条件》（GB 7258—2017）对汽车（Motor Vehicle）的定义为：由动力驱动、具有 4 个或 4 个以上车轮的非轨道承载的车辆，包括与电力线相连的车辆（如无轨电车）；主要用于：载运人员和/或货物（物品）；牵引载运货物（物品）的车辆或特殊用途的车辆；专项作业。本术语还包括以下由动力驱动、非轨道承载的三轮车辆：整车整备质量超过 400kg、不带驾驶室、用于载运货物的三轮车辆；整车整备质量超过 600kg、不带驾驶室、不具有载运货物结构或功能且设计和制造上最多乘坐 2 人（包括驾驶人）的三轮车辆；整车整备质量超过 600kg 的带驾驶室的三轮车辆。

美国汽车工程师学会标准 SAEJ687C 中对汽车的定义为：由本身动力驱动、装有驾驶装置、能在固定轨道以外的道路或地域上运送客货或起牵引作用的车辆。

日本工业标准 JISK0101 中对汽车的定义为：自身装有发动机和操纵装置、不依靠固定轨道和架线仍能在陆上行驶的车辆。

汽车的组成

2. 汽车的组成

无论如何定义，汽车的构造都基本一致，通常由发动机、底盘、车身、电气设备 4 个部分组成，如图 0-3 和图 0-4 所示。

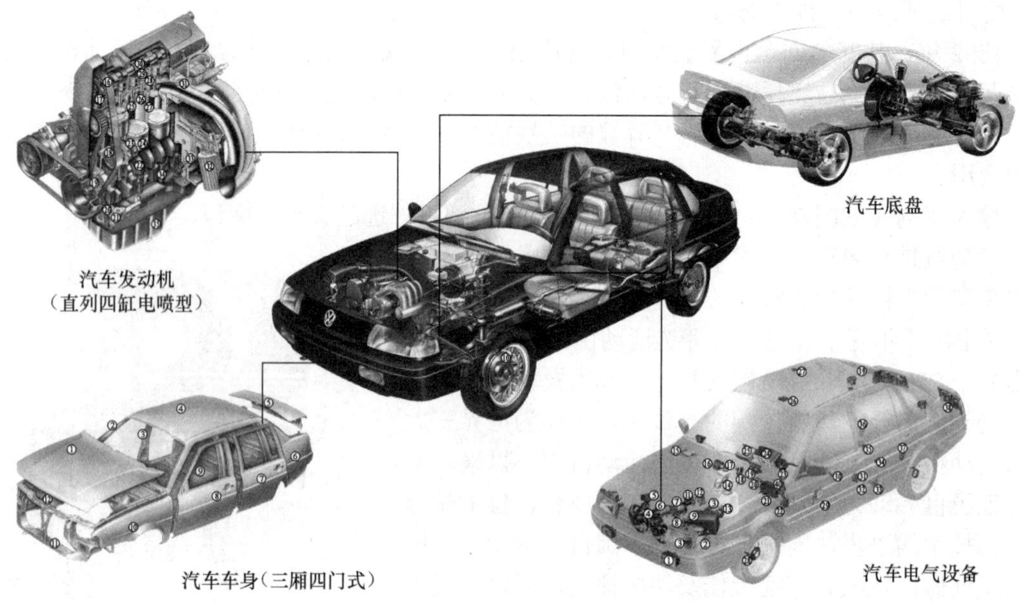

图 0-3　汽车的组成

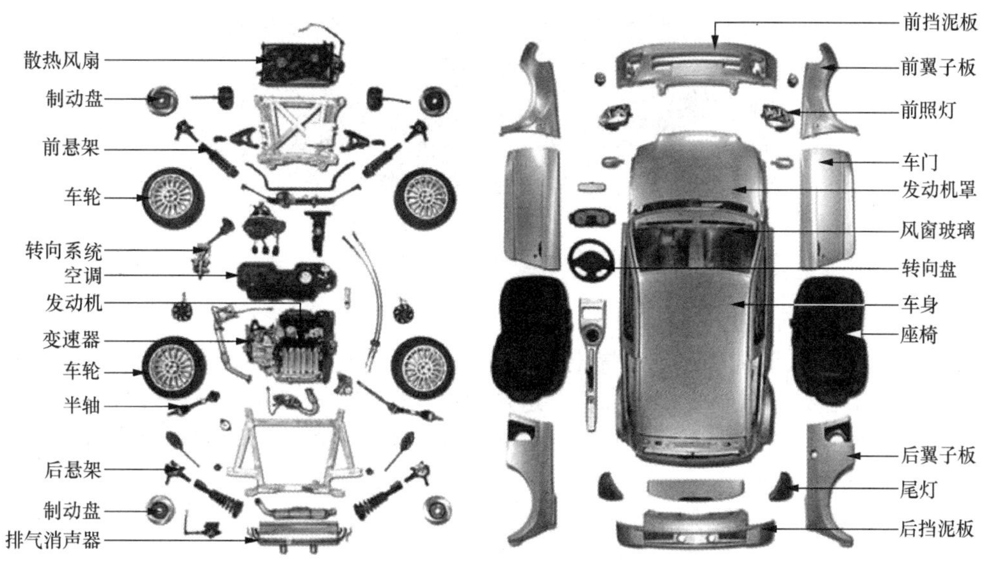

图 0-4 汽车的主要组成

（1）发动机是汽车的“心脏”。其作用是使燃料燃烧产生动力，然后通过底盘的传动系统驱动车轮使汽车行驶。发动机主要有汽油发动机和柴油发动机两种。汽油发动机（简称汽油机）由曲柄连杆机构、配气机构和燃料供给系统、冷却系统、润滑系统、点火系统、起动系统等组成。柴油发动机（简称柴油机）的点火方式为压燃式，所以无点火系统。

（2）底盘是汽车的“骨架”。其作用是支承、安装汽车发动机及其各部件、总成，形成汽车的整体造型，并接收发动机的动力，使汽车产生运动，保证汽车正常行驶。底盘由传动系统、行驶系统、转向系统和制动系统 4 个部分组成。

（3）车身是汽车的“皮肤”。车身安装在底盘上，供驾驶员、旅客乘坐或装载货物。轿车、客车的车身一般采用整体结构，货车车身一般由驾驶室和货箱两部分组成。

（4）电气设备是汽车的“神经系统”。电气设备由电源和用电设备两大部分组成。电源包括蓄电池和发电机。用电设备包括发动机的电子控制单元（Electronic Control Unit，ECU，简称电控单元）、传感器、执行器、发动机起动系统、汽油机的点火系统和其他用电装置。

0.2 汽车发动机发展简史

1. 蒸汽机

1769 年，法国炮兵工程师尼古拉斯·古诺把蒸汽机装在一辆木制三轮车上，制成了世界上第一辆依靠自身动力行驶的蒸汽动力无轨车辆（见图 0-5），准备用来牵引大炮。这辆车前部吊装了一个锅炉，锅炉产生的蒸汽推动气缸中的活塞以驱动前轮。这是车轮第一次借助人力或畜力以外的动力向任何方向行驶。在此之前，车轮只是一种被动型装置，用以减少车辆与地面之间的摩擦。古诺的机器将蒸汽机的动力通过齿轮传到车轮，使车轮变成实际推动车辆运行的工具，车轮的这种驱动作用正是今天火车、汽车行驶的基本原理。

蒸汽机是外燃机，燃料在气缸之外燃烧，热效率很低，并且蒸汽车辆庞大笨重，操纵不灵活，安全性差。

图 0-5　最早的机动车

2．往复活塞式内燃机

1809 年，法国人菲利普·勒本提出了以煤气为燃料的内燃机的工作循环原理。1860 年，法国技师埃铁米·列诺尔制成了煤气机，这是一种无压缩、电点火、使用煤气的内燃机。煤气机热效率较高并可成批生产，从此内燃机得以商品化。可是，列诺尔的煤气机没有压缩行程，热效率只有 3%～4%。

1876 年，德国人奥托制成了第一台四冲程往复活塞式内燃机（单缸、卧式，以煤气为燃料，采用火焰点火，功率大约为 2.21kW，转速为 180r/min，压缩比为 2.66）。在这台发动机（见图 0-6）上，奥托增加了飞轮，使运转平稳，加长了进气道又改进了气缸盖，使混合气充分形成。其热效率可达 12%～14%，相当于当时蒸汽机的 2 倍。奥托把 3 个关键的技术思想，即内燃、压缩燃气、四冲程融为一体，使这种内燃机具有效率高、体积小、质量轻和功率大等一系列优点。该项技术于 1877 年 8 月 4 日取得专利。在 1878 年巴黎世界博览会上，它被誉为“瓦特以来动力机方面最大的成就”。等容燃烧四冲程循环由奥托实现，也被称为奥托循环（见图 0-7 中的 1→2→3→4→1 循环），为现代内燃机发展奠定了四冲程工作循环（或称奥托循环）的理论基础。

图 0-6　第一台四冲程往复活塞式内燃机

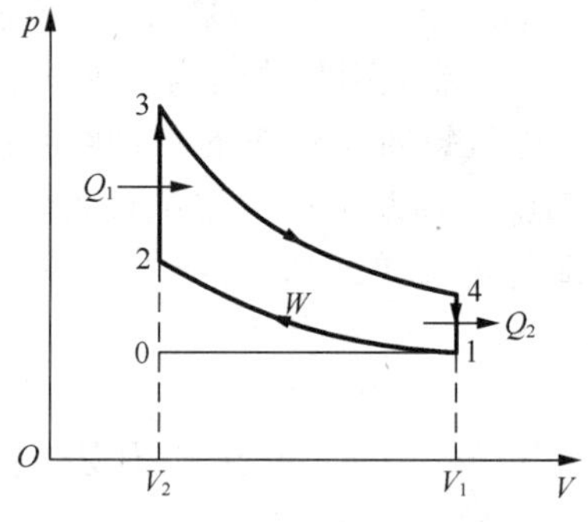

图 0-7　奥托循环 p-V 图

1864 年，奥托和蓝根合伙创建了世界上第一家发动机生产厂，也就是今天德国道依茨（DEUTZ）股份公司的前身，世界上第一家内燃机生产厂诞生。1998 年，中德合资潍坊潍柴道依茨柴油机有限公司由潍坊柴油机厂与德国道依茨股份公司合资组建。2007 年，道依茨一汽（大连）柴油机有限公司成立。

1879 年 12 月 31 日，德国工程师卡尔·本茨制造出第一台单缸煤气发动机（转速为 200r/min，功率约为 0.7kW）；几年后，他研制出单缸汽油发动机，并将其安装在自己设计的三轮车架上，设计制造了一辆三轮汽车（见图 0-8），这部车以“奔驰 1 号”而闻名于世。1886 年 1 月 29 日，他取得了世界上第一个“汽车制造专利权”。

1886 年，德国工程师哥特里布·戴姆勒购买了一辆美国制造的四轮大马车。在迈巴赫的帮助下，他在该马车的前轮上安装了转向装置，后轮上安装了驱动装置，把世界上第一台立式发动机（见图 0-9）安装在车身的中部，世界上第一辆四轮汽车就这样诞生了（见图 0-10）。该汽车的发动机为汽油机，化油器式、电点火，质量为 60kg，功率约为 0.368kW（约 0.5 马力），转速达到了当时创纪录的 750r/min。

图 0-8 本茨设计制造的三轮汽车

图 0-9 世界上第一台立式发动机

图 0-10 世界上第一辆四轮汽车

1892 年，德国工程师鲁道夫·狄塞尔获得柴油发动机发明专利。他受面粉厂粉尘爆炸原理的启发，设想将吸入气缸的空气高度压缩，使其温度超过燃料的自燃温度，再用高压空气将燃料吹入气缸，使之燃烧。他于 1897 年制成了第一台具有实用价值的高压缩型自动点火内燃机，即压燃式柴油机。其气缸直径为 15cm，活塞冲程为 40cm。它加长了燃烧过程前的压缩过程，这是内燃机技术的第二次突破。曼（MAN）公司制造出了世界上第一台柴油机的原型机（见图 0-11），并取名“狄塞尔”发动机。1936 年，奔驰公司制造出了第一台装有狄塞尔发动机的轿车。但一直到 1950 年左右，柴油机才得以广泛应用。

图 0-11 世界上第一台柴油机的原型机

3. 转子发动机

1957 年，德国人汪克尔发明了转子发动机（见图 0-12），这是汽油发动机发展的一个重要分支。发动机一般是往复活塞式发动机，工作时活塞在气缸里做往复直线运动，为了把活塞的直线运动转化为旋转运动，必须使用曲柄连杆机构。转子发动机则不同，它直接将可燃混合气的燃烧膨胀力转化为驱动扭矩。与往复活塞式发动机相比，转子发动机取消了无用的直线运动，无曲轴连杆和配气机构，它的零件数比往复活塞式汽油发动机少 40%，质量轻、体积小、转速高、功率大。

图 0-12 汪克尔发明的转子发动机

1967 年，日本东洋公司（马自达公司的前身）和汪克尔公司签订协议，取得转子发动机生产权利。从汪克尔公司引进转子发动机后，日本东洋公司就进行了技术改进和研究，成为世界上唯一研发和生产转子发动机的汽车公司，并成功研制了电子控制 6 进气口的转子发动机。这种发动机采用微机控制发动机的负载状态，自动调整怠速装置和废气再循环装置，使发动机工作平稳，从而降低油耗，减少废气的排出。

4．汽油机关键技术

罗伯特·博世（见图 0-13），德国企业家、工业时代的先驱者之一、罗伯特·博世股份有限公司（简称博世公司）的创始人。他创办了“精密机械和电气工程车间”，专业生产内燃机的点火系统（这一技术在当时曾被奔驰汽车公司的创始人卡尔·本茨称为“难题中的难题”），并注册了他最成功的专利之一——高压电磁点火系统。这项发明成为博世事业发展的里程碑，其图形（点火线圈）也成为博世公司的标志之一（见图 0-14）。1973 年，博世公司开发了 L 型电子控制汽油喷射装置，它以进气管内的空气流量作为参数，可以直接按照进气流量与发动机转速的关系确定进气量，据此喷射出相应量的汽油。这种装置由于设计合理、工作可靠，被欧洲和日本等的汽车制造公司广泛采用，是现代电子控制汽油喷射装置的雏形。

图 0-13 罗伯特·博世

图 0-14 博世公司的标志

电子控制燃油喷射系统的最大优点就是燃油供给控制精确，让发动机在任何状态下都能有正确的空燃比，不仅让发动机运转顺畅，其废气也能符合环保法规的要求。然而，电喷供油系统并不是最科学的。由于内燃机构造的限制，电喷喷嘴安装在气门旁，只有在气门打开时才能完成油气喷射，因此喷射会受开合周期的影响，产生延迟，因而影响计算机对喷射时间的控制。

欧美厂商意识到电喷技术的研发已经进入瓶颈期，于是缸内直喷技术成为各大厂商的主攻方向。目前市场上备受关注的缸内直喷发动机包括：别克 SIDI 智能直喷发动机（见图 0-15）、奥迪 FSI 缸内直喷发动机（见图 0-16）等。

确定发动机的工作方式和喷油方式之后，发动机的进化并没有停止，在发动机技术的完善上，一代代的“汽车人”在做着不懈的努力。有些完善甚至都没办法记录。很显然，现在的发动机运转更加平顺了，抖动也不是那么激烈了，燃油经济性更好了，动力更足了。而这些都依赖新技术的运用。为了改善进气，有了本田的可变气门正时及升程电子控制（Variable Valve Timing and Lift Electronic Control，VTEC）系统、丰田的智能可变气门正时（Variable Valve Timing and Lift with intelligence，VVT-i）系统、现代的连续可变气门正时（Continue Variable Valve Timing，CVVT）系统、通用的进排气可变气门正时（Dual Variable Valve Timing，DVVT）系统等；为了获得更好的空燃比，有了大众的涡轮增压燃料分层喷射（Turbocharger Fuel Stratified Injection，TFSI）技术、可变进气系统（Variable Intake System，VIS）、涡轮增压中冷技术等；为了使环境污染更小，在排气管里增加了氧传感器、三元催化转化器，并应用了废气再循环技术等。

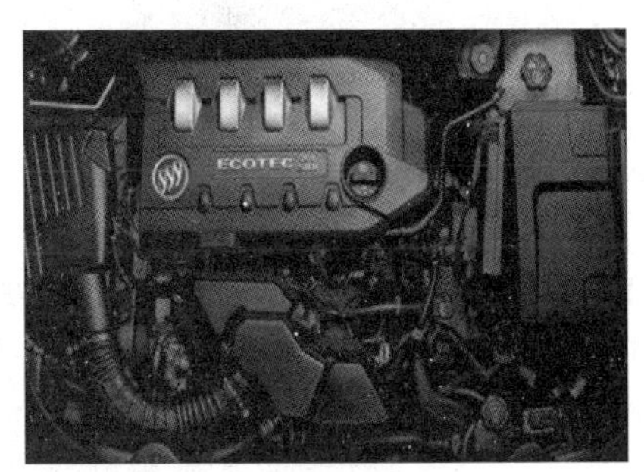

图 0-15　别克 SIDI 智能直喷发动机

图 0-16　奥迪 FSI 缸内直喷发动机

目前，由于环境污染问题，对汽车尾气排放的要求也越来越高，陈旧的发动机技术被淘汰已成必然，更多充分利用能源的技术也在不停研发中。同时，由于全球能源危机的巨大影响，更加节能的新能源技术必将在发动机技术的发展过程中书写重重的一笔。

5. 国产发动机技术

2005 年，中国第一个发动机品牌——奇瑞 ACTECO（见图 0-17）诞生。ACTECO 共有 3 层含义。

第一层含义是该发动机的技术血统。开头的字母 A 指代奥地利（Austria）的 AVL 公司——欧洲顶级发动机制造商，也表示了其在中国的诞生地安徽（Anhui），第二个字母 C 表示中国（China）的奇瑞（Chery）公司，最后两个字母 CO 是英文单词 Cooperation（合作）的缩写。即表达了该发动机是奥地利的 AVL 公司和位于中国安徽的奇瑞公司合作的技术结晶。

第二层含义是指产品的设计理念与性能。中间 3 个字母 TEC 是英文单词 Technology（技术）的前 3 个字母，最后 3 个字母 ECO 既代表经济性（Economic），又表示生态环保（Ecological），最后两个字母 CO 也是英文单词 Cost（成本）的缩写。即表示该发动机将有利于降低使用的经济成本（低油耗）和社会成本（低排放）。

第三层含义集中在第一个字母 A，表达了奇瑞公司的创业理念：在汽车行业勇争第一（A）。前 3 个字母 ACT（行动）也是奇瑞对于中国人发展自己的汽车产业的鲜明态度：不管外界如何争论，用自己的行动来证明一切。

ACTECO 的发动机品牌可分为 ACTECO-G（汽油机）和 ACTECO-D（柴油机）两个系列的产品，并根据排量大小再具体分为 G1（排量为 1.6～4.0L）、G2（排量为 0.8～1.3L）和 D1（排量为 1.3～2.9L）、D2（排量为 1.0L 以下）。

2006 年 8 月 8 日，吉利自主研发的我国首款 CVVT 发动机（见图 0-18）——JL4G18 在吉利宁波基地正式投产，这是吉利在汽车核心零部件研发方面一个新的里程碑，也标志着我国汽车核心零部件研发已经与世界接轨。吉利创造了 4 个“第一”，即“吉利首台高性能发动机”“我国首次采用目前世界最先进的 CVVT 发动机技术研发的发动机”“首台国产全铝缸体发动机”“我国首次采用塑料进气歧管”。

图 0-17　奇瑞 ACTECO 发动机

图 0-18　我国首款 CVVT 发动机 JL4G18

2011 年，国内车企中首个全新动力品牌战略长安“BLUE CORE”正式发布（见图 0-19）。“BLUE CORE”动力品牌战略涵盖长安汽车自主研发的 TEi、i-GDI、TC 等动力提升技术和 CVT、IMT、DCT、D-CVVT 等先进变速器技术。长安汽车将依托“BLUE CORE”，不断推出使用集成涡轮增压、汽油缸内直喷、稀薄燃烧、双离合变速器和轻量化等高效节能技术的一系列发动机和汽车产品；采用插电式、氢燃料电池等混合动力系统助力传统内燃机，以进一步提升车辆动力系统在日常使用中的工作效率；并发展锂电池、燃料电池等电动汽车技术，以及清洁再生能源的应用，最终实现或接近零排放，维护地球的可持续发展。

图 0-19　长安“BLUE CORE”系列发动机

6．世界发动机技术

大众、奔驰等国际汽车公司推出了“BLUE MOTION”“BLUE EFFICIENCY”等相关的动力技术路线。

“BLUE MOTION”（见图 0-20），意为蓝驱。大众汽车以“蓝驱”命名表示该技术项目致力于降低汽车的油耗与排放。“蓝”(Blue)是大众汽车车标的颜色，象征水和空气，“驱”(Motion)则代表未来不断发展的汽车技术。“蓝驱”体现在汽车产品上时，则是代表车辆最具燃油效率同时不断求新的标记。蓝驱技术以大众汽车已经广泛应用于量产车型的动力总成技术（TSI、TDI、DSG）为基础，进一步结合了众多创新科技，如起动停车、制动能量回收、选择性催化还原转化器、混合动力、环保燃料（EcoFuel）、双燃料（BiFuel）、多燃料（MultiFuel）以及电力驱动等，使应用了蓝驱技术系列的大众汽车车型都更加省油、更加环保。

“BLUE EFFICIENCY”（见图 0-21），意为蓝色效能。这并非表示一项技术，而是一系列环保技术的统称，包括优化内燃机、通过混合动力技术提高燃烧效率、通过蓄电池和燃料电池汽车实现零排放行驶等。

图 0-20　大众“BLUE MOTION”

图 0-21　奔驰“BLUE EFFICIENCY”

0.3 汽车与活塞式内燃机的编号规则

0.3.1 汽车产品型号编号规则

国产汽车型号应能表明其厂牌、类型和主要特征参数等。型号由拼音字母和阿拉伯数字组成，包括首部、中部和尾部 3 个部分。

首部——由 2 个或 3 个拼音字母组成，是识别企业名称的代号。如：CA 代表第一汽车制造厂，现被中国第一汽车集团有限公司（简称中国一汽）沿用；EQ 代表第二汽车制造厂（简称二汽），现被东风汽车集团有限公司沿用（见图 0-22）；SC 代表长安机器厂，现被重庆长安汽车股份有限公司（简称长安汽车）沿用；BJ 代表北京汽车制造厂，现被北京汽车集团有限公司沿用等。2003 年，比亚迪收购西安秦川汽车有限责任公司（现比亚迪汽车有限公司），进入汽车制造与销售领域，2003 年至 2023 年期间比亚迪汽车企业名称代号还使用西安秦川汽车有限责任公司的 QCJ（见图 0-23）。

图 0-22 东风 EQ3208

图 0-23 比亚迪 QCJ7161A4

中部——由 4 位阿拉伯数字组成，分为首位数字、中间两位数字和末位数字 3 个部分，其含义详见表 0-1。

表 0-1 汽车型号中部 4 位阿拉伯数字的含义

<table>
<tr><th>首位数字的含义</th><th>中间两位数字的含义</th><th>末位数字的含义</th></tr>
<tr><td>1 表示载货汽车</td><td rowspan="5">数字表示汽车的总质量（t）</td><td rowspan="9">表示企业自定序号</td></tr>
<tr><td>2 表示越野汽车</td></tr>
<tr><td>3 表示自卸汽车</td></tr>
<tr><td>4 表示牵引汽车</td></tr>
<tr><td>5 表示专用汽车</td></tr>
<tr><td>6 表示客车</td><td>数字×0.1m 表示汽车的总长度</td></tr>
<tr><td>7 表示轿车</td><td>数字×0.1L 表示发动机的工作容积</td></tr>
<tr><td>8（暂缺）</td><td>—</td></tr>
<tr><td>9 表示半挂车或专用半挂车</td><td>数字表示汽车的总质量（t）</td></tr>
</table>

尾部——位于产品型号的最后，同一种汽车结构略有变化而需要加以区别时（例如汽油、柴油发动机，长、短轴距，单、双排座驾驶室，平、凸头驾驶室，左、右置转向盘等），可用汉语拼音字母和阿拉伯数字表示，位数也由企业自定。基本型汽车的编号一般没有尾部，其变型车（例如采用不同的发动机、加长轴距、双排座驾驶室等）为了与基本型区别开来，常在尾部加 A、B、C 等企业自定代号。

如：CA7226L 代表第一汽车制造厂生产的轿车，发动机的工作容积为 2.2L，序号 6 表示 5 缸发动机的车型，尾部字母 L 表示加长型；QCJ6480（比亚迪 M6）代表比亚迪生产的客车，车长为 4.8m。

0.3.2 汽车的分类

汽车的分类方法有很多，根据国家标准《汽车、挂车及汽车列车的术语和定义 第 1 部分：类型》（GB/T 3730.1—2022）和我国汽车工业的发展状况，可按照能源类型和用途对汽车进行分类。

1．按照能源类型分类

汽车按其所使用的能源类型不同可分为汽油车（Gasoline Vehicle）、柴油车（Diesel Vehicle）、气体燃料汽车（Gaseous Fuel Vehicle）、甲醇燃料汽车（Methanol Fuel Vehicle）、单燃料汽车（Mono-fuel Vehicle）、双燃料汽车（Dual-fuel Vehicle）、两用燃料汽车（Bi-fuel Vehicle）、纯电动汽车（Battery Electric Vehicle）、混合动力电动汽车（Hybrid Electric Vehicle）、燃料电池电动汽车（Fuel Cell Electric Vehicle）10 种类型。部分类型汽车如图 0-24～图 0-27 所示。

图 0-24 奔驰 EQC 纯电动汽车透视图

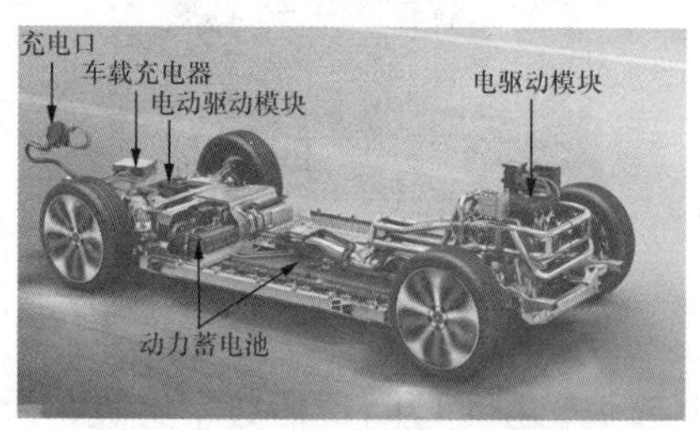

图 0-25 奔驰 EQC 纯电动汽车底盘结构

图 0-26 奔驰 Mirai 氢燃料电池汽车透视图

图 0-27 奔驰 Mirai 氢燃料电池汽车底盘结构

2．按照用途分类

汽车按用途的不同可分为乘用车和商用车。

乘用车（见图 0-28）是指在其设计和技术特性上主要用于载运乘客及其随身行李和/或临时物品的汽车，包括驾驶人座位在内最多不超过 9 个座位。它也可以牵引一辆挂车。

图 0-28 比亚迪系列乘用车

商用车（见图 0-29）是指在设计和技术特性上用于运送人员和货物的汽车，并且可以牵引挂车（乘用车不包括在内）。

图 0-29　沃尔沃系列商用车

乘用车和商用车又可根据其使用特性进行详细分类，见表 0-2。

表 0-2　　乘用车和商用车的详细分类

分类			说明				
			车身	车顶	座位数/个	侧车门数/个	侧车窗数/个
乘用车	普通乘用车		封闭	硬顶	≥4	2 或 4	≥2
	活顶乘用车		可开启	硬顶或软顶	≥4	2 或 4	≥4
	高级乘用车		封闭	硬顶	≥4	4 或 6	≥6
	双门小轿车		封闭	硬顶	≥2	2	≥2
	敞篷车		可开启	硬顶或软顶	≥2	2 或 4	≥2
	仓背乘用车		封闭	硬顶	≥4	2 或 4	≥2
	旅行车		封闭	硬顶	≥4	2 或 4	≥4
	多用途乘用车		座位数超过 7 个，多用途				
	短头乘用车		短头				
	越野乘用车		可在非道路上行驶				
	专用乘用车		专门用途（旅居车、防弹车、救护车、殡仪车等）				
商用车	客车	轻型客车	载客，≤18 座（除驾驶人座）				
		城市客车	城市公共汽车				
		长途客车	未设置乘客站立区的客车				
		旅游客车	载运游客的客车				
		铰接客车	由两节或三节刚性车厢铰接组成的客车				
		无轨电车	利用架线由电力驱动的客车				
		越野客车	可在非道路上行驶的客车				
		专用客车	专门用途的客车				
	半挂牵引车		用于牵引半挂车的商用车				
	货车	普通货车	敞开或封闭的货车				
		多用途货车	可运载 3 人以上的货车				
		牵引货车	牵引牵杆式挂车的货车				
		越野货车	可在非道路上行驶的货车				
		专用货车	运输特殊物品的货车（罐式车、乘用车运输车、集装箱运输车等)				

注：表中的前 6 种乘用车俗称轿车。

0.3.3 活塞式内燃机的名称与编号

活塞式内燃机均按所使用的主要燃料命名，如汽油机、柴油机、煤气机等。内燃机型号由阿拉伯数字和汉语拼音字母组成，主要包括以下4个部分。

第一部分：制造商代号或系列符号，由制造商根据需要自选相应的字母，但需主管部门核准。

第二部分：由缸数符号、气缸布置形式符号、冲程形式符号和缸径或缸径/行程等组成。

第三部分：用途特征符号，以字母表示。

第四部分：区分符号。同一系列产品因改进等原因需要加以区分时，由制造商选用适当的符号来表示。

为了便于内燃机的生产管理和使用，国家标准《内燃机产品名称和型号编制规则》（GB/T 725—2008）中对内燃机的名称和型号做了如图0-30所示的统一规定。

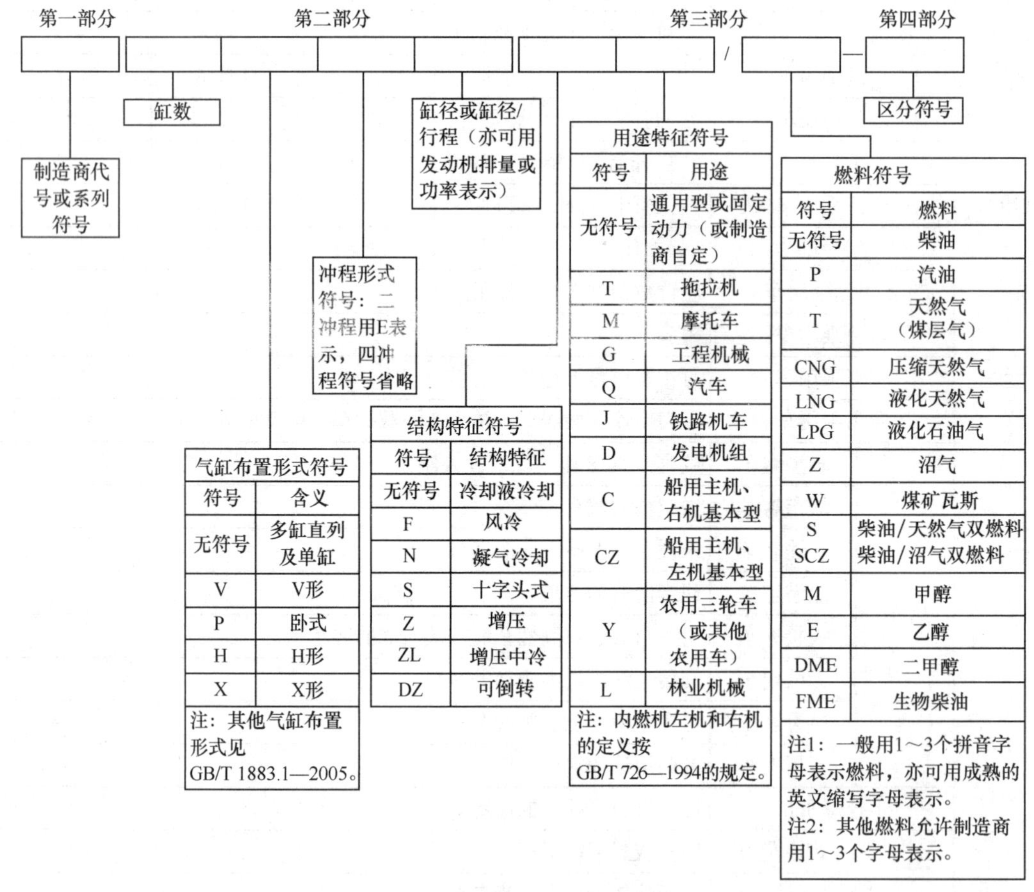

图0-30 内燃机的名称和型号规定

下面以长安汽车JL474Q发动机（见图0-31）为例讲解活塞式内燃机的型号编制。

JL：表示制造商为江陵机器厂。现在的重庆长安汽车股份有限公司是由以前的江陵机器厂和长安机器厂联合组建而成的，长安商用车车标包含字母C、A、J、L（见图0-32）。长安汽车沿用了江陵机器厂的代号 JL。

474Q：第一个“4”，表示该发动机是 4 缸发动机；“74”表示该发动机的缸径为 74mm；“Q”表示该发动机属于汽车用发动机。

图 0-31 JL474Q 发动机

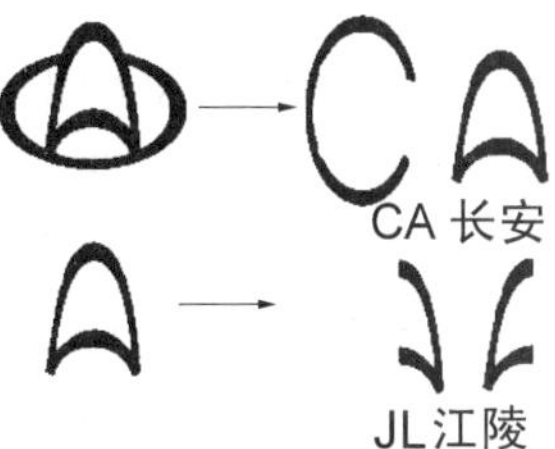

图 0-32 长安商用车车标

0.4 车辆识别代号

车辆识别代号（Vehicle Identification Number，VIN）由 17 位字符组成，也称 17 位码。正确解读车辆识别代号，对于正确识别车型，并进行正确诊断和维修都是十分重要的。

车辆识别代号由 3 个部分组成：世界制造厂识别（World Manufacturer Identifier，WMI）代号、车辆说明部分（Vehicle Descriptive Section，VDS）、车辆指示部分（Vehicle Indicator Section，VIS）。

第一部分“世界制造厂识别代号”，用 3 位字码来表示车辆的制造厂、品牌和类型。例如，LSV 表示上汽大众汽车有限公司（简称上汽大众）（见图 0-33）；LFP 表示中国第一汽车集团有限公司；LVV 表示奇瑞汽车股份有限公司；LS5 表示重庆长安汽车股份有限公司等。

图 0-33 上汽大众车辆识别代号

第二部分“车辆说明部分”，是提示车辆一般特征的资料，用 6 位字码代表车辆的形式、系列、车身类型、发动机类型、检验位等，用粗线勾画出该车辆的模型。

第三部分“车辆指示部分”，是车辆制造厂为区别不同车辆而指定的一组 8 位字码，包括出产年份、装配厂和产品顺序号等。这组字码与车辆说明部分连在一起足以保证每个车辆制造厂在 30 年之内生产的每辆车的车辆识别代号具有唯一性，绝不会重复。

小 结

通过本章学习重点掌握汽车的定义与组成、内燃机的优点及四冲程工作循环、汽车与活塞式内燃机的型号编制规则、车辆识别代号的组成部分。

1. 世界各国对汽车的定义不尽相同，但无论如何定义，汽车的构造都基本一致，通常由发动机、底盘、车身和电气设备 4 个部分组成。

2. 现代汽车常用的发动机为四冲程往复活塞式内燃机，其采用的四冲程工作循环称为奥托循环。奥托把 3 个关键的技术思想：内燃、压缩燃气、四冲程融为一体，使这种内燃机具有效率高、体积小、质量轻和功率大等一系列优点。

3．国产汽车型号应能表明其厂牌、类型和主要特征参数等。其型号由拼音字母和阿拉伯数字组成，包括首部、中部和尾部 3 个部分。活塞式内燃机均按所使用的主要燃料命名，如汽油机、柴油机、煤气机等。其型号由阿拉伯数字和汉语拼音字母组成，主要包括首部、中部、后部和尾部 4 个部分。

4．车辆识别代号（VIN）由 17 位字符组成，俗称 17 位码。正确解读车辆识别代号，对于正确识别车型，并进行正确诊断和维修都是十分重要的。车辆识别代号由世界制造厂识别（WMI）代号、车辆说明部分（VDS）和车辆指示部分（VIS）3 个部分组成。

思 考 题

1．谈一谈学好这门课程的意义。

2．你准备如何学习这门课程？

3．简述汽车发动机发展史。

4．YZ6102Q、EQ6100-1 发动机型号分别表示什么意思？

第 1 章 汽车发动机的工作原理及总体构造

导入图例（见图 1-1）：2022 年 1 月 8 日，潍柴动力股份有限公司全球首款本体热效率 51.09%的柴油机对外发布。热效率是衡量内燃机燃油利用效率的参数，热效率越高，燃油消耗越少，节能减排的效果越显著，这是体现一个国家柴油机技术综合实力的标志。热效率提升也是柴油机诞生 100 多年来全球行业的共同追求。

图 1-1　全球首款本体热效率 51.09%的柴油机

1.1　汽车发动机的定义及分类

1. 汽车发动机的定义

汽车发动机主要是内燃机。内燃机（Internal Combustion Engine）是指将液体或气体燃料与空气混合后，直接输入气缸内部的高压燃烧室（Combustion Chamber）燃烧，产生热能再转化为机械能的一种热力发动机。内燃机具有体积小、质量轻、便于移动、热效率高、起动性能好的特点。但是，内燃机一般使用化石燃料，排出的废气中含有害气体。

往复活塞式内燃机、旋转活塞式内燃机和燃气轮机等都是内燃机。往复活塞式内燃机（见图 1-2）在汽车上应用最为广泛。

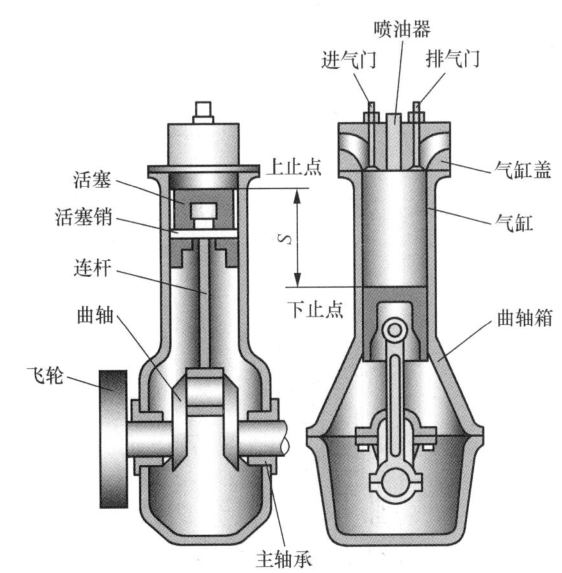

图 1-2　往复活塞式内燃机结构示意

2. 汽车发动机的分类

汽车发动机（主要是指往复活塞式内燃机）可按照不同方式进行分类。

（1）按照缸内着火方式的不同，发动机可分为点燃式发动机和压燃式发动机。

（2）按照所使用燃料的不同，发动机可分为汽油机（Gasoline Engine）和柴油机（Diesel Engine）。使用汽油为燃料的内燃机称为汽油机；使用柴油为燃料的内燃机称为柴油机。汽油

汽车发动机的分类

机与柴油机各有特点：汽油机转速高，质量小，噪声小，起动容易，制造成本低；柴油机压缩比大，热效率高，经济性能和排放性能都比汽油机好。

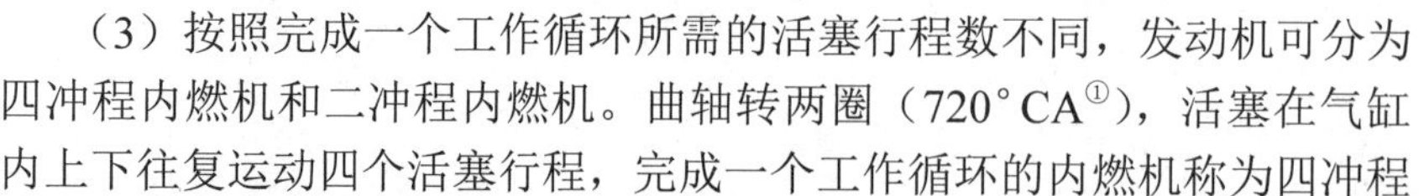

（3）按照完成一个工作循环所需的活塞行程数不同，发动机可分为四冲程内燃机和二冲程内燃机。曲轴转两圈（720° CA①），活塞在气缸内上下往复运动四个活塞行程，完成一个工作循环的内燃机称为四冲程内燃机；而曲轴转一圈（360° CA），活塞在气缸内上下往复运动两个活塞行程，完成一个工作循环的内燃机称为二冲程内燃机。汽车发动机广泛使用四冲程内燃机。

（4）按照冷却方式的不同，发动机可分为水冷发动机和风冷发动机。水冷发动机是利用在气缸体和气缸盖冷却液套中进行循环的冷却液作为冷却介质进行冷却的；而风冷发动机是利用流动于气缸体与气缸盖外表面散热片之间的空气作为冷却介质进行冷却的。水冷发动机冷却均匀，工作可靠，冷却效果好，被广泛应用于汽车中。

（5）按照气缸数目的不同，发动机可分为单缸发动机和多缸发动机。仅有一个气缸的发动机称为单缸发动机；有两个以上气缸的发动机称为多缸发动机，如双缸发动机、三缸发动机、四缸发动机、五缸发动机、六缸发动机、八缸发动机、十二缸发动机等都是多缸发动机。现代车用发动机多采用四缸发动机、六缸发动机、八缸发动机。

（6）按照气缸排列形式的不同，发动机可分为单列式发动机和双列式发动机。单列式发动机的各个气缸排成一列，一般是垂直布置的，但为了降低高度，有时也把气缸布置成倾斜的甚至水平的；双列式发动机把气缸排成两列，两列之间的夹角小于 180°（一般为 90°），称为 V 形发动机，若两列之间的夹角为 180°，称为对置式发动机。

（7）按照进气系统是否采用增压方式，发动机可分为自然吸气（非增压）式发动机和强制进气（增压）式发动机。汽油机常采用自然吸气式；柴油机为了提高功率，常采用增压式。

为了叙述方便并考虑人们的习惯，本书如不特别声明，则将水冷四冲程往复活塞式内燃机简称为发动机。

1.2 汽车发动机的基本术语

汽车发动机基本术语的图形表达如图 1-3 所示。

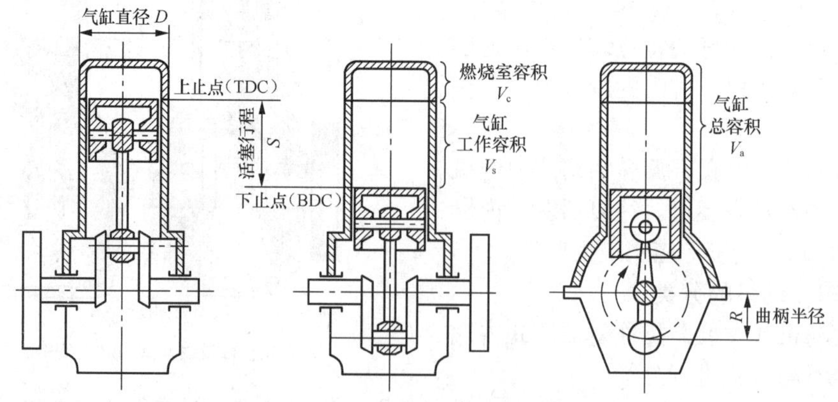

图 1-3 汽车发动机基本术语的图形表达

① °CA 为曲轴转角计量单位，1°CA 表示曲轴转动 360°中的 1°，一般以活塞到达上止点时为 0°CA。

1. 工作循环

工作循环（Working Cycle）包括进气、压缩、做功和排气 4 个过程，即每完成一次进气、压缩、做功和排气过程，叫作一个工作循环。周而复始地进行这些过程，发动机才能持续做功。

汽车发动机的常用术语

2. 上止点和下止点

活塞在气缸里做往复直线运动时，其向上运动到达的最高位置，即活塞顶部距离曲轴旋转中心最远的极限位置，称为上止点（Top Dead Center，TDC）。

活塞在气缸里做往复直线运动时，其向下运动到达的最低位置，即活塞顶部距离曲轴旋转中心最近的极限位置，称为下止点（Bottom Dead Center，BDC）。

3. 活塞行程和曲柄半径

从一个止点到另一个止点移动的距离，即上、下止点之间的距离称为活塞行程（Piston Stroke），一般用 S 表示。一个活塞行程，曲轴对应旋转 180° CA。

曲轴旋转中心到曲柄销中心之间的距离称为曲柄半径（Crank Radius），一般用 R 表示。通常活塞行程为曲柄半径的两倍，即 $S=2R$。

4. 气缸工作容积和发动机排量

活塞从一个止点运动到另一个止点所扫过的容积，称为气缸工作容积（Swept Volume）。

$$V_s = \frac{\pi D^2}{4 \times 10^6} S$$

式中：V_s——气缸工作容积，L；

D——气缸直径，mm；

S——活塞行程，mm。

发动机排量（Engine Displacement）指发动机所有气缸工作容积的总和。

通常，同一台发动机其排量保持不变，但为了提升发动机性能，部分汽车公司开发了发动机可变排量技术。如图 1-4 所示，HEMI 技术是美国克莱斯勒汽车公司研发的发动机可变排量技术。根据需要控制发动机排量，在四缸、六缸和八缸之间主动切换，以实现更好的燃油经济性。其他厂家也有类似的技术，但名称有所不同：通用汽车公司有 DOD 技术，本田汽车公司有 VCM 技术（见图 1-5），奔驰汽车公司有 MDS 技术。

图 1-4　克莱斯勒汽车公司 HEMI 车标

图 1-5　本田汽车公司 VCM 车标

如图 1-6 所示，本田汽车公司 VCM 系统对 V6 发动机的节气门开度、车速、发动机转速、自动变速器挡位选择及其他信号进行监测，根据行驶状况自动调整成六缸、四缸或三缸 3 种动力输出模式。当两缸或三缸处于休止状况时，就等于减少了 1/3 或 1/2 的燃料使用，同时有效降低了二氧化碳（CO_2）的排放。

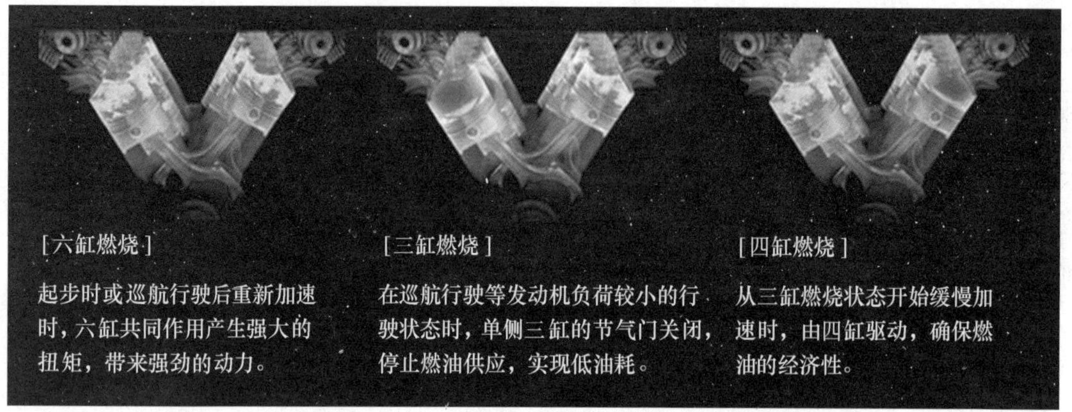

图 1-6　本田汽车公司 VCM 系统 V6 发动机的动力输出模式

5．燃烧室容积和气缸总容积

活塞位于上止点时，活塞顶面以上气缸盖底面以下所形成的空间称为燃烧室，其容积称为燃烧室容积（Clearance Volume），记作 V_c。

活塞位于下止点时，其顶部与气缸盖之间的容积称为气缸总容积（All Volume），一般用 V_a 表示。气缸总容积就是气缸工作容积和燃烧室容积之和，即 $V_a=V_s+V_c$。

6．压缩比

气缸总容积与燃烧室容积之比称为压缩比（Compression Ratio），用 ε 表示。

$$\varepsilon=\frac{V_a}{V_c}$$

压缩比表示活塞从下止点运动到上止点时，气缸内气体被压缩的程度。现代汽车发动机的压缩比，汽油机一般为 6～9（有的轿车可达 9～11），柴油机一般为 16～22。

可变压缩比（SVC）发动机能根据发动机的工作负荷变化，自动调节压缩比。负荷减少时，压缩比提高；全负荷时，压缩比降低。该技术可有效达到防止爆燃、增加功率、降低油耗、减少排放的目的。

7．示功图

在一个工作循环中，气缸内的气体压力随气缸容积或曲轴转角变化关系的循环曲线称为示功图。循环曲线所包围的面积可表示为发动机所做的功或所消耗的功，它可用示功器测录。示功图除了表示做功或耗功的大小以外，常常用来分析研究甚至改善气缸的工作过程。

1.3　汽车发动机的工作原理

1.3.1　四冲程汽油机的工作原理

四冲程汽油机的工作原理

四冲程汽油机（见图 1-7）的运转是按照进气行程、压缩行程、做功行程和排气行程的顺序循环往复的。

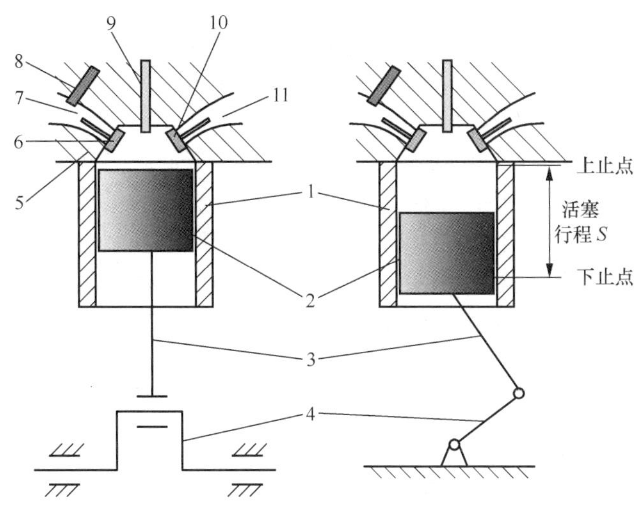

图 1-7 四冲程汽油机的基本结构简图

1—气缸；2—活塞；3—连杆；4—曲轴；5—气缸盖；6—进气门；7—进气道；
8—电控喷油器；9—火花塞；10—排气门；11—排气道

1．进气行程（Intake Stroke）

如图 1-8（a）所示，由于曲轴的旋转，活塞从上止点向下止点运动，这时排气门关闭，进气门打开。进气行程开始时，活塞位于上止点，气缸内残存有上一循环未排净的废气，因此，气缸内的压力稍高于大气压力。随着活塞下移，气缸内容积增大，压力减小，当压力低于大气压时，在气缸内产生吸力，空气经空气滤清器过滤并与喷油器供给的汽油混合成可燃混合气，通过进气门被吸入气缸，直至活塞向下运动到下止点。在进气行程中，受空气滤清器、进气道、进气门等阻力影响，进气终了时，气缸内的气体压力略低于大气压力，约为 0.075～0.09MPa，同时受残余废气和高温机件加热的影响，温度达到 370～400K。实际汽油机的进气门会在活塞到达上止点之前打开，并且延迟到下止点之后关闭，以便吸入更多的可燃混合气。

2．压缩行程（Compression Stroke）

如图 1-8（b）所示，曲轴继续旋转，活塞从下止点向上止点运动，这时进气门和排气门都关闭，气缸内成为封闭容积，可燃混合气受到压缩，压力和温度不断升高，当活塞到达上止点时，压缩行程结束。此时，缸内气体的压力和温度主要随压缩比的大小而定，可燃混合气压力可达 0.6～1.2MPa，温度可达 600～700K。压缩比越大，压缩终了时气缸内的压力和温度越高，则燃烧速度越快，发动机功率也越大。但压缩比太高，容易引起爆燃。爆燃就是指由于气体压力和温度过高，可燃混合气在没有点燃的情况下自行燃烧，且火焰以高于正常燃烧数倍的速度向外传播，造成尖锐的敲缸声。这会造成发动机过热，功率下降，汽油消耗量增加以及机件损坏。轻微爆燃是允许的，但剧烈爆燃对发动机是很有害的。

3．做功行程（Power Stroke）

如图 1-8（c）所示，做功行程包括燃烧过程和膨胀过程，在这一行程中，进气门和排气门仍保持关闭。当活塞位于压缩行程接近上止点（即点火提前角）位置时，火花塞产生电火花点燃可燃混合气，可燃混合气燃烧后释放出大量的热使气缸内的气体温度和压力急剧升高，最大压力可达 3～5MPa，最高温度可达 2 200～2 800K，高温高压气体膨胀，推动活塞从上止点向下止点运动，通过连杆使曲轴旋转并输出机械功，除用于维持发动机本身继续运转外，其余用于对外做功。随着活塞向下运动，气缸内容积增加，气体压力和温度降低，当活塞运动到下止点时，做功行程结束，气体压力降低到 0.3～0.5MPa，气体温度降低到 1 300～1 600K。

4．排气行程（Exhaust Stroke）

如图 1-8（d）所示，可燃混合气在气缸内燃烧后生成的废气必须从气缸中排出去以便进行下一个进气行程。当做功接近终了时，排气门开启，进气门仍然关闭，靠废气的压力先进行自由排气，活塞到达下止点再向上止点运动时，再把废气强制排出到大气中去，活塞越过上止点后，排气门关闭，排气行程结束。实际汽油机的排气行程也是排气门提前打开，延迟关闭，以便排出更多的废气。由于燃烧室容积的存在，不可能将废气全部排出气缸。受排气阻力的影响，排气终了时，气体压力仍高于大气压力，约为 0.105～0.115MPa，温度约为 900～1 200K。曲轴继续旋转，活塞从上止点向下止点运动，又开始了下一个新的循环过程。可见，四冲程汽油机经过进气、压缩、做功、排气 4 个行程完成一个工作循环，这期间活塞在上、下止点间往复运动了 4 个行程，相应地，曲轴旋转了 2 圈。

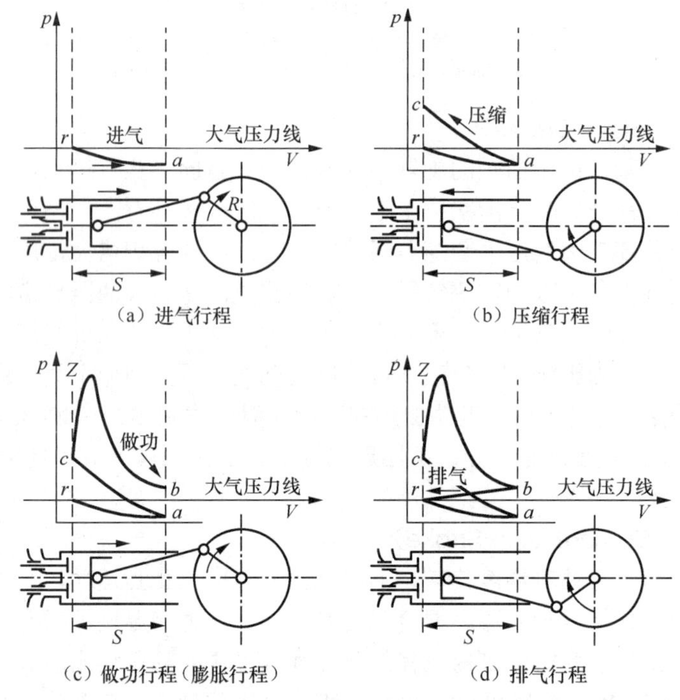

图 1-8　四冲程汽油机示功图

根据热力学第二定律

$$\eta=1-\frac{T_2}{T_1}$$

当混合气的被压缩程度提高时，发动机混合气燃烧所达到的最高温度（T_1）升高，而排气的温度（T_2）降低，会提高发动机的热效率。

1.3.2　四冲程柴油机的工作原理

四冲程柴油机（见图 1-9）和四冲程汽油机的工作行程相同，每一个工作循环同样包括进气、压缩、做功和排气 4 个行程。但由于柴油机使用的燃料是柴油，柴油与汽油有较大的差别，柴油黏度大，不易蒸发，自燃温度低，故柴油机的可燃混合气形成、着火方式、燃烧过程以及气体温度、压力的变化都和汽油机不同。下面主要分析柴油机和汽油机在工作过程中的不同点。

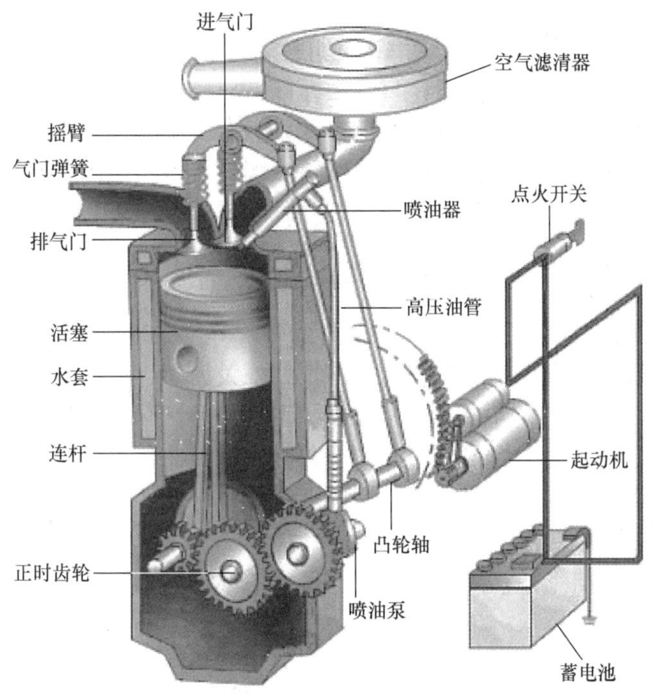

图 1-9　四冲程柴油机结构示意

四冲程柴油机在进气行程中吸入气缸的是纯空气而不是可燃混合气，因此进气阻力小，进气终了时气体压力略高于汽油机，而气体温度略低于汽油机。进气终了时气体压力为 0.078 5～0.093 2MPa，气体温度为 300～370K。

压缩行程压缩的也是纯空气，在压缩行程接近上止点时，喷油器将高压柴油以雾状喷入燃烧室，柴油和空气在气缸内形成可燃混合气并着火燃烧。柴油机的压缩比比汽油机的压缩比大很多（一般为 16～22），压缩终了时气体温度和压力都比汽油机高，压缩终了时的温度大大超过了柴油机内混合气的自燃温度。压缩终了时，气体压力约为 3.5～4.5MPa，气体温度约为 750～1 000K，柴油机是压缩后自燃着火的，不需要点火，故柴油机又称为压燃机。

柴油被喷入气缸后，在很短的时间内与空气混合后便立即着火燃烧，柴油机的可燃混合气是在气缸内部形成的，而不像汽油机那样，混合气主要是在气缸外部形成的。柴油机燃烧过程中气缸内出现的最大压力要比汽油机大得多，可达 6～9MPa，最高温度也可高达 2 000～2 500K。做功终了时，气体压力为 0.2～0.4MPa，气体温度为 1 200～1 500K。

柴油机的排气行程和汽油机一样，废气经排气管排到大气中去。排气终了时，气缸内气体压力为 0.105～0.125MPa，气体温度为 800～1 000K。

柴油机与汽油机相比，压缩比高，热效率高，燃油消耗率低，同时柴油价格较低，因此，柴油机的燃油经济性能好，而且柴油机的排气污染少，排放性能较好。它的主要缺点是转速低，质量大，噪声大，振动大，制造和维修费用高。在其发展过程中，柴油机不断发扬优点、克服缺点，有望得到更广泛的应用。

1.3.3 多缸发动机的工作原理

前面介绍的是单缸发动机的工作过程，而现代汽车发动机多是多缸四冲程发动机。就能量转换过程而言，多缸发动机的每一个气缸和单缸发动机的工作过程是完全一样的，都要经过进气、压缩、做功和排气 4 个行程。但是，单缸发动机的 4 个行程中只有 1 个行程做功，其余 3 个行程不做功，即曲轴转两圈，只有半圈做功，所以运转平稳性较差，功率越大，平稳性就越差。为了使运转平稳，单缸发动机一般都装有一个大飞轮。而多缸发动机各缸的做功行程是错开的，按照工作顺序做功，即曲轴转两圈交替做功，因此，运转平稳，振动小。缸数越多，做功间隔角越小，同时参与做功的气缸越多，发动机运转越平稳。

1.3.4 四冲程发动机工作循环总结

（1）发动机的每一个工作循环，曲轴转两圈（720° CA），进气行程中进气门开启，排气行程中排气门开启，其余 2 个行程中进、排气门均关闭。

（2）4 个行程中，只有做功行程产生动力，其他 3 个行程都是为做功行程做准备工作的辅助行程。这造成曲轴转速不均匀，工作振动大。所以在曲轴后端安装了一个质量较大的飞轮，做功时飞轮吸收储存能量，其余 3 个行程则依靠飞轮惯性维持转动。

（3）在发动机运转的第一循环中，必须有外力使曲轴旋转完成进气、压缩行程，着火后，完成做功行程，并依靠曲轴和飞轮储存的能量自行完成之后的行程，以后的工作循环，发动机无须借助外力就可自行完成。

1.4 汽车发动机的总体构造

汽车发动机是一种由许多机构和系统组成的复杂机器。无论是汽油机，还是柴油机；无论是四冲程发动机，还是二冲程发动机；无论是单缸发动机，还是多缸发动机，要完成能量转换，实现工作循环，保证长时间连续正常工作，都必须具备以下机构和系统。

汽车发动机的组成

1.4.1 汽油机的总体构造

汽油机一般由机体组、两大机构和五大系统组成，即由机体组、曲柄连杆机构、配气机构、燃料供给系统、润滑系统、冷却系统、点火系统和起动系统组成，如图 1-10 所示（后两个系统图中未画出）。

1．机体组（Cylinder Block）

机体是发动机的骨架，是发动机各机构和各系统的安装基础，其内、外安装着发动机的所有主要零件和附件，承受各种载荷。机体组本身的许多部分又分别是曲柄连杆机构、燃料供给系统、冷却系统和润滑系统的组成部分。本书在进行结构分析时，把机体组列为曲柄连杆机构。机体组主要由气缸盖、气缸体和油底壳等零件组成。

2．曲柄连杆机构（Crank Train）

曲柄连杆机构是发动机实现工作循环，完成能量转换的主要运动部件。它由机体组、活塞连杆组和曲轴飞轮组等组成。在做功行程中，活塞承受燃气压力在气缸内做直线运动，通过连杆转换成曲轴的旋转运动，并通过曲轴对外输出动力。而在进气、压缩和排气行程中，飞轮释放能量又把曲轴的旋转运动转化成活塞的直线运动。

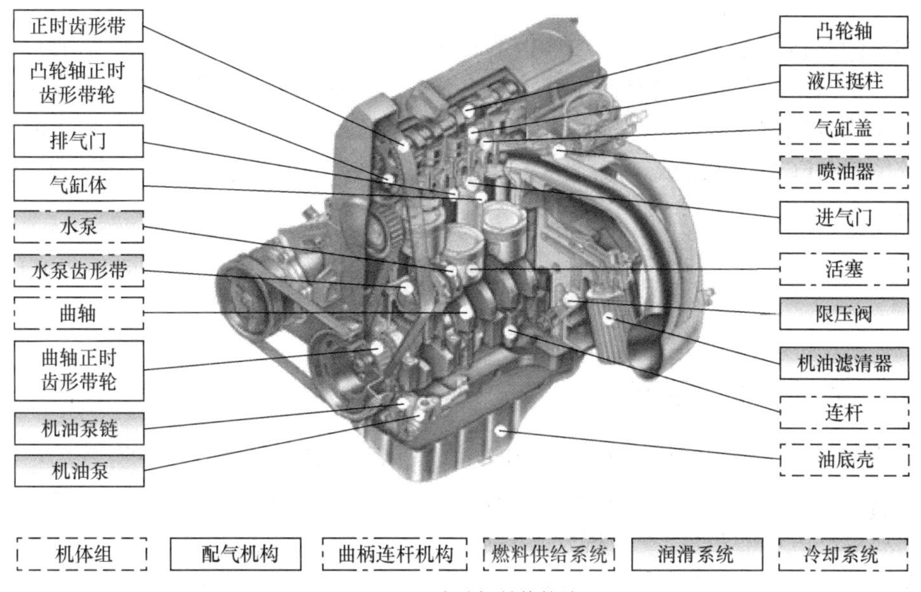

图 1-10　汽油机总体构造

3．配气机构（Valve Train）

配气机构的作用是根据发动机的工作顺序和工作过程，定时开启和关闭进气门和排气门，使可燃混合气或空气进入气缸，并使废气从气缸内排出，实现换气过程。配气机构大多采用顶置气门式，一般由气门组、气门传动组和凸轮轴传动机构组成。

4．燃料供给系统（Fuel Supply System）

汽油机燃料供给系统的作用是根据发动机的要求，配制出一定量和浓度的混合气，供入气缸，并将燃烧后的废气从气缸内排出到大气中去。油路主要由汽油箱、输油泵、汽油滤清器、压力调节器、各种传感器、电控喷油器、电控单元等组成。气路主要由空气滤清器、进/排气管、排气消声器等组成。

5．润滑系统（Lubrication System）

润滑系统的作用是向做相对运动的零件表面输送定量的清洁润滑油，以实现液体摩擦，减小摩擦阻力，减轻机件的磨损，并对零件表面进行清洗和冷却。润滑系统通常由润滑油道、机油泵、机油滤清器和一些阀门等组成。

6．冷却系统（Cooling System）

冷却系统的作用是将受热零件吸收的部分热量及时散发出去，保证发动机在最适宜的温度状态下工作。水冷发动机的冷却系统通常由冷却液套、水泵、风扇、水箱、节温器等组成。

7．点火系统（Ignition System）

能够按时在火花塞电极间产生电火花的全部设备称为点火系统，点火系统通常由蓄电池、发电机、分电器、点火线圈和火花塞等组成。

8．起动系统（Starting System）

起动系统的作用是使发动机由静止状态过渡到工作状态。起动系统主要由蓄电池、点火开关、起动机等组成。

1.4.2 柴油机的总体构造

柴油机的总体构造与汽油机的总体构造有些不同。柴油机是压燃的，不需要点火系统。柴油机燃料供给系统的功用是把高压柴油和空气分别供入气缸，在燃烧室内形成混合气并燃烧，最后将燃烧后的废气排出。油路主要由柴油箱、输油泵、柴油滤清器、高压油泵、喷油器、电控单元（ECU）等组成，气路主要由空气滤清器、空气流量计、进/排气管、排气消声器等组成。

1.5 汽车发动机的主要性能指标

1.5.1 发动机的热平衡

在汽车发动机中，燃油燃烧所释放出的热量，只有 25%～40%转变为有效功，其余大部分热量随着废气和冷却液等从发动机中排出。热平衡用来表示这些热量的分配情况。

燃油燃烧释放出的热量 Q_T 大致分配如下。

（1）转化为有效功的热量 Q_e。Q_e 越大，转变为有效功的热量越多，发动机的性能越好。Q_e/Q_T：汽油机为 20%～30%；柴油机为 30%～40%。

（2）传给冷却介质的热量 Q_S。Q_S 包括：工质向缸壁及燃烧室散出的热量；废气在排气道内散失的热量；摩擦发热散失的热量；从润滑油中散失的热量。

（3）废气带走的热量 Q。Q/Q_T 汽油机为 40%～45%；柴油机为 35%～40%。

（4）其他热量损失 Q_1。除上述 3 项以外的热量损失，都包括在其他热量损失 Q_1 之内。例如，燃油不完全燃烧的热量损失及其他没有计及的热量损失等。

1.5.2 发动机的机械损失

发动机的功率在内部传递过程中存在各种损失，这些损失称为机械损失，主要包括以下 3 个方面。

（1）发动机内部运动机件的摩擦损失。如活塞环及活塞与气缸壁间的摩擦、轴承与轴颈间的摩擦、气门传动机构的摩擦、油封处的摩擦等，这部分损失占总机械损失的 60%～75%。

（2）驱动附件的损失。如驱动水泵、风扇、机油泵、点火装置或喷油泵的损失，占总机械损失的 5%～20%。

（3）泵气损失。四冲程发动机在进气和排气的过程中产生的机械损失，称为泵气损失，占总机械损失的 10%～20%。

1.5.3 发动机的性能指标

发动机的性能指标是用来衡量发动机性能好坏的标准。发动机的主要性能指标有动力性能指标、经济性能指标和环保性能指标等。

1．动力性能指标

动力性能指标是指曲轴对外做功能力的指标，包括有效扭矩、有效功率、转速和活塞平均速度、平均有效压力等。

（1）有效扭矩。有效扭矩指发动机通过曲轴或飞轮对外输出的扭矩，通常用 T_e 表示，单位为 N·m。有效扭矩是作用在活塞顶部的气体压力通过连杆传给曲轴产生的扭矩克服了摩擦、驱动附件等损失之后，通过曲轴对外输出的净扭矩。

（2）有效功率。有效功率指发动机通过曲轴或飞轮对外输出的功率，通常用 P_e 表示，单位为 kW。有效功率同样是曲轴对外输出的净功率，它等于有效扭矩和曲轴转速的乘积。发动机的有效功率可以在专用的试验台上用测功器测定，先测出有效扭矩和曲轴转速（见图 1-11），然后计算出有效功率。

图 1-11 测定发动机曲轴转速和有效扭矩的试验台

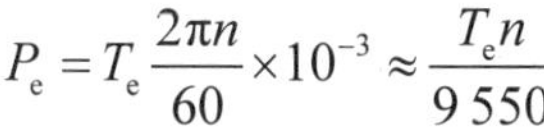

$$P_e = T_e \frac{2\pi n}{60} \times 10^{-3} \approx \frac{T_e n}{9\,550}$$

式中：T_e—— 有效扭矩，N·m；

n—— 曲轴转速，r/min。

有效功率也可以由下式计算

$$P_e = \frac{P_{me} V_s n i}{30\tau}$$

式中：P_{me}——平均有效压力，kPa；

V_s——气缸工作容积，m^3；

n——曲轴转速，r/min；

i——气缸数；

τ——冲程系数，二冲程 $\tau=1$，四冲程 $\tau=2$。

发动机制造商按照国家规定标定的有效功率，称为标定功率。标定功率下的发动机转速称为标定转速，发动机产品铭牌上标明的功率就是标定功率。

标定功率是根据发动机用途、使用特点以及连续运转时间来确定的，各个国家有所不同，我国内燃机的功率标定分为表 1-1 所列的 4 级。

表 1-1 我国内燃机的功率标定

分级	含义	应用
15min 功率	在标准环境条件下，内燃机能连续稳定运转 15min 时的最大有效功率	汽车等
1h 功率	在标准环境条件下，内燃机能连续稳定运转 1h 时的最大有效功率	工程机械、拖拉机等
12h 功率	在标准环境条件下，内燃机能连续稳定运转 12h 时的最大有效功率	部分拖拉机和电站等
持续功率	在标准环境条件下，内燃机能长期连续稳定运转的最大有效功率	铁路机车、船舶和发电机组等

（3）转速和活塞平均速度。转速是指发动机曲轴每分钟的转数，单位为 r/min。转速对内燃机性能和结构的影响很大，而且其范围较宽（86～6 000r/min），各种类型内燃机的转速范围亦不相同。其中两个转速值得注意：

① 最高转速 n_{max}——受调速控制时，内燃机所能达到的最高转速；

② 最低稳定转速 n_{min}——内燃机能稳定工作的最低转速。

因此，转速的范围：$n_{min}<n<n_{max}$。

发动机产品铭牌上标明的功率及相应的转速称为额定功率和额定转速。按照汽车发动机可靠性试验方法的规定，汽车发动机应能在额定工况下连续运行300～1 000h。

活塞在气缸中运动的速度是不断变化的，在行程中间较大，在止点附近较小，止点处为零。若已知内燃机的转速为n，则活塞的平均速度C_m（单位为m/s）为

$$C_m=2Sn/60=Sn/30$$

式中：S——活塞行程，m。

活塞平均速度是表征内燃机高速性能的一项主要指标。

（4）平均有效压力。单位气缸工作容积输出的有效功称为平均有效压力，它相当于在活塞顶加一个恒定的压力推动活塞做功。平均有效压力越大，发动机的做功能力越强。

2．经济性能指标

经济性能指标一般指内燃机的燃油消耗率和机油消耗率。

（1）燃油消耗率简称比油耗或耗油率，它是内燃机工作时每千瓦时所消耗燃油量的克数，单位为g/(kW·h)。以指示功率计的燃油消耗率称为指示燃油消耗率，以有效功率计的燃油消耗率称为有效燃油消耗率。前者是表示内燃机经济性能的指示指标，后者是表示内燃机经济性能的有效指标。内燃机产品说明书中所指的燃油消耗率都是指有效燃油消耗率。可以在试验台上用油耗仪（见图1-12）测出燃油消耗量B（单位为kg/h）后，用下式计算有效燃油消耗率b，即

图1-12　测定发动机燃油消耗率的油耗仪

$$b=（B/P_e）\times 1\,000$$

（2）机油消耗率指内燃机在标定工况下，每千瓦时所消耗机油的克数，单位为g/(kW·h)。内燃机的机油是在机内不断循环使用的，其消耗的方式主要有以下两种。

① 机油经活塞环窜入燃烧室或由气阀导管流入缸内烧掉，未烧掉的则随废气排出。

② 有一部分机油在曲轴箱内雾化或蒸发，由曲轴箱通风口排出。

3．环保性能指标

环保性能指标包括排放性能指标和噪声。

（1）排放性能指标包括排放烟度、有害气体（CO、HC、NO_x）排放量等。

内燃机的排气中含有少量但非常有害的物质，它们是一氧化碳（CO）、碳氢化合物（HC）和氮氧化合物（NO_x）等。这些不完全燃烧的产物被排入大气，污染环境而且危害人体健康，从而造成社会公害。

CO的生成主要受过量空气系数（实际进气量与理论进气量之比）ϕ_a的影响。浓混合气（ϕ_a<1）燃烧时，由于氧气不足，因此燃烧不充分，形成CO。在汽油机的废气中，CO的浓度可达6%，在柴油机中，氧气永远是过剩（ϕ_a>1）的，CO的浓度为0.2%～0.3%。

HC的生成常由燃烧得缓慢甚至停止导致。当发动机在怠速和减速时，就有大量的HC生成。

排气中NO_x的含量主要取决于火焰温度和火焰前峰中是否富氧，以及高温持续的时间。如果能降低燃烧温度，减少火焰前峰中氧气的浓度以及缩短高温的持续时间，均可减少排气中NO_x的含量。

有害物HC、CO和NO_x的浓度可以用专门的仪器来测量。当发动机在不同的工况下工作时，有害物的浓度变化很大，见表1-2。

表 1-2 发动机的有害物浓度

发动机机型	HC	CO	NO_x	碳烟/(g/m³)
汽油机	(100～3 500) ×10^{-6}	0.2%～6%	(400～4 500) ×10^{-6}	0.05
直喷式柴油机	(50～1 000) ×10^{-6}	0.05%～0.3%	(200～2 000) ×10^{-6}	0.1～0.3
分开式燃烧室柴油机	(50～300) ×10^{-6}	0.03%～0.05%	(200～1 000) ×10^{-6}	0.1～0.15

由表 1-2 可见，汽油机的有害排放比柴油机严重。有害排放物污染空气的问题，在工业发达的国家中，特别是在大城市已成为严重的公害问题。

（2）噪声是指发动机工作时发出的一种声强和频率无一定规律的声音，主要有燃烧噪声和机械噪声。它不仅损害人的听觉器官，还伤害神经系统、心血管系统、消化系统和内分泌系统，容易使人心情烦躁、反应迟钝甚至耳聋，还可能诱发高血压和神经系统的疾病。汽车是城市的主要噪声源之一，发动机又是汽车的主要噪声源，应该予以控制。我国的噪声标准中规定，小型水冷汽油机的噪声不大于 110dB（A），轿车的噪声不大于 82dB（A）。

4．结构性能指标

结构性能指标是评价发动机结构紧凑性和金属材料利用率的一项指标。各种类型的内燃机对重量和外形尺寸的要求是不同的。

（1）重量指标。内燃机的重量指标通常以比质量来衡量。比质量（g_w）又称单位功率质量，是内燃机的净质量（G）与标定功率 N_e 的比值（单位为 kg/kW），即

$$g_w=G/N_e$$

净质量不包括润滑油、燃油、冷却液及其他未直接安装在内燃机本体上的附属设备与辅助系统的质量。

比质量除和内燃机的类型、结构、附件有关外，还和所使用的材料和制造技术有关。

（2）外形尺寸指标。外形尺寸指标又称紧凑性指标（见图 1-13），是内燃机总体布置紧凑程度的指标。通常以内燃机的单位体积功率来衡量。

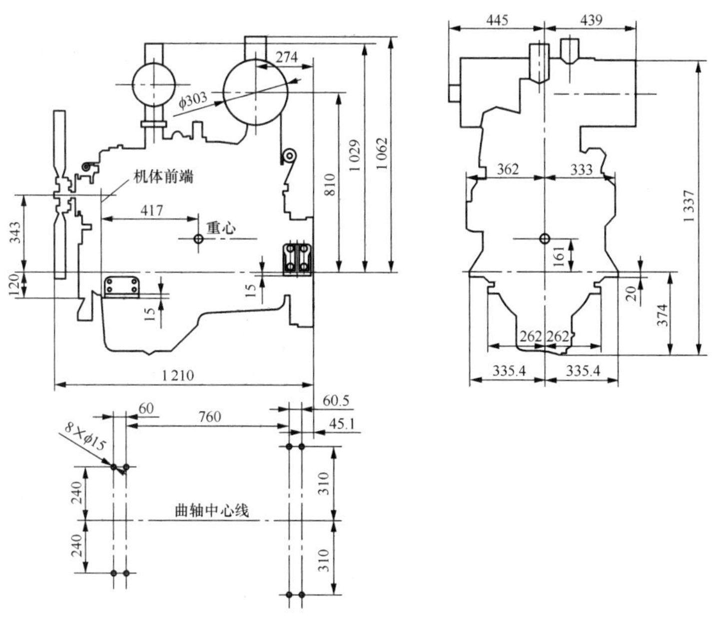

图 1-13 发动机的尺寸图

单位体积功率 N_v 是内燃机的标定功率 N_e 与内燃机外廓体积 V 的比值（单位为 kW/m^3），即

$$N_v=N_e / V$$

式中：$V=LBH$，其中 L、B、H 分别为内燃机的长、宽、高。

5．强化性能指标

强化性能指标是发动机承受热负荷和机械负荷能力的评价指标，包括升功率和强化系数。

升功率：发动机在标定工况下，单位发动机排量输出的有效功率称为升功率。

强化系数：平均有效压力与活塞平均速度的乘积称为强化系数。

1.6 汽车发动机的特性

汽车发动机的有效扭矩 T_e、有效功率 P_e、有效燃油消耗率 g_e 等主要性能指标随其运转工况（负荷、转速）变化的关系称为发动机的特性。其性能指标随发动机曲轴转速变化的关系称为发动机的速度特性；随负荷变化的关系称为发动机的负荷特性。表示这些关系的曲线称为发动机的特性曲线。

1.6.1 速度特性

速度特性可以在发动机试验台上测得。以汽油机为例，当节气门开度保持不变时，用测功器对发动机曲轴施加一定数值的阻力矩。当发动机运转稳定时，即阻力矩和发动机输出的有效扭矩相等时，可用转速表测出此时的稳定转速 n，同时在测功器上测出该转速下的有效扭矩 T_e，计算出有效功率 P_e；另外，可测出消耗一定量汽油所经历的时间，换算成每小时耗油量 G_T，然后计算出有效燃油消耗率 g_e。改变测功器的阻力矩数值，重复上述过程，又可以得出一组 n、T_e、P_e、g_e，这样重复若干次，可以得到一系列的 n、T_e、P_e、g_e，然后根据这些数据，以转速 n 为横坐标，以性能指标 T_e、P_e、g_e 为纵坐标画出 3 条曲线，即为对应于该节气门开度的速度特性曲线（见图 1-14）。

节气门全开时的速度特性叫作发动机的外特性；节气门不全开的任意位置所得到的速度特性都称为部分特性。发动机的外特性代表了发动机所具有的最高动力性能。

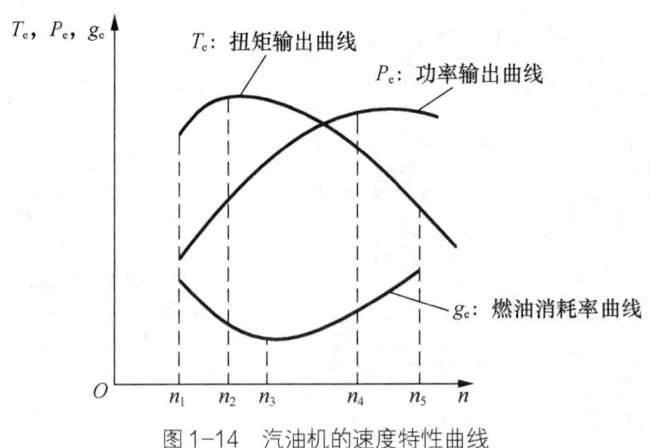

图 1-14 汽油机的速度特性曲线

1.6.2 负荷特性

负荷特性指当发动机转速一定时，经济性能指标的有效燃油消耗量随发动机负荷的变化

关系。利用这一变化曲线，可以较全面地确定发动机在各种负荷和转速时的经济性。

发动机分为汽油机和柴油机两大类。汽油机是依靠节气门调节负荷的，因此汽油机的负荷特性又称为节流特性；柴油机是靠改变喷油量来调节负荷的，通过喷油量变化改变混合气成分，因此柴油机的负荷特性又称为燃油调整特性。

由于发动机转速是经常变化的，因此需要测定发动机不同转速下的负荷特性，才能全面评价不同转速和不同负荷下发动机的燃油经济性。发动机负荷特性的读取在试验台上进行。以汽油机为例，起动发动机后逐渐开启节气门，直至开到最大，同时调节负荷使发动机保持某一转速稳定运行，测定此工况下发动机的输出功率及燃油消耗量。然后关小节气门，调整负荷使发动机保持转速不变再测定。如此依次进行下去，直到发动机能保持稳定工作的最小节气门开度，得到不同负荷和转速下的燃油消耗量。不同转速下的发动机负荷特性曲线变化的趋势是相似的，只是具体数值不同。

普通汽油机负荷特性曲线的特征是：开始起动时 g_e 最大（此时需要浓混合气），但随着节气门逐渐开启，负荷增大，而 g_e 减少直至最低点，此时节气门接近全开；继续开大节气门，g_e 又会开始上升，曲线呈现一条内凹抛物线。曲线的最小 g_e 越小越好，同时 g_e 随负荷的变化越平缓，发动机在不同负荷下工作的经济性也越好。从曲线的形状可以分析出哪一个负荷区域是最经济的。

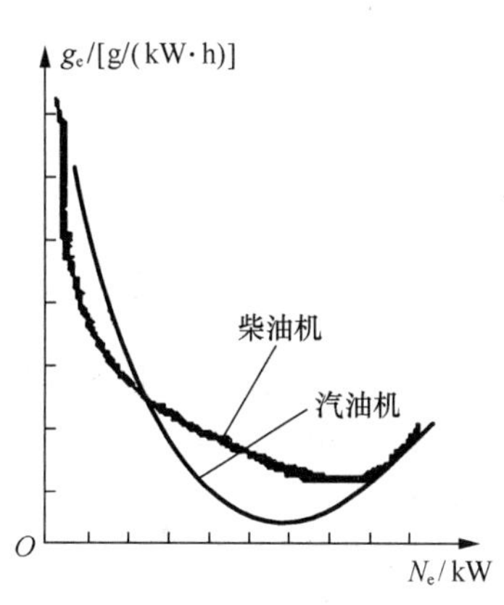

图 1-15　发动机的负荷特性曲线

柴油机负荷特性曲线的变化趋势与汽油机基本一样。但两者相比（见图 1-15），柴油机的负荷特性曲线比较平坦，这也就是柴油机比汽油机省油（相同排量下）的重要原因。

1.6.3　汽车发动机的工况

汽车发动机在某一时刻的运行状况简称工况，以该时刻内燃机输出的有效功率和曲轴转速表示，曲轴转速即发动机转速。汽车发动机的工况在很广泛的范围内变化。当发动机的工况（即功率和转速）发生变化时，其性能（包括动力性能、经济性能、排放性能和噪声等）也随之改变。因此，评价和选用发动机时就必须考察它在各种工况下的性能，才能全面判断其好坏及能否满足汽车的要求。

汽车发动机在某一转速下输出的有效功率与相同转速下所能输出的最大有效功率的比值称为负荷率，以百分数表示（负荷率通常简称负荷）。

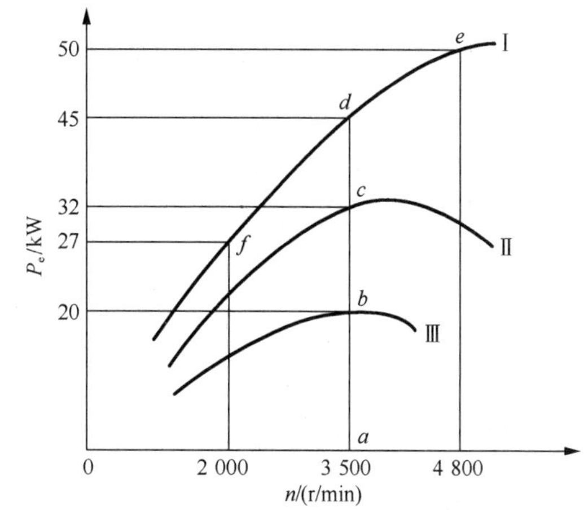

图 1-16　工况与负荷示意

如果利用发动机的速度特性来说明负荷率或负荷的概念就更为清楚。如图 1-16 所示，曲线Ⅰ为外特性曲线，曲线Ⅱ、Ⅲ为部分速度特性曲线。n=3 500r/min 时，若节气门全开，可得到该转速下可能输出的最大功率 45kW。如果只开到Ⅱ和Ⅲ的位置，则同样转速下只能输出 32kW 和 20kW 的功率。根据上述定义，可求出 *a*、*b*、*c* 和 *d* 这 4 个工况下的负荷值：

工况 *a* 的负荷为零（称为发动机空转工况）；

工况 *b* 的负荷＝20/45×100%≈44.4%；

工况 *c* 的负荷＝32/45 ×100%≈71.1%；

工况 *d* 的负荷＝45/45×100%=100%（即发动机全负荷）。

负荷的概念不同于功率。在外特性曲线的最高点（见图 1-16 中的 *e* 点），发动机功率最大。外特性曲线的 *f* 点是全负荷，其功率却低于部分负荷的 *c* 点。

1.6.4　怠速

怠速是指发动机在无负荷的情况下运转，只需克服自身内部机件的摩擦阻力，不对外输出功率。维持发动机稳定运转的最低转速称为怠速，是发动机的基本工况之一。

工作性能良好的发动机，其怠速一般为 550～800r/min。

1.7　汽车燃料消耗量

1.7.1　汽车能源消耗量标识

汽车能源消耗量标识（Motor Vehicle Fuel Consumption Logo；Automobile Fuel Consumption Label）是指轻型汽车上标明的市区工况、市郊工况和综合工况下的油耗等 3 类油耗标识。另外，进口新车也同样要粘贴油耗标识，以方便消费者辨识油耗程度或节能效果（见图 1-17 和图 1-18）。对不可接充电式混合动力汽车，按照《轻型混合动力电动汽车能量消耗量试验方法》（GB/T 19753—2021）对汽车在市区、市郊和综合工况下的能量消耗量进行测定。

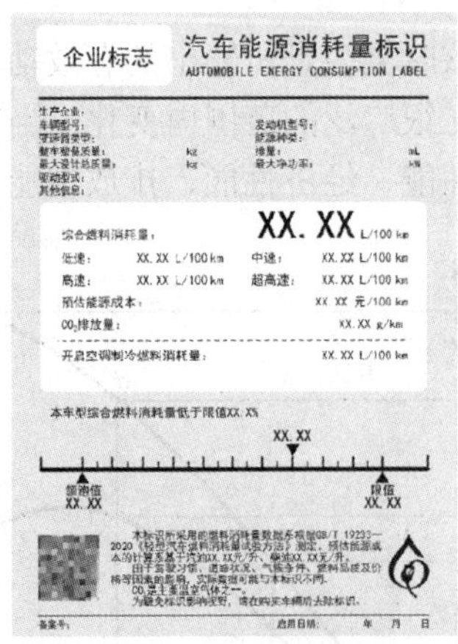

图 1-17　汽油车能源消耗量标识

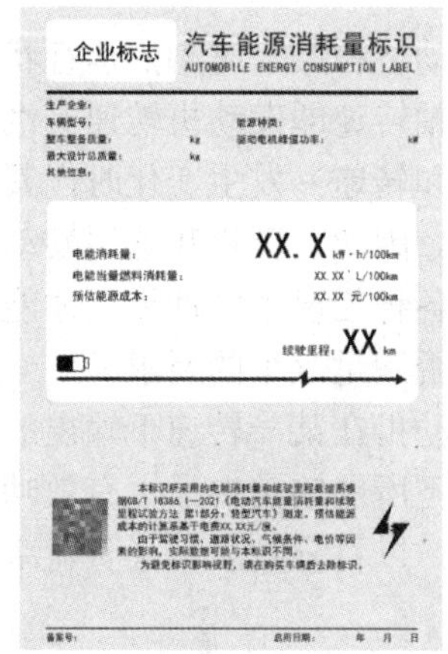

图 1-18　纯电动汽车能源消耗量标识

1.7.2　“汽车能源消耗量标识”标注

1．企业标志

国产汽车的企业标志采用汉字标注，且须与在车身尾部显著位置上标注的汽车生产企业名称一致。合资企业可直接将合资各方汉字名称的简称进行组合或将各自注册的汉字商标进行组合标注，并与在车身尾部显著位置上标注的汽车生产企业名称一致。进口汽车的企业标志采用注册图形商标或注册文字标注。

2．能源消耗量

汽车生产企业或进口汽车经销商按照《轻型汽车燃料消耗量试验方法》（GB/T 19233—2020），在工业和信息化部指定检测机构进行燃料消耗量检测（其中进口汽车也可在质检部门指定的检测机构进行燃料消耗量检测），获得燃料消耗量数据。对不可接充电式混合动力汽车是按照《轻型混合动力电动汽车能量消耗量试验方法》（GB/T 19753—2021）对汽车在市区、市郊和综合工况下的能量消耗量进行测定。

工业和信息化部采用的是目前在欧洲广泛使用的碳当量平衡法，通过测量尾气中的碳含量就可以推测出燃料消耗量。进行检测的是天津、长春和襄樊等地的第三方检测机构，在对汽车进行测定时，分别模拟车辆在市区道路和市区以外其他道路条件下的行驶状态，通过测量期间 CO_2、CO 和 HC 的排放量，计算得出市区、市郊和综合燃料消耗量。

3．备案号

备案号采用车辆识别代号（VIN）。现在世界各国汽车公司生产的汽车大部分使用车辆识别代号编码。“VIN”由一组字母和阿拉伯数字组成，共 17 位，又称 17 位码，它是识别一辆汽车不可缺少的工具。VIN 的每位代码代表着汽车的某一方面信息参数。按照编码顺序，从 VIN 中可以识别出该车的生产国别、制造公司或生产厂家、车的类型、品牌名称、车型系列、车身形式、发动机型号、车型年款、安全防护装置型号、检验数字、装配工厂名称和出厂顺序号码等。我国原机械工业部于 1996 年 12 月 25 日发布了《车辆识别代号（VIN）管理规则》，规定：“1999 年 1 月 1 日后，适用范围内的所有新生产车必须使用车辆识别代号。”车辆识别代号应尽量位于车辆的前半部分，易于看到且能避免磨损或替换的部位。9 人座或 9 人座以下的车辆和最大总质量小于或等于 3.5t 的载货汽车的车辆识别代号应位于仪表板上，在白天日光照射下，观察者不需移动任何部件从车外即可分辨出车辆识别代号。

小　结

通过本章学习重点掌握汽车发动机的定义及分类、基本术语，四冲程发动机工作原理与总体构造，发动机的主要性能指标，发动机的特性。

1．汽车发动机主要是内燃机。往复活塞式内燃机、旋转活塞式内燃机和燃气轮机等都是内燃机，而往复活塞式内燃机在汽车上应用最为广泛。

2．四冲程发动机的 4 个行程中只有 1 个行程做功，其余 3 个行程不做功，所以单缸发动机运转平稳性较差，功率越大，平稳性就越差。而多缸发动机各缸的做功行程是错开的，按照工作顺序做功，即曲轴转两圈交替做功，因此，运转平稳，振动小。缸数越多，同时参与做功的气缸越多，发动机运转越平稳。

3．发动机的性能指标是用来衡量发动机性能好坏的标准，发动机的主要性能指标有动力性能指标、经济性能指标和环保性能指标等。

4．汽油机由机体组、两大机构和五大系统组成，即由机体组、曲柄连杆机构、配气机构、燃料供给系统、润滑系统、冷却系统、点火系统和起动系统组成；柴油机是压燃的，不需要点火系统，即由机体组、两大机构、四大系统组成。

5. 汽车发动机的有效扭矩、有效功率、有效燃油消耗率等主要性能指标随其运转工况（负荷、转速）变化的关系称为发动机的特性。

思 考 题

1．简述四冲程汽油机的工作过程。

2．汽油机通常由哪些机构和系统组成？

3．汽油机与柴油机各有哪些优缺点？

4．发动机的主要性能指标有哪些？

5．CA488 型四冲程汽油机有 4 个气缸，气缸直径 88mm，活塞行程 92mm，压缩比为 8。试计算其气缸工作容积、燃烧室容积和发动机排量。

第2章 汽车发动机曲柄连杆机构

导入图例（见图 2-1）：2021 年度“中国心”十佳发动机之奇瑞汽车 2.0TGDI 400T 发动机采用超轻量化的铝合金缸体、双质量飞轮、双平衡轴等先进技术。

图 2-1 奇瑞汽车 2.0TGDI 400T 发动机

2.1 曲柄连杆机构的作用及组成

曲柄连杆机构是发动机实现工作循环，用来传递力和改变运动方式，完成能量转换的传动机构。在工作中，曲柄连杆机构在做功行程中把活塞的往复直线运动转变成曲轴的旋转运动，对外输出动力；而在其他 3 个行程中，即进气、压缩、排气行程中又把曲轴的旋转运动转变成活塞的往复直线运动。同时将作用于活塞上的力转变为曲轴对外输出的转矩，以驱动汽车车轮转动。

曲柄连杆机构由机体组、活塞连杆组和曲轴飞轮组 3 部分组成，其主要零件如图 2-2 所示。

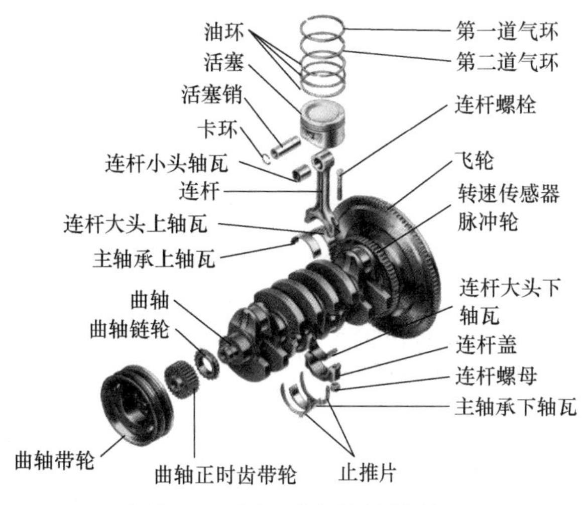

图 2-2 曲柄连杆机构主要零件

2.2 曲柄连杆机构的运动与受力

2.2.1 曲柄连杆机构的运动

以中心曲柄连杆机构（曲轴中心线位于气缸中心线上的曲柄连杆机构，见图 2-3）为例，设中心曲柄半径为 R，连杆长度为 L，根据力学推导，活塞的位移 x、速度 v、加速度 a 随曲轴转角 α 的变化关系为

$$x = R\left(1+\frac{\lambda}{2}\sin^2\alpha-\cos\alpha\right)$$

$$v = R\omega\left(\sin\alpha+\frac{\lambda}{2}\sin 2\alpha\right)$$

$$a = R\omega^2\left(\cos\alpha+\lambda\cos 2\alpha\right)$$

式中：λ——连杆比，$\lambda=R/L$，一般在 1/3～1/4；

ω——曲轴角速度，匀速运动时，它等于 $\frac{\pi n}{30}$；

n——曲轴转速，r/min。

图 2-4 所示为活塞位移、速度和加速度曲线。

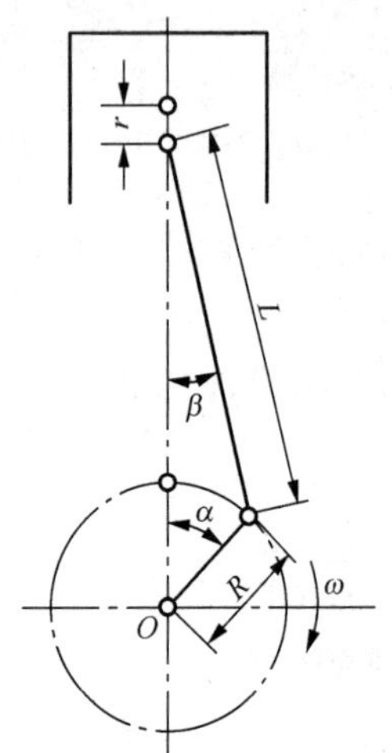

图 2-3　中心曲柄连杆机构简图

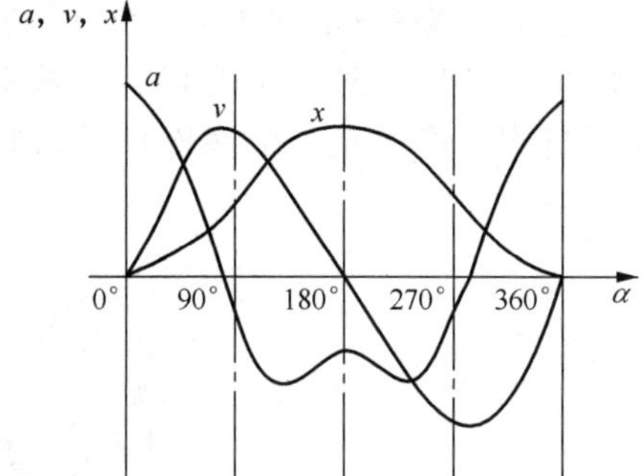

图 2-4　活塞位移、速度和加速度曲线

曲柄连杆机构的运动特点如下。

（1）虽然曲轴做匀速运动，活塞的速度却是不均匀的，它在上、下止点处速度等于零，在 α=90° 稍前处和 α=270° 稍后处达到最大值。即活塞从上止点向下止点运动和从下止点向上止点运动的约前半个行程是加速的，后半个行程是减速的。

活塞的运动情况

（2）由于活塞运动速度不均匀的变化，导致其加速度的变化，在速度为零处的加速度最大，而速度最大处的加速度等于零。加速度的变化，导致了惯性力的产生，使发动机产生冲击、振动和磨损，需要采取相应平衡措施。

2.2.2　曲柄连杆机构的工作条件及受力分析

发动机工作时，曲柄连杆机构直接与高温、高压气体接触；曲轴的旋转速度很高，活塞往复运动的线速度相当大，同时与可燃混合气和燃烧废气接触；此外曲柄连杆机构还受到化学腐蚀作用，并且润滑困难。可见，曲柄连杆机构的工作条件相当恶劣，它要承受高温、高压、高速和化学腐蚀作用。

由于曲柄连杆机构在高压下做变速运动，因此它在工作中的受力情况比较复杂。在此对受力情况进行简要分析。

曲柄连杆机构工作时所受的力主要有气体作用力、往复惯性力、离心力和摩擦力等。

1. 气体作用力

在工作循环中，气体压力是不断变化的，其瞬时最高压力，对汽油机和柴油机分别可达3～5MPa 和 6～9 MPa，这意味着作用在曲柄连杆机构上的瞬时冲击力可达数万牛。

（1）如图 2-5（a）所示，在做功行程中，受力分析如下。

F_P——燃烧气体作用在活塞顶部的力（可分解为 F_{P1} 和 F_{P2}）。

F_{P1} 可分解为 F_R 和 F_S。

F_R——法向力（曲柄销处及曲轴主轴颈处均承受压力）。

F_S——切向力（推动曲轴旋转）。

F_{P2}——侧压力（使气缸、活塞产生磨损，并使机体有翻转的趋势，故机体下部的两侧应固定在车架上，若有松动将造成发动机振动）。

（2）如图 2-5（b）所示，在压缩行程中，气体作用力变为阻力，活塞销处的侧压力与做功行程方向相反，因此活塞在往复运动的同时，还会摆动，造成活塞具有敲缸的趋势。

气体作用在缸套、活塞、活塞销和曲轴轴颈表面上的压力和作用点不断变化，造成各处磨损不均匀。

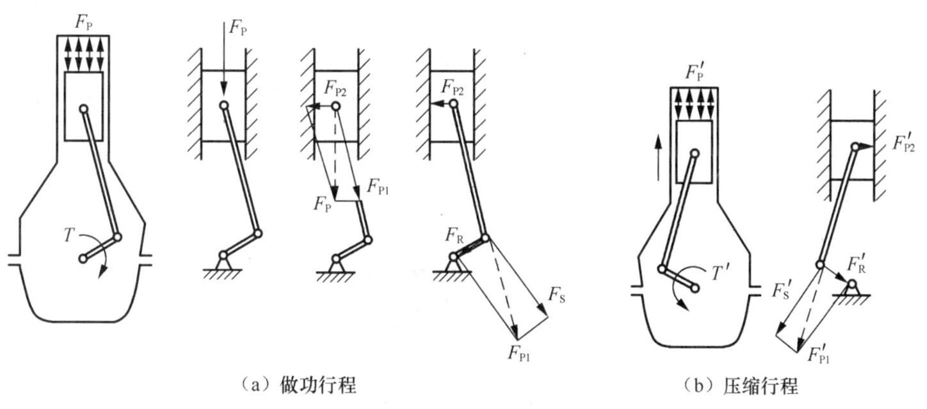

图 2-5　气体作用力受力分析

2. 往复惯性力与离心力

往复运动的物体，其运动速度不断发生变化，就会产生往复惯性力。而物体绕某一中心做旋转运动时，将会产生离心力。这两种力在曲柄连杆机构的运动中都是存在的。

（1）往复惯性力

往复惯性力是指活塞组件和连杆小头在气缸内做往复运动所产生的惯性力，其大小与机件的质量及加速度成正比，其方向与加速度方向相反。

当活塞从上止点向下止点运动时，其速度变化规律是：从零开始，逐渐增大，邻近中间位置时达到最大值，然后又逐渐减小至零。也就是说，当活塞向下运动时，前半行程时加速运动，惯性力向上，以 F_j 表示，如图 2-6（a）所示；后半行程是减速运动，惯性力向下，以 F_j' 表示，如图 2-6（b）所示。

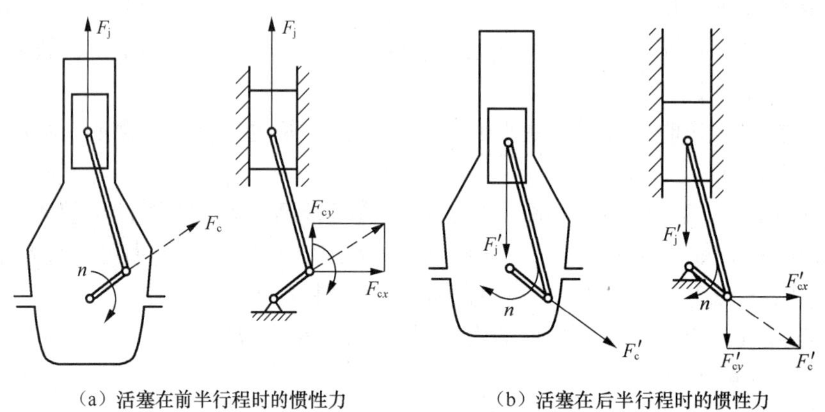

（a）活塞在前半行程时的惯性力　　（b）活塞在后半行程时的惯性力

图 2-6　往复惯性力与离心力

活塞、活塞销和连杆小头的质量越大，曲轴转速越高，则往复惯性力也越大。它使曲柄连杆机构的各零件和所有轴颈受周期性的附加载荷，加快轴承的磨损；未被平衡的变化着的惯性力传到气缸体后，还会引起发动机的振动。

采用双轴、单轴平衡机构可以平衡部分往复惯性力。

（2）离心力

曲柄、连杆轴颈、连杆大头等围绕曲轴轴线做圆周运动产生的离心惯性力，简称离心力。其大小与运动件的质量、旋转半径、角速度的平方成正比，其方向总是背离曲轴中心向外。

如图 2-6 所示，离心力 F_c 在垂直方向的分力 F_{cy} 与往复惯性力 F_j 方向总是一致的，因而加剧了发动机的上下振动。离心力使连杆大头的轴瓦和曲柄销、曲轴主轴颈及轴承受到另一附加载荷，增加了它们的变形和磨损速度。

在曲轴的曲柄臂上装平衡重（见图 2-7），可以平衡离心力。

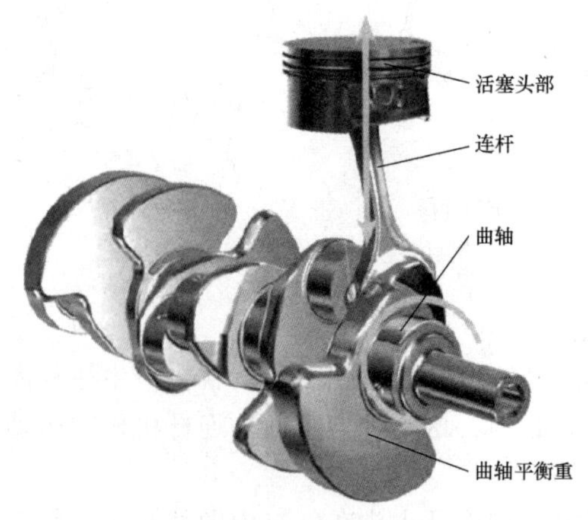

图 2-7　曲轴平衡重

3. 摩擦力

任何一对互相压紧并做相对运动的零件表面之间都存在摩擦力，其大小与对摩擦面形成的正压力和摩擦系数成正比，其方向与相对运动的方向相反。摩擦力是造成零件配合表面磨损的根源。

上述各种力作用在曲柄连杆机构和机体的各有关零件上，使它们受到压缩、拉伸、弯曲和扭转等不同形式的载荷。为了保证工作可靠、减少磨损，在结构上必须采取相应的措施。

2.3 机体组

机体组是发动机的骨架，是发动机各机构和各系统的安装基础，其内、外安装着发动机的所有主要零件和附件，承受各种载荷。因此，机体组必须要有足够的强度和刚度。机体组主要由气缸盖罩、气缸盖、气缸体、气缸套、曲轴箱、油底壳和气缸衬垫等零件组成（见图 2-8）。

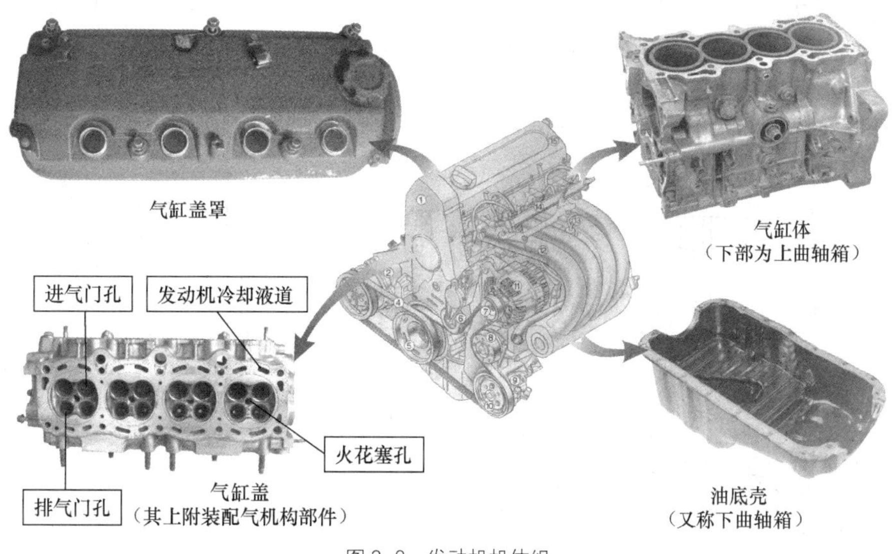

图 2-8 发动机机体组

2.3.1 气缸体

水冷式发动机的气缸体和上曲轴箱常铸成一体，仍称为气缸体（Cylinder Block），如图 2-9 所示。气缸体上半部有若干个为活塞在其中运动导向的圆柱形空腔，称为气缸。下半部为支承曲轴的曲轴箱，其内腔为曲轴运动的空间。气缸体作为发动机各个机构和系统的装配基体，由于承受高温、高压气体作用力，而且活塞在其中做高速往复运动，因而要求它应具有足够的强度和刚度。为减轻发动机的整体重量，还要求气缸体结构紧凑、重量较轻。

图 2-9 JL462 气缸体实例

气缸体一般用高强度灰铸铁或铝合金铸造，在气缸体内部铸有许多加强肋、冷却液套和润滑油道等。近年来，轿车发动机气缸体材料多采用铝合金，使发动机重量更轻，更加节能。

1．气缸体的分类

气缸体的构造与曲轴箱结构形式、气缸排列形式有关。

（1）按照气缸体与油底壳安装平面的位置不同分类

根据气缸体与油底壳安装平面的位置不同，通常把气缸体分为以下 3 种形式。

① 一般式气缸体。一般式气缸体[见图 2-10（a）]的结构特点是油底壳安装平面和曲轴旋转中心在同一高度。这种气缸体的优点是机体高度小，重量轻，结构紧凑，便于加工，曲轴拆装方便；其缺点是刚度较差。它多用于中小型汽油发动机，如 BJ492Q、CA488-3 型发动机及夏利、富康、马自达等轿车用发动机。

② 龙门式气缸体。龙门式气缸体[见图 2-10（b）]的特点是油底壳安装平面低于曲轴的旋转中心。它的优点是刚度较好，密封简单、可靠，维修方便；其缺点是工艺性较差，结构笨重，加工较困难。很多发动机都采用龙门式气缸体，如一汽-大众奥迪 100、捷达、高尔夫、宝来和上汽大众桑塔纳轿车等。

③ 隧道式气缸体。这种形式的气缸体的主轴承座孔为整体式[见图 2-10（c）]，主轴承座孔较大，曲轴从气缸体后部装入。其优点是结构紧凑，刚度和强度好，主轴承的同轴度易保证；其缺点是加工精度要求高，工艺性较差，曲轴拆装不方便。隧道式气缸体多用于主轴承采用滚动轴承的负荷较大的柴油机，如黄河 JN1181C13 型汽车装用的 6135Q 型柴油发动机。

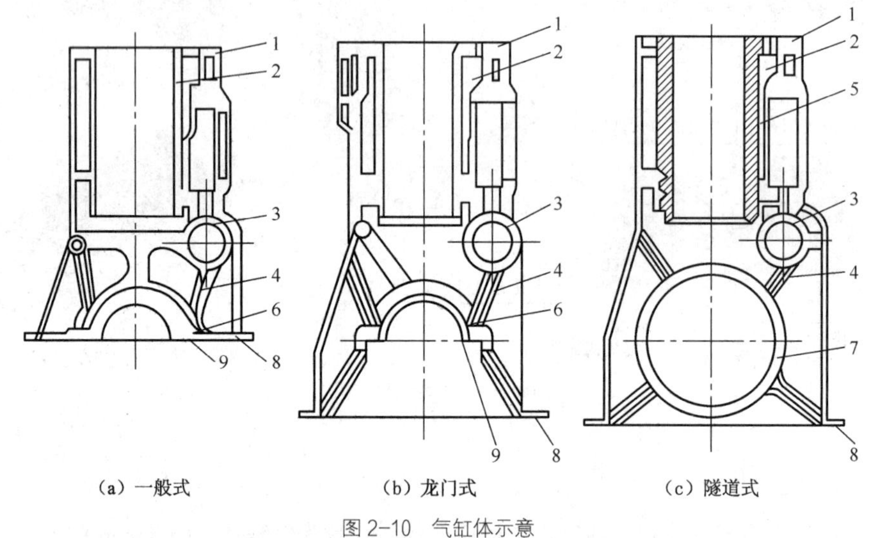

图 2-10 气缸体示意

1—气缸体；2—水套；3—凸轮轴座孔；4—加强肋；5—湿缸套；6—主轴承座；7—主轴承座孔；8—安装油底壳加工面；9—安装主轴承加工面

（2）按照气缸排列方式的不同分类

按照气缸排列方式的不同，气缸体还可以分成直列式、V 形和对置式 3 种，如图 2-11 所示。

对于多缸发动机，气缸的排列形式决定了发动机的外形尺寸和结构特点，对发动机气缸的刚度和强度也有影响，并关系到汽车的总体布置。

① 直列式。发动机的各个气缸排成一列，一般是垂直布置的[见图 2-11（a）]。直列式气缸体结构简单，加工容易，但发动机长度和高度较大。一般六缸以下发动机多采用直列式，如捷达轿车、富康轿车、红旗轿车所使用的发动机均采用这种直列式气缸体。有的汽车为了

降低发动机的高度，将发动机倾斜一定角度。

② V 形。气缸排成两列，左右两列气缸中心线的夹角 γ 小于 180°，称为 V 形气缸体[见图 2-11（b）]。V 形式气缸体与直列式气缸体相比，缩短了机体长度和高度，增加了气缸体的刚度，减轻了发动机的重量，但加大了发动机的宽度，且形状较复杂，加工困难，一般用于八缸以上的发动机，但六缸发动机也采用这种形式的气缸体。

③ 对置式。气缸排成两列，左右两列气缸在同一水平面上，即左右两列气缸中心线的夹角等于 180°，称为对置式气缸体[见图 2-11（c）]。它的特点是高度小，总体布置方便，有利于风冷，这种气缸应用较少。目前，世界上只有保时捷和斯巴鲁（见图 2-12）在使用水平对置式发动机。

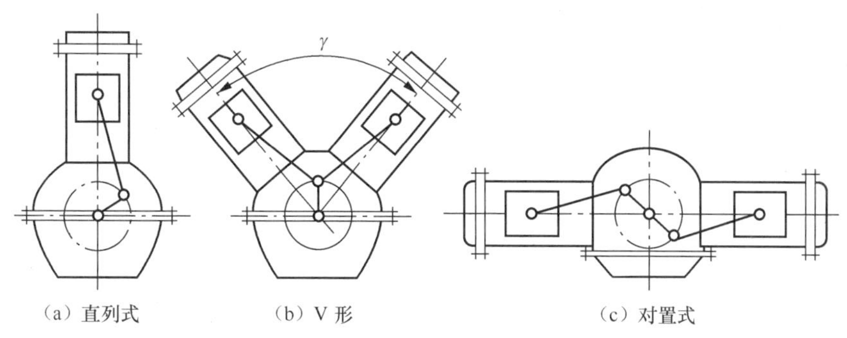

图 2-11　多缸发动机气缸排列形式

德国大众汽车公司专属技术将 V 形发动机每侧气缸再进行小角度错开，即两个小 V 形组成一个大 W 形。W 形发动机比 V 形发动机更节省空间，重量更轻；但发动机宽度更大，发动机舱更满。大众旗下的辉腾 6.0L 和奥迪 A8L 6.0L 都采用 W12 发动机（见图 2-13），布加迪威龙采用 8.0L W16 发动机。

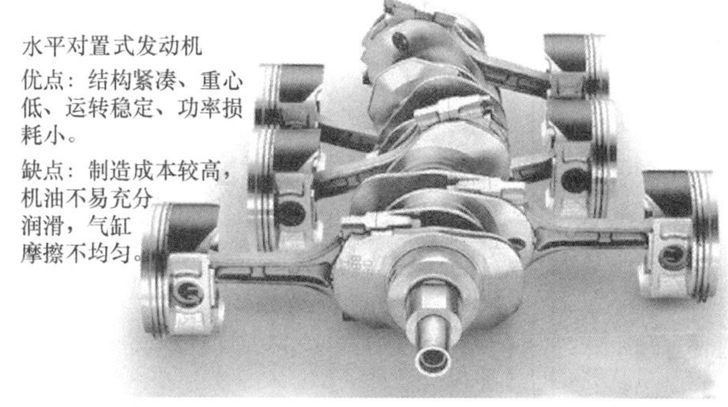

图 2-12　斯巴鲁水平对置式发动机

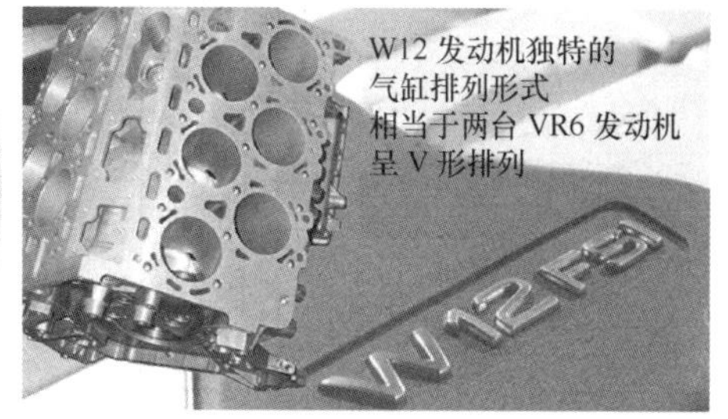

图 2-13　W12 发动机气缸体

2. 冷却液套

为了使气缸内表面能够在高温下正常工作，必须对气缸和气缸盖适当地进行冷却。冷却方式主要有两种，一种是水冷，如图 2-14（a）所示；另一种是风冷，如图 2-14（b）所示。

水冷发动机的气缸周围和气缸盖中都加工有冷却液套，水套中的冷却液流过高温零件的周围时会带走多余的热量，其中气缸体和气缸盖内的水套相通，冷却液在水套内不断循环，带走部分热量，对气缸和气缸盖起冷却作用。发动机用空气冷却时，在气缸体和气缸盖外表面铸有许多散热片，以增加散热面积，保证散热充分。一般风冷发动机的气缸体与曲轴箱是分开铸造的。

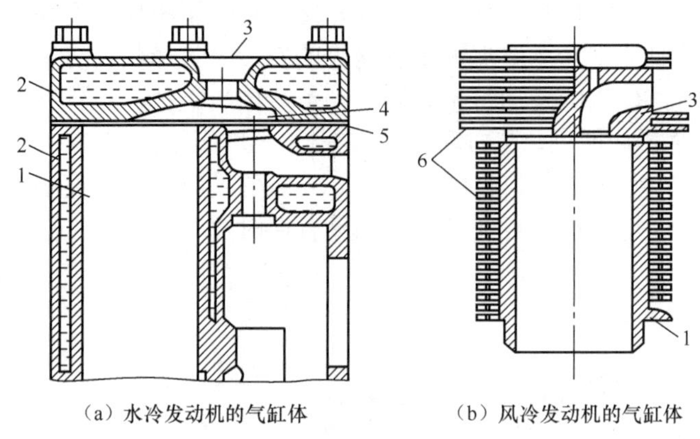

图 2-14　两种冷却方式

1—气缸；2—冷却液套；3—气缸盖；4—燃烧室；5—气缸衬垫；6—散热片

3. 气缸套

气缸内表面由于受高温、高压燃气的作用并与高速运动的活塞接触而极易磨损。为了提高耐磨性，有些气缸采用表面处理，如表面淬火、镀铬等；有的则采用优质材料，但成本高。目前广泛采用的方法是气缸体内镶入耐磨性较好的气缸套。对于铝合金气缸体而言，因其耐磨性不好，必须镶以气缸套。气缸套常由片状石墨铸铁添加微量铬、钼和镍，用离心铸造法制成。它具有使用寿命长、耐磨性好、检修方便及制造费用低等优点。根据是否与冷却液相接触，气缸套分为干式和湿式两种（见图 2-15）。

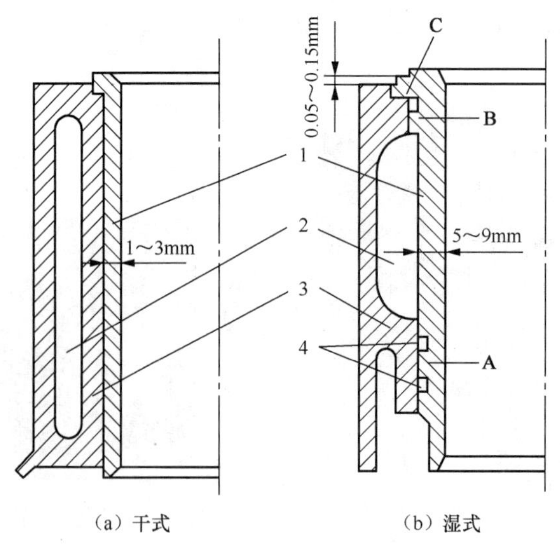

图 2-15　气缸套

1—气缸套；2—水套；3—气缸体；4—橡胶密封圈；A—下支承密封带；B—上支承密封带；C—缸套凸缘平面

干式气缸套[见图 2-15（a）]的特点是气缸套装入气缸体后，其外壁不直接与冷却液接触而和气缸体的壁面接触，壁厚较薄，一般为 1～3mm。干式气缸套强度和刚度较好，但加工比较复杂，内、外表面都需要精加工，拆装不方便，散热不良。汽油机气缸体多装用干式气缸套。

湿式气缸套[见图 2-15（b）]的特点是气缸套装入气缸体后，其外壁直接与冷却液接触，气缸套仅在上、下部各有一圆环地带和气缸体接触，壁厚一般为 5～9mm。为防止漏液，气缸套下部 A 处通常设有 1～3 道耐油、耐热橡胶密封圈。湿式气缸套装入座孔后，通常其顶面高出气缸体上平面 0.05～0.15mm，使得当紧固气缸盖螺栓时，可将气缸衬垫压得更紧，以保证气缸的密封性，防止冷却液和气缸内高压气体窜漏。

湿式气缸套散热良好，冷却均匀，加工容易，通常只需要加工内表面，而与冷却液接触的外表面不需要加工，拆装方便；其缺点是强度、刚度都不如干式气缸套好，且易漏液、漏气。柴油发动机多装用湿式气缸套。

2.3.2　气缸盖

气缸盖（Cylinder Head）（见图 2-16）安装在气缸体的上面，其主要功用是封闭气缸上部，并与活塞顶部和气缸壁一起形成燃烧室。它经常与高温、高压燃气相接触，因此需要承受很大的热负荷和机械负荷。水冷发动机的气缸盖内部制有冷却液套，气缸盖下端面的冷却液孔与缸体的冷却液孔相通，利用循环冷却液来冷却燃烧室等高温部分。

气缸盖上装有进、排气门座，气门导管孔，用于安装进、排气门，还有进气通道和排气通道等。汽油机的气缸盖上加工有安装火花塞的孔（见图 2-8），而柴油机气缸盖上加工有安装喷油器的孔。顶置凸轮轴式发动机的气缸盖上还加工有凸轮轴轴承孔，用以安装凸轮轴。

图 2-16　JL462 气缸盖实例

在多缸发动机的系列中，只覆盖部分气缸的气缸盖（每一缸、两缸或三缸共用一个气缸盖）称为分开式气缸盖；能覆盖全部气缸的气缸盖则称为整体式气缸盖，图 2-17 所示为上汽大众桑塔纳轿车发动机气缸盖的分解图。采用整体式气缸盖可以缩短气缸中心距和发动机的总长度；其缺点是刚度较差，在受热和受力后容易变形而影响密封性，损坏时须整个更换。为制造和维修方便，减小变形对密封性的影响，功率较大、缸径较大的柴油机多采用分开式气缸盖，而汽油机因缸径较小，缸盖负荷较小，一般采用整体式气缸盖。

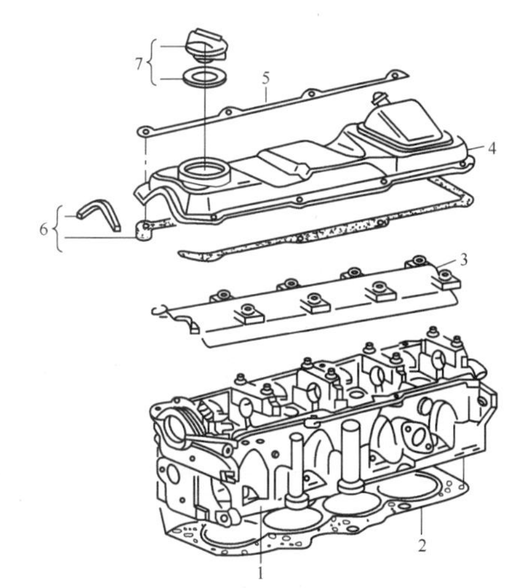

图 2-17　上汽大众桑塔纳轿车发动机气缸盖

1—气缸盖；2—气缸衬垫；3—机油反射罩；4—气缸盖罩；5—压条；6—气门罩垫；7—加油盖

气缸盖形状复杂，其材料多采用优质灰铸铁或合金铸铁。铝合金的导热性好，有利于提高压缩比，更能满足高速、高负荷时强化汽油机散热的需要，所以近年来铝合金气缸盖使用越来越广泛，有取代铸铁的趋势，如上汽大众桑塔纳、大众 POLO，天津一汽夏利，神龙富康等轿车发动机均采用铝合金气缸盖。铝合金气缸盖的缺点是刚度低，使用中容易变形。

2.3.3 气缸盖罩与气缸衬垫

1．气缸盖罩

气缸盖罩（Cylinder Head Cover）（见图 2-8）用缸盖螺栓固定在气缸盖上部，起封闭及防尘作用，一般为薄钢板冲压而成。

2．气缸衬垫

气缸衬垫（Cylinder Head Gasket）是气缸体顶面与气缸盖底面之间的密封件。其作用是保证气缸密封不漏气，保证由气缸体流向气缸盖的冷却液和机油不泄漏。气缸衬垫承受拧紧气缸盖螺栓时造成的压力，并受到气缸内燃烧气体高温、高压的作用以及机油和冷却液的腐蚀。因此，气缸衬垫应该具有足够的强度，并且要耐压、耐热和耐腐蚀。另外，它还需要有一定的弹性，以补偿气缸体顶面和气缸盖底面的粗糙度、不平度以及发动机工作时反复出现的变形。同时，气缸衬垫还应拆装方便，能重复使用，寿命长。

目前应用较多的有两种气缸衬垫：金属-石棉气缸衬垫[见图 2-18（a）～（d）]，以石棉为坯体，外包铜皮或钢皮，还有的以钢丝或带孔钢板为骨架，外附石棉而成，气缸孔、油孔、水孔周围用金属包边。纯金属气缸衬垫[见图 2-18（e）]，用优质的铝板或不锈钢叠片制成。

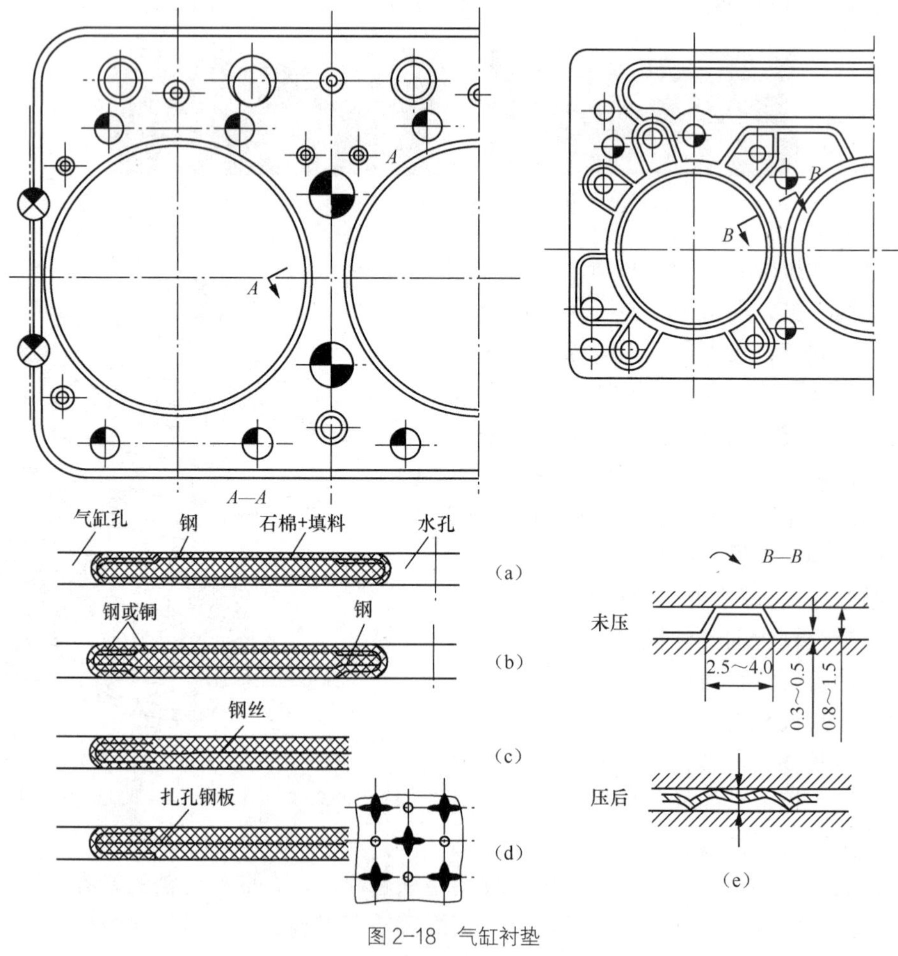

图 2-18　气缸衬垫

近年来，德国 Elring 公司开发了一些新型气缸衬垫。

FW（钢板-软材料）气缸衬垫，软材料由非石棉材料，如纤维、填料、黏结介质和疏水的掺和剂等制成。这种气缸衬垫高温稳定性好，匹配能力优良，回弹能力好。

MLC（金属-涂层）气缸衬垫，该气缸衬垫为多层特殊金属涂层的组合。钢板一般采用奥氏体弹簧钢制造，中间层和密封部位采用不锈钢或耐腐蚀的镍铬钢，涂层为弹性的，气缸衬垫安装后，弹性涂层能起到更好的密封作用。

ME（金属-弹性体）气缸衬垫，其特点是采用弹性体作为密封媒介，密封接触面压力小，弹性体与接触面匹配性良好，可应用在密封间隙变化的部位。轻型发动机采用这种气缸衬垫比较理想。

2.3.4 油底壳

油底壳（Oil Pan）主要用来储存机油和封闭曲轴箱，同时也起到机油散热的作用。油底壳受力很小，一般采用薄钢板冲压而成（见图 2-19），其形状取决于发动机的总体布置和机油的容量。有的发动机为达到良好的散热效果，采用带有散热筋片的铝合金铸造而成的轻金属油底壳。

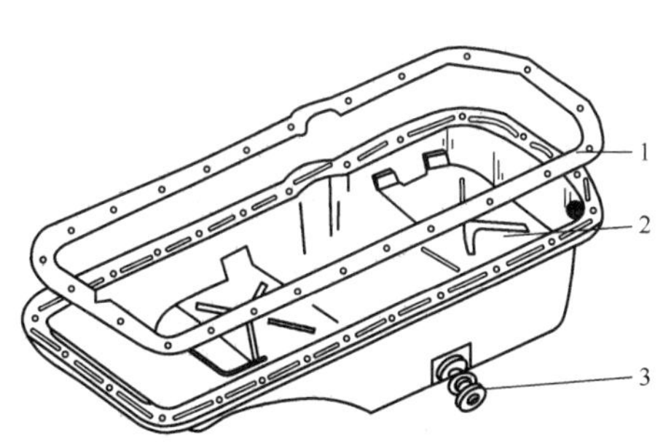

图 2-19 油底壳

1—衬垫；2—稳油挡板；3—放油螺塞

为保证发动机纵向倾斜时机油泵仍能吸到机油，机油泵所在部位的油底壳中部或后部做得较深。油底壳内装有稳油挡板，以减轻汽车颠簸时油面的波动。底部还装有带磁性的放油螺塞，以吸附润滑油中的金属屑，减少发动机的磨损。

2.3.5 汽车发动机的支承

在汽车上，发动机一般与离合器、变速器三者安装成一体，通常称之为动力总成。动力总成通过曲轴箱和离合器或变速器的壳体支承在车架上，其支承方式一般有三点支承和四点支承两种（见图 2-20）。三点支承可布置成前一后二或前二后一，而四点支承前后各有 2 个支承点。

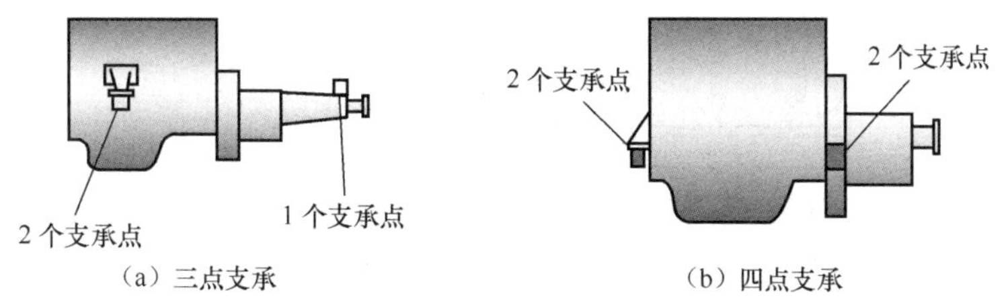

图 2-20 汽车发动机的支承

2.4 活塞连杆组

活塞连杆组主要包括活塞、活塞环、连杆等零件，如图 2-21 所示。它的功用是将可燃混合气燃烧产生的压力通过活塞销和连杆传递给曲轴，将活塞的往复直线运动转化为曲轴的旋转运动。

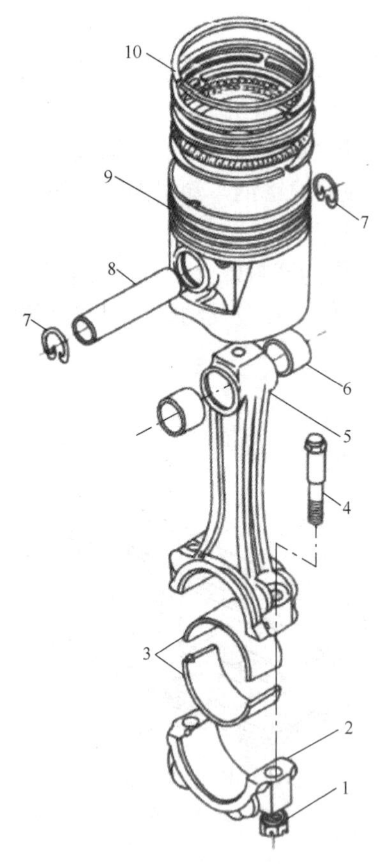

图 2-21　活塞连杆组

1—连杆螺母；2—连杆盖；3—连杆轴承；4—连杆螺栓；5—连杆；6—连杆衬套；7—活塞销卡环；8—活塞销；9—活塞；10—活塞环

2.4.1　活塞

活塞的作用

活塞（Piston）（见图 2-22）的主要功用是承受气缸中可燃混合气燃烧产生的压力，并将此力通过活塞销和连杆传给曲轴；此外，活塞还与气缸盖、气缸壁共同组成燃烧室。

图 2-22　活塞实物

活塞工作环境非常恶劣，顶部直接与高温、高压且具有腐蚀性的燃气接触，活塞承受周期性变化的气体压力和惯性力的作用，且散热及润滑条件差。因此，选用活塞材料时，应考虑其强度、刚度、密度和耐磨性等。

目前，汽油发动机活塞的材料广泛采用铝合金。铝合金制成的活塞重量轻，导热性好，但其膨胀系数大。汽车柴油机的活塞需承受高机械负荷，故常采用合金铸铁和耐热钢制造。

活塞基本结构如图 2-23 所示，可分为活塞顶部、活塞头部和活塞裙部 3 个部分。

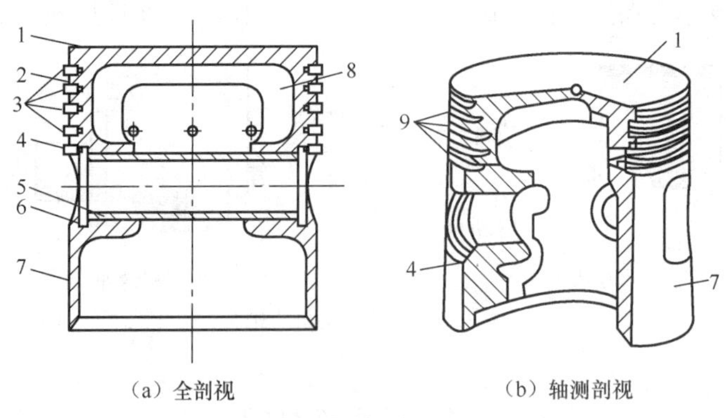

图 2-23　活塞的基本结构

1—活塞顶；2—活塞头；3—活塞环；4—活塞销座；5—活塞销；6—活塞销卡环；7—活塞裙；8—加强肋；9—环槽

1．活塞顶部

活塞顶部是燃烧室的组成部分，因而常制成不同的形状，活塞顶部的形状与选用的燃烧室形状有关。

汽油机活塞顶部的形状可分为四大类，即平顶活塞、凸顶活塞、凹顶活塞和成形顶活塞，如图 2-24 所示。汽油机活塞顶部多采用平顶，以使燃烧室结构紧凑。平顶活塞散热面积小，并且制造工艺简单。有些汽油机为了改善混合气形成和燃烧而采用凹顶活塞，通过改变活塞顶部凹坑的尺寸还可以调节发动机的压缩比。凸顶活塞常用于二冲程汽油机。成形顶活塞一般适应于对燃烧室有特殊要求的汽油机。

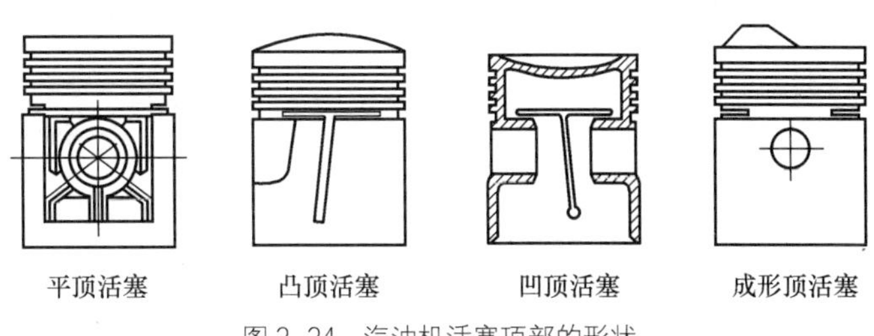

图 2-24　汽油机活塞顶部的形状

柴油机活塞顶部（见图 2-25）多采用各种各样的凹坑。凹坑的形状、位置和大小必须与柴油机混合气形成或燃烧室要求相适应。

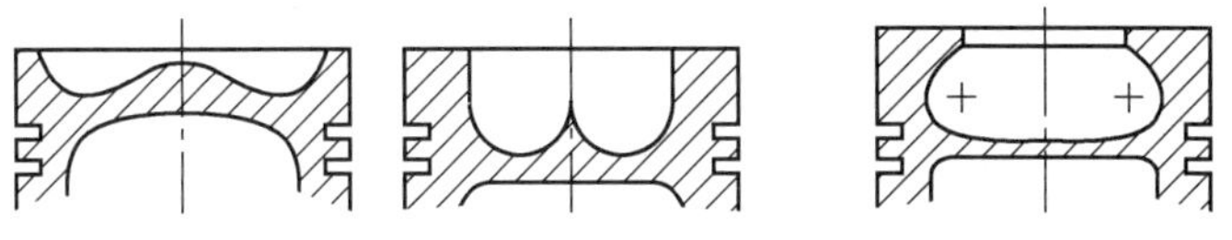

图 2-25　柴油机活塞顶部的形状

2. 活塞头部

活塞顶部至最下面一道活塞环槽之间的部分称为活塞头部。其作用是承受气体压力，通过活塞销传给连杆，防止漏气，并将热量通过活塞环传给气缸壁。活塞头部切有若干环槽，用以安装活塞环。上面的 2～3 道环槽用来安装气环，下面的 1～2 道环槽用来安装油环。油环槽底部加工有回油孔或横向切槽，油环从气缸壁上刮下来的多余机油经回油孔或横向切槽流回油底壳。

活塞头部应该足够厚，从活塞顶部到环槽区的断面变化要尽可能圆滑，过渡圆角应足够大，以减小热流阻力，便于热量从活塞顶部经活塞环传给气缸壁，使活塞顶部的温度不致过高。在第一道气环槽上方设置一道较窄的隔热槽（见图 2-26）的作用是隔断由活塞顶部传向第一道活塞环的热流，使部分热量由第二、三道活塞环传出，从而可以减轻第一道活塞环的热负荷，改善其工作条件，防止活塞环黏结。活塞环槽的磨损是影响活塞使用寿命的重要因素。在强化程度较高的发动机中，第一道环槽温度较高，磨损严重。为了增强环槽的耐磨性，通常在第一道环槽或第一、二道环槽处镶嵌耐热护圈（见图 2-26）。在高强化直喷式柴油机中，在第一道环槽和燃烧室喉口处均镶嵌耐热护圈，以保护喉口不致因为过热而开裂。

3. 活塞裙部

活塞裙部指从油环槽下端面起至活塞最下端的部分，它包括安装活塞销的销座孔。其作用是引导活塞在气缸中做往复运动和承受气缸壁传给活塞的侧压力，并将头部传下来的气体压力通过活塞销座、活塞销传给连杆。活塞裙部的长短取决于侧压力的大小和活塞直径。所谓侧压力是指在压缩行程和做功行程中，作用在活塞顶部的气体压力的水平分力。压缩行程和做功行程气体的侧压力方向正好相反（见图 2-27 中虚线箭头所示），由于燃烧压力高于压缩压力，所以，做功行程中的侧压力也大大高于压缩行程中的侧压力。活塞裙部承受侧压力的两个侧面称为推力面，推力面处于与活塞销轴线相垂直的方向上。

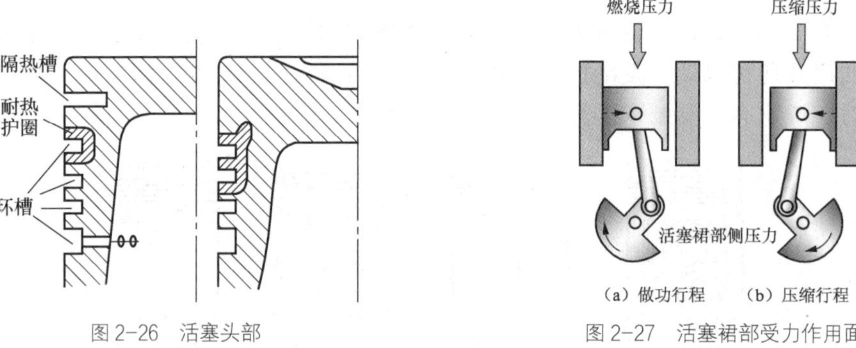

图 2-26　活塞头部

图 2-27　活塞裙部受力作用面

发动机工作时，活塞在气体力和侧向力的作用下发生机械变形，而活塞受热膨胀时还会发生热变形，为使活塞在各种工况下均能与气缸壁间保持合理的密封和运动间隙，制造活塞时通常采取以下结构措施。

（1）将活塞裙部在高度方向上制成阶梯形[见图 2-28（a）]或近似的圆锥形[见图 2-28（b）]，以补偿活塞裙部热膨胀量上大下小的情况，保证活塞在工作状态（热态）下整体形状接近一个圆柱形。

（2）将活塞裙部制成椭圆形，椭圆的长轴在垂直于活塞销座孔轴线的方向。在铸造时使活塞销座外端面凹陷 0.5～1.0mm，或截去一小部分。这主要是由于活塞受热时，活塞销座孔部分的金属厚，受热膨胀量大，故沿活塞销座轴线方向的变形量大于其他方向。同时，活塞承受的气体力及侧向力也使活塞裙部在活塞销座孔轴线方向变形较大。

（3）活塞裙部开膨胀槽和绝热槽[见图 2-28（c）]。膨胀槽可使裙部具有一定的弹性，使冷态下的装配间隙尽量减小，而热态时因膨胀槽首先变窄的补偿作用使活塞不致在气缸中“卡死”；绝热槽可减少活塞头部的热量向裙部扩散。绝热槽开在油环槽中时，还可兼作机油的回油槽。

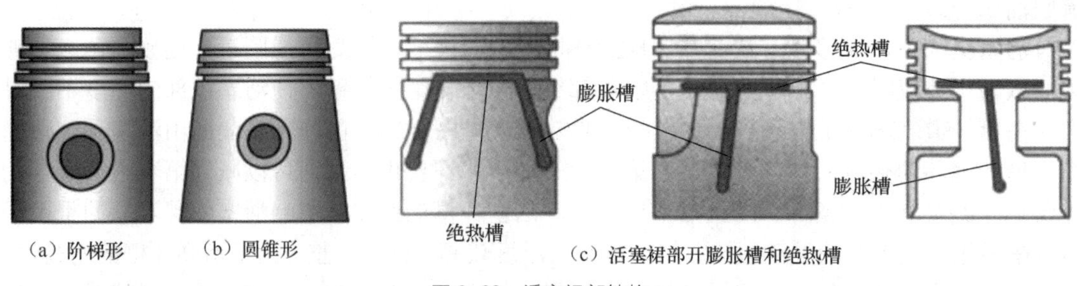

图 2-28　活塞裙部结构

（4）采用双金属活塞，即在活塞裙部或活塞销座内铸入或嵌入膨胀系数低的钢片，以减少活塞裙部的膨胀量。一种方法是在活塞裙部或活塞销座内镶铸膨胀系数低的恒范钢片[见图 2-29（a）]。恒范钢片是镍的质量分数为 33%～36%的低碳合金钢，其膨胀系数仅为铝合金的 10%左右。活塞销座通过恒范钢片与裙部相连，故活塞销座的膨胀对裙部无直接影响。另一种方法是将低碳钢片贴在销座铝层内侧[见图 2-29（b）]，依靠钢片的牵制作用及钢片和铝层之间的双金属效应来减少裙部侧压力方向上的膨胀量。由于双金属效应对膨胀的控制作用与温度有

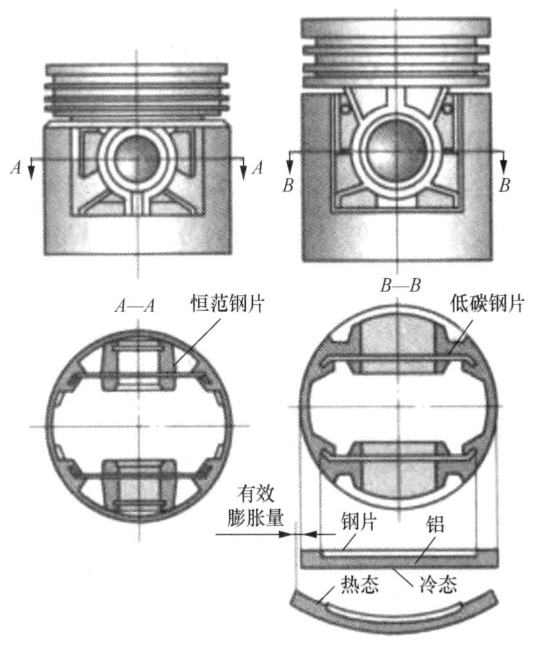

（a）恒范钢片式活塞　（b）热膨胀自动调节式活塞

图 2-29　双金属活塞

关，故称为热膨胀自动调节式活塞。

在活塞裙部表面涂以保护层，可以改善铝合金活塞的磨合性，主要有铅保护层、锡保护层、石墨保护层、磷化保护层等。一般汽油机的铸铝活塞裙部外表面镀锡，柴油机的铸铝活塞裙部外表面磷化。

4．活塞销座孔

活塞销偏置时的工作情况

活塞销座孔的作用是安装活塞销，并将气体的压力传给连杆。活塞销座孔位于活塞的中部，为厚壁圆筒状结构，通常有加强肋与活塞内壁相连，以提高其刚度。座孔外端制有卡环槽，用来安装卡环以限制活塞销的轴向窜动。一般座孔的中心线与活塞中心线垂直相交。但也有一些高速汽油机的活塞销座孔中心线偏离活塞中心线平面，如图 2-30 所示。活塞销座轴线向做功行程中受侧压力较大的面偏移了一段距离 e，这是为了防止活塞销越过上止点发生敲缸现象。但这种活塞偏置结构，却使活塞裙部两端的尖角负荷增大，并引起这些部位的磨损或变形增大，因此要求活塞的间隙尽可能地减小。

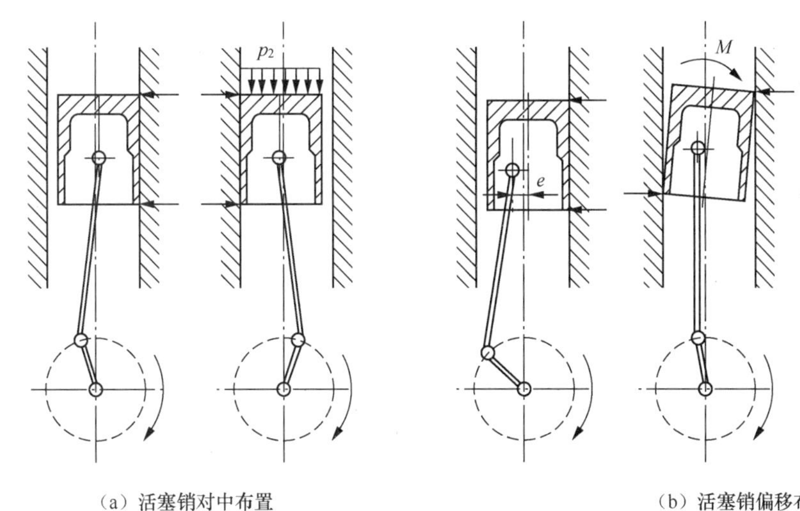

（a）活塞销对中布置　（b）活塞销偏移布置

图 2-30　活塞销座孔位置

5．活塞的冷却

高强化发动机尤其是活塞顶部有燃烧室凹坑的柴油机，为了减轻活塞顶部和活塞头部的热负荷而采用油冷活塞。用机油冷却活塞的方法有以下几种。

（1）自由喷射冷却法，如图 2-31（a）所示。从连杆小头上的喷油孔或从安装在机体上的喷嘴向活塞顶内壁喷射机油。

（2）振荡冷却法，如图 2-31（b）所示。从连杆小头上的喷油孔将机油喷入活塞内壁的环形油槽中，由于活塞的运动使机油在槽中产生振荡以冷却活塞。

（3）强制冷却法，如图 2-31（c）所示。在活塞头部铸出冷却油道或铸入冷却油管，使机油在其中强制流动以冷却活塞。强制冷却法在增压发动机中广泛采用。

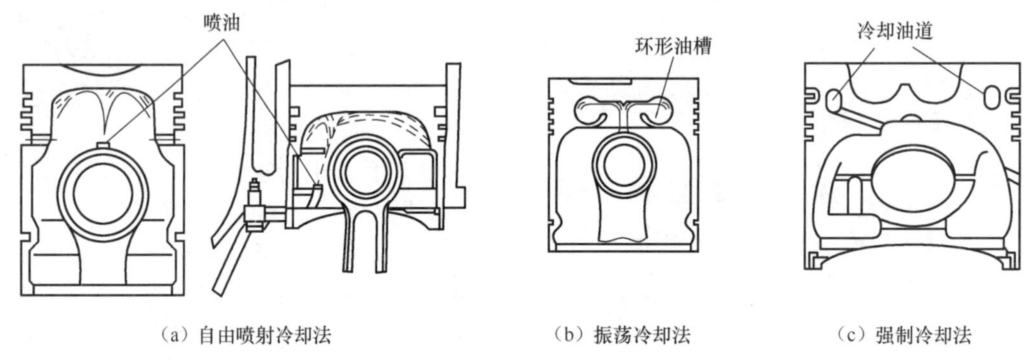

图 2-31 油冷活塞

2.4.2 活塞环

活塞环（Piston Rings）是具有弹性的开口环，分为气环和油环，如图 2-32 所示。气环保证气缸与活塞间的密封性，防止漏气，并且要把活塞头部吸收的大部分热量传给气缸壁，由冷却液带走。油环起刮油和布油的作用，下行时刮除气缸壁上多余的机油，上行时在气缸壁上铺涂一层均匀的油膜，既可防止机油窜入燃烧室，又可减小活塞及活塞环与气缸壁的磨损。此外，油环还能起到封气的辅助作用。

活塞环的作用

活塞环在高温、高压、高速和润滑极其困难的条件下工作，因而是发动机上使用寿命最短的零件（尤其是第一道气环）。活塞环工作时受到气缸中高温、高压燃气的作用，温度很高（特别是第一道环温度可高达 600K），并且在气缸内随活塞一起做高速运动，加上高温下机油可能变质，使活塞环的润滑条件变差，难以保证良好的润滑，因而磨损严重。另外，由于气缸壁的锥度和椭圆度，活塞环随活塞往复运动时，会沿径向产生一张一缩运动，使活塞环受到交变应力而容易折断。因此，要求活塞环弹性好、强度高、耐磨损。

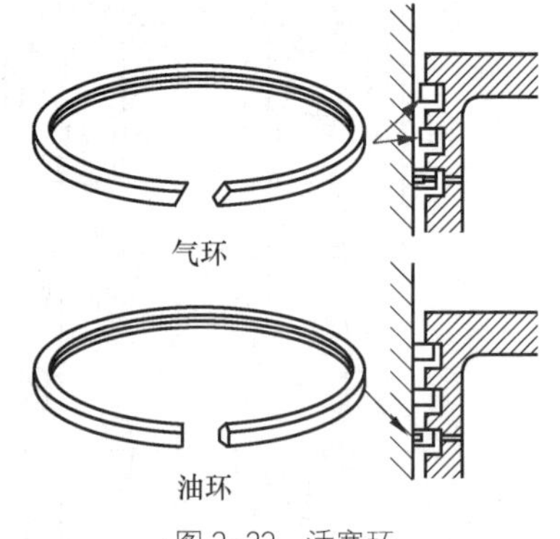

图 2-32 活塞环

活塞环的材料多采用合金铸铁或球墨铸铁。在活塞环的表面应涂以保护层，如磷化或镀锌、喷钼等，能改善活塞环的滑动性能和耐磨性能。对于承受压力最大的第一道气环，其工作表面常镀上多孔性铬层。多孔性铬层硬度高，能储存少量的润滑油，可以改善润滑条件，延长活塞环的使用寿命。但这种活塞环不能用于同样镀了硬铬的气缸内，否则会破坏其耐磨性。例如，上汽大众桑塔纳轿车的活塞装有两道气环。第一道气环采用球墨铸铁，外圆表面镀了 0.1mm 厚的铬，两端面都进行了磷化处理；第二道气环采用灰铸铁材料，而气缸内壁无镀铬层。

1．气环

（1）气环密封原理。气环在自由状态下的外圆直径略大于气缸直径，随活塞装入气缸后便靠其弹力（F_1）紧贴在气缸壁上，形成第一密封面（见图 2-33）。当少量气体窜入环槽内时，会形成背压力（F_2）作用在活塞环的背面，加强了第一密封面的密封作用。同时，气环在燃气压力（F_3）作用下被压向环槽下端面，形成第二密封面，使其密封性能显著提高。几道气环的切口错开布置，这样形成"迷宫式"封气系统，由于侧隙、开口间隙和背隙都很小（见图 2-34），气体在通道内的流动阻力很大，致使气体压力 P 迅速下降（见图 2-35），最后漏入曲轴箱内的气体量很少，一般仅为进气量的 0.2%～1.0%。

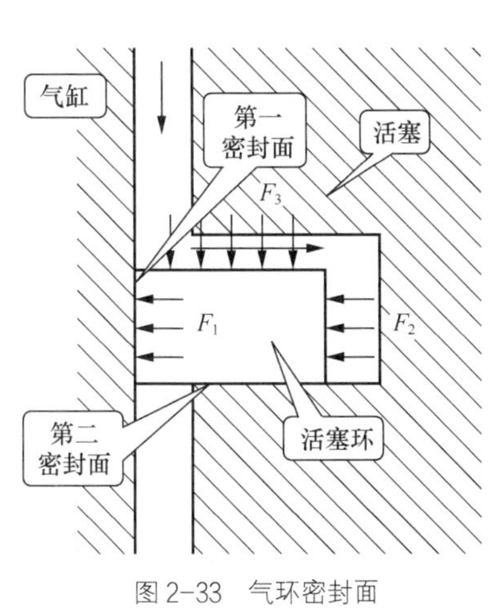

图 2-33　气环密封面

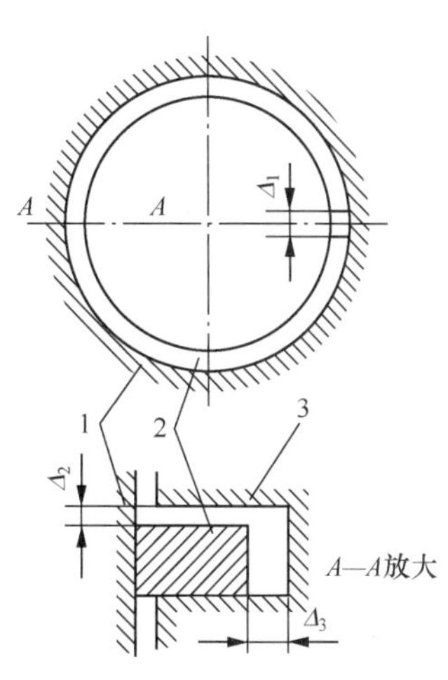

图 2-34　活塞环间隙

1—气缸；2—活塞环；3—活塞；Δ_1—开口间隙；Δ_2—侧隙；Δ_3—背隙

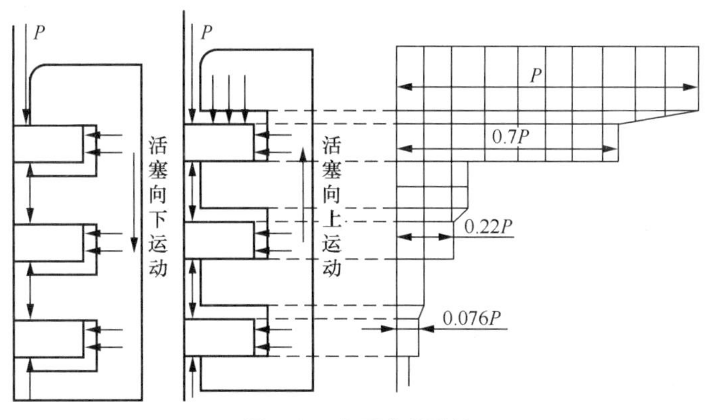

图 2-35　气环密封原理

（2）气环切口形状，如图 2-36 所示。切口形状对漏气量有一定影响。直切口工艺性好，但密封性差；阶梯形切口密封性好，工艺性差；斜切口的密封性和工艺性介于前两种切口之间，斜角一般为 30° 或 45° 。

（3）气环的断面形状。气环的断面形状多种多样，最常见的有矩形环、锥面环、扭曲环、梯形环和桶面环等，如图 2-37 所示。

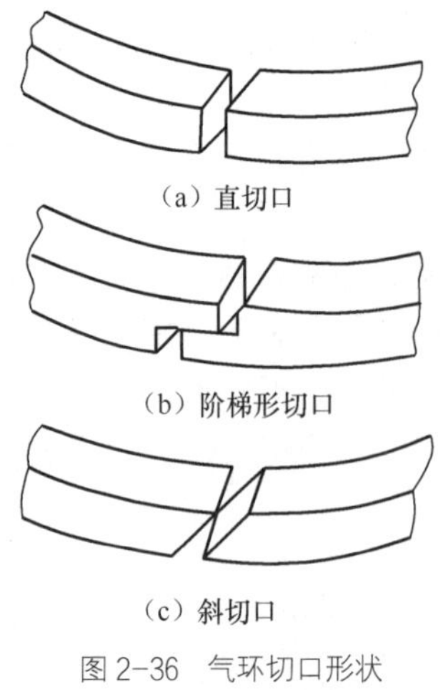

图 2-36 气环切口形状

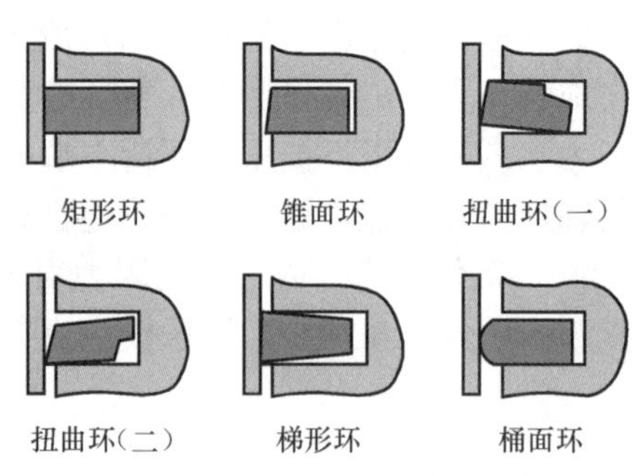

图 2-37 气环的断面形状

① 矩形环结构简单，制造方便，散热性好，废品率较低；但有“泵油”的副作用（见图 2-38），能将机油逐级由下向上泵入气缸中烧掉，在燃烧室内形成积碳并增加机油消耗量，因此其应用越来越少。

矩形环泵油原理

② 锥面环与气缸壁为线接触，有利于密封和磨合，该环在活塞下行时有刮油作用，上行时能和气缸壁形成楔形油膜以改善润滑；但其传热性差，不宜作第一道气环使用。

③ 扭曲环是在矩形环的内圆上边缘或外圆下边缘切去一部分，使断面呈不对称形状，在环的内圆部分切槽或倒角的称内切环，在环的外圆部分切槽或倒角的称外切环。装入气缸后，由于断面不对称，其外侧拉伸应力的合力 F_1 与内侧压缩应力的合力 F_2 之间有一力臂 e，使活塞环产生扭曲力矩 M，如图 2-39 所示。活塞上行时，扭曲环在残余油膜上运动，可以减小摩擦和磨损。活塞下行时，则有刮油效果，避免机油烧掉。同时，扭曲环在环槽中上、下跳动的行程缩短，可以减轻“泵油”的副作用，目前被广泛地应用于第二道活塞环槽上。扭曲环安装时必须注意断面形状和方向，内切口朝上，外切口朝下，不能装反。日产 SD22 型轿车采用扭曲环作为密封环。

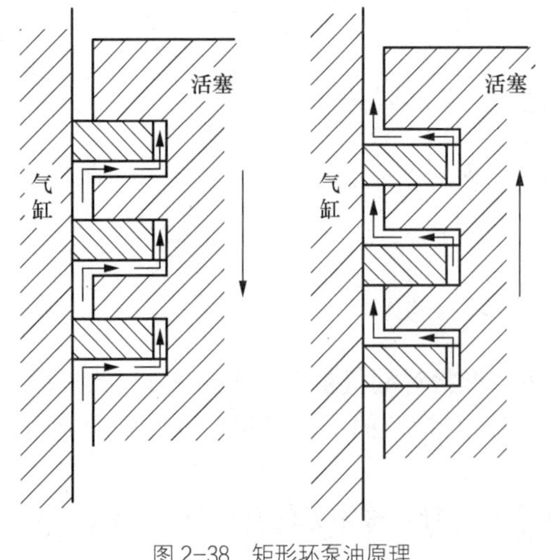

图 2-38 矩形环泵油原理

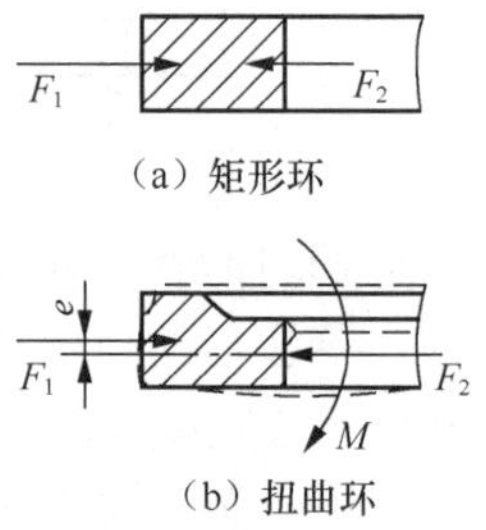

图 2-39 扭曲环作用原理

④ 梯形环的主要优点是能使沉积在环槽中的结焦被挤出，避免了活塞环被黏结在环槽中而折断，同时其密封作用好，使用寿命长；但上、下两端面的精磨工艺较复杂。梯形环主要用在热负荷较高的柴油机上。

⑤ 桶面环在活塞的上、下行过程中都可形成楔形油膜而改善润滑，对活塞在气缸内摆动的适应性好，接触面积小，有利于密封；但凸圆弧表面的加工较困难。一汽–大众奥迪 100JW 型汽油机、广汽本田 F23A3 型汽油机及玉柴 YC6105QC 型柴油机的第一道气环均采用桶面环。

2. 油环

无论活塞上行或下行，油环都能将气缸壁上多余的润滑油刮下来，经活塞上的回油孔流回油底壳，如图 2-40 所示。

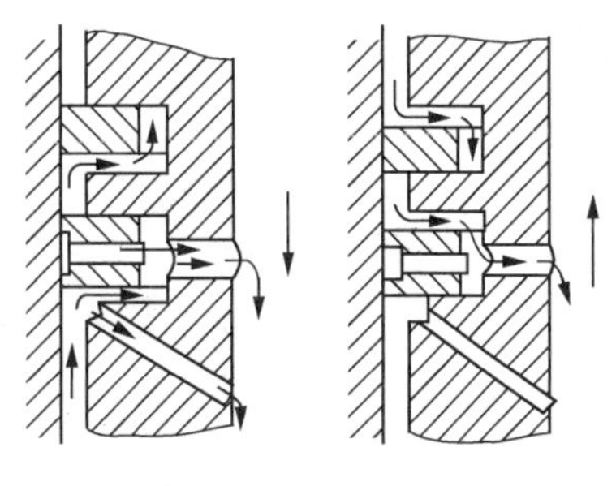

图 2-40　油环的刮油作用

油环主要有槽孔式、槽孔撑簧式和钢带组合式 3 种类型，如图 2-41 所示。

（1）槽孔式油环。因为油环的内圆面基本上没有气体力的作用，所以槽孔式油环的刮油能力主要靠油环自身的弹力。为了减小环与气缸壁的接触面积，增大接触压力，在环的外圆面上加工出环形集油槽，形成上、下两道刮油唇，在集油槽底加工有回油孔。由上、下刮油唇刮下来的机油经集油槽底的回油孔和活塞上的回油孔流回油底壳。槽孔式油环常见的结构有圆孔形、长孔形、渠形、弯片形等，如图 2-41（a）所示。这种油环结构简单，加工容易，成本低。

（2）槽孔撑簧式油环。在槽孔式油环的内圆面加装撑簧即槽孔撑簧式油环。一般作为油环撑簧的有板形撑簧、螺旋撑簧和轨形撑簧 3 种，如图 2-41（b）所示。这种油环由于增大了环与气缸壁的接触压力，而使环的刮油能力和耐久性有所提高。

（3）钢带组合式油环。其结构形式很多，钢带组合式油环由上、下刮片和轨形撑簧组合而成，如图 2-41（c）所示。撑簧不仅使刮片与气缸壁贴紧，而且使刮片与环槽侧面贴紧。这种组合式油环的优点是接触压力大，既可增强刮油能力，又能防止机油上窜。另外，上、下刮片能单独动作，因此对气缸失圆和活塞变形的适应能力强。但钢带组合式油环需用优质钢制造，成本高。

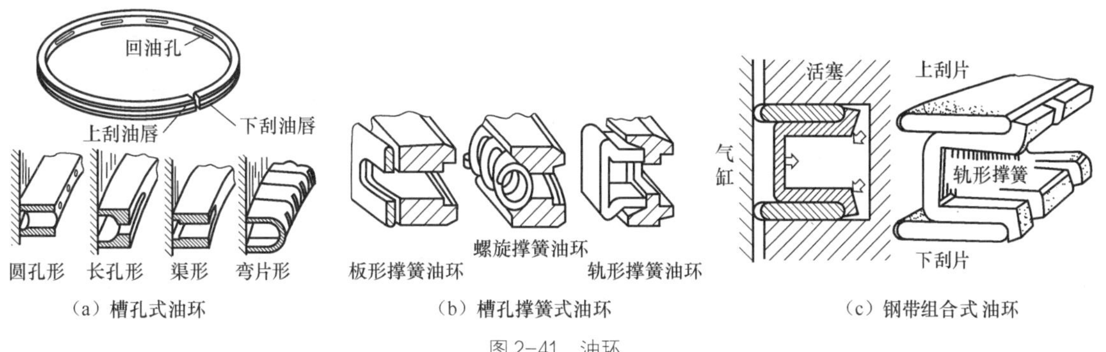

图 2-41　油环

2.4.3　活塞销

活塞销（Piston Pin）的功用是连接活塞和连杆小头[见图 2-42（a）]，并将活塞承受的气体压力传给连杆。活塞销在高温下承受很大的周期性冲击载荷，其本身又做摆转运动，且在润滑条件很差的情况下工作，因此，要求活塞销具有足够的强度和刚度，表面韧性好，耐磨性好，重量轻。

活塞销一般为空心圆柱体，采用低碳钢或低碳合金钢制成，高负荷发动机的活塞销则采用渗氮钢制造。通常先经表面渗碳或渗氮提高活塞销的表面硬度，使其心部具有一定的冲击韧度，然后进行精磨和研磨加工。直通圆柱形孔[见图 2-42（b）]或圆锥形孔[见图 2-42（c）]的活塞销质量小，中间或单侧封闭的活塞销[见图 2-42（d）和图 2-42（e）]适用于二冲程发动机，内部有塑料芯的钢套销[见图 2-42（f）]则可用于要求不高的汽油机，成形销[见图 2-42（g）]用于增压发动机。

活塞销的作用

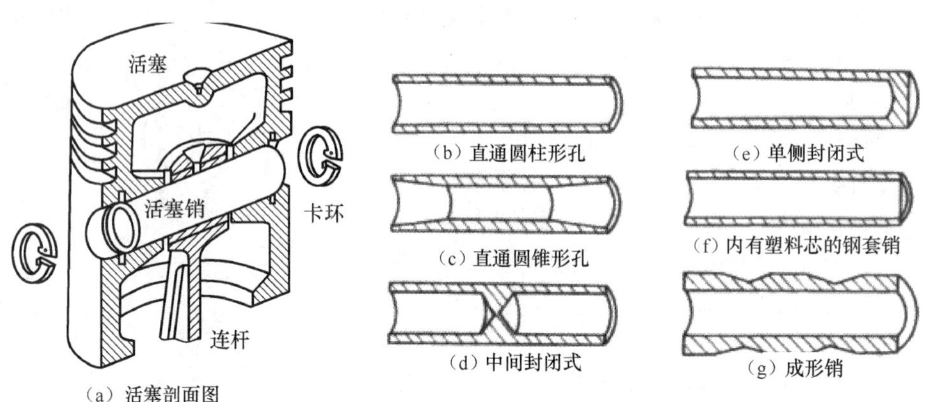

图 2-42 活塞销内孔形状

活塞销与活塞销座孔及连杆小头衬套孔的连接配合有全浮式和半浮式两种方式(见图 2-43)。

全浮式：当发动机工作时，活塞销不仅能在连杆小头衬套孔内转动，还能在活塞销座孔内缓慢转动，使活塞销各工作表面磨损比较均匀。在活塞销座两端用弹性卡环进行轴向限位，防止活塞销轴向窜动。由于铝活塞热膨胀量比钢大，为了保证高温工作时活塞销与活塞销座孔有正常间隙（0.01～0.02mm)、在冷态时为过渡配合，装配时，应先把铝活塞加热到一定程度，再把活塞销装入。

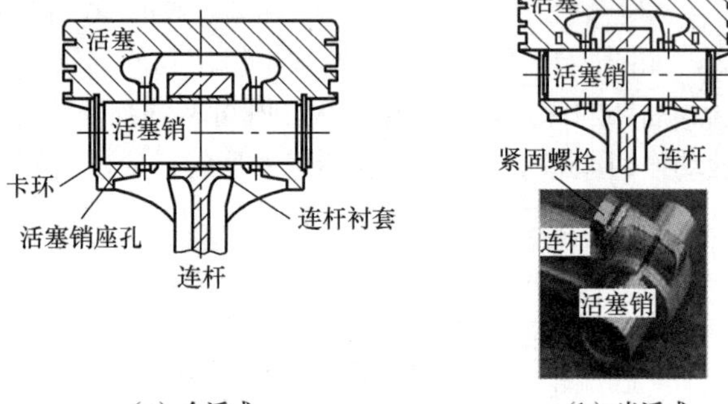

图 2-43 活塞销的连接方式

半浮式：活塞中部与连杆小头采用紧固螺栓连接，活塞销只能在两端销座内自由摆动，而和连杆小头没有相对运动。活塞销不会轴向窜动，不需要卡环，小轿车上应用较多。

2.4.4 连杆

连杆的作用

连杆的功用是将活塞承受的力传给曲轴，并将活塞的往复运动转变为曲轴的旋转运动。

连杆主要包括连杆小头、连杆杆身和连杆大头等零件（见图 2-44）。连杆小头与活塞销连接，同活塞一起做往复运动；连杆大头与曲轴的连杆轴颈相连接，同曲轴一起做旋转运动，因此在发动机工作时连杆做复杂的平面运动。连杆主要承受压缩、拉伸和弯曲等交变载荷。最大压缩载荷出现在做功行程上止点附近，最大拉伸载荷出现在进气行程上止点附近。在压缩载荷以及连杆做平面运动时产生的横向惯性力的共同作用下，连杆可能发生弯曲变形。因此，要求连杆要有足够的刚度和强度，质量要尽量小。

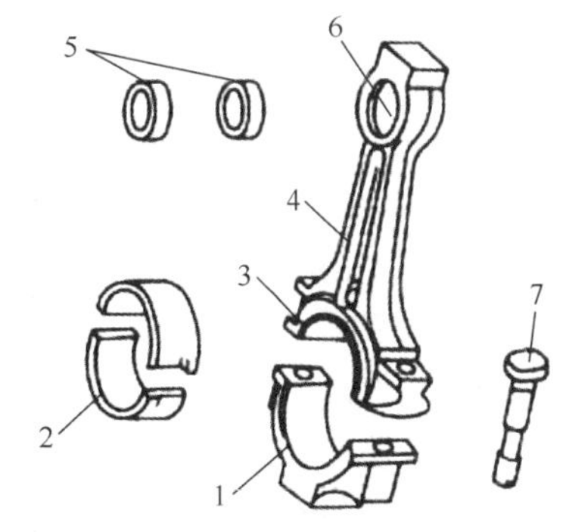

图 2-44　连杆主要零件

1—连杆盖；2—连杆轴承；3—连杆大头；4—连杆杆身；5—连杆小头衬套；6—连杆小头；7—连杆螺栓

连杆一般采用 45 钢或 40Cr 钢及 40MnB、40MnVB 等硼钢制成，也有少数用球墨铸铁制成，通常进行表面喷丸处理以提高连杆的疲劳强度。纤维增强铝合金连杆因质量轻、综合性能好而备受瞩目。在相同强度和刚度下，纤维增强铝合金连杆比用传统材料制造的连杆要轻 30%。

1．连杆小头

连杆小头的结构形状取决于活塞销的尺寸及其与连杆小头的连接方式，如图 2-45 所示。

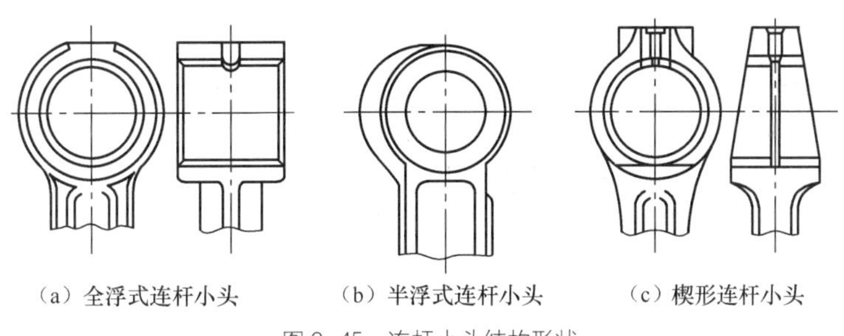

（a）全浮式连杆小头　（b）半浮式连杆小头　（c）楔形连杆小头

图 2-45　连杆小头结构形状

在汽车发动机中连杆小头与活塞销的连接方式有全浮式和半浮式，如图 2-45（a）和图 2-45（b）所示。全浮式活塞销工作时，在连杆小头孔和活塞销孔中转动，可以保证活塞销沿圆周磨损均匀。全浮式连接的连杆小头孔内压装有减摩功能的青铜衬套或铁基粉末冶金衬套。在连杆小头和衬套上一般加工有积存飞溅润滑油的油槽或油孔，起到润滑衬套和活塞销的作用。为防止活塞销两端刮伤气缸壁，在活塞销孔外侧装置活塞销挡圈。半浮式活塞销用螺栓将活塞销夹紧在连杆小头孔内，这时活塞销只在活塞销孔内转动，在小头孔内不转动。小头孔不装衬套，销孔中也不装活塞销挡圈。另外，为减轻连杆质量，减小往复惯性力，连杆小头的两侧也可做成斜面，使连杆小头形成上窄下宽的楔形结构，如图 2-45（c）所示。

2．连杆杆身

为保证连杆在质量尽可能小的情况下提高其抗弯刚度，连杆杆身多采用工字形断面，工字形断面的 y-y 轴在连杆运动平面内。有的连杆在杆身内加工有油道，用来润滑小头衬套或冷却活塞。如果是后者，须在小头顶部加工出喷油孔，如图 2-46 所示。

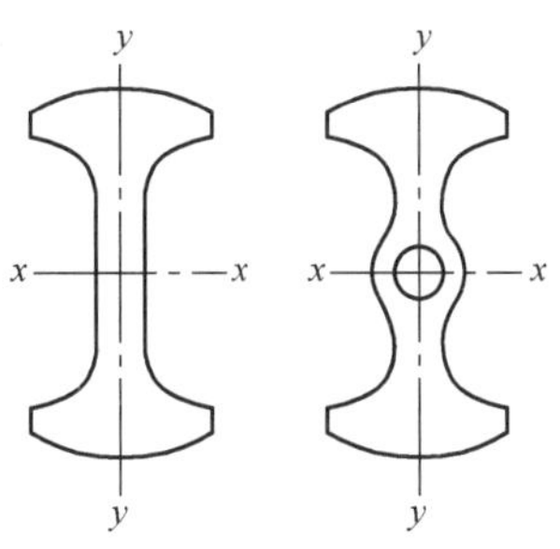

图 2-46　杆身的工字形断面

3．连杆大头

连杆大头与曲轴的连杆轴颈相连，除应具有足够的刚度外，还应外形尺寸小，质量轻，拆卸发动机时能从气缸上端取出。连杆大头通常做成剖分式的，上半部与杆身为一体，下半部是连杆盖，二者通过连杆螺栓装配成一体。连杆大头孔的表面粗糙度值要求较小，以便与连杆轴承精密贴合。有的连杆大头连同轴承钻有小油孔，从中喷出压力机油，加强对凸轮轴和气缸壁的润滑。

连杆大头的切口按剖分面的方向分为平切口和斜切口两种形式。连杆大头沿着与杆身轴线垂直的方向切开，称为平切口连杆[见图 2-47（a）]，多适用于汽油机。有些柴油机的连杆大头尺寸较大，为使连杆大头在摆动时能通过气缸，在维修拆装时能将其从气缸中取出，可将连杆大头沿与连杆杆身轴线成 30°～60°（常用 45°）的方向切开，称为斜切口连杆[见图 2-47（b）]。

连杆大头的两部分通过连杆螺栓紧固在一起，装合时须严格定位，以防止横向位移。平切口连杆利用连杆螺栓上一段精密加工的圆柱面与精密加工的螺栓孔来实现定位。斜切口连杆的连杆螺栓由于承受较大的剪切力而容易发生疲劳破坏。为此，应该采用能够承受横向力的定位方法。斜切口连杆大头的常用定位有止口定位、套筒定位和锯齿形定位 3 种（见图 2-47）。

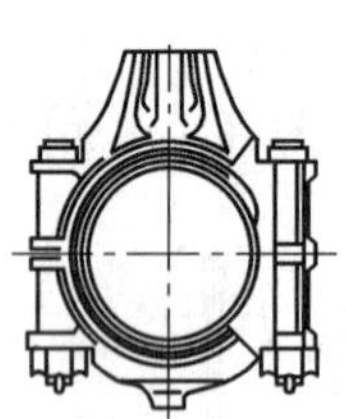

（a）螺栓定位（平切口连杆）

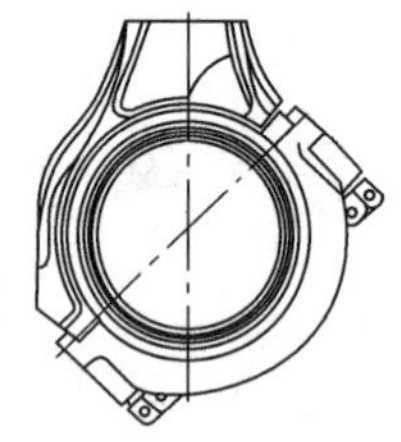

（b）止口定位（斜切口连杆）

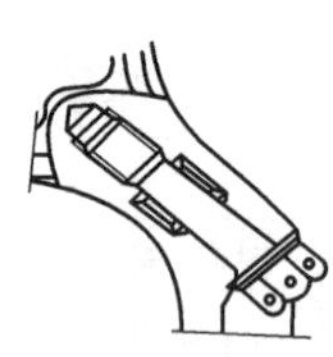

（c）套筒定位

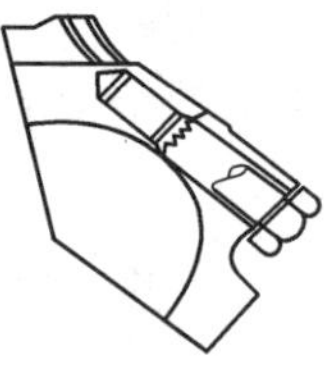

（d）锯齿形定位

图 2-47　连杆大头的定位方式

（1）止口定位。止口定位的优点是工艺简单，成本低。但不能防止大头盖止口向外变形，连杆杆身止口向内变形，这种盖与体都是单向定位的，定位不可靠。止口因加工误差或拆装变形对大头孔影响较大，且大头横向尺寸较大，不紧凑。

（2）套筒定位。连杆杆身的孔和连杆盖的孔分别加工，然后压配一个刚度大且剪切强度高的短套筒。这样，拆装大头盖十分方便。其缺点是套筒孔的加工要求高，若孔距不够准确时会出现过定位而引起大头孔严重失圆。另外大头横向尺寸也较大。

（3）锯齿形定位。锯齿形定位的优点是锯齿接触面积大，贴合紧密，定位可靠，结构紧凑。它对节距公差要求较严，现代采用拉削工艺能较好地满足要求，故这种定位在某些柴油机中常被采用。在轿车发动机中斜切口连杆应用很少，一般采用尺寸紧凑的平切口形式。

4．连杆轴承

连杆轴承装配在连杆大头孔内，与连杆轴颈（曲柄销）及连杆大头孔配合工作[见图 2-48（a）]。现代汽车发动机用的连杆轴承是剖分成两半的滑动轴承，由钢背和减摩合金层等组成[见图 2-48（b）]。

钢背由 1～3mm 厚的低碳钢带制成，既有足够的强度以承受具有一定冲击性的载荷，又有一定的刚度以便与轴承孔良好地贴合。减摩合金层由 0.3～0.7mm 厚的减摩合金制成，减摩合金具有保持油膜、减小摩擦阻力和加速磨合的作用。目前汽车发动机的轴承减摩合金主要有下面几种。

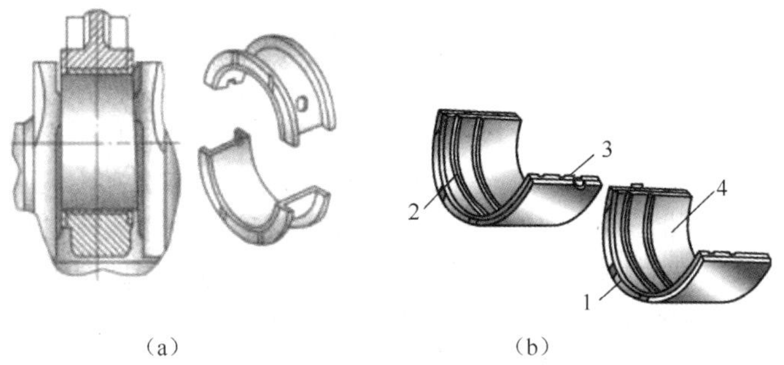

（a）　　（b）

图 2-48　连杆轴承

1—钢背；2—油槽；3—定位凸键；4—减摩合金层

（1）白合金（巴氏合金）。其有锡基和铅基两种，应用较多的是锡基白合金。白合金减摩性好，但机械强度低，耐热性差，常用于负荷不大的汽油机。

（2）铜铅合金。其中铜的质量分数为 30%，铅的质量分数为 70%。铜铅合金承载能力大，机械强度高，耐热性好，多用于轿车的汽油机和柴油机，但减摩性差。因此，常在其表面镀一层厚度为 0.02～0.03mm 的铟或锡以提高其性能。

（3）高锡铝合金。其各方面性能都好，广泛用于各类汽油机和柴油机上。

连杆轴承的背面应有很小的表面粗糙度值（加工精度高）。在自由状态下，轴承的曲率半径和周长都略大于连杆大头孔的曲率半径和周长，装配后能使其与连杆大头孔壁过盈配合，承受载荷能力和散热能力好。

在两个轴承的剖分面上，分别制有定位凸键以防止连杆轴承在工作中发生转动或轴向移动，在其内表面还加工有油槽用以储油，保证可靠的润滑。

5．V 形发动机连杆

V 形发动机左右两个气缸的连杆安装在同一个曲柄销上，其结构随安装形式的不同而不同，如图 2-49 所示。

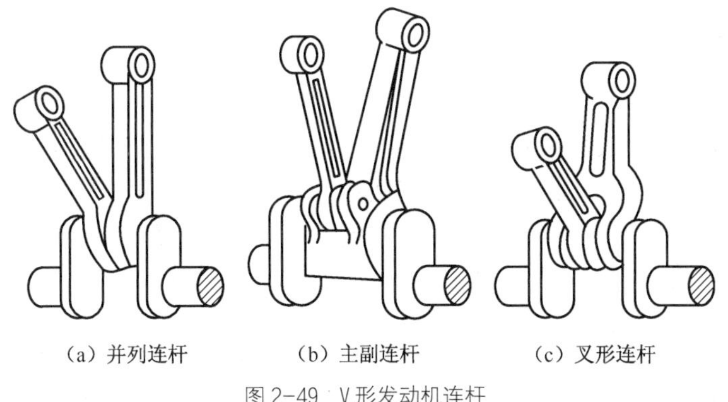

（a）并列连杆　　（b）主副连杆　　（c）叉形连杆

图 2-49　V 形发动机连杆

（1）并列连杆。两个完全相同的连杆一前一后并列地安装在同一个曲柄销上。连杆结构与上述直列式发动机的连杆基本相同，只是大头宽度稍小一些。并列连杆的优点是前后连杆可以通用，左右两列气缸的活塞运动规律相同。缺点是两列气缸沿曲轴纵向须相互错开一段距离，从而增加了曲轴和发动机的长度。

（2）主副连杆。一个主连杆和一个副连杆组成主副连杆，副连杆通过销轴铰接在主连杆体或主连杆盖上。一列气缸装主连杆，另一列气缸装副连杆，主连杆大头安装在曲轴的曲柄销上。主副连杆不能互换，且副连杆对主连杆作用以附加弯矩。两列气缸中活塞的运动规律和上止点位置均不相同。采用主副连杆的 V 形发动机，其两列气缸不需要相互错开，因而也就不会增加发动机的长度。

（3）叉形连杆。它是指一列气缸中的连杆大头为叉形；另一列气缸中的连杆与普通连杆类似，只是大头的宽度较小，一般称其为内连杆。叉形连杆的优点是两列气缸中活塞的运动规律相同，两列气缸无须错开。缺点是叉形连杆大头结构复杂，制造比较困难，维修也不方便，且大头刚度较差。

2.5 曲轴飞轮组

曲轴飞轮组主要由曲轴和飞轮等组成，如图 2-50 所示。

曲轴飞轮组的组成

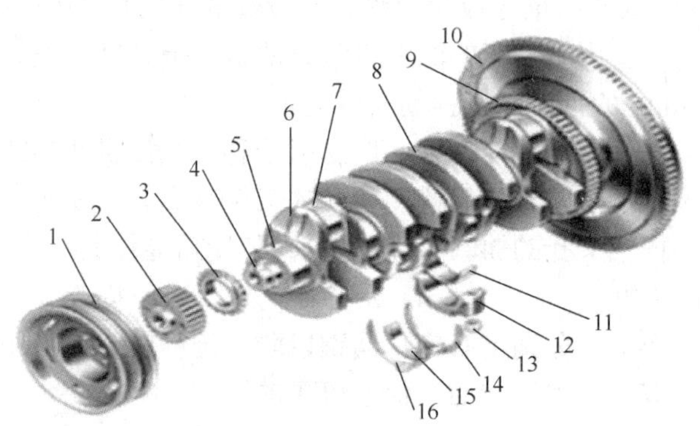

图 2-50 曲轴飞轮组件

1—曲轴皮带轮；2—曲轴正时齿轮；3—曲轴链轮；4—曲轴前端；5—曲轴主轴颈；6—曲柄臂；7—曲柄销（连杆轴颈）；8—平衡重；9—转速传感器脉冲轮；10—飞轮；11—主轴瓦；12—主轴承盖；13—螺母；14，16—止推垫片；15—主轴瓦

2.5.1 曲轴

1．曲轴的功用

曲轴（Crankshaft）是发动机最重要的零件之一，其功用是将活塞连杆组传来的气体压力转变为曲轴的转矩，再通过飞轮传递到汽车底盘的传动系统驱动汽车行驶；还用来驱动发动机的配气机构和其他辅助装置（配气机构凸轮轴、汽油泵、机油泵、分电器、柴油机喷油泵凸轮轴、发电机、水泵风扇、空气压缩机、汽车空调压缩机等）。

2．曲轴材料

工作时，曲轴承受气体压力、惯性力及惯性力矩的作用，受力大且复杂，还承受交变载荷的冲击作用。同时，曲轴又是高速旋转件，因此，要求曲轴具有足够的刚度和强度，具有良好的承受冲击载荷的能力，耐磨损且润滑良好。

目前，曲轴多采用 45、40Cr、50MnB 等锻钢和球墨铸铁制成。上汽大众轿车及江西五十铃的发动机曲轴采用 49MnVS 材料，提高了曲轴的韧性，改善了其切削性能。一汽–大众奥迪 100、捷达和神龙富康轿车汽油机以及玉柴 YC6105Q、6135Q 等柴油机采用球墨铸铁曲轴。

微合金非调质钢曲轴是近年来发展起来的新钢种，通过添加 V、Ni、Ti 等合金元素细化晶粒，提高了钢的强度；另外，简化了工艺，节省了时间和能耗。国外汽车广泛采用微合金非调质钢曲轴，如德国奔驰（Benz）、日本丰田（TOYOTA）、意大利菲亚特（FIAT）、美国福特（Ford）等公司的部分汽车发动机采用了微合金非调质钢曲轴。

球墨铸铁比钢轻约10%，无残留应力，加工时产生的缺陷少，且减振性、耐磨性、对缺口的敏感性都优于锻钢；铸态球墨铸铁曲轴具有生产工艺简单、能源消耗少、生产成本低、效率高等优点；然而其强度和韧性相对有限，但随着新技术日趋成熟，不久其必将在更大范围内取代锻钢。

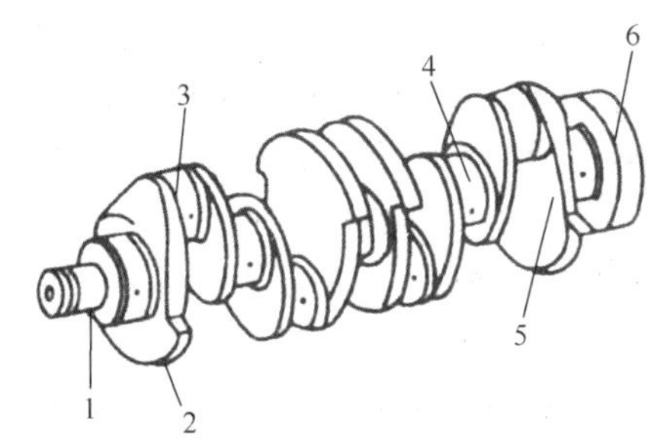

图2-51 整体式曲轴

1—前端轴；2—平衡重；3—连杆轴颈；4—主轴颈；5—曲柄；6—后凸缘

3．曲轴结构

曲轴可分为整体式（见图2-51）和组合式（见图2-52）两种。除连杆大头为整体式的某些小型汽油机或采用滚动轴承作为曲轴主轴承的发动机（隧道式气缸体）采用组合式曲轴外，发动机多采用整体式曲轴。

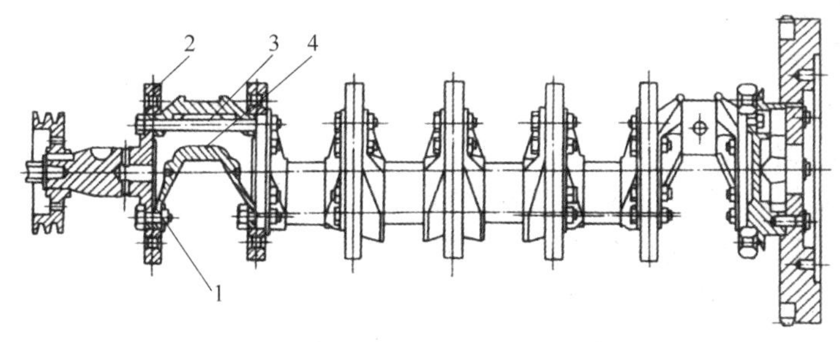

图2-52 组合式曲轴

1—定位螺栓；2—滚子轴承；3—连接螺栓；4—曲柄

整体式曲轴由主轴颈、连杆轴颈、曲柄、平衡重、前端轴和后凸缘等组成，如图2-51所示，安装正时齿轮的一端称为自由端（前端），另一端用来安装飞轮，称为输出端（后端）。一个连杆轴颈和它两端的曲柄及相邻两个主轴颈构成一个曲拐。曲拐的数目取决于发动机的气缸数目及其排列方式，直列式发动机的曲拐数等于气缸数；V形和对置式发动机曲轴的曲拐数等于气缸数的一半。图2-53所示为V8发动机曲轴。

图2-53 V8发动机曲轴

主轴颈是曲轴的支承部分，通过主轴承支承在曲轴箱的主轴承座中，主轴颈的数目不仅与发动机气缸数目有关，还取决于曲轴的支承方式。曲轴按其主轴颈的数目分为全支承曲轴和非全支承曲轴。在相邻两曲拐间都设置了一个主轴颈的曲轴，称为全支承曲轴[见图2-54（a）]，否则称为非全支承曲轴[见图2-54（b）]。全支承曲轴刚度较好且主轴颈的负荷相对较小，多用于柴油机和负荷较大的汽油机，如上汽大众桑塔纳、大众POLO，一汽-大众奥迪100、宝来、捷达及广汽本田雅阁轿车发动机的曲轴。非全支承曲轴长度短，结构和制造工艺简单，多用于中小负荷的汽

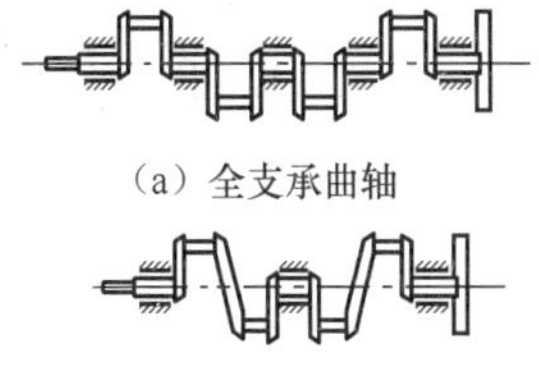
（a）全支承曲轴

（b）非全支承曲轴

图2-54 曲轴的支承方式

油机。

平衡重用来平衡曲轴的离心力及其力矩，有时也平衡一部分活塞连杆组的往复惯性力及其力矩，以使发动机运转平稳，并可减小曲轴主轴承的负荷。对四缸、六缸等直列多缸发动机，因曲拐对称布置，就整机而言，其惯性力、离心力及其所产生的力矩是平衡的。

平衡重有的与曲轴制成一体（见图 2-51），有的单独制成后再用螺栓固定在曲轴上，称为装配式平衡重。

曲轴前端是第一道主轴颈之前的部分，其上装有驱动配气凸轮轴的正时齿轮、驱动风扇和水泵的带轮及起动爪、止推垫片等，如图 2-55 所示。

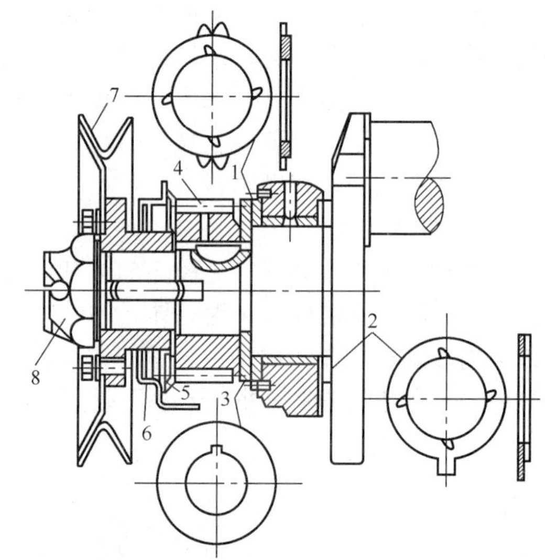

图 2-55　曲轴前端结构

1，2—滑动推力轴承；3—止推垫片；4—正时齿轮；5—甩油盘；6—油封；7—带轮；8—起动爪

曲轴后端是最后一道主轴颈之后的部分，最后端的曲轴后凸缘与飞轮通过飞轮螺栓、螺母装配连接，如图 2-56 所示。

曲轴前、后端都伸出曲轴箱，为防止润滑油漏失，设有防漏装置。常用的防漏装置有甩油盘、油封、自紧油封和回油螺纹等。一般发动机都采用复合式防漏结构，由甩油盘与其他一两种防漏装置组成。如图 2-55 所示，在曲轴前端的甩油盘随曲轴旋转，当被齿轮挤出和甩出的润滑油落到甩油盘上面时，因离心力的作用，润滑油被甩到齿轮盖室的壁面上，沿壁面流回油底壳中。即使有少量润滑油落到甩油盘前面的曲轴轴段上，也会被压配在齿轮室盖上的油封挡住，从甩油盘与油封的装配间隙中落到齿轮盖室下面，流回油底壳；曲轴后端通常加工出回油螺纹或其他封油装置，回油螺纹一般是矩形或梯形，为右旋螺纹。此外，有的中、小型发动机的曲轴前端还装有起动爪，以便必要时用人力转动曲轴使发动机起动。

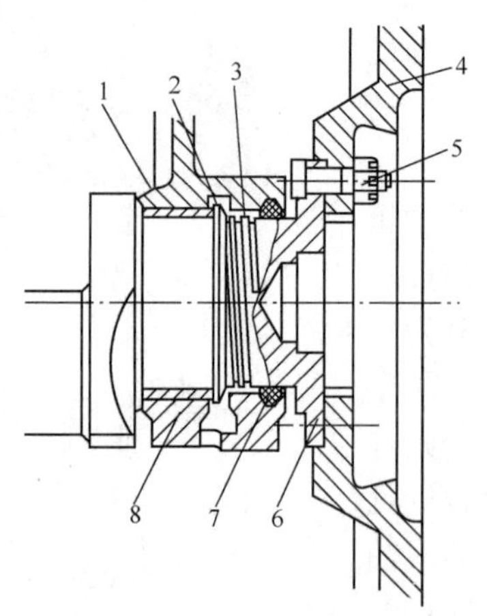

（a）曲轴后端结构示意

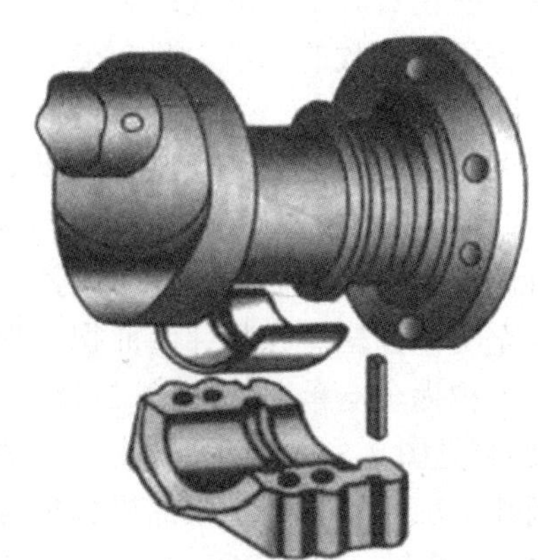
（b）曲轴后端立体图

图 2-56　曲轴后端

1—轴承座（气缸体）；2—甩油盘；3—回油螺纹；4—飞轮；5—飞轮螺栓、螺母；6—曲轴后凸缘；7—油封；8—轴承盖

4．曲轴轴承

曲轴轴承（瓦）按其承载方向可分为径向轴承和轴向（推力）轴承两种。

径向轴承用于支承曲轴，通常是剖分式的滑动轴承（见图 2-57）。轴承底座是在气缸体的曲轴箱部分直接加工出来的，再由轴承盖、螺栓共同将滑动轴承径向定位、紧固。

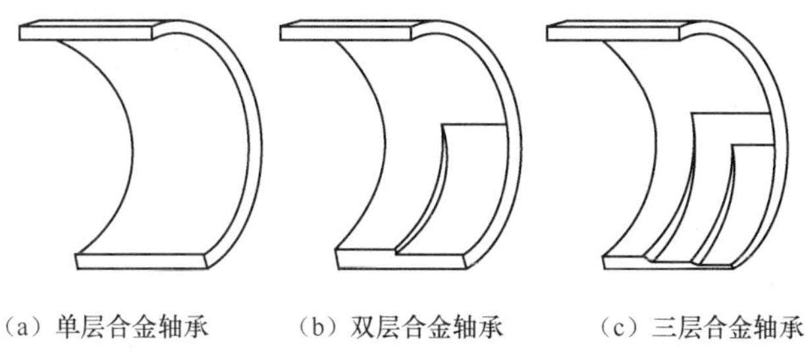

图 2-57　曲轴滑动轴承

推力轴承承受离合器传来的轴向力，用来限制曲轴的轴向窜动，保证曲柄连杆机构各零件正确的相对位置。在曲轴受热膨胀时，应允许其能自由伸缩，因此曲轴只能有一处设置轴向定位装置。曲轴轴承还可将径向轴承与推力轴承合二为一制成翻边轴承（见图 2-58）。红旗 CA7220E 型轿车发动机即采用翻边轴承进行轴向定位。

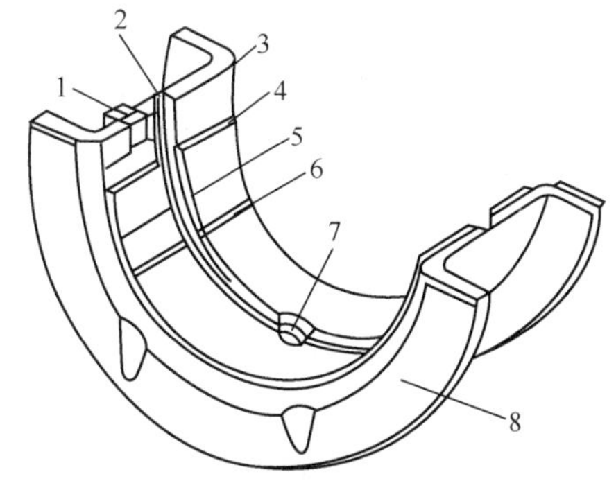

图 2-58　翻边轴承

1—凸肩；2—油槽；3—钢制薄壁；4—基层；5—镍涂层；6—磨耗层；7—油孔；8—翻边

曲轴轴向定位除了采用翻边轴承外，还可用半圆环止推片、轴向推力轴承进行轴向定位。上汽大众桑塔纳 JV 发动机、上汽大众桑塔纳 2000GSi 发动机和 610 型柴油机均采用半圆环止推片实现曲轴轴向定位。

5．曲轴形状

曲轴的形状和各曲拐的相对位置取决于发动机气缸数、气缸排列方式和各缸的工作顺序。

设计各缸工作顺序的原则是：发动机每完成一个工作循环，各缸都应点火做功一次，并且各缸的做功间隔尽量均衡。各缸点火的间隔时间以曲轴转角表示，称为点火间隔角。对于气缸数为 i 的四冲程发动机而言，其点火间隔角为 720° CA/i；应使连续做功的两缸相距尽可能远些，以降低主轴承的负荷，同时要避免相邻两缸进气门同时开启而影响充气；曲拐布置应尽可能对称、均衡；V 形发动机左右两排气缸尽量交替做功。

常见多缸发动机的曲拐布置如下。

（1）直列四缸四冲程发动机。点火间隔角为 720° CA/4 = 180° CA。采用全支承曲轴时（见

图 2-59），其 4 个曲拐布置在同一个平面内，具有良好的平衡性。点火顺序有两种方式，即 1—3—4—2 或 1—2—4—3，其对应的工作循环分别见表 2-1 和表 2-2。

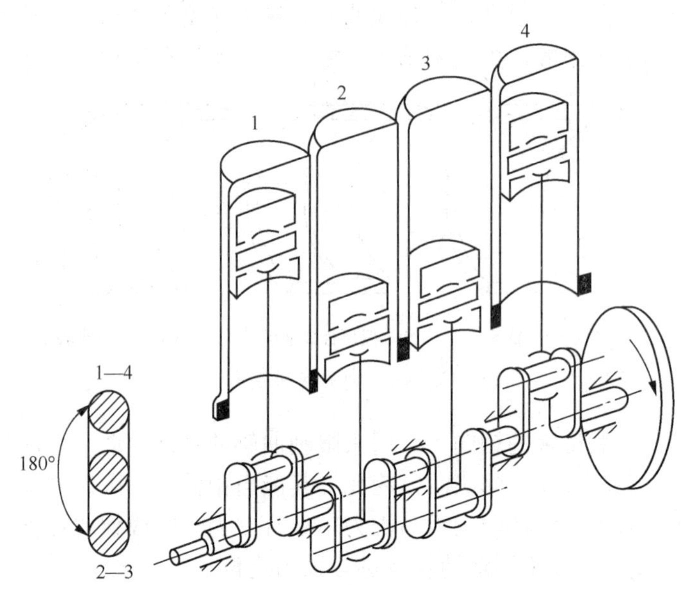

图 2-59 直列四缸四冲程发动机曲拐布置

表 2-1 直列四缸四冲程发动机工作循环（点火顺序 1—3—4—2）

曲轴转角/°CA	第一缸	第二缸	第三缸	第四缸
0～180	做功	排气	压缩	进气
180～360	排气	进气	做功	压缩
360～540	进气	压缩	排气	做功
540～720	压缩	做功	进气	排气

表 2-2 直列四缸四冲程发动机工作循环（点火顺序 1—2—4—3）

曲轴转角/°CA	第一缸	第二缸	第三缸	第四缸
0～180	做功	压缩	排气	进气
180～360	排气	做功	进气	压缩
360～540	进气	排气	压缩	做功
540～720	压缩	进气	做功	排气

（2）直列六缸四冲程发动机。点火间隔角为 720°CA/6＝120°CA，曲拐均匀布置在互成 120°的 3 个平面内。国产汽车的六缸发动机常用的点火顺序为 1—5—3—6—2—4，其曲拐布置如图 2-60（a）所示，工作循环见表 2-3，这时发动机的前半部气缸与后半部气缸的做功行程是交替进行的；对应图 2-60（b）所示曲轴的曲拐布置，其点火顺序为 1—4—2—6—3—5，其性能与前一种直列六缸四冲程发动机没有差别，日本产汽车常用此种结构。

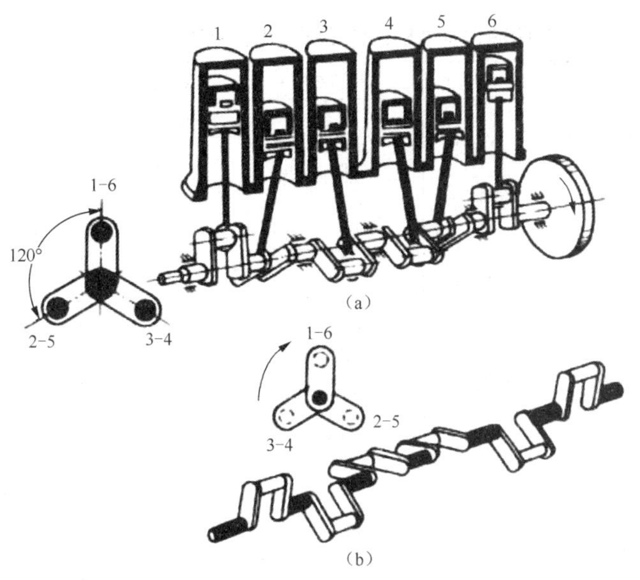

图 2-60　直列六缸四冲程发动机曲拐布置

表 2-3　　直列六缸四冲程发动机工作循环（点火顺序 1—5—3—6—2—4）

<table>
<tr><th colspan="2">曲轴转角/°CA</th><th>第一缸</th><th>第二缸</th><th>第三缸</th><th>第四缸</th><th>第五缸</th><th>第六缸</th></tr>
<tr><td rowspan="3">0～180</td><td>0～60</td><td rowspan="3">做功</td><td rowspan="2">排气</td><td>进气</td><td>做功</td><td rowspan="2">压缩</td><td rowspan="3">进气</td></tr>
<tr><td>60～120</td><td rowspan="3">压缩</td><td rowspan="3">排气</td></tr>
<tr><td>120～180</td><td rowspan="3">进气</td><td rowspan="3">做功</td></tr>
<tr><td rowspan="3">180～360</td><td>180～240</td><td rowspan="3">排气</td><td rowspan="3">压缩</td></tr>
<tr><td>240～300</td><td rowspan="3">做功</td><td rowspan="3">进气</td></tr>
<tr><td>300～360</td><td rowspan="3">压缩</td><td rowspan="3">排气</td></tr>
<tr><td rowspan="3">360～540</td><td>360～420</td><td rowspan="3">进气</td><td rowspan="3">做功</td></tr>
<tr><td>420～480</td><td rowspan="3">排气</td><td rowspan="3">压缩</td></tr>
<tr><td>480～540</td><td rowspan="3">做功</td><td rowspan="3">进气</td></tr>
<tr><td rowspan="3">540～720</td><td>540～600</td><td rowspan="3">压缩</td><td rowspan="3">排气</td></tr>
<tr><td>600～660</td><td rowspan="2">进气</td><td rowspan="2">做功</td></tr>
<tr><td>660～720</td><td>排气</td><td>压缩</td></tr>
</table>

（3）直列五缸四冲程发动机。点火间隔角为 720°CA/5＝144°CA，常用的点火顺序为 1—2—4—5—3，其曲拐布置如图 2-61 所示，工作循环见表 2-4。

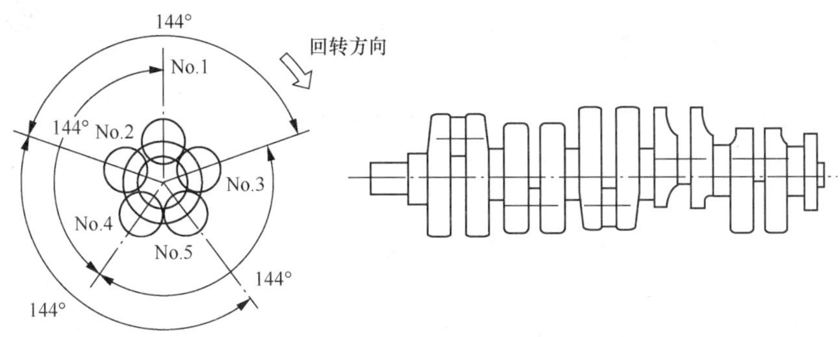

图 2-61　直列五缸四冲程发动机的曲拐布置

表 2-4　　直列五缸四冲程发动机工作循环（点火顺序 1—2—4—5—3）

<table>
<tr><th colspan="2">曲轴转角/°CA</th><th>第一缸</th><th>第二缸</th><th>第三缸</th><th>第四缸</th><th>第五缸</th></tr>
<tr><td rowspan="5">0～180</td><td>0～36</td><td rowspan="5">做功</td><td rowspan="4">压缩</td><td>做功</td><td rowspan="3">进气</td><td rowspan="2">排气</td></tr>
<tr><td>36～72</td><td rowspan="5">排气</td></tr>
<tr><td>72～108</td><td rowspan="5">进气</td></tr>
<tr><td>108～144</td><td rowspan="5">压缩</td></tr>
<tr><td>114～180</td><td rowspan="5">做功</td></tr>
<tr><td rowspan="5">180～360</td><td>180～216</td><td rowspan="5">排气</td></tr>
<tr><td>216～252</td><td rowspan="5">进气</td></tr>
<tr><td>252～288</td><td rowspan="5">压缩</td></tr>
<tr><td>288～324</td><td rowspan="5">做功</td></tr>
<tr><td>324～360</td><td rowspan="5">排气</td></tr>
<tr><td rowspan="5">360～540</td><td>360～396</td><td rowspan="5">进气</td></tr>
<tr><td>396～432</td><td rowspan="5">压缩</td></tr>
<tr><td>432～468</td><td rowspan="5">做功</td></tr>
<tr><td>468～504</td><td rowspan="5">排气</td></tr>
<tr><td>504～540</td><td rowspan="5">进气</td></tr>
<tr><td rowspan="5">540～720</td><td>540～576</td><td rowspan="5">压缩</td></tr>
<tr><td>576～612</td><td rowspan="4">做功</td></tr>
<tr><td>612～648</td><td rowspan="3">排气</td></tr>
<tr><td>648～684</td><td rowspan="2">进气</td></tr>
<tr><td>684～720</td><td>压缩</td></tr>
</table>

2.5.2 飞轮

对于四冲程发动机来说，每 4 个行程做功一次，即只有做功行程做功，而排气、进气和压缩 3 个行程都要消耗功。因此，曲轴对外输出的转矩呈周期性变化，曲轴转速也不稳定。为了改善这种状况，在曲轴后端装置飞轮（Flywheel）。飞轮是一个转动惯量很大的金属圆盘，其主要功用是储存做功行程的一部分能量，用于克服进气、压缩及排气行程的阻力和其他阻力，保证发动机运转平稳；此外，飞轮又是传动系统中摩擦离合器的主动盘，或自动变速器中液力变矩器的驱动盘。

飞轮的形状如图 2-62 所示，其外缘上镶有齿圈。发动机起动时，起动机的小齿轮与飞轮的齿圈相啮合，保证发动机顺利起动。

图 2-62　飞轮

飞轮上通常刻有第一缸点火正时记号，以便调整和检查点火（喷油）正时和气门间隙。不同发动机点火正时记号也不尽相同。

飞轮应与曲轴装配后一起进行静态和动态校验，通过曲轴上的平衡重和飞轮周围的钻孔达到质量平衡。为保证拆装时不破坏其平衡状态及上述确定位置的标记，飞轮与曲轴的装配采用周向定位装置，如定位销、不对称布置的螺孔或两种不同直径的螺栓等。

飞轮多用灰铸铁制成，当轮缘圆周速度超过 50m/s 时，应采用球墨铸铁或铸钢制造。

2.6　汽车发动机 NVH 技术装置

NVH（Noise，Vibration，Harshness）是噪声、振动与舒适性的英文缩写。汽车的舒适性是汽车（特别是轿车）的主要性能指标，发动机工作产生的振动是引起汽车振动的主要激励之一。目前有很多装置能够减轻汽车乘员对发动机工作振动的主观感受。这些装置主要有两类：一类是减少发动机自身工作时的振动，如曲轴扭转减振器、平衡机构等；另一类是将发动机振动向外传递的路径阻断，如双质量飞轮、液压悬置等。

2.6.1　曲轴扭转减振器

曲轴是一种扭转弹性系统，其本身具有一定的自振频率。在发动机工作过程中，经连杆传给连杆轴颈的作用力的大小和方向是周期性变化的，所以曲轴各个曲拐的旋转速度也是忽快忽慢呈周期性变化的。安装在曲轴后端的飞轮转动惯量最大，可以认为是匀速旋转，由此造成曲轴各曲拐的转动比飞轮时快时慢，这种现象称为曲轴的扭转振动。当振动强烈时甚至会扭断曲轴。扭转减振器的功用就是吸收曲轴扭转振动的能量，消减扭转振动，避免发生强烈的共振及其引起的严重后果。一般低速发动机不易达到临界转速，但曲轴刚度小、旋转质量大、缸数多及转速高的发动机，由于自振频率低，强迫振动频率高，容易达到临界转速而发生强烈共振，因而加装曲轴扭转减振器就很有必要。

常用的曲轴扭转减振器有橡胶扭转式、摩擦式和黏液（硅油）式等数种（见图 2-63）。

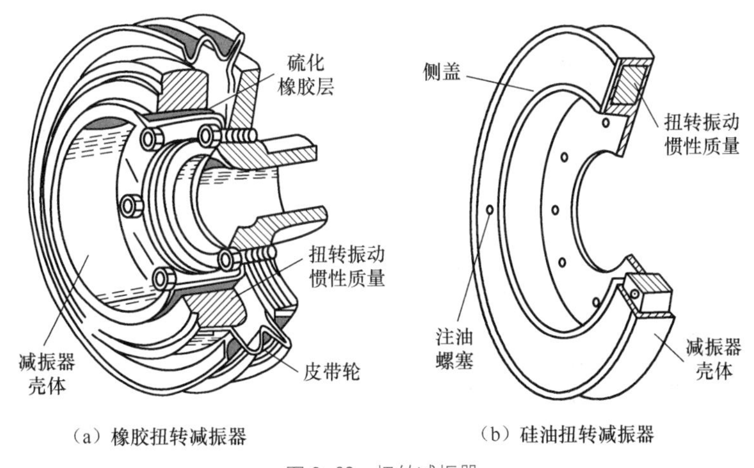

图 2-63　扭转减振器

1. 橡胶扭转减振器

减振器壳体与曲轴连接，减振器壳体与扭转振动惯性质量黏结在硫化橡胶层上。发动机工作时，减振器壳体与曲轴一起振动，由于惯性质量滞后于减振器壳体，因而在两者之间产生相对运动，使橡胶层来回揉搓，振动能量被橡胶的内摩擦阻尼吸收，从而使曲轴的扭振得以消减。

橡胶扭转减振器结构简单，工作可靠，制造容易，在汽车上广泛应用，如天津一汽夏利、上汽大众桑塔纳、一汽-大众奥迪 100 型轿车发动机的曲轴上都装有此类减振器。但橡胶扭转减振器阻尼作用小，橡胶容易老化，故在大功率发动机上较少应用。

2．硅油扭转减振器

由钢板冲压而成的减振器壳体与曲轴连接。侧盖与减振器壳体组成封闭腔，其中滑套着扭转振动惯性质量。惯性质量与封闭腔之间留有一定的间隙，里面充满高黏度硅油。当发动机工作时，减振器壳体与曲轴一起旋转、一起振动，惯性质量则被硅油的黏性摩擦阻尼和衬套的摩擦力所带动。由于惯性质量相当大，因此它近似做匀速转动，于是在惯性质量与减振器壳体间产生相对运动。曲轴的振动能量被硅油的内摩擦阻尼吸收，使扭振消除或减轻。

硅油扭转减振器减振效果好，性能稳定，工作可靠，结构简单，维修方便，所以在汽车发动机上的应用日益普遍。但它需要良好的密封和较大的惯性质量，致使减振器尺寸较大。

2.6.2 平衡机构

在曲轴的曲柄臂上设置的平衡重只能平衡旋转惯性力及其力矩，而往复惯性力及其力矩的平衡则需采用专门的平衡机构。

当发动机的结构和转速一定时，一阶往复惯性力与曲轴转角的余弦成正比，二阶往复惯性力与二倍曲轴转角的余弦成正比。发动机往复惯性力的平衡状况与气缸数、气缸排列形式及曲拐布置形式等因素有关。现代中级和普及型轿车普遍采用直列四缸四冲程发动机。平面曲轴的四缸发动机的一阶往复惯性力、一阶往复惯性力矩和二阶往复惯性力矩都平衡，只有二阶往复惯性力不平衡（见图 2-64）。为了平衡二阶往复惯性力需采用双轴平衡机构（见图 2-65）。两根平衡轴与曲轴平行且与气缸中心线等距，旋转方向相反，转速相同，都为曲轴转速的两倍。两根轴上都装有质量相同的平衡重，其旋转惯性力与垂直于气缸中心线方向的分力互相抵消，平行于气缸中心线方向的分力则合成为沿气缸中心线方向作用的力，与二阶往复惯性力大小相等，方向相反，从而使二阶往复惯性力得到平衡。

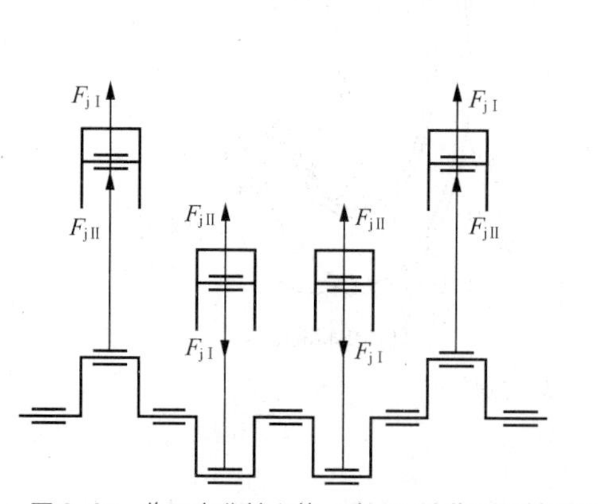

图 2-64 作用在曲轴上的一阶、二阶往复惯性力示意

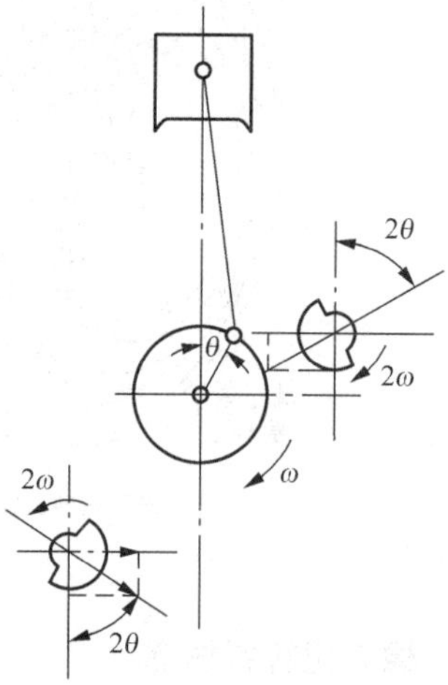

图 2-65 双轴平衡机构

2.6.3 双质量飞轮

双质量飞轮（Double Mass Fly Wheel，DMFW）是 20 世纪 80 年代末在汽车上出现的新

配置。它对于汽车动力传动系统的隔振和减振有很大的作用。

发动机标准的飞轮质量包括曲柄连杆机构、飞轮和离合器三者的质量。

图 2-66 所示为发动机全负荷工况下，标准飞轮质量的发动机和变速器在转速随时间变化时，振动幅度和频率的变化情况。从图中可以看出，发动机输出和变速器输入的振动频率和幅度是相近的，一旦二者叠加，就会产生共振，使变速器和车身产生噪声，严重时会损坏相关零件。

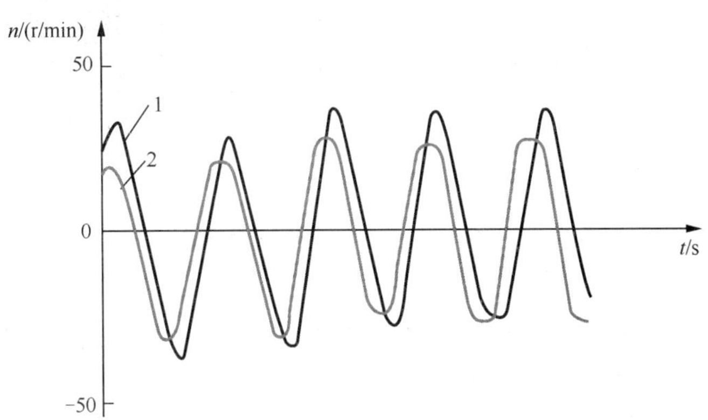

图 2-66　标准飞轮质量的发动机和变速器的振动曲线

1—变速器振动曲线；2—发动机振动曲线

双质量飞轮（见图 2-67）是将原来的一个飞轮分成两个部分，一部分保留在原来发动机一侧的位置上，起到原来飞轮的作用，用于起动和传递发动机的转动扭矩，这一部分称为一次飞轮。另一部分则放置在传动系统变速器一侧，用于提高变速器的转动惯量，这一部分称为二次飞轮。双质量飞轮的质量包括：一次飞轮、二次飞轮、内减振器和外减振器的质量。

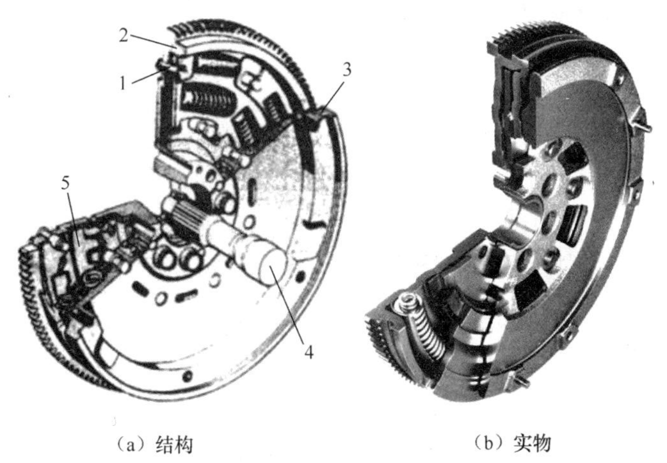

（a）结构　　（b）实物

图 2-67　双质量飞轮

1—外减振器；2—一次飞轮；3—二次飞轮；4—变速器输入轴；5—内减振器

装用双质量飞轮的振动系统如图 2-68 所示。该系统中飞轮的质量由一次飞轮质量（包括曲柄连杆机构和一次飞轮的质量）和二次飞轮质量（包括二次飞轮和离合器的质量）两部分组成，扭转减振器将两者的质量连接在一起。

装用双质量飞轮的振动系统的振动曲线如图 2-69 所示。从图中可以看出，变速器振动曲线与发动机振动曲线明显不同。这样，发动机产生的扭转振动与变速器产生的扭转振动被隔开了，它们产生共振的可能性大大减小；而变速器和车身产生的噪声就有可能不再出现了。

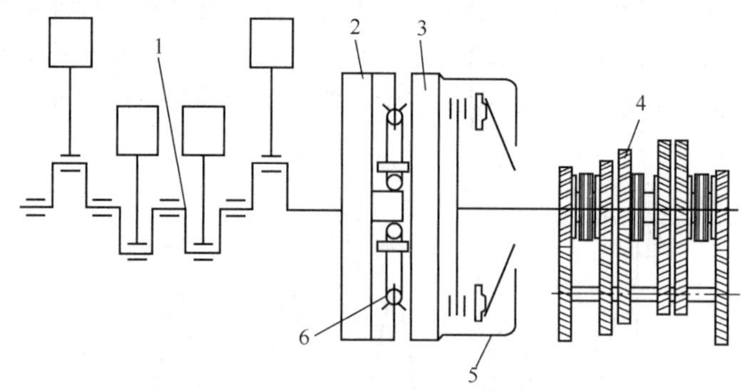

图 2-68 装用双质量飞轮的振动系统

1—曲柄连杆机构；2—一次飞轮；3—二次飞轮；4—变速器；5—离合器；6—扭转减振器

二次飞轮质量能在不增加飞轮的惯性矩的前提下提高传动系统的惯性矩，令共振转速下降到怠速转速以下。例如德国鲁克（LUK）公司的发动机双质量飞轮将共振转速从 1 300r/min 降到了 300r/min。目前一般汽车怠速在 800r/min 左右，也就是说在任何情况下，出现共振转速都在发动机运行的转速范围以外，只有在发动机刚起动和停机时才会越过共振转速，这也是常见汽车发动机起动和停机时振幅特别厉害的原因。当然，如果采用高扭矩起动机或使用提高起动机的转速、调整发动机装置缓冲器等方法，也会使共振振幅尽可能地缩小。

双质量飞轮的二次飞轮与变速器的分离和接合由一个不带减振器的刚性离合器盘来完成，由于离合器没有了减振器机构，因此质量明显减小。减振器组装在双质量飞轮系统中，并能在盘中滑动，明显改善同步性并使换挡容易。

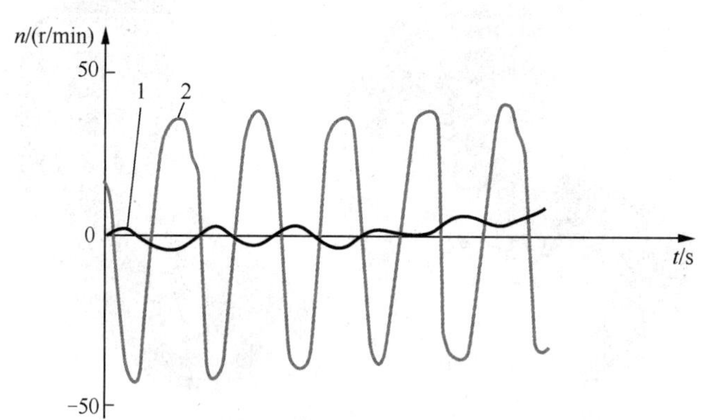

图 2-69 装用双质量飞轮的振动系统的振动曲线

1—变速器振动幅度和频率曲线；2—发动机振动幅度和频率曲线

装有双质量飞轮的发动机有以下几个优点：减小了变速器和车身的噪声；发动机零件得到保护；同步器磨损进一步降低；离合器从动盘不需装用扭转减振器。

双质量飞轮是当前汽车上隔振、减振效果最好的装置，因此 20 世纪 90 年代以来在欧洲得到广泛推广，已从高级轿车推广到中级轿车，这与很多欧洲人喜欢手动挡和柴油车有很大关系。众所周知，柴油机的振动比汽油机大，为了使柴油机减少振动，提高乘坐的舒适性，现在欧洲许多柴油乘用车都采用了双质量飞轮，使得柴油机轿车的舒适性可与汽油机轿车媲美。在国内，一汽-大众的宝来手动挡轿车也率先采用了双质量飞轮。

2.6.4　液压悬置

发动机液压悬置是连接发动机与车体之间的支承隔振元件，它能阻止发动机的振动和噪声向车厢内的传递，明显提高整车车内的舒适性。液压悬置主要应用于中高档轿车的发动机支承。

小　结

通过本章学习重点掌握发动机曲柄连杆机构的组成、功用及各部件的构造原理；汽车发动机 NVH 技术装置的工作原理。

1. 曲柄连杆机构是发动机实现工作循环，用来传递力和改变运动方式，完成能量转换的传动机构。它由机体组、活塞连杆组和曲轴飞轮组 3 部分组成。

2. 机体组是构成发动机的骨架，是发动机各机构和各系统的安装基础。机体组主要由气缸盖罩、气缸盖、气缸体、气缸套、曲轴箱、油底壳与气缸衬垫等零件组成。

3. 活塞连杆组将可燃混合气燃烧产生的压力通过活塞销和连杆传递给曲轴，将活塞的往复直线运动转化为曲轴的旋转运动。它主要由活塞、活塞环、连杆等零件组成。

4. 曲轴飞轮组主要由曲轴和飞轮等组成。曲轴将活塞连杆组传来的气体压力转变为曲轴的旋转转矩，再通过飞轮传递到汽车底盘的传动系统驱动汽车行驶。同时，曲轴还用来驱动发动机的配气机构和其他辅助装置。飞轮可用于稳定曲轴转速、标记点火正时、起动发动机等。

5. 发动机工作产生的振动是引起汽车振动的主要激励之一。目前有很多装置能够减轻汽车乘员对发动机工作振动的主观感受。这些装置主要有两类：一类是减少发动机自身工作时的振动，如曲轴扭转减振器、平衡机构等；另一类是将发动机振动向外传递的路径阻断，如双质量飞轮、液压悬置等。

思　考　题

1. 曲柄连杆机构由哪些部分组成？其功用是什么？
2. 简述按照气缸排列方式的不同，气缸体的分类情况。
3. 简述机体组的组成及作用。
4. 活塞预先制作成锥形或阶梯形，为什么？
5. 活塞环的断面形状为什么很少做成矩形的？
6. 曲轴的组成和作用分别是什么？
7. 画出直列四缸四冲程发动机和六缸四冲程发动机的工作循环表。
8. 简述橡胶扭转减振器的作用及工作原理。
9. 装有双质量飞轮的发动机有哪些优点？

第3章 汽车发动机换气系统与配气机构

导入图例（见图 3-1）：2021 年度“中国心”十佳发动机之长安汽车蓝鲸新一代 2.0T 发动机，采用平台化的策略，能够有效降低发动机的成本，在技术方面，发动机采用了双向调节中间锁止式进气可变正时气门（VVT）技术，能够兼顾阿特金森与奥托双循环，在性能与燃油效率方面实现均衡。为了顺应节能和新能源汽车的发展趋势，蓝鲸 NE 动力平台还可兼容 48V 轻混动力、混合动力、插电式混合动力、增程式混合动力等多种混合动力源结构设计。

图 3-1 长安汽车蓝鲸新一代 2.0T 发动机

3.1 换气系统的作用与组成

3.1.1 换气系统的作用

换气系统的作用是根据发动机各缸的工作循环和点火次序适时地开启和关闭各缸的进、排气门，使足量的洁净空气或空气与燃油的混合气及时地进入气缸，并及时地将废气排出。

3.1.2 换气系统的组成

换气系统包括空气滤清器、进气管系统、配气机构、排气管系统和排气消声器等，如图 3-2 所示。

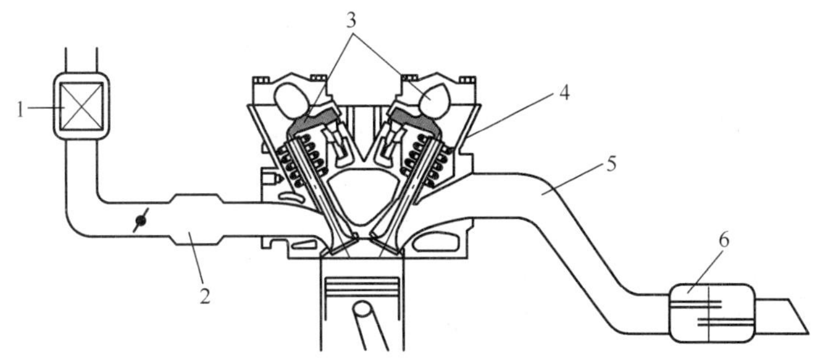

图 3-2　发动机换气系统组成

1—空气滤清器；2—进气管系统；3，4—配气机构；5—排气管系统；6—排气消声器

典型的汽油机进气系统包括空气滤清器、节气门、进气总管和歧管、进气道与进气门等。排气系统则包括排气门、排气道、排气歧管和总管以及后处理装置与消声器等。有的汽油机还加装废气再循环系统、二次空气喷射系统等装置。涡轮增压柴油机没有节气门，但增加了压气机及涡轮机，一般都带中冷却器、后处理净化器等附属装置。

1．空气滤清器

汽车快速行驶时，常引起道路两旁特别是土路上的尘土飞扬，使周围空气中含有灰尘。灰尘中含有大量的砂粒，如果被吸入气缸的话，就会黏附在气缸、活塞和气门座等零部件的密封表面，加速它们的磨损，使发动机寿命大幅下降[空气中灰尘的 75%以上是高硬度的 SiO_2，发动机若不装空气滤清器（Air Cleaner），将使活塞磨损量增加 3 倍，活塞环磨损量增加 9 倍，发动机寿命将缩短 2/3]。因此，在汽车发动机上，必须装上空气滤清器。

桑塔纳 2000GSi 轿车发动机装用的干式纸滤芯空气滤清器的结构如图 3-3 所示，该空气滤清器主要由滤芯、壳体和进气管等组成。

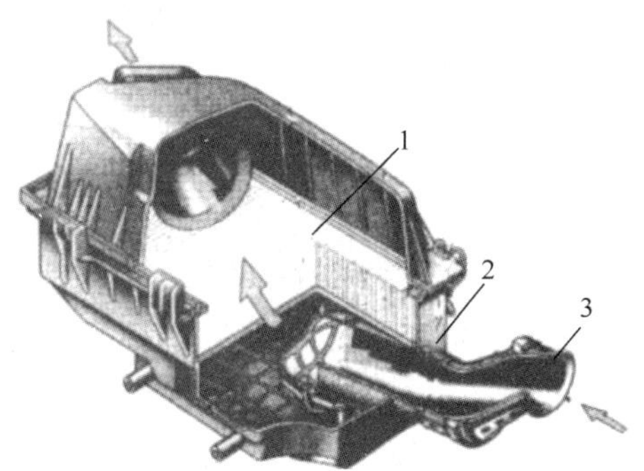

图 3-3　干式纸滤芯空气滤清器

1—滤芯；2—壳体；3—进气管

空气滤清器种类很多，其中滤芯为纸质的干式空气滤清器得到广泛应用。此类空气滤清器的滤芯经过树脂处理。因其具有结构简单，质量轻，滤清效果好，保养、安装方便的优点，故在轿车发动机上应用较多。

2．进气管系统

进气管系统（见图 3-4）由进气总管和进气歧管（见图 3-5）等组成。

（1）进气总管。进气总管指空气滤清器至进气歧管之间的管道。按有效利用进气压力波的原理设计进气管的长度、形状和结构及气室的形状，以减小进气脉动。在电控燃油喷射发动机中，进气总管还装有空气流量计或进气压力传感器，以便对进入气缸的空气量进行计量。

（2）进气歧管。进气歧管指进气总管后向各气缸分配空气的支管。其功能是将可燃混合气或洁净空气尽可能均匀地分配到各个气缸。因此，进气歧管内气体流道的长度应尽可能相等；为了减小气体流动阻力，提升进气能力，进气歧管的内壁应该光滑。

轿车发动机进气歧管多用铝合金制造，铝合金进气歧管重量轻、导热性好。近年来电控汽油喷射发动机越来越多地采用复合塑料进气歧管，此种进气歧管重量轻，内壁光滑，且无须加工。

进气歧管可以是干式的，也可以是湿式的。湿式进气歧管中的冷却液通道是在进气歧管内部直接铸造出来的。

为了改善发动机暖机时的燃油雾化，利用废气的热量加热进气道的可燃混合气，一些 V6 或 V8 发动机的进气歧管上连接了一根排气通道。

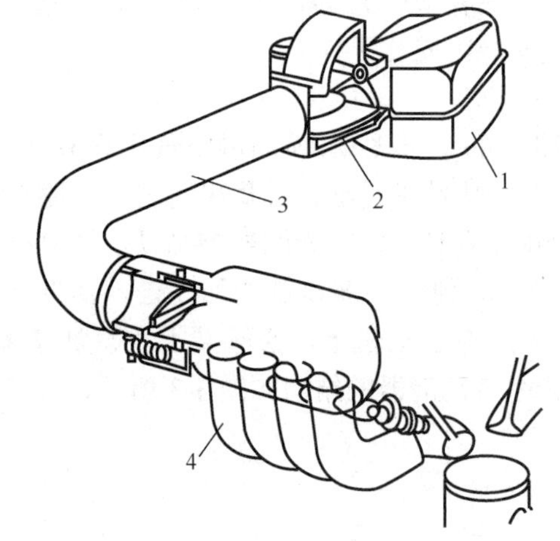

图 3-4　发动机进气管系统

1—空气滤清器；2—空气流量计；3—进气总管；4—进气歧管

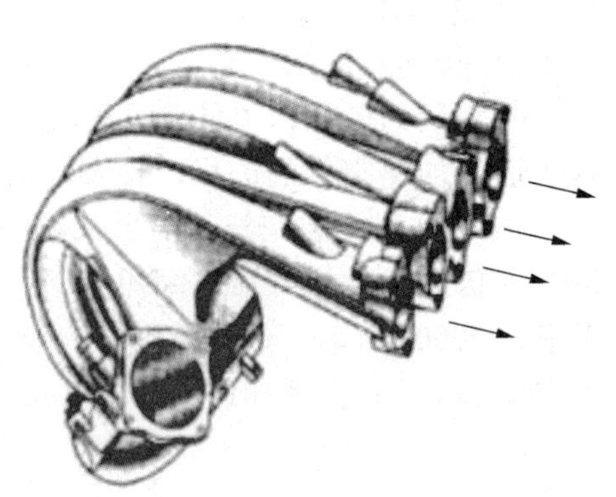

图 3-5　进气歧管

3. 排气管系统

排气管系统的组成及功能

排气管系统（见图 3-6）由排气歧管、排气消声器、排气总管、排气温度传感器和排气尾管等组成。其作用是汇集发动机各缸的废气，使之安全地排入大气中。

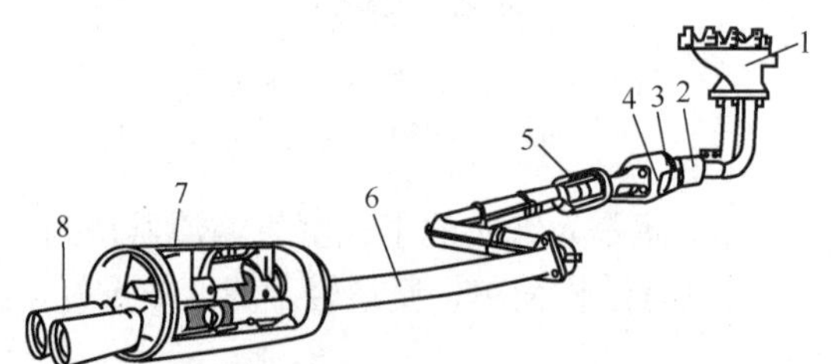

图 3-6　排气管系统

1—排气歧管；2—排气总管；3—催化转化器；4—排气温度传感器；5—副消声器；6—后排气管；7—主消声器；8—排气尾管

排气歧管与发动机气缸盖相连，高温废气直接从排气门进入排气歧管。为降低排气阻力，排气歧管应长些。排气歧管一般用铸铁制成，也有一些发动机的排气歧管用不锈钢制造（见图 3-7），它可以承受温度的快速升高。为了减轻发动机重量，提高燃油经济性，一些新发动机将排气歧管与气缸盖集成一体，如图 3-8 所示。

图 3-7　不锈钢排气歧管

图 3-8　新、旧排气歧管对比

4. 排气消声器

排气消声器的作用是消声、灭火（排气门刚打开时，排气压力约 0.3～0.5MPa，温度约 600～800℃。如果让废气直接排入大气，必然产生较大噪声。并且高温气体排入大气，有时还带有火焰或火星，也会对环境造成危害）。通过多次地变动排气气流方向或重复地使气流通过收缩又扩大的断面，或将气流分割为许多小的支流并沿着不平滑的平面流动等方法，以消耗废气中的能量，衰减排气气流的压力波，降低噪声。排气消声器的构造如图 3-9 所示。

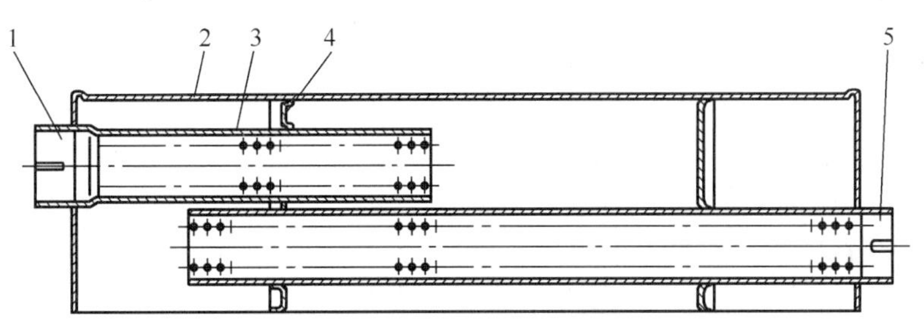

图 3-9　排气消声器

1—排气入口；2—外壳；3—多孔管；4—隔板；5—排气出口

3.2　配气机构

配气机构是进、排气管道的控制机构，它按照气缸的工作顺序和工作过程的要求，定时地开闭进、排气门，向气缸供给可燃混合气（汽油机）或新鲜空气（柴油机）并及时排出废气；另外，当进、排气门关闭时，保证气缸密封。汽车发动机多采用气门式配气机构。

3.2.1　配气机构的总体组成与工作原理

1. 配气机构总体组成

配气机构总体组成以双顶置凸轮轴齿形皮带传动的配气机构为例加以介绍，如图 3-10 所示。配气机构包括气门组件（含进、排气门，进、排气门座，气门弹簧，气门锁夹，气门导管等）、气门传动组件（含挺柱、凸轮轴等）、凸轮轴传动机构（含曲轴正时带轮、凸轮轴传动带轮、齿形带、张紧轮）等。

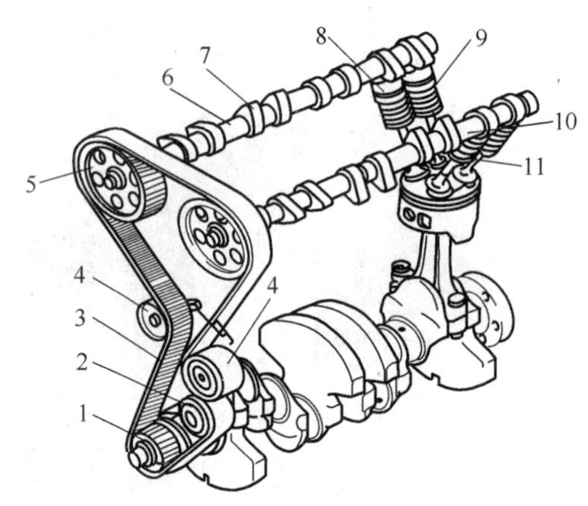

图 3-10　配气机构总体组成

1—曲轴正时带轮；2—中间轴正时带轮；3—齿形带；4—张紧轮；
5—凸轮轴传动带轮；6—进气凸轮轴；7—凸轮；
8—液压挺柱；9—进气门组件；10—排气凸轮轴；11—排气门组件

2. 配气机构工作原理

发动机工作时，曲轴通过正时齿轮副驱动凸轮轴旋转，当凸轮轴转到凸轮的凸起部分顶起挺柱时，压缩气门弹簧，使气门离座，气门开启。当凸轮凸起部分离开挺柱后，气门便在气门弹簧预紧力作用下上升而落座，气门关闭。四冲程发动机的曲轴与凸轮轴的转速传动比为 2:1，即发动机每完成一个工作循环，曲轴旋转两周，凸轮轴只旋转一周，各缸进、排气门各开启一次。

3.2.2　配气机构的分类

1. 按气门布置位置分

配气机构按气门的布置位置分为侧置式、顶置式两种。

（1）侧置式。气门布置在气缸的一侧。其燃烧室结构不紧凑，热量损失大，气道曲折，进气流通阻力大，从而使发动机的经济性和动力性变差，现已被淘汰。

气门和凸轮轴的布置形式

（2）顶置式。气门倒装在气缸盖上（见图 3-11）。气门位于气缸盖上的配气机构称为气门顶置式配气机构，由凸轮、挺柱、推杆、摇臂、气门和气门弹簧等组成。其特点是进气阻力小，燃烧室结构紧凑，气流搅动大，能达到较高的压缩比。目前汽车发动机几乎都采用气门顶置式配气机构。

2. 按凸轮轴布置位置分

配气机构按凸轮轴布置位置分为下置凸轮轴式、中置凸轮轴式、上置凸轮轴式 3 种。

（1）下置凸轮轴式配气机构（见图 3-11）。凸轮轴布置在曲轴箱上，由曲轴正时齿轮驱动。优点是凸轮轴离曲轴较近，可用齿轮驱动，传动简单。但存在零件较多、传动链长、系统弹性变形大，影响配气准确性等缺点。

（2）中置凸轮轴式配气机构（见图 3-12）。对于转速较高的发动机，为了减小气门传动机构的往复运动质量，通常将凸轮轴布置在气缸体上部（相当于整个发动机中部），由凸轮轴经过挺柱、推杆或直接由挺柱驱动摇臂，再由摇臂驱动气门。南京依维柯的发动机装用的就是中置凸轮轴式配气机构。

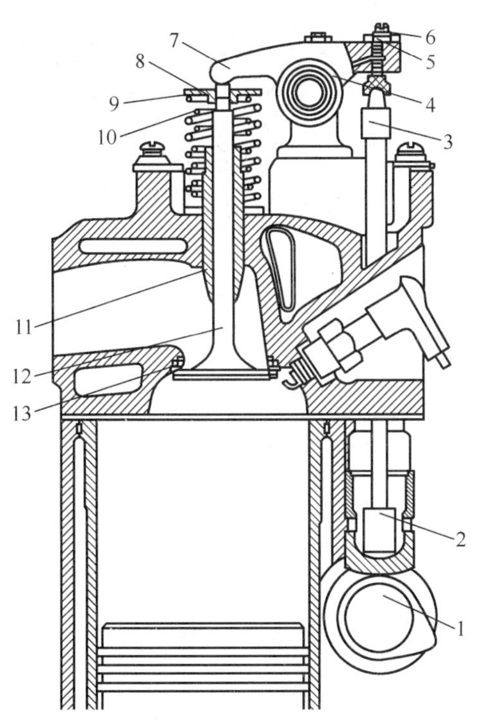

图 3-11　下置凸轮轴式配气机构（气门顶置式）

1—凸轮轴；2—挺柱；3—推杆；4—摇臂轴；5—锁紧螺母；6—调整螺钉；7—摇臂；8—气门锁夹；9—气门弹簧座；10—气门弹簧；11—气门导管；12—气门；13—气门座

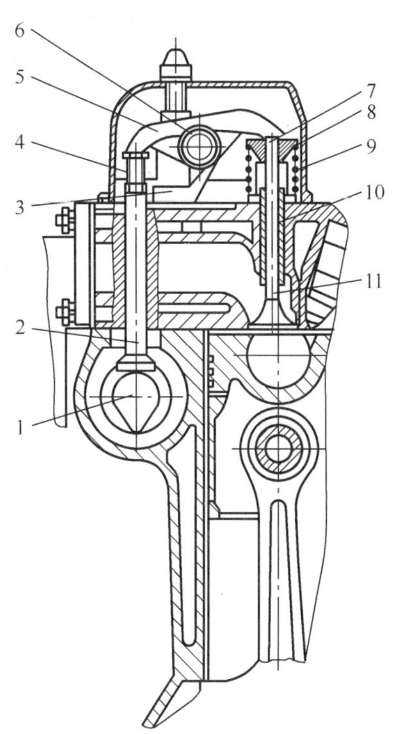

图 3-12　中置凸轮轴式配气机构

1—凸轮轴；2—挺柱；3—支架；4—调整螺钉；5—摇臂；6—摇臂轴；7—锁夹；8—气门弹簧座；9—气门弹簧；10—气门导管；11—气门

（3）上置凸轮轴式配气机构。凸轮轴布置在气缸盖上，直接通过摇臂或凸轮来推动气门的开启和关闭。由于没有推杆等运动件，因此系统往复运动质量大大减小，非常适合现代高速发动机，尤其是轿车发动机。这种传动机构的往复运动质量比中置凸轮轴式配气机构进一步减小，但由于凸轮轴离曲轴中心线更远，因此正时传动机构复杂，而且拆装气缸盖也比较困难。缸径较小的柴油机的凸轮轴上置时，给安装喷油器也带来困难。

根据顶置气门凸轮轴的个数，配气机构又分为单顶置凸轮轴（SOHC）式和双顶置凸轮轴（DOHC）式两种。

单顶置凸轮轴（见图 3-13）式配气机构仅用一根凸轮轴同时驱动进、排气门，结构简单，布置紧凑。中国一汽 CA488-3 汽油机、奔驰 M115、克莱斯勒 A452、大众 POLO 等发动机均采用单顶置凸轮轴式配气机构。

双顶置凸轮轴（见图 3-14）式配气机构由两根凸轮轴分别驱动进、排气门。这种双凸轮轴布置有利于增加气门数目，提高进、排气效率，提高发动机转速，是现代高速发动机配气机构的主要形式。日本三菱 3G81、尼桑 VH45DE、本田 B20A 等发动机均采用双顶置凸轮轴式配气机构。

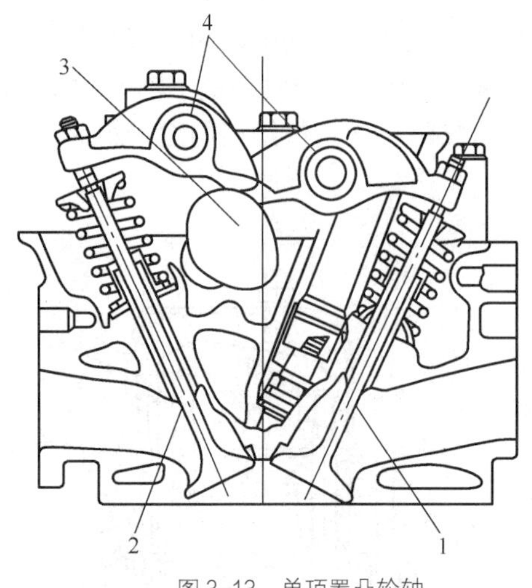

图 3-13　单顶置凸轮轴

1—进气门；2—排气门；3—凸轮轴；4—摇臂轴

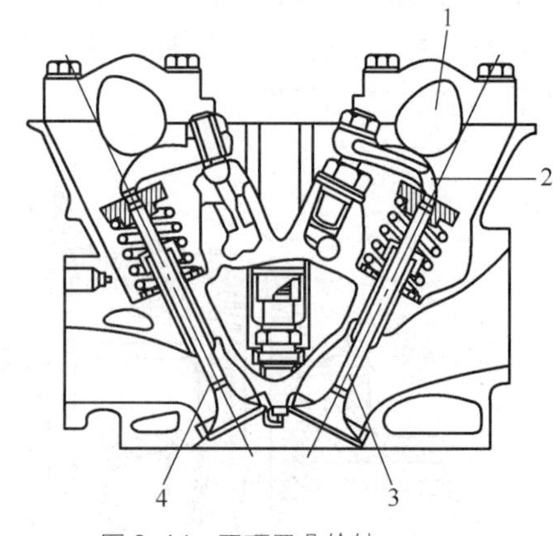

图 3-14　双顶置凸轮轴

1—凸轮轴；2—摇臂；3—进气门；4—排气门

3. 按曲轴和配气凸轮轴之间的传动方式分

配气机构按曲轴和配气凸轮轴之间的传动方式分为齿轮传动、链传动和齿形带传动 3 种。

（1）齿轮传动（见图 3-15）。齿轮上都有正时记号，装配时必须按要求对齐。

（2）链传动（见图 3-16）。优点是布置容易，若传动距离较远，还可用两级链传动。缺点是结构质量及噪声较大，链的可靠性和耐久性不易得到保证。

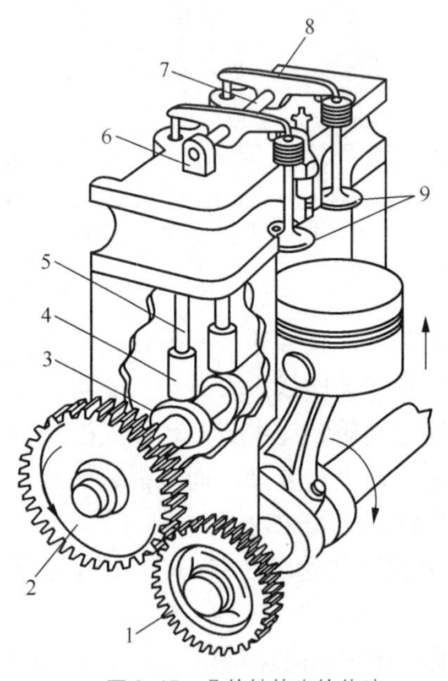

图 3-15　凸轮轴的齿轮传动

1—曲轴正时齿轮；　2—凸轮轴正时齿轮；3—凸轮轴；
4—挺柱；5—推杆；6—摇臂座；7—摇臂轴；8—摇臂；9—气门

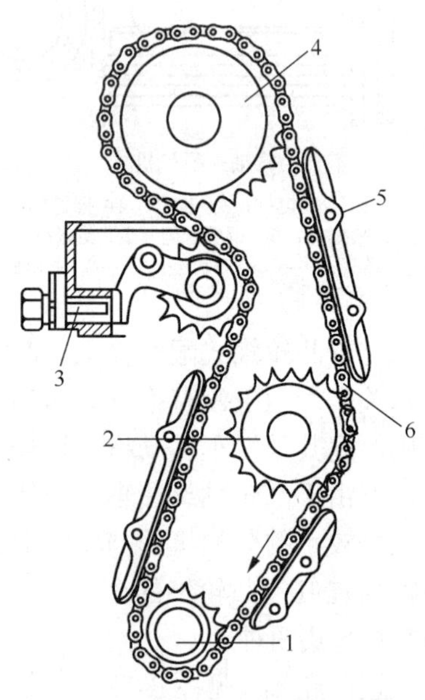

图 3-16　凸轮轴的链传动

1—曲轴链轮；2—油泵驱动链轮；
3—液力张紧装置；4—凸轮轴链轮；
5—导链板；6—链条

（3）齿形带传动（见图 3-10）。现代高速发动机广泛采用齿形带传动。齿形带用氯丁橡胶制成，中间夹有玻璃纤维和尼龙织物，以增加强度。齿形带的张力可以由张紧轮进行调整。

这种传动方式可以减小噪声，减少结构质量，降低成本。

4．按每缸气门数分

配气机构按每缸气门数分为二气门式、三气门式、四气门式、五气门式等。

早期发动机通常采用每缸两个气门，即一个进气门和一个排气门的结构。随着发动机转速的提高，需要进一步改善气缸的换气性能。为了改善换气，在可能的条件下，应尽量加大气门直径，特别是进气门直径。但是由于燃烧室尺寸的限制，气门直径最大一般不能超过气缸直径的一半。当气缸直径较大，活塞平均速度较高时，每缸一进一排的气门结构就不能保证良好的换气质量。因此，目前高性能发动机普遍采用每缸 3、4 或 5 个气门。如日本丰田、德国大众 VR6 等汽车发动机采用每缸三气门结构；广汽本田雅阁、奥迪 V8、欧宝 V6、奔驰 320E 型等汽车发动机采用每缸四气门结构（见图 3-17）；一汽–大众捷达王 EA113、日本三菱 3G81 型汽车发动机采用每缸五气门结构（3 个进气门，2 个排气门），如图 3-18 所示。气门数目的增加，使发动机的进、排气通道的横截面积大大增加，提高了发动机的充气效率，改善了发动机的动力性能；但也导致发动机零件数目增加，使制造成本上升。

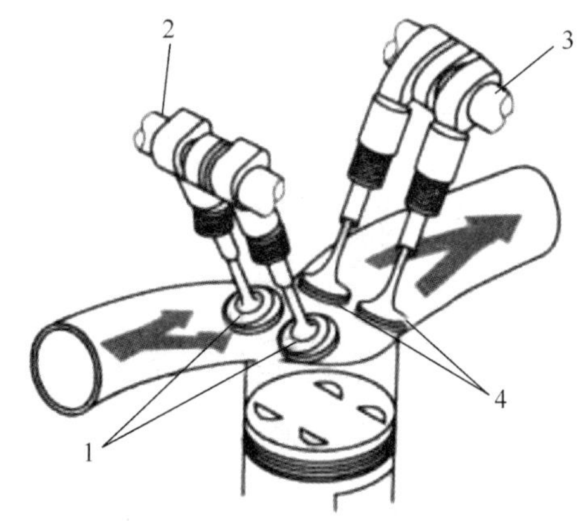

图 3-17　四气门配气机构

1—进气门；2—进气凸轮轴；3—排气凸轮轴；4—排气门

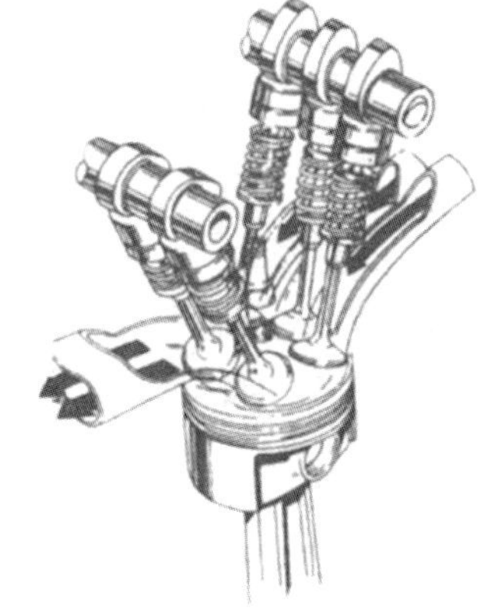
图 3-18　五气门配气机构

目前四气门发动机为数最多，即 2 个进气门和 2 个排气门，其突出的优点是气门通过断面的面积大，进、排气充分，进气量增加，发动机的转速和功率提高；每缸 4 个气门，每个气门的头部直径较小，质量减轻，运动惯性力减小，有利于提高发动机转速；四气门发动机多采用篷形燃烧室，火花塞布置在燃烧室中央，有利于燃烧。

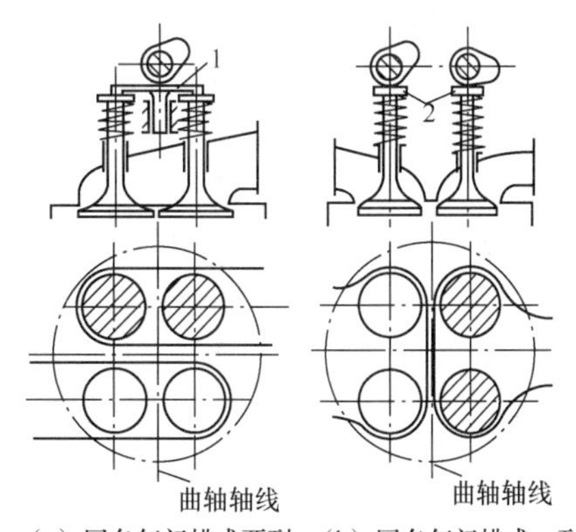

（a）同名气门排成两列　（b）同名气门排成一列

图 3-19　每缸四气门的布置

1—T 形件；2—气门尾端的从动盘

当每缸采用四气门时，气门排列方式有两种。一种是同名气门排成两列[见图 3-19（a）]，由一根凸轮轴通过 T 形件同时驱动所有气门，但由于两个气门串联，会影响进气门充气效率且使前后两排气门热负荷不均匀，故这种方案不常采用。另一种方案是同名气门排成一列[见图 3-19（b）]，这种结构在产生进气涡流、保证进气门及缸盖热负荷均匀性等方面都具有相当的优越性，但一般需要两根凸轮轴。

3.2.3 配气机构的主要组件结构原理

配气机构主要由气门组件和气门传动组件组成。

1. 气门组件

气门组件由气门、气门座、气门导管、气门弹簧、气门锁夹等零件组成，如图 3-20 所示。

（1）气门。气门（Valve）由气门头部、气门杆两部分组成，如图 3-21 所示。头部用来封闭气缸的进、排气通道，气门杆则主要为气门的运动导向。

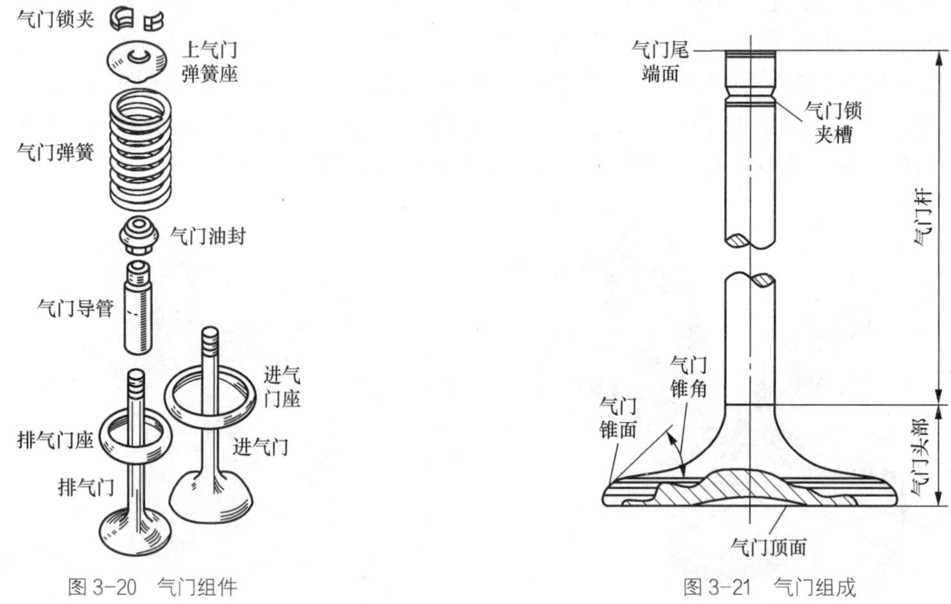

图 3-20 气门组件　　图 3-21 气门组成

气门分为进气门和排气门。进气门一般用中碳合金钢（铬钢、铬钼钢和镍铬钢等）制造；排气门则用耐热合金钢（硅铬钢、硅铬钼钢和硅铬锰钢等）制成。高强化发动机可用 21-4N 奥氏体钢或铬镍钨钼钢制作气门。

① 气门头部。气门头部的形状有平顶、凸顶和凹顶，如图 3-22 所示。平顶气门结构简单，制造方便，吸热面积小，质量也小，应用最多；凸顶气门刚度大，排气阻力小，废气清除效果好，适用于排气门，但其受热面积大，质量和惯性力也大，加工较困难；凹顶气门质量和惯性力小，与杆部的过渡有一定的流线形，可以减小进气阻力，其顶部受热面积较大，常用作进气门。

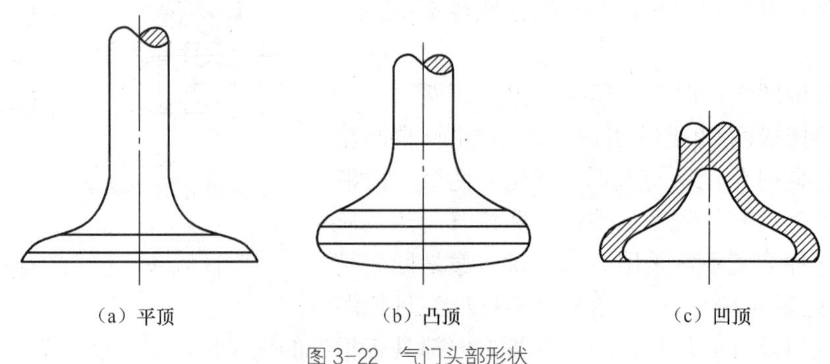

图 3-22 气门头部形状

气门头部与气门座圈接触的工作面是与杆部同心的锥面，这一锥面与气门顶面之间的夹角称为气门锥角（见图 3-23）。气门锥角一般为 45°，少数进气门为 30°。气门头部做成锥形，就像锥形塞子可以塞紧瓶口，能获得较大的气门座合压力，提高密封性和导热性；气门落座时也能起到定位作用，同时气门锥面也可避免气流因拐弯过大而降低流速。

较小气门锥角：气门通过断面较大，进气阻力较小，可以增加进气量。但气门头部边缘较薄，刚度较差，致使密封性变差。

较大气门锥角：可提高气门头部边缘的刚度，气门落座时有较好的自动对中作用及较大的接触压力。有利于密封与传热及挤掉密封锥面上的积碳。

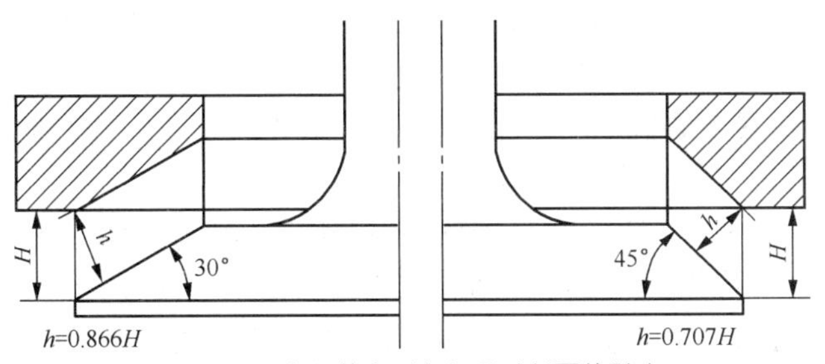

图 3-23　气门锥角对气门通过断面的影响

气门头部接收的热量一部分经气门座圈传给气缸盖；另一部分则通过气门杆和气门导管也传给气缸盖，最终都被气缸盖水套中的冷却液带走。为了增强传热，气门与气门座圈的密封锥面必须严密贴合。为此，二者要配对研磨，研磨之后不能互换。

② 气门杆。在某些高度强化的发动机上采用中空气门杆的气门，旨在减轻气门质量和减小气门运动的惯性力。为了降低排气门的温度，增强排气门的散热能力，在许多汽车发动机上采用钠冷却气门。这种气门是在中空的气门杆中填入一半金属钠。因为钠的熔点约为 97.8℃，沸点约为 880℃，所以在气门工作时，钠会变成液体，在气门杆内上下激烈地晃动，不断地从气门头部吸收热量并传给气门杆，再经气门导管传给气缸盖，使气门头部得到冷却。

气门杆要有较高的加工精度和较低的粗糙度，与气门导管保持较小的配合间隙，以减小磨损，并起到良好的导向和散热作用。气门杆尾端的形状决定于气门弹簧座的固定方式。

气门弹簧座固定方式有以下两种。

a．锁夹式，如图 3-24（a）所示，在气门杆尾部切出环形槽，槽内安装有两个半圆形锥形锁夹 4。

b．锁销式，如图 3-24（b）所示，在气门杆端有一个径向孔，孔内安装有一个锁销 5。

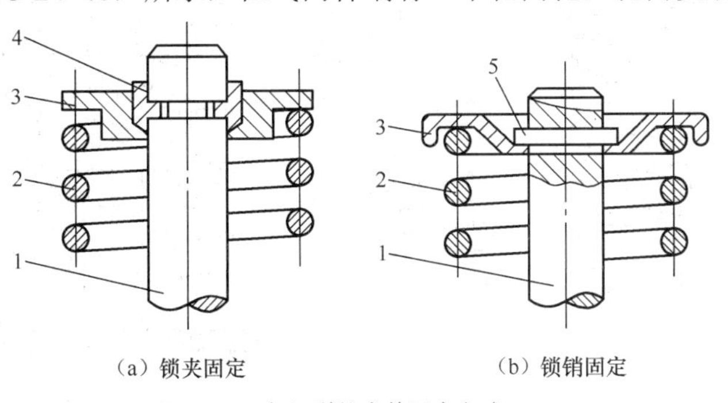

图 3-24　气门弹簧座的固定方式

1—气门杆；2—气门弹簧；3—弹簧座；4—锁夹；　5—锁销

采用剖分成两半且外表面为锥面的气门锁夹来固定气门弹簧座，结构简单，工作可靠，拆装方便，因此得到了广泛的应用。

（2）气门座和气门座圈（见图 3-25）。气门座可在气缸盖上直接镗出，但大多数是用合金铸铁或奥氏体钢单独制成座圈（称气门座圈），压入气缸盖相应的座孔中，以延长使用寿命和便于维修更换。气门座也有相应的锥面，利用其内锥面与气门锥面的紧密贴合密封气缸，并接收气门传来的热量。

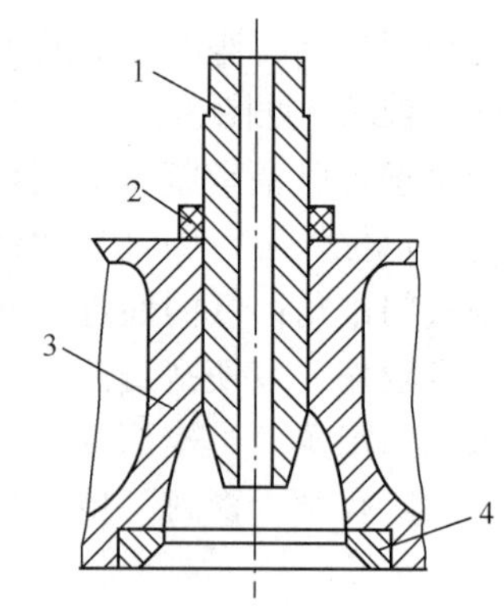

图 3-25 气门座圈和气门导管

1—气门导管；2—卡环；3—气缸盖；4—气门座圈

（3）气门导管（见图 3-25）和气门油封。气门导管的作用是在气门做往复直线运动时进行导向，以保证气门与气门座之间的正确配合与气门的开闭。当凸轮直接作用于气门杆端时，气门导管承受侧向作用力并起传热作用。气门与气门导管间留有 0.05～0.12mm 的微量间隙。该间隙过小，会导致气门杆受热膨胀与气门导管卡死；间隙过大，会使机油进入燃烧室燃烧。为了防止过多的机油进入燃烧室，有的发动机在气门导管上安装有气门油封。

（4）气门弹簧。气门弹簧（Valve Spring）的功用是借其张力消除气门关闭过程中气门及传动件因惯性力而产生的间隙，保证气门落座并紧密贴合，同时也可防止气门在发动机振动时因跳动而破坏密封。

气门弹簧（见图 3-26）。通常采用高碳锰钢、铬钒钢等优质冷拔弹簧钢丝，并经热处理制成为提高其抗疲劳强度，弹簧钢丝表面经抛光或喷丸处理。

为了防止弹簧发生共振，可采用变螺距的圆柱形弹簧[见图 3-26（b）]。大多数高速发动机一个气门装有两根弹簧[见图 3-26（c）]，弹簧内、外直径不同，它们同心安装在气门导管的外面，这样不但可以防止共振，而且当一根弹簧折断时，另一根仍可维持工作。此外，还能减小气门弹簧的高度。当装用两根气门弹簧时，气门弹簧的螺旋方向和螺距应各不相同，这样可以防止折断的弹簧圈卡入另一根弹簧圈内。

一汽-大众奥迪 100、捷达、高尔夫、宝来，上汽大众桑塔纳、大众 POLO 及广汽本田雅阁轿车发动机均采用双气门弹簧。

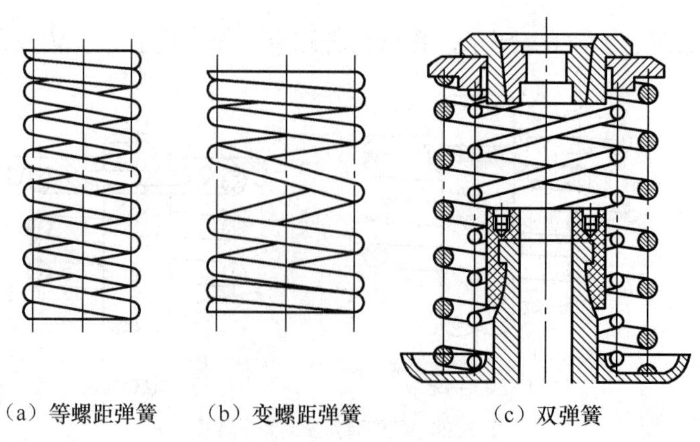

（a）等螺距弹簧　（b）变螺距弹簧　（c）双弹簧

图 3-26 气门弹簧

2. 气门传动组件

气门传动组件的作用是使气门按发动机配气相位规定的时刻及时开闭，并保证规定的开启持续时间和开启高度。

气门传动组

气门传动组件包括凸轮轴组件、挺柱、推杆和摇臂等。

(1) 凸轮轴组件如图 3-27 所示，凸轮轴组件由凸轮轴（Camshaft）7、凸轮轴衬套 6 和止推凸缘 4 等组成（对于下置凸轮轴的汽油机，还加工有驱动机油泵、分电器的螺旋齿轮 9 和驱动汽油泵的偏心轮 8）。

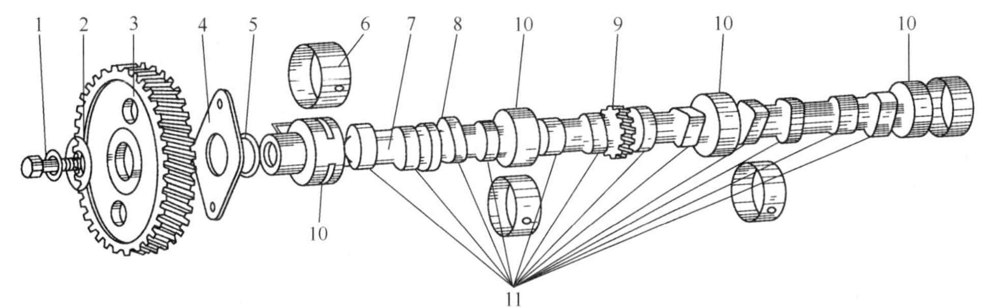

图 3-27 凸轮轴组件

1—螺栓；2—垫圈；3—正时齿轮；4—止推凸缘；5—止推座；6—凸轮轴衬套；7—凸轮轴；8—驱动汽油泵的偏心轮；9—驱动分电器的螺旋齿轮；10—凸轮轴轴颈；11—凸轮

凸轮轴（见图 3-28）的功用是控制气门的开启和关闭，每一个进、排气门分别有相应的进气凸轮和排气凸轮。凸轮的形状影响气门的开闭时刻及高度，凸轮的排列影响气门的开闭时刻和工作顺序（根据凸轮轴可以判断工作顺序）。工作中，凸轮轴受到气门间歇性开启的周期性冲击载荷作用，因此对凸轮表面要求耐磨，凸轮轴要有足够的韧性和刚度。凸轮轴一般用优质钢模锻制成，或用球墨铸铁、合金铸铁铸造制成。凸轮和轴颈的工作表面经热处理后精磨，以提高耐磨性。

图 3-28 JL462 凸轮轴实物

① 凸轮轮廓。进、排气门开启和关闭的时刻、持续时间以及开闭的速度等分别由凸轮轴上的进、排气凸轮控制。转速较低的发动机，其凸轮轮廓由几段圆弧组成，这种凸轮称为圆弧凸轮。高转速发动机则采用函数凸轮，其轮廓由某种函数曲线构成。如图 3-29 所示，O 点为凸轮轴回转中心，凸轮轮廓上的 AB 段和 DE 段为缓冲段，BCD 段为工作段。挺柱在 A 点开始升起，在 E 点停止运动，凸轮转到 AB 段内某一点处，气门间隙消除，气门开始开启。此后随着凸轮继续转动，气门逐渐开大，至 C 点气门开度达到最大。之后气门逐渐关闭，在 DE 段内某一点处气门完全关闭，接着气门间隙恢复。气门最迟在 B 点开始开启，最早在 D 点完全关闭。由于气门开始开启和关闭落座时均在凸轮升程变化缓慢的缓冲段内，其运动速度较小，从而可以防止强烈的冲击。

② 同名凸轮的相对位置。凸轮轴上各同名凸轮（各进气凸轮或各排气凸轮）的相对角位置与凸轮轴旋转方向、发动机点火顺序及气缸数或点火间隔角有关。因此，根据凸轮轴的旋

转方向以及各缸进、排气和凸轮的工作顺序，就可以判定发动机的点火顺序。对于四冲程发动机来说，每完成一个工作循环，曲轴旋转两周而凸轮轴只旋转一周，在此期间，每个气缸都要进行一次进气或排气，且各缸进气与排气的时间间隔相等。如果从发动机风扇端看凸轮轴逆时针方向旋转，则工作顺序为 1—3—4—2 的四缸四冲程发动机点火间隔角为 720° CA/4＝180° CA，相当于 360° /4＝90° 凸轮轴转角，即各同名凸轮间的夹角为 90°，如图 3-30 所示。

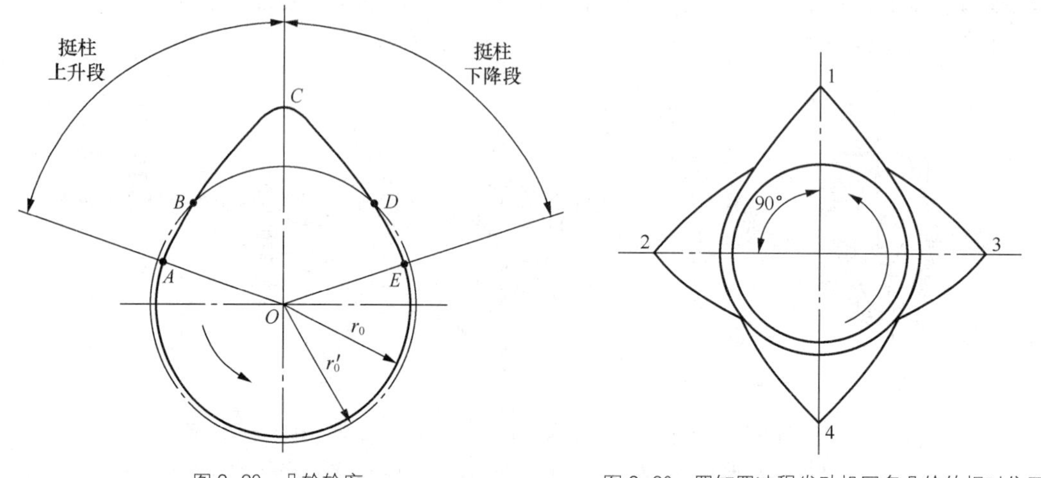

图 3-29　凸轮轮廓

图 3-30　四缸四冲程发动机同名凸轮的相对位置

③ 凸轮轴的轴向定位。正时斜齿轮副在传动过程中会产生轴向力，导致凸轮轴产生轴向窜动。因此，凸轮轴需要进行轴向定位（见图 3-31），止推片 2 安装在正时齿轮 1 和凸轮第一轴颈 3 之间，且留有一定间隙。调整止推片的厚度，可控制其轴向间隙大小。

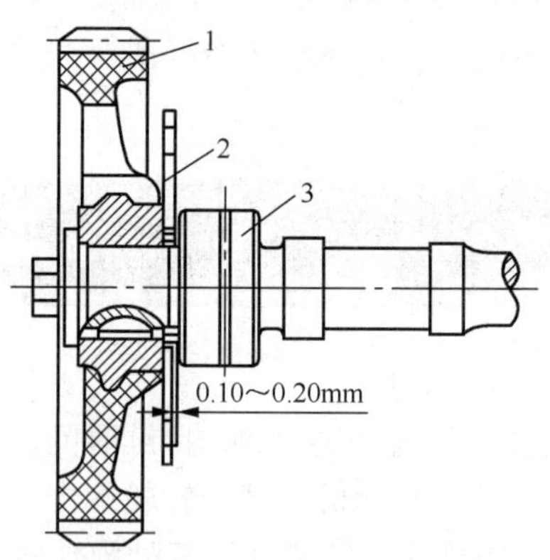

图 3-31　凸轮轴的轴向定位

1—正时齿轮；2—止推片；3—凸轮轴颈

④ 凸轮轴轴承。中置式和下置式凸轮轴的轴承一般制成衬套压入整体式轴承座孔内，再加工轴承内孔，使其与凸轮轴轴颈相配合。上置式凸轮轴的轴承多由上、下两片轴瓦对合而成，装入剖分式轴承座孔内。轴承材料多与主轴承相同，在低碳钢钢背上浇敷减摩合金层。也有的凸轮轴轴承采用粉末冶金衬套或青铜衬套。

⑤ 凸轮轴传动机构。凸轮轴由曲轴通过传动机构（齿形带、正时齿轮或正时链轮）驱动，如图 3-10、图 3-15、图 3-16 所示。图 3-32 所示为一对正时齿轮传动，小齿轮和大齿轮分别

通过键连接安装在曲轴和凸轮轴的前端，其传动比为 2:1。正时齿轮上有正时标记，安装时必须对准，以保证正确的配气相位和点火时刻。

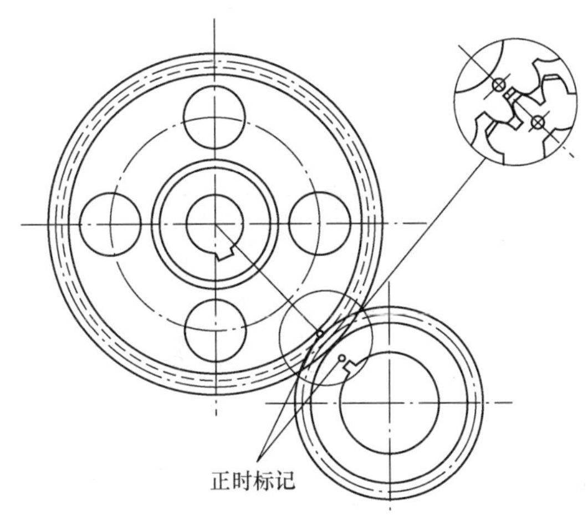

图 3-32　正时齿轮及正时标记

（2）挺柱。挺柱是凸轮的从动件，其功用是将来自凸轮的运动和作用力传给推杆或气门，同时还承受凸轮所施加的侧向力，并将其传给机体或气缸盖。

制造挺柱的材料有碳钢、合金钢、镍铬合金铸铁和冷激合金铸铁等。

挺柱可分为机械挺柱和液压挺柱两大类。

① 机械挺柱。气门顶置式配气机构采用的机械挺柱有筒式和滚轮式，如图 3-33 所示。筒式挺柱的筒壁上钻有通孔，飞溅的润滑油落入筒内并从筒壁上的小孔流出，对挺柱底面及凸轮加以润滑；另外，由于挺柱中间为空心，可减轻其重量，减小惯性力。滚轮式挺柱可以减小磨损，但结构较复杂，质量较大，多用于大缸径柴油机的配气机构。

挺柱工作时，由于受凸轮侧向推力的作用会稍有倾斜，并且由于侧向推力方向是一定的，将引起挺柱与导管之间的单面磨损，同时挺柱与凸轮固定不变地在一处接触，也会造成磨损不均匀。为此，挺柱在结构上有的制成球面[见图 3-33（a）]，而且把凸轮面制成带锥度形状。这样凸轮与挺柱的接触点偏离挺柱轴线，当挺柱被凸轮顶起上升时，接触点的摩擦力使挺柱绕自身轴线转动，使磨损均匀。

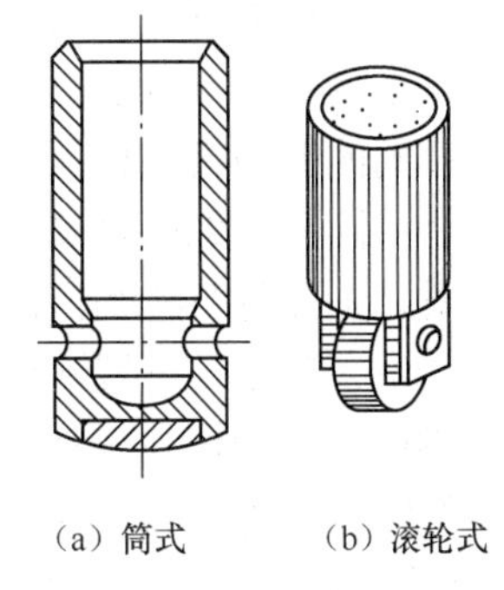

（a）筒式　（b）滚轮式

图 3-33　机械挺柱

② 液压挺柱。在配气机构中预留气门间隙将使发动机工作时配气机构产生撞击和噪声。为了消除这一弊端，有些发动机尤其是轿车发动机采用液压挺柱，借以实现零气门间隙。气门及其传动件因温度升高而膨胀，或因磨损而缩短，都由液压作用来自行调整或补偿。

a．结构。如图 3-34 所示为桑塔纳和捷达轿车发动机采用的液压挺柱。挺柱体 9 由上盖和圆筒焊接成一体，可以在缸盖 14 的挺柱体孔中上下运动。液压缸 12 的内孔和外圆都经过精加工研磨，外圆与挺柱内导向孔配合，内孔则与柱塞 11 配合，两者都可以相对运动。液压缸底部装有一个补偿弹簧 13，把球阀 5 压靠在柱塞的阀座上，它还可以使挺柱顶面和凸轮表面保持紧密接触，以消除气门间隙。当球阀关闭柱塞中间孔时，可将挺柱分成两个油腔，即上部的低压油腔 6 和下部的高压油腔 1；球阀开启后，则形成一个通腔。

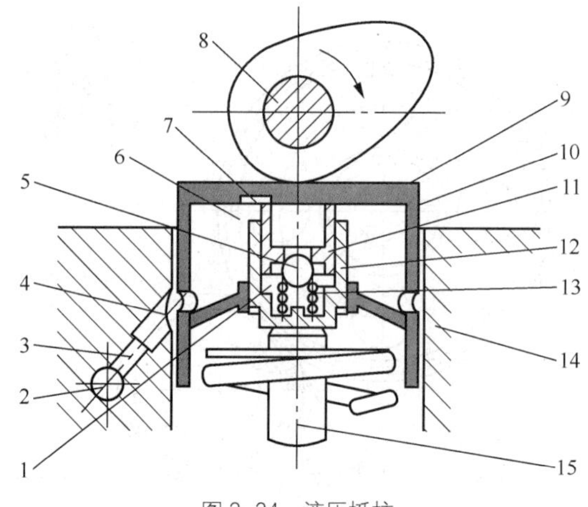

图 3-34 液压挺柱

1—高压油腔；2—缸盖油道；3—油量孔；4—斜油孔；5—球阀；6—低压油腔；7—键形槽； 8—凸轮轴；9—挺柱体；10—挺柱体焊缝；11—柱塞；12—液压缸；13—补偿弹簧；14—缸盖；15—气门杆

b．工作原理。当圆筒挺柱体 9 上的环形油槽与缸盖上的斜油孔 4 对齐时（见图 3-34 中位置），发动机润滑系统中的机油经斜油孔 4 和环形油槽流入低压油腔 6。位于挺柱体背面上的键形槽 7 可将机油引入柱塞上方的低压油腔。当凸轮转动、挺柱体 9 和柱塞 11 向下移动时，高压油腔 1 中的机油被压缩，油压升高，加上补偿弹簧 13 的作用，使球阀紧压在柱塞的下端阀座上，这时高压油腔与低压油腔被分隔开。由于液体具有不可压缩性，整个挺柱会如同一个刚体一样下移，通过气门杆 15 推开气门。此时，挺柱环形油槽与斜油孔 4 错开，停止进油。

当挺柱到达下止点后开始上行时，在气门弹簧上顶和凸轮下压的作用下，高压油腔封闭，球阀也不会打开，液压挺柱仍可认为是一个刚性挺柱，直至上升到凸轮处于基圆，使气门关闭时为止。此时，缸盖主油道中的压力油经斜油孔 4 进入挺柱的低压油腔 6，同时，高压油腔 1 内油压下降，补偿弹簧推动柱塞上行。从低压油腔进来的压力油推开球阀进入高压油腔，使两腔连通充满机油。这时挺柱顶面仍和凸轮紧贴。

在气门受热膨胀时，柱塞和液压缸做轴向相对运动，高压油腔中的油液可经过液压缸与柱塞间的缝隙挤入低压油腔。因此，使用液压挺柱时，可以不预留气门间隙。

中国一汽红旗 CA7220、一汽-大众奥迪 A6、上汽大众 POLO 及广汽本田雅阁等许多轿车发动机配气机构都装用了液压挺柱。

（3）推杆。下置（或中置）凸轮轴式配气机构中，推杆位于挺柱和摇臂之间，其作用是将挺柱传来的推力传给摇臂，如图 3-35 所示。推杆承受压力，很容易弯曲变形。除要求有很大的刚性之外，应尽量做得短些。推杆通常采用冷拔无缝钢管制成，两端焊上球头和球座。有的推杆采用硬铝或锻铝（适用于铝合金缸体与缸盖）制成。在结构上，有实心推杆，也有空心推杆。钢制实心推杆[见图 3-35（a）]同两端的球形或凹球形支座锻成一个整体，而铝制实心推杆[见图 3-35（b）]在两端配以钢制的支座。空心推杆[见图 3-35（c）]大多采用冷拔无缝钢管，两端配以钢制的支座。无论是实心还是空心推杆，两端的支座都必须经淬火和磨光处理，保证其耐磨性。

（4）摇臂。如图3-36所示，其作用是改变传力方向，同时利用两边臂的比值（称摇臂比）来改变气门的升程。摇臂与气门杆端接触部分接触应力高，且有相对滑移，磨损严重，因此在该部分常堆焊有硬质合金。

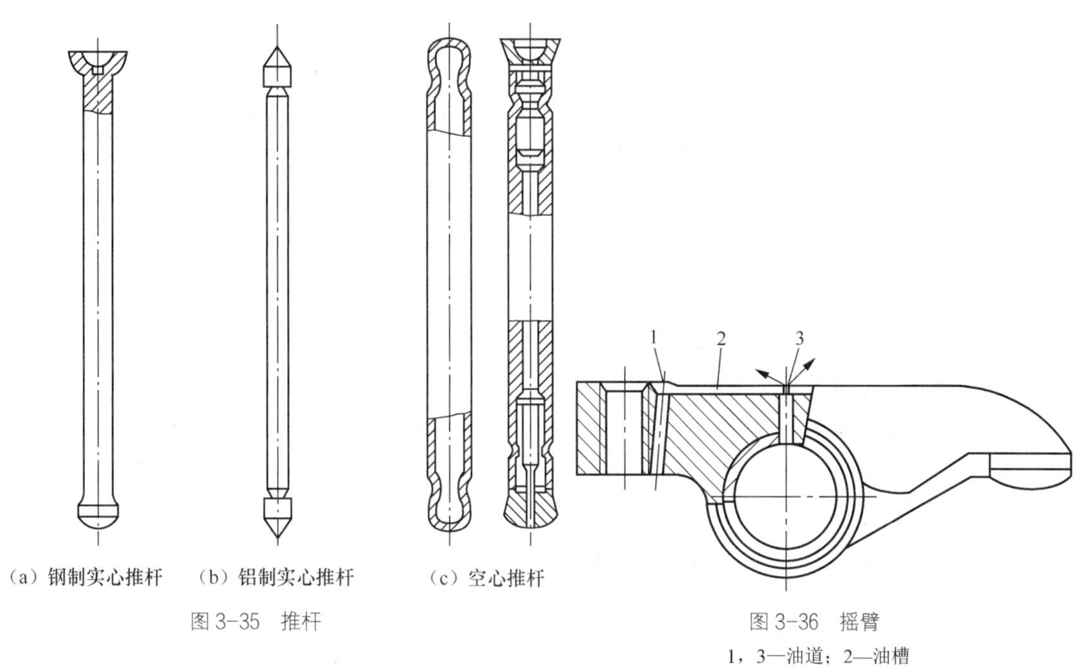

图3-35 推杆

图3-36 摇臂

1，3—油道；2—油槽

（5）气门间隙调整螺钉。如图3-37所示，它用来调整气门间隙。

气门间隙

气门间隙指发动机冷态下，气门关闭时，气门与摇臂的间隙。其作用是为气门及驱动组件工作时留有受热膨胀的余地。

一般在冷态时，进气门的间隙为0.25～0.3mm，排气门的间隙为0.30～0.35mm。气门间隙过小，会造成漏气；气门间隙过大，会造成撞击、磨损、气门开启的延续角度变小，气缸的充气及排气情况变坏。发动机工作中，气门、驱动机构及传动机构零件磨损会导致气门间隙产生变化，应注意检查调整。

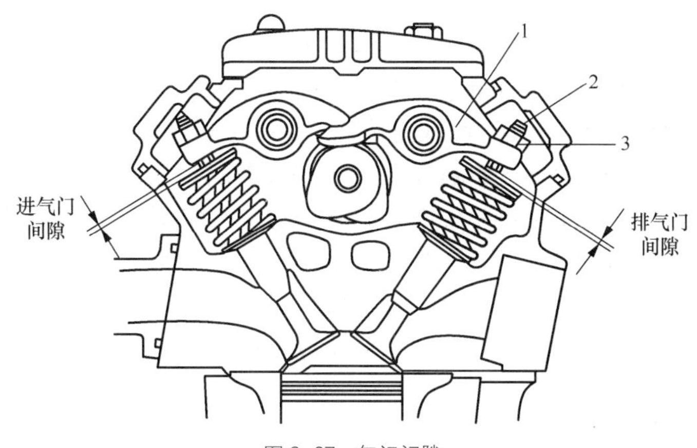

图3-37 气门间隙

1—摇臂；2—气门间隙调整螺钉；3—锁紧螺母

3.3 配气相位与换气过程

3.3.1 配气相位

配气相位图

配气相位是用曲轴转角表示的进、排气门的开闭时刻和开启持续时间，通常用相对于上、下止点曲拐位置的曲轴转角的环形图表示，这种图形称为配气相位图，如图 3-38 所示。

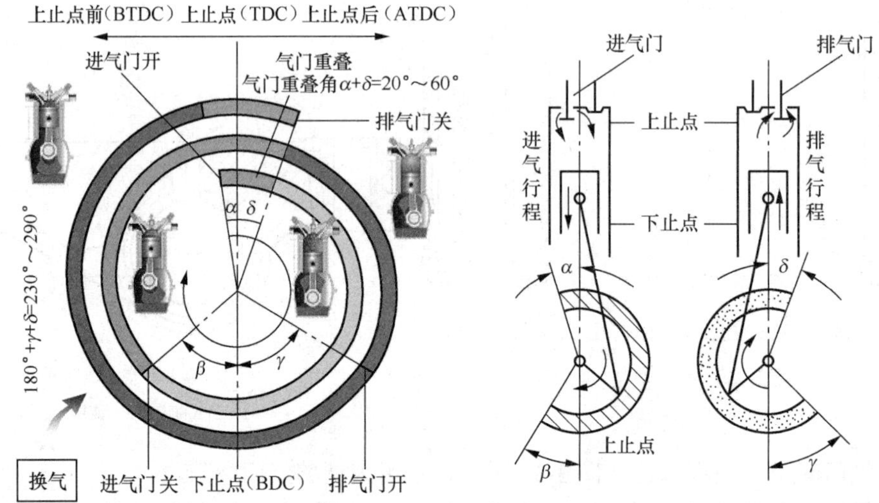

图 3-38 配气相位图

配气相位是影响充气效率的重要因素之一，直接影响发动机的动力性和经济性。

理论上来说，四冲程发动机的工作过程是进气、压缩、做功和排气持续时间各占 180° CA，即进、排气门都是在上、下止点开闭。

但实践表明，理论配气相位对实际工作是很不适用的，它不能满足发动机对进、排气门的要求，主要原因如下。

（1）气门的开、闭有个过程：开启总是由小到大；关闭总是由大到小。

（2）气体惯性的影响。随着活塞的运动，造成进气不足、排气不净。

（3）发动机速度的要求。实际发动机曲轴转速很高，活塞每一行程历时都很短，例如，桑塔纳轿车最大功率时的转速为 5 600r/min，一个行程只有 60s/（5 600×2）≈0.005 4s，即使转速为 1 500r/min，一个行程也只有 0.02s，这样短的进气或排气时间，使发动机进气不足，排气不净，从而使发动机功率下降。

实际上，为了进气充足、排气干净，发动机气门都有“早开晚关”的特点，即进、排气门的开闭时刻并不是恰好在上、下止点，而是提前开启、迟后关闭一定的曲轴转角，以此延长进、排气时间。

1．气门早开晚关

（1）气门早开晚关的主要原因

由于气门的打开需要时间，进气门早开，可使进气行程一开始就有较大的通道面积，增加进气量。

活塞到达进气行程下止点时，气缸内气体压力仍然低于大气压，在大气压的作用下仍能进气，且此时进气气流有较大的惯性，因此进气门晚关也可增加进气量。

同理，排气门的打开也需要时间。排气门提前打开即在做功行程快要结束时打开，此时气缸内的气体还有 0.30～0.50MPa 的压力，此压力对做功的作用已经不大，但仍比大气压高，因此在此压力作用下，气缸内的废气能迅速地自由排出；待活塞到达排气行程下止点时，气缸内只有约 0.115MPa 的压力，此时进一步加大排气门开度，可降低活塞上行的排气阻力，使排气行程所消耗的功率大为减小；此外，高温废气迅速排出，还可以防止发动机过热。

活塞到达排气行程上止点时，气缸内残余废气压力仍然高于外界大气压，加之排气时气流有一定的惯性，因此排气门晚关可使废气排得更干净。

由此可见，气门早开晚关可以给发动机实际工作带来以下好处。

进气门早开：增大了进气行程开始时气门的开启高度，减小进气阻力，增加进气量。

进气门晚关：延长了进气时间，在大气压和气体惯性力的作用下，增加进气量。

排气门早开：借助气缸内的高压自行排气，大大减小了排气阻力，使排气更干净。

排气门晚关：延长了排气时间，在废气压力和废气惯性力的作用下，使排气更干净。

（2）配气相位

进气提前角 α：在排气行程接近终了、活塞到达上止点前，进气门便开始开启。从进气门开始开启到活塞移到上止点所对应的曲轴转角 α 称为进气提前角，一般 α=10°CA～30°CA。

进气迟后角 β：进气行程活塞到达下止点后，又上行一段时间，进气门才关闭。从下止点到进气门关闭所对应的曲轴转角称为进气迟后角 β，一般 β=30°CA～80°CA。

由此可见，进气门开启持续时间所对应的曲轴转角（进气持续角度）为 α+180°CA+β。

排气提前角 γ：在做功行程接近终了，活塞到达下止点之前，排气门便开始开启。从排气门开始开启到活塞移至下止点所对应的曲轴转角称为排气提前角 γ，一般 γ=40°CA～80°CA。

排气迟后角 δ：在排气行程接近终了，活塞越过上止点后，排气门才关闭。从上止点到排气门关闭所对应的曲轴转角 δ 称为排气迟后角，一般 δ=10°CA～30°CA。

由此可见，排气门开启持续时间所对应的曲轴转角（排气持续角度）为 γ+180°CA+δ。

2. 气门重叠

进气门早开、排气门晚关，势必造成在一段时间内进、排气门同时开启的现象，此现象称为气门重叠，进、排气门同时开启时间对应的曲轴转角（$\alpha+\delta$）称为气门重叠角，一般 $\alpha+\delta$=20°CA～60°CA。在气门重叠期间，可燃混合气和废气是否会乱窜呢？答案是不会的，这主要是因为以下几点。

① 进、排气气流都有各自的流动方向和流动惯性，而气门重叠时间又很短，只要气门重叠角选择适当，就不会造成进、排气气流乱窜，即吸入的可燃混合气不会随同废气排出，废气也不会经进气门倒流入进气管，而只能从排气门排出。

② 进气气流流通截面积的变化使得进气门附近有降压作用，有利于进气。另外，气缸内废气气流周围有一定的真空度，对排气速度有一定影响，从进气门进入的少量新鲜气体可对此真空度加以填补，还有助于废气的排出。

发动机的形式不同，对气门重叠角大小的要求也有所不同。

对于自然吸气发动机，若气门重叠角过大，会出现部分气体倒流的现象，即排气管内废气就倒流回缸内，缸内废气倒流至进气管。汽油机由于采用节气门来调节发动机的功率，进气管内压力总是低于大气压，在小负荷小节气门开度时更是如此，若进气提前角过大，高温废气就有可能倒流进入进气管，引起进气管回火，故自然吸气汽油机的气门重叠角一般小于 40° CA。在自然吸气柴油机中，进气管内压力始终接近大气压，低负荷时也没有进气管真空度加大的现象，因此可以采用较大的气门重叠角，一般约为 60° CA，以提高柴油机在常用转速范围内的充量系数。此外，无论是汽油机还是柴油机，转速高的发动机宜采用较大的气门重叠角和较长的气门开启持续时间，以提高发动机的充量系数。

对于增压柴油机，由于进气压力高，新鲜充量在正向压差的作用下流入气缸进行扫气，一部分还将流出气缸，进入排气管。增压发动机采用较大的气门重叠角，一方面有利于扫除缸内的残余废气，增加进入气缸的新鲜充量，另一方面还可以用新鲜充量降低燃烧室内气缸盖、排气门、活塞顶、缸套的温度以及排气的温度，从而减小发动机及增压器等受热严重且冷却困难的关键零部件的热负荷，对提高发动机可靠性有显著效果。但是过大的重叠角易造成气门与活塞运动的干涉，需在活塞上加工避气门坑，从而影响到燃烧室内气体运动的组织以及发动机的压缩比。此外，过多的扫气还会加重增压器的负担，因此增压柴油机气门重叠角一般在 80° CA～160° CA。

不同发动机，由于其结构形式、转速各不相同，因而配气相位也不相同。同一台发动机转速不同也应有不同的配气相位，转速越高，提前角和迟后角也应越大，但这在发动机结构上很难做到。通常根据发动机性能要求，通过试验确定该种发动机的某一常用转速范围内较为合适的配气相位。

为了获得发动机的高转速、大功率，要求配气机构有较大的进、排气持续角度，特别是进气迟后角要大，充分利用气体流动惯性，多进气；为了获得发动机的低转速、大转矩，进气迟后角要小，防止低速倒流；为了获得中小负荷较好的燃油经济性，气门重叠角应小。若能同时满足上述要求，配气机构应装用可变气门正时系统。

3.3.2 换气过程

换气过程是汽车发动机排出本循环的已燃气体和为下一循环吸入新鲜充量（空气或可燃混合气）的进排气过程，它是工作循环得以周而复始不断进行的保证。对四冲程发动机而言，换气过程是指从排气门开启到进气门关闭的整个过程。在发动机换气过程中，有时为了控制其 NO_x 排放，还需要进行排气再循环。发动机采用增压技术可以提高进气密度，从而提高发动机的功率，并改善经济性，降低排放。发动机的性能很大程度上依赖其换气过程，为提高动力性和经济性指标，需要研究降低进、排气流动阻力损失和提高充量系数的措施及方法，以及如何为燃烧提供一个合适的缸内气体流场，并保证多缸发动机的各缸均匀性等。

1．四冲程发动机的换气过程

图 3-39 所示为四冲程发动机换气过程示意图。其中图 3-39（a）为四冲程发动机的配气相位与换气过程 p-V 示功图。排气门在下止点前 1 点开启，由于缸内压力高，燃气快速流出，缸内压力随即迅速下降。在进、排气上止点前，进气门在 3 点打开，此时，排气门尚未关闭，出现一段时间的气门重叠期，排气门在上止点后 2 点关闭。进气门打开初期，由于进气道与缸内压差小，进气流量小，随着活塞运动的加快，造成了缸内较大的真空度，使得中后期的进气速度提高，最后进气门在下止点后 4 点关闭。进、排气门迟后角的设计，同它们提前开启一样，是为了增加进、排气过程的时面值或角面值，利用气体流动的惯性，增加进气充量

或废气的排出量。四冲程发动机的换气过程可分为排气、气门重叠、进气3个阶段，图3-39（b）表示了换气过程进、排气门升程和气缸压力随曲轴转角的变化情况。

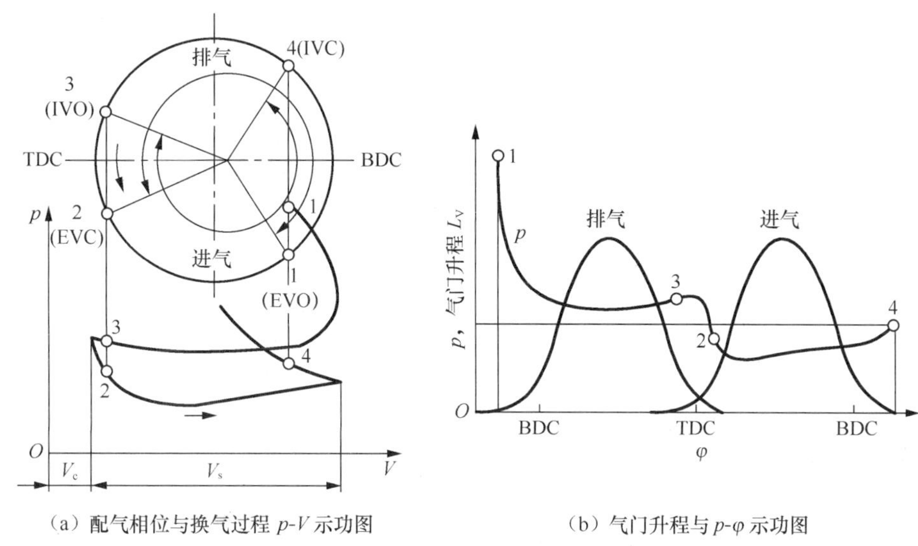

（a）配气相位与换气过程 p-V 示功图　　（b）气门升程与 p-φ 示功图

图3-39 四冲程发动机换气过程示意

IVO—进气门开启角；IVC—进气门关闭角；EVO—排气门开启角；EVC—排气门关闭角；V_c—燃烧室容积；V_s—气缸工作容积

（1）排气过程

从排气门开启到关闭，发动机排出废气的整个过程称为排气过程。此过程可分为自由排气和强制排气两个阶段。

排气门开启初期，缸内压力远大于排气管内的排气背压。此时，尽管活塞还在下行，缸内压力也在不断下降，但是气缸内外压差已足以使废气自由流出，而不必依靠活塞强制推出，这一阶段称为自由排气阶段。自由排气阶段在下止点后 10°CA～30°CA 结束，这一阶段虽然只占总排气时间的 1/3 左右，且气门开启流通面积也较小，但因流速很高，排出的废气量可达总排气量的60%以上，所以这一阶段也是排气阻力和噪声最大的阶段。

自由排气结束后，缸内压力大大降低，必须依靠活塞上行推动缸内气体强制排出缸外，这一阶段称为强制排气阶段，此阶段需要消耗发动机的有效功。强制排气阶段，缸内与大气或涡轮机入口处的平均压力差约为0.01～0.02MPa，时间也占总排气时间的2/3左右。

（2）进气过程

从进气门开启到关闭，发动机吸入新鲜充量的整个过程称为进气过程。

尽管进气门提前开启，新鲜充量的真正吸入还是要等到气缸内残余废气膨胀，缸内压力降至低于进气压力后才开始。活塞由上止点向下运动一定角度后速度增加，而此时气门开启还不够充分，缸内的压力迅速降低，这为新鲜充量的顺利流入创造了条件。随着进气门流通面积的加大，以及进气流速的提高，进入气缸的新鲜充量不断增加，再加上燃烧室表面和残余废气对新鲜充量的加热作用，缸内压力逐渐升高。

活塞到达下止点时，进气门并未马上关闭，而是推迟到下止点后某一曲轴转角才关闭，在这段曲轴转角内，活塞虽然已经上行，但进气系统向缸内充气的气流速度依然较高，进气门迟后关闭正是利用了在进气过程中形成的气流惯性，实现向气缸的过后充气，增加缸内充量。这样，有可能使进气过程终了时，缸内压力等于或略高于进气管压力。

尽管利用过后充气可以有效地增加进入气缸的空气量，但过大的进气门迟后角，会导致在低速时发生缸内气流倒流进入进气管的现象，也会影响有效压缩比，从而影响压缩终了温度，使发动机的冷起动困难。因此，合理的配气正时是十分重要的。

（3）气门重叠过程

四冲程发动机换气过程还存在一个特殊的阶段：在进、排气上止点前后，由于进气门的提前开启与排气门的延迟关闭，使发动机从进气门开启到排气门关闭的这段曲轴转角内，出现进、排气门同时开启的气门重叠。在气门重叠期间，进气管、气缸、排气管三者连通，此时的气体流动方向取决于三者间的压力差。

2．四冲程发动机的换气损失

换气损失为理论循环与实际循环换气功之差。理论循环是闭式循环，没有工质的更换，也没有任何形式的流动阻力损失，图 3-40（a）为非增压发动机理论换气过程示功图。在实际循环中，吸入新鲜空气与燃料，然后在合适的时候排出燃烧废气，这是循环过程得以周而复始进行所必不可少的。为尽可能降低排气阻力，排气门需要提前开启，燃气在膨胀到下止点前从气缸内排出；在排气和进气行程中，气体在流经进、排气管，进、排气道以及进、排气门时，不可避免地存在着流动阻力损失，也需要消耗一部分有效功。图 3-40（b）为非增压发动机实际换气过程示功图。换气损失由排气损失和进气损失两部分组成。

（1）排气损失

①排气损失的组成。排气损失包括膨胀损失和推出损失，两者之和即排气损失。

图 3-40（b）中面积 w 为膨胀损失功。从排气门提前开启到活塞到达下止点这一时期，由于提前排气造成了缸内压力下降，使膨胀功减小，称为膨胀损失。

图 3-40（b）中面积 x 为推出损失功。活塞由下止点向上止点运动的强制排气行程所消耗的功称为推出损失功。

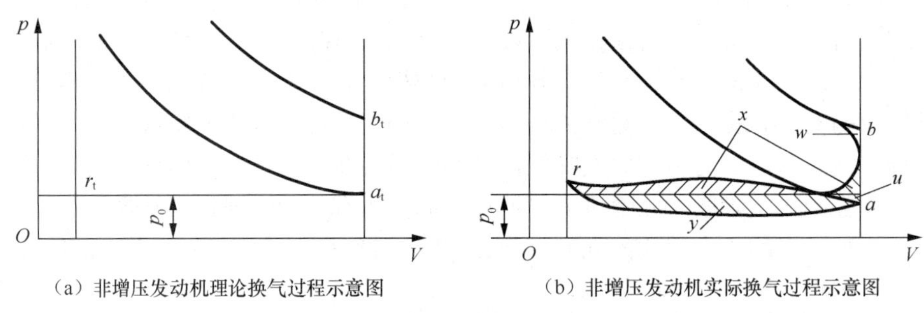

（a）非增压发动机理论换气过程示意图　（b）非增压发动机实际换气过程示意图

图 3-40　非增压发动机换气过程示功图

w—膨胀损失功；x—推出损失功；y—进气损失功；$x+y-u$—泵气损失

②降低排气损失的方法。如图 3-41 所示，降低排气损失的主要方法是合理确定排气提前角，采用每气缸两个排气门，有效地减少排气过程中的损失。

（2）进气损失

与理论循环相比，发动机在进气过程中所造成的功的减少称为进气损失，图 3-40（b）中面积 y 为进气损失功。进气损失影响发动机的充量系数，对发动机性能有显著影响。

合理调整配气正时、加大进气门的流通截面、正确设计进气管及进气道的流动路径、降低活塞平均速度等措施，可以减少进气损失。

3. 泵气功与泵气损失

泵气功指气缸内气体对活塞在强制排气行程和进气行程所做的功。

泵气损失指与理论循环相比，发动机的活塞在泵气过程中所造成的功的损失。

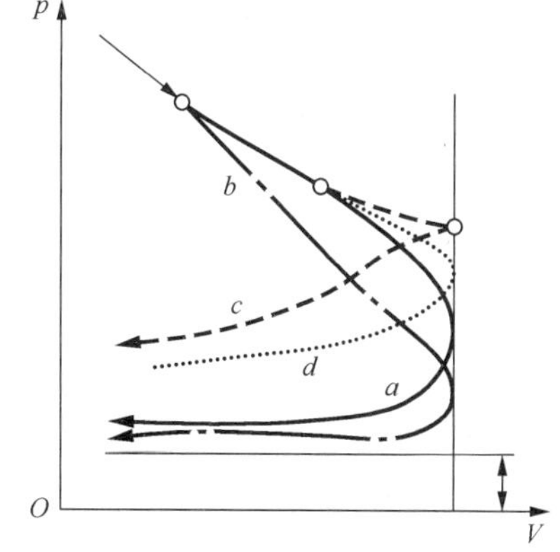

图 3-41　排气门提前角与排气损失

a—最合适；b—过早；c—过晚；d—排气门面积最小

4. 提高发动机充气效率的措施

（1）充气效率的定义

评价发动机换气过程的完善程度可采用充气效率（η_v）指标，它是指每个循环实际进入气缸的充量与在进气状态下充满气缸工作容积的理论充量的比值，即

$$\eta_v = V_1/V_h = m_1/m_s$$

式中，V_1、m_1——进气过程中，实际充入气缸的进气量；

V_h、m_s——进气状态下，充满气缸工作容积的进气量。

所谓进气状态是指当时、当地的大气状态（非增压机型）或增压器压气机出口的气体状态（增压机型）。充气效率越高，表明进入气缸内的新鲜空气或可燃混合气的质量越大，可燃混合气燃烧时放出的热量越多，发动机输出的功率也就越大。

对于一定工作容积的发动机而言，充气效率与进气终了时气缸内的压力和温度有关。进气终了时气缸内的压力越高，温度越低，则一定容积的气体质量就越大，因而充气效率越高。

由于进气系统对气流的阻力造成进气终了时气缸内气体压力降低，又由于上一循环中残留在气缸内的高温废气，以及燃烧室、活塞顶、气门等高温部件对进入气缸内的新鲜气体加热，使进气终了时气体温度升高，实际充入气缸的新鲜气体的质量小于进气状态下充满气缸工作容积的新鲜气体的质量，即充气效率通常小于 1。一般四冲程汽油机的充气效率为 0.70～0.85，四冲程非增压柴油机的充气效率为 0.75～0.90，四冲程增压柴油机的充气效率为 0.90～1.05。

影响充气效率的因素很多，总体来说，换气系统结构应有利于减小进、排气阻力，并且有适当的进、排气门开启时刻和开启持续时间，使进、排气尽可能充分，以提高充气效率。最佳换气系统应保证发动机在大负荷时进气量最多，在部分负荷时有较好的燃油经济性。

（2）提高充气效率的措施

① 降低进气系统的流动阻力，提高气缸内进气终了时的压力。进气系统的流动阻力，按其性质可分为沿程阻力和局部阻力两类。沿程阻力实际上是管道摩擦阻力，与管长和管内流动面上的表面质量有关；局部阻力是由流通截面大小、形状以及流动方向变化，在局部产生涡流损失所引起的。通过增加进气门数目（见图 3-42）、加大进气门直径、合理设计进气道及气门的结构、对空气滤清器定时进行清理等措施可以降低进气系统的流动阻力。

② 降低排气系统的阻力损失，以减小缸内的残余废气系数。排气门打开初期，随着废气大量涌入，在排气门处产生大的正压波并向排气管出口端传播，在出口端又返回负压波。由此可见，排气管内也存在压力波，且排气能量大，废气温度高，故与进气相比，排气压力波的振幅大，传播速度快。若能在排气过程后期，特别是气门重叠期，在排气管的气门端形成稳定的负压，便可减少缸内残余废气和泵气损失，并有利于新气进入气缸。

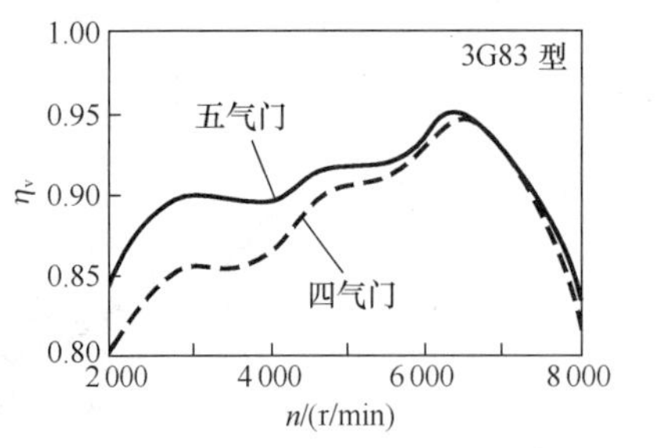

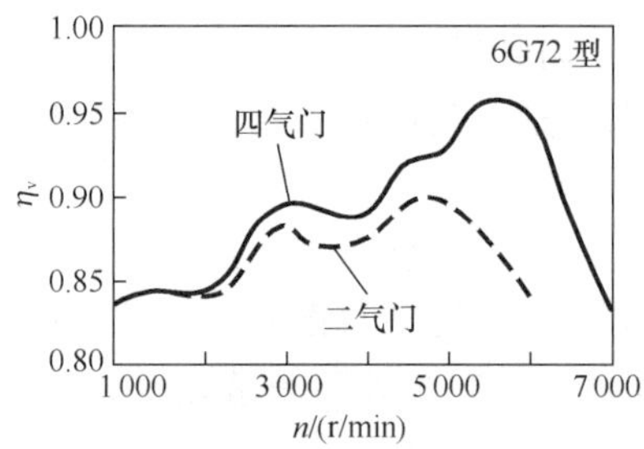

图 3-42　多气门发动机充气效率比较

采取的措施：排气道应避免截面突变和急转弯，这有利于降低流通阻力；从缸盖底面到排气门座面应圆滑过渡；到最小流通截面逐渐缩小；从气道转弯处到排气道出口截面形成扩压段，最小流通截面至出口截面面积应逐渐变大；对于多缸脉冲涡轮增压发动机，排气管应分支，避免排气倒流；设计出高效低阻消声器，降低排气阻力。

③ 采用可变配气系统技术。为获得最大充量系数，理想的配气系统应当要满足以下要求：低速时，采用较小的气门重叠角以及较小的气门升程，防止出现缸内新鲜充量向进气系统倒流，以便增加转矩，提高燃油经济性；高速时应具有最大的气门升程和进气门迟后角，最大限度地减小流动阻力，充分利用过后充气，提高充量系数，以满足动力性要求。配合以上变化，对进气门从开启到关闭的持续期（又称作用角）也应进行调整，以实现最佳的进气定时。

常见的可变配气系统分为可变凸轮机构和可变气门正时两类。可变凸轮机构一般都是通过两套凸轮或摇臂来实现的，即在高速时采用高速凸轮，其升程与作用角都较大；而在低速时切换到低速凸轮。

④ 合理利用进气谐振。由于间歇进、排气，进、排气管存在压力波，在特定的进气管条件下，可以利用此压力波来提高进气门关闭前的进气压力，增大充气效率，这就称为动态效应。动态效应可分为惯性效应和波动效应。

a. 进气管的惯性效应。在进气行程前半期，由于活塞下行的吸入作用，气缸内产生负压，新鲜工质从进气管流入，同时传出负压波，经气门、气道沿进气管向外传播，传播速度为声速。当负压波传到稳压室等空腔的开口端时，又从开口端向气缸方向反射回正压波，如果进气管的长度适当，从负压波发出到正压波返回进气门所经历的时间，正好与进气门从开启到关闭所需的时间配合，即正压波返回进气门时，正值进气门关闭前夕，从而提高了进气门处的进气压力，达到增压效果。

b. 进气管波动效应。当进气门关闭后，进气管的气柱还在继续波动，对各气缸的进气量有影响，这称为波动效应。进气门关闭时，进气管内流动的空气因急速停止而受到压缩，在进气门处产生正压波，该波在进气管内来回传播，进气门处的压力也时高时低，形成压力波动。如果使正压波与下一循环的进气过程重合，就能使进气终了时压力升高，从而提高充气效率。此时如果与负压波重合，则气门关闭时压力便会下降，充气效率降低。

进气管中还存在进气谐振现象。利用一定长度和直径的进气歧管和一定容积的谐振室组成谐振进气系统，并使其固有频率与气门的进气周期协调，那么在特定转速下，在进气门关闭之前，就会在进气管内产生大幅度的压力波，使进气管压力增高，从而增加进气量。为了追求最佳的充量系数值，可以采用可变进气系统，以充分利用进气谐振的效果，达到高速与低速性能的最优化。比较常见的可变进气系统是通过改变进气管长度或流通截面的方式来实现的。

3.4　可变进气控制技术

3.4.1　可变进气管控制系统

1．控制原理

可通过改变进气管长度、直径等进气系统参数来改变进气压力波，提高充气效率。试验证明：在中低转速时，细长的进气管充气效果较好；而在高转速时，粗短的进气管充气效果较好。

2．控制方法

现代电控发动机采用谐波进气控制系统（ACIS），即可变进气管系统。

（1）进气管长度可变结构（见图 3-43）：根据发动机转速变化而自动改变进气管有效长度。当发动机中低速运转时，发动机控制单元（ECV）控制转换阀关闭，空气沿弯曲而细长的进气歧管进入气缸。细长的进气歧管增强了气流的惯性，提高了进气速度，进气量增多；当发动机高速运转时，转换阀开启，空气直接进入粗短的进气歧管。粗短的进气歧管阻力小，使进气量增多。

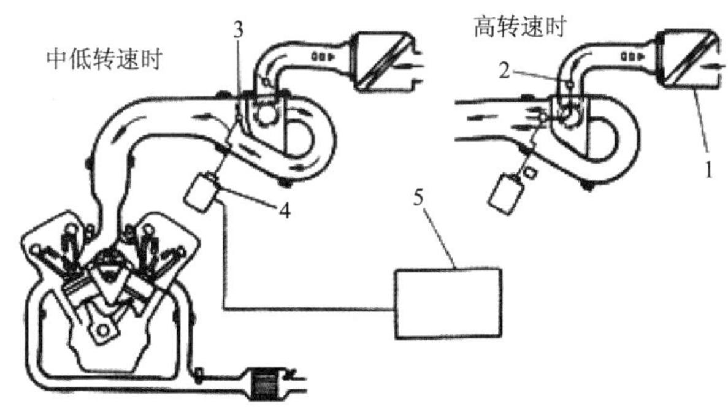

图 3-43　进气管长度可变结构

1—空气滤清器；2—节气门；3—转换阀；4—转换阀控制机构；5—发动机控制单元

（2）进气管截面可变结构（见图 3-44）：能根据发动机转速变化而自动改变进气管有效截面。图 3-44 中显示每个气缸有 4 个气门（2 个进气门和 2 个排气门），2 个进气门各配有一个进气通道，其中一个进气通道中装有进气转换阀。在发动机低速中、小负荷工作时，转换阀关闭，只利用一个进气通道，即发动机进气通道的有效截面积变小，此时进气流速提高，进气惯性大，可提高发动机扭矩；当发动机高转速、大负荷工作时，发动机控制单元控制转换阀开启，两条进气通道同时工作，此时进气截面积增加，进气阻力减小，充气量增加，可提高发动机高速时的动力性。

可变长度进气歧管

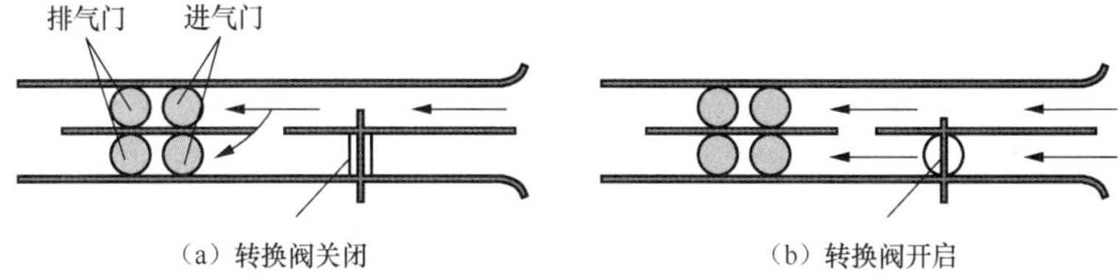

图 3-44　进气管截面可变结构

3．海马 VIS-1.8 Ⅱ 发动机的可变惯性进气系统

海马 VIS-1.8 Ⅱ 发动机的可变惯性进气系统是可变进气系统的一种，它通过改变进气歧管的形状和长度来调节不同工况下的进气量，兼顾发动机高转速时的大输出和低转速的经济性。海马 VIS 可变进气系统（VIS）及其对发动机扭矩的影响如图 3-45 所示。可以看出，当发动机转速高于 4 750r/min 时，VIS 使得发动机扭矩明显增大，有效改善了发动机高速时的动力性。

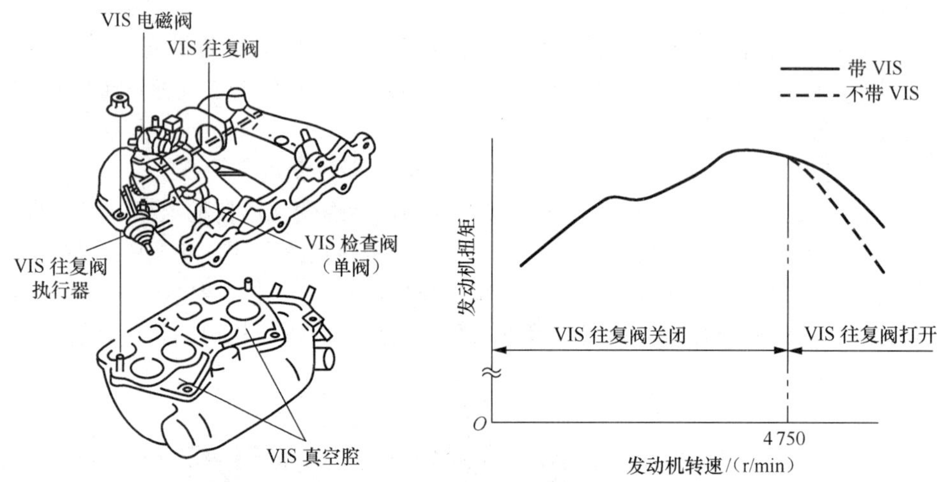

图 3-45　发动机的可变惯性进气系统及扭矩、转速工况图

3.4.2　可变气门机构

气门是由发动机的曲轴通过凸轮轴带动的，气门的配气正时取决于凸轮轴的转角。在普通的发动机上，进、排气门的开闭时间是固定不变的，这种固定不变的正时很难兼顾发动机不同转速的工作需求。通过试验证明，两种进气迟后角的充气效率 η_v 和功率 P_e 的变化规律如图 3-46 所示。

低速时，进气门晚关 60° CA 比进气门晚关 40° CA 时的充气效率 η_v 低、发动机功率 P_e 升高迟后；高速时，超过 2 300～2 500r/min 后，进气门晚关 60° CA 的充气效率和功率都明显优于进气门晚关 40° CA 的。

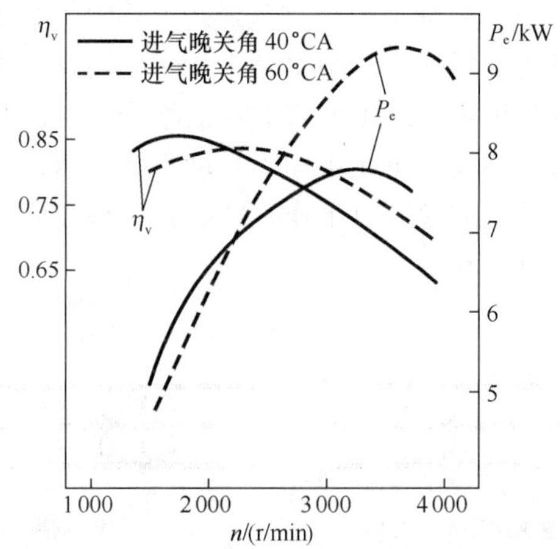

图 3-46　发动机充气效率和功率与发动机转速的关系

理想的配气相位应随着发动机的转速、负荷及其他工况而改变。可变气门机构就是解决这一矛盾的技术，它包括可变气门正时机构、可变气门正时及升程机构和无级可变气门正时及升程机构。

1．可变气门正时机构（帕萨特 B5 轿车 2.8L V6 发动机）

（1）可变气门正时机构的结构与传动。该发动机对可变气门正时进行了特别设计。其进、排气凸轮轴分布以及传动方式如图 3-47 所示，排气凸轮轴安装在外侧，进气凸轮轴安装在内侧。曲轴通过齿形带首先驱动排气凸轮轴，排气凸轮轴通过链条驱动进气凸轮轴。

（2）可变气门正时调节器。图 3-48（a）所示为发动机在高速状态下，为了充分利用气体进入气缸的流动惯性，提高最大功率，进气门迟后角增大后的位置（轿车发动机通常工作在高速状态下，所以这一位置为一般工作位置）。图 3-48（b）所示为发动机在低速状态下，为了提高最大扭矩，进气门迟后角减小后的位置。进气凸轮轴由排气凸轮轴通过链条驱动，两轴之间设置一个可变气门正时调节器，在内部液压缸的作用下，调节器可以上升和下降。

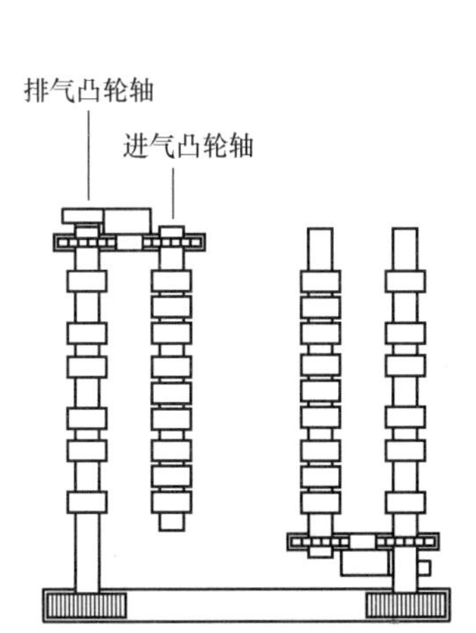

图 3-47 进、排气凸轮轴分布及传动方式

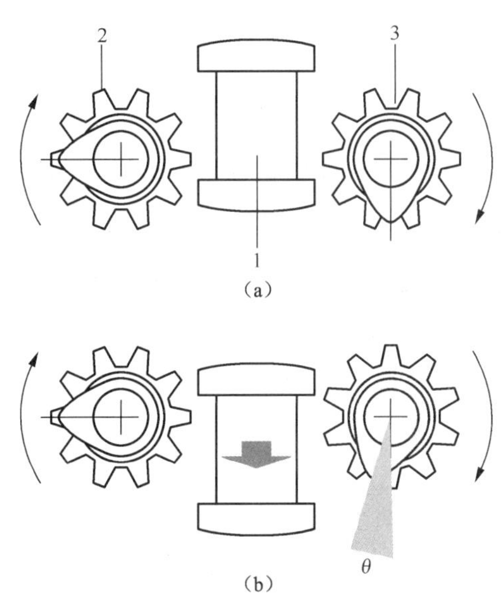

图 3-48 可变气门正时调节器

1—气门正时调节器；2—排气正时调节齿轮；3—进气正时调节齿轮

当发动机转速下降时，可变气门正时调节器下降，上部链条被放松，下部链条作用着排气凸轮旋转拉力和调节器向下的推力。由于排气凸轮轴在曲轴正时皮带的作用下不可能逆时针反旋，所以进气凸轮轴受到两个力的共同作用：一是在排气凸轮轴正常旋转带动下链条的拉力；二是调节器推动链条，传递给排气凸轮的拉力。进气凸轮轴沿顺时针额外转过 θ 角，加快了进气门的关闭，即进气门迟后角减小 θ。

当转速提高时，调节器上升，下部链条被放松。排气凸轮轴顺时针旋转，首先要拉紧下部链条使其成为紧边，进气凸轮轴才能被排气凸轮轴带动旋转。就在下部链条由松变紧的过程中，排气凸轮轴已转过 θ 角，进气凸轮才开始动作，进气门关闭变慢了，即进气门迟后角增大 θ。

（3）可变气门正时的微机控制。帕萨特 B5 轿车 2.8L V6 发动机的可变气门正时系统由 Motronic M3.8.2 发动机控制单元进行控制，微机控制关系如图 3-49 所示。左、右列气缸对应的可变气门正时机构均设置了一个可变气门正时电磁阀，发动机在获得转速传感器的信息后，对左、右列气缸对应的可变气门正时电磁阀的控制方式做出正确选择并控制阀体动作。当获得不同阀体位置后，通往可变气门正时调节器（见图 3-50）内的液压缸油路变换，使得可变气门正时调节器上升或下降，使左、右列气缸对应的进气门获得不同的迟后角。

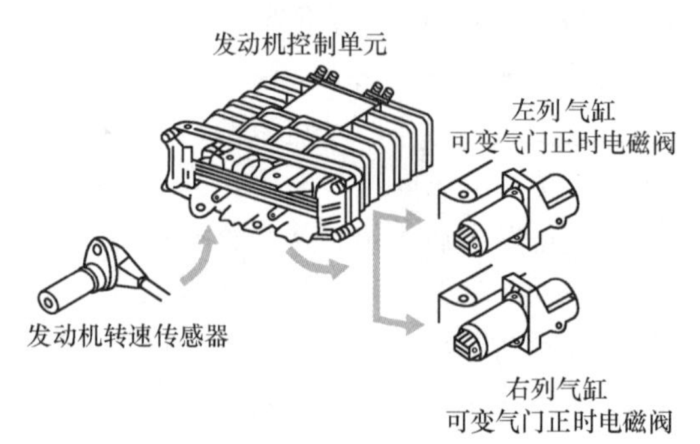

图 3-49　可变气门正时的微机控制

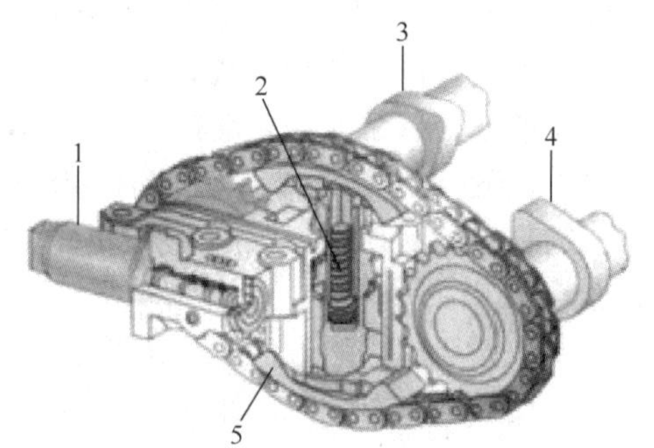

图 3-50　可变气门正时调节器

1—可变气门正时电磁阀；2—液压缸；3—排气凸轮轴；4—进气凸轮轴；5—可变气门正时调节器

2．可变气门正时机构（丰田 VVT-i 发动机）

丰田公司的智能可变气门正时（VVT-i）机构如图 3-51 所示，外转子上有正时齿轮，由正时链条驱动，内转子通过螺栓与凸轮轴连接。内、外转子之间有叶片，叶片将内、外转子的空腔分为提前腔和迟后腔，当提前腔油压增大、迟后腔油压减小时，叶片推动内转子相对于外转子顺转（设凸轮轴转向为顺时针转动），则气门的开启时刻提前。相反，当提前腔油压减小，迟后腔油压增大时，叶片推动内转子相对于外转子逆时针转动，则气门的开启时刻迟后。

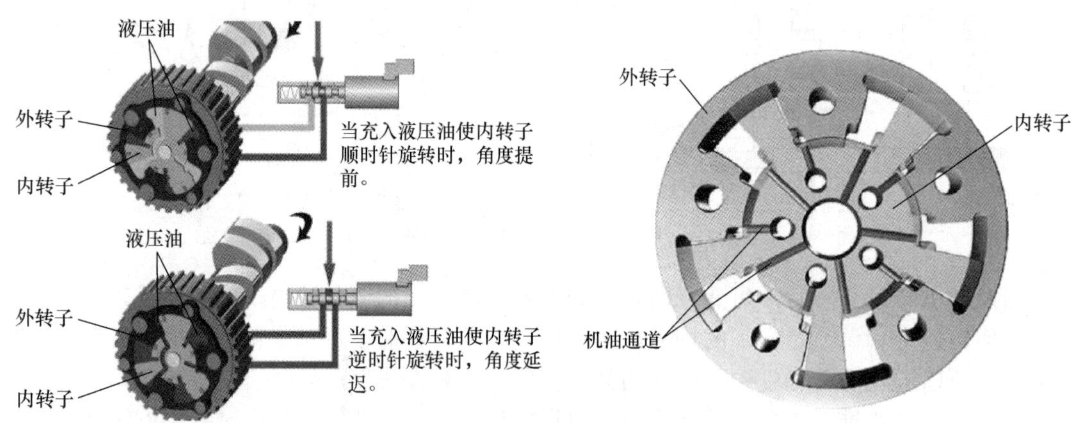

图 3-51　丰田智能可变气门正时（VVT-i）机构

3．可变气门正时及升程机构（本田 VTEC 发动机）

日本本田汽车公司于 1989 年推出的自行研制的 VTEC 系统是世界上第一个能同时控制气门开闭时间及升程的气门控制系统。

（1）VTEC 机构

图 3-52 所示是本田 ACCORD（雅阁）F23A 和 F20B1 发动机的 VTEC 机构。它主要由气门、凸轮、摇臂、活塞等组成。

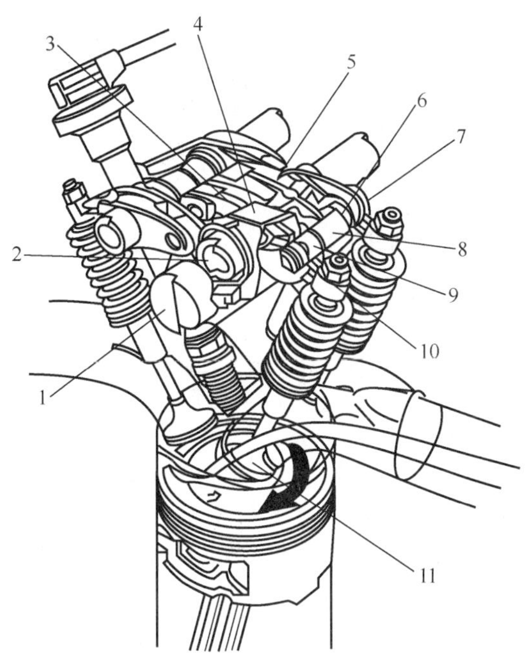

图 3-52　VTEC 机构

1—凸轮轴；2—摇臂轴；3—主摇臂；4—正时板；5—中间摇臂；6—止推活塞；7—辅助摇臂；
8—同步活塞 B；9—同步活塞 A；10—正时活塞；11—气门

进气凸轮有 3 个（见图 3-53），主进气凸轮 2 有较大的进气提前角和较大的气门升程，辅助进气凸轮 4 有较小的进气提前角和较小的气门升程，还增加了一个中间进气凸轮 3，其具有最大的进气提前角和最大的气门升程。

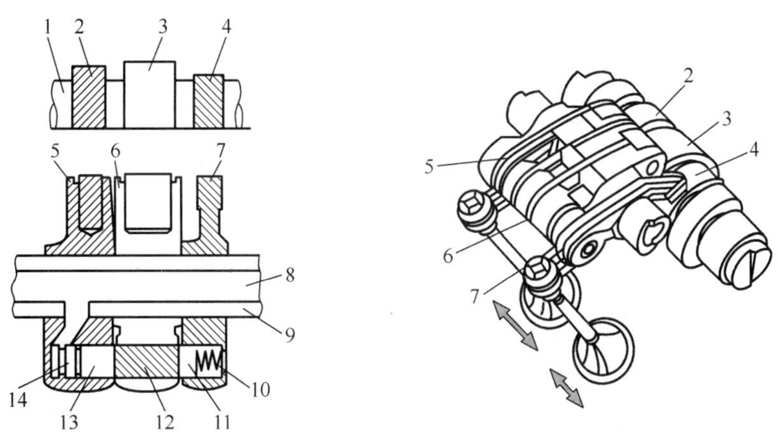

图 3-53　发动机低速运转

1—凸轮轴；2—主进气凸轮；3—中间进气凸轮；4—辅助进气凸轮；5—主摇臂；6—中间摇臂；7—辅助摇臂；
8—摇臂轴中心油道；9—摇臂轴；10—止推活塞弹簧；11—止推活塞；12—同步活塞 B；13—同步活塞 A；14—正时活塞

3 个进气凸轮分别驱动 3 根摇臂（见图 3-54），与主进气凸轮、辅助进气凸轮和中间进气凸轮相对应的摇臂分别为主摇臂 7、辅助摇臂 5 和中间摇臂 6。3 根摇臂内部装有由液压控制移动的同步活塞 3 和 4、正时活塞 1 等。

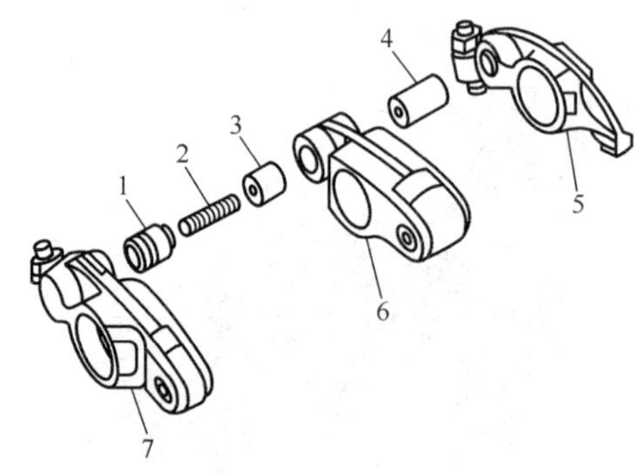

图 3-54 摇臂组件

1—正时活塞；2—正时活塞弹簧；3—同步活塞 A；4—同步活塞 B；5—辅助摇臂；6—中间摇臂；7—主摇臂

（2）VTEC 系统的工作原理

① 工作过程。发动机低速时，VTEC 机构的油道内没有机油压力，正时活塞、同步活塞和止推活塞在回位弹簧作用下都处于左端（见图 3-53），此时正时活塞 14 和同步活塞 13 正好处在主摇臂 5 内，同步活塞 12 处在中间摇臂 6 内，止推活塞 11 处在辅助摇臂 7 内，使 3 根摇臂分离，彼此独立工作。主进气凸轮 2 和辅助进气凸轮 4 分别推动主摇臂和辅助摇臂，控制两个进气门的开闭。主凸轮升程较大，所以它驱动的气门开度较大；辅助凸轮升程较小，所以它驱动的气门开度较小。这时，中间摇臂 6 虽然也被凸轮驱动，但因为 3 根摇臂彼此分离独立，所以中间摇臂并不参与工作，对气门动作无影响。因此，发动机转速较低时，VTEC 系统工作情况和普通发动机相似。

发动机达到某一个设定的高转速（如 3 000r/min）时，由 ECU 传来的信号打开 VTEC 电磁阀，压力机油通过摇臂轴上的油孔 16（见图 3-55）进入正时活塞，正时板 14 移出，推动摇臂内的正时活塞 15，使 3 根摇臂锁成一体。由于中间凸轮升程最高，摇臂锁为一体后由它驱动，进气门开启时间延长，升程增加。所以发动机高速运转时，VTEC 系统改变气门正时和气门升程，使发动机功率提高，转矩增大。

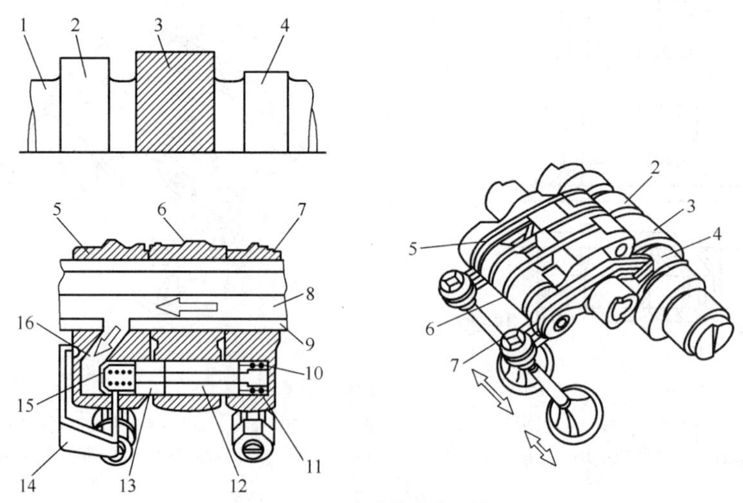

图 3-55 发动机高速运转

1—凸轮轴；2—主凸轮；3—中间凸轮；4—辅助凸轮；5—主摇臂；6—中间摇臂；7—辅助摇臂；8—摇臂轴中心油道；9—摇臂轴；10—止推活塞弹簧；11—止推活塞；12—同步活塞 B；13—同步活塞 A；14—正时板；15—正时活塞；16—摇臂轴油孔

当发动机转速再次降低到某一个设定的低转速时，VTEC 电磁阀断电，切断油路，摇臂内的液压力也随之降低，活塞在回位弹簧作用下退回原位，3 根摇臂再次分离，独立工作。

② 工作过程控制。VTEC 系统的气门工作状态的切换由控制系统控制（见图 3-56），它主要由传感器、ECU 和执行器组成。发动机 ECU 根据转速传感器、车速传感器、冷却液温度传感器、负荷传感器等信号进行判断，输出相应的控制信号，通过电磁阀 3 调节摇臂内活塞液压系统，使发动机在不同工况下由不同的凸轮控制，从而使进气门开度和正时均处于较佳状态。

VTEC 电磁阀开启后，控制系统通过压力开关 2 反馈一信号给 ECU，以监控系统工作。

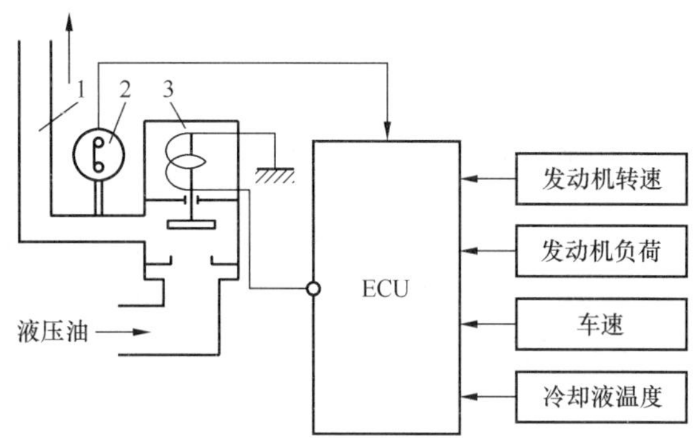

图 3-56　VTEC 系统的控制系统工作原理

1—液压油道；2—压力开关；3—电磁阀

③ 图解说明。VTEC 系统图解说明如图 3-57 所示。

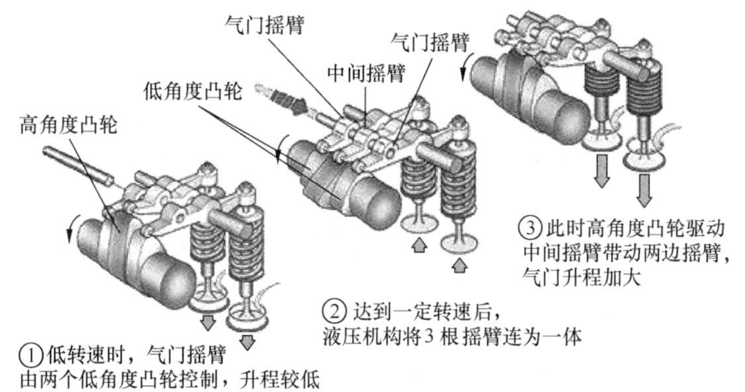

图 3-57　本田 VTEC 系统图解说明

4．可变气门正时及升程机构（奥迪的 AVS）

如图 3-58 所示，奥迪可变气门升程系统（Audi Valve-lift System，AVS）为每个进气门分别设计了两组不同角度的凸轮，同时在凸轮轴上安装有螺旋沟槽套筒。螺旋沟槽套筒由电磁驱动器加以控制，用以切换两组不同的凸轮，从而改变进气门的升程。发动机在高负载的情况下，AVS 将螺旋沟槽套筒向右推动，使角度较大的凸轮得以推动气门。在此情况下，气门升程可达到 11mm，以提供燃烧室最佳的进气流量和进气流速，实现更加强劲的动力输出。当发动机在低负载的情况下时，为了节油，AVS 将螺旋沟槽套筒推至左侧，以角度较小的凸轮推动气门。

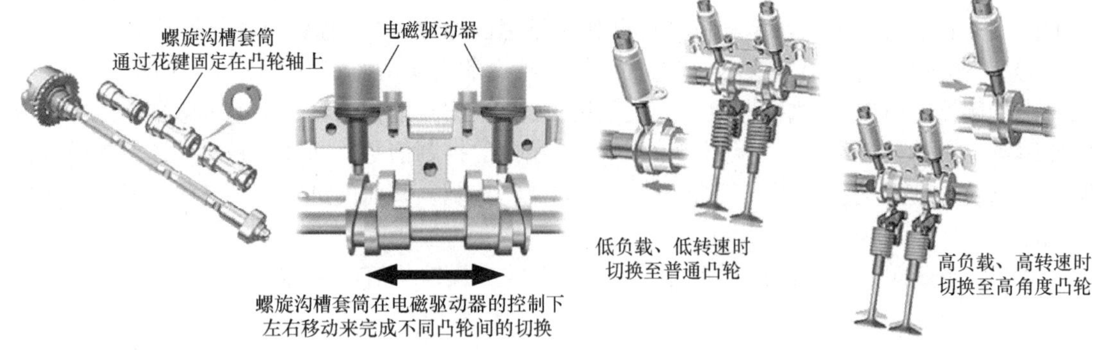

图 3-58 奥迪 AVS

这套系统中还有一个设计细节需要注意，那就是两个进气门无论是普通凸轮还是高角度凸轮下的相位和升程都是有差别的，也就是说两个进气门开启和关闭的时间以及升程并不相同。这种不对称的进气设计是为了让空气在流经两个进气门后，配合特殊造型的燃烧室和活塞头部，可以令混合气在气缸内实现翻转和紊流，进一步优化混合气的状态。

5．无级可变气门正时及升程机构

（1）宝马的 Valvetronic

Valvetronic 的核心是中间杠杆技术，凸轮轴通过驱动相位可调节的中间杠杆实现气门升程的无级调节。图 3-59 所示为宝马第三代 Valvetronic 机构，Valvetronic 机构由 5 个重要部分组成：偏心轴驱动电动机、偏心轴驱动齿轮、偏心轴、凸轮轴、中间杠杆。

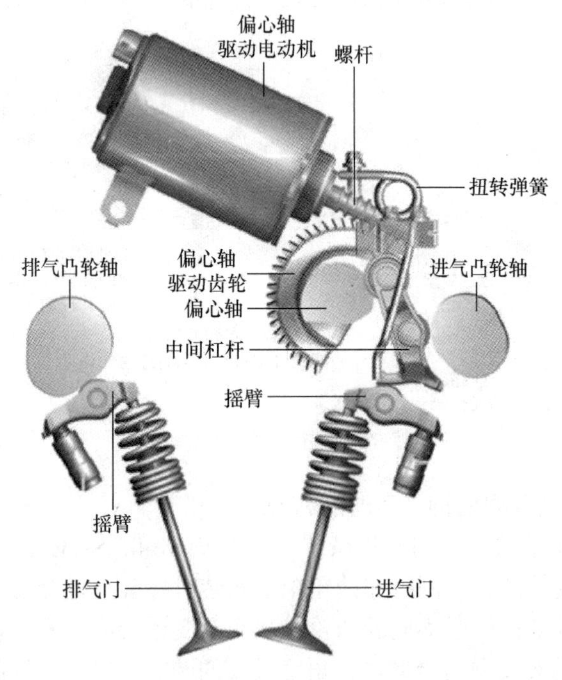

图 3-59 宝马第三代 Valvetronic 机构

当系统工作时，电动机驱动偏心轴齿轮改变相位，从而带动中间杠杆的角度，此时凸轮轴驱动中间杠杆，完成气门的开启和关闭。当系统工作时，凸轮轴、中间杠杆和滚子轴承是通过一系列联动来驱动气门的，所以在系统高速运转时，这一系列摇臂和连杆就会产生较大的惯性，想要获得高转速也较困难。因此 Valvetronic 并不适合用于超高转速发动机，这也就是宝马 M 的 V8 和 V10 发动机不使用 Valvetronic 的原因。

（2）日产的 VVEL

如图 3-60 所示，日产 VVEL（气门升程可变）系统的核心是偏心轴机构，偏心轴并不直接驱动气门，偏心轴上面的偏心轮驱动连接 A，连接 A 驱动摇臂，摇臂驱动连接 B，连接 B 驱动输出凸轮推动气门顶筒使气门打开（输出凸轮并不是刚性连接在驱动轴上）。此机构看起来比较复杂，摩擦副也相对较多，但是由于大部分构件采用刚性连接，没有弹簧类的回位机构，因此 VVEL 系统更适合于高转速发动机而无须考虑惯性的问题。

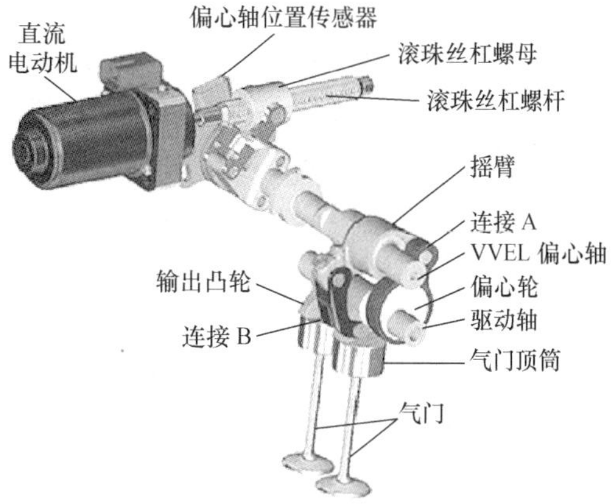

图 3-60　日产 WEL 系统

（3）菲亚特的 Multi air

如图 3-61 所示，菲亚特 Multi air 最大的特点就是开创性地使用电控液压控制系统驱动气门正时和升程，它通过一套由凸轮轴驱动的电磁液压阀，实现了进气门升程和正时的无级可调。虽然依旧是每缸四气门的结构，但它取消了进气门一侧的凸轮轴，只保留了排气门一侧的凸轮轴来驱动进、排气门。由于气门的开度和开启时间都实现了任意可调，因此这套系统和宝马的 Valvetronic 一样，可以直接由气门的开闭大小来控制空气流量，所以也取消了节气门。另外这套进气控制系统采用了完全标准化的设计方案，结构非常简单，气门上方设计有一个液压腔，液压腔一端与电磁阀相连，电磁阀则通过 ECU 信号，根据工况的不同适时调节流向液压腔内的油量。由凸轮轴驱动的活塞通过推动液压腔内的油液，控制气门的开启。

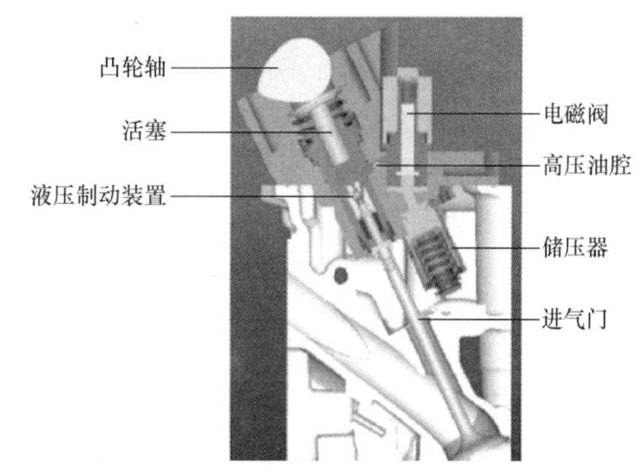

图 3-61　菲亚特的 Multi air 系统

3.5　发动机增压

发动机所能输出的最大功率主要是由气缸内燃料有效燃烧所放出的热量决定的，而这受到每循环吸入气缸内实际空气量的限制。如果空气在进入气缸前得到压缩，空气的密度增大，则在同样气缸工作容积的条件下，可以有更多的新鲜空气进入气缸，因而可以增加循环供油量，获得更大的发动机输出功率。

发动机增压就是将空气预先压缩然后供入气缸，以期提高空气密度、增加进气量的一项技术。实现空气增压的装置称为增压器。

3.5.1 增压技术概述

1880 年，德国人开始着手研究发动机增压技术，并在第一次世界大战期间应用于飞机上，当时采用的是机械式增压器，这项技术的发明使得当时的航空发动机能够尽可能地轻量化。1905 年，瑞典人 Alfred Buchi 博士申请了第一款涡轮增压器的专利——动力驱动的轴向增压器。瑞典萨博公司（Saab）是第一家把涡轮增压器应用到汽车产品上的汽车制造商。

随着材料科学及制造技术的进步，柴油机的涡轮增压技术在 20 世纪中叶开始大规模应用，并逐步推广到汽油机。目前绝大部分的大功率柴油机、半数以上的车用柴油机以及相当比例的高性能汽油机均采用了增压技术。一般而言，增压后的功率可比原机提高 40%～60%甚至更多，发动机的平均有效压力最高可达到 3MPa，发动机的燃油经济性也有所提高，增压已经成为发动机强化最有效的手段之一。

1．发动机的增压方式

发动机的增压方式按空气被压缩的方式不同，可分为 4 种类型，如图 3-62 所示。

（1）机械增压

发动机输出轴直接驱动机械增压装置（如螺杆式、离心式、滑片式、涡旋式、转子活塞式等压缩机），实现对进气的压缩。

（2）涡轮增压（废气涡轮增压）

压气机与涡轮机同轴相连，构成涡轮增压器，涡轮机在发动机排气能量的推动下旋转，带动压气机工作，实现进气增压。发动机涡轮增压系统包含压气机、涡轮机、中冷器等部件。

（3）气波增压

利用排气系统中的压力波动效应来压缩进气，如气波增压器。可变长度进气管直接利用进气压力波和气流惯性，增加缸内进气量，它在某种意义上也是一种气波增压。

（4）复合增压

复合增压是指将上述多种增压方式加以组合，以获得更好的增压效果。

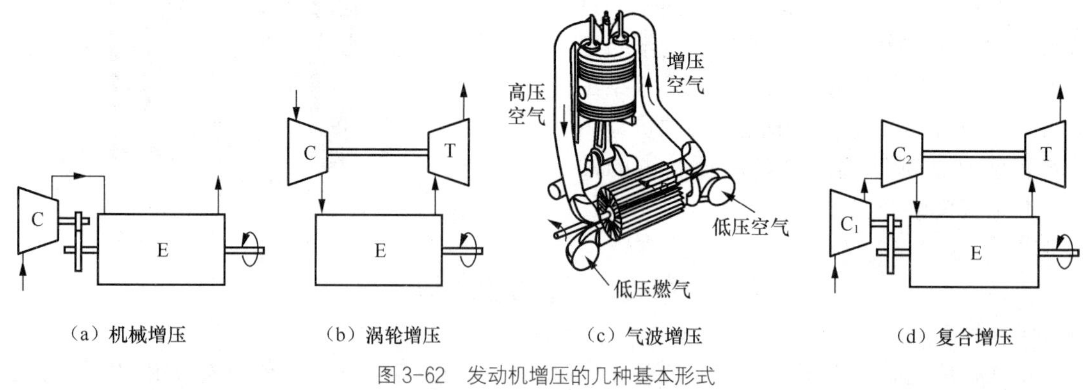

（a）机械增压 （b）涡轮增压 （c）气波增压 （d）复合增压

图 3-62 发动机增压的几种基本形式

E—发动机；C—压气机；T—涡轮机

严格地说，复合增压不是一种独立的增压方式，它只是前面 3 种或其中两种增压方式的组合，如机械增压与涡轮增压的组合，二级涡轮增压方式可以获得更高的增压压力等。此外还有涡轮转化的机械能直接驱动曲轴的复合式发动机方案。从实际应用的情况来看，涡轮增压占发动机增压的绝大部分。

2．发动机增压技术的特点

（1）增压技术的优势

增压技术除具有提高发动机的动力性与经济性的优势外，还有以下几个优势。

① 增压器的质量与尺寸相对发动机而言都很小，增压可以使发动机在总质量和体积基本不变的条件下，输出功率得到大幅度的提高，升功率、比质量功率和比体积功率都有较大增加，因而可以降低单位功率的造价，提高材料的利用率。对于大型柴油机而言，经济效益更加突出。

② 与自然吸气发动机相比，排气可以在涡轮中得到进一步膨胀，排气噪声有所降低。

③ 发动机增压后有利于高原稀薄空气条件下恢复功率，使之达到或接近平原情况下的性能。

④ 柴油机增压后，缸内温度和压力水平提高，可以使滞燃期缩短，有利于降低压力升高率和燃烧噪声。

⑤ 增压柴油机一般采用较大的过量空气系数，HC、CO 和碳烟排放减少。

⑥ 技术适用性广，高、低速的二冲程和四冲程的各种缸径的发动机均可增压强化。

（2）增压技术的代价

增压技术优势的取得是需要付出一定代价的。

① 增压后缸内工作压力和温度明显提高，机械负荷及热负荷加大，发动机的可靠性和耐久性受到考验。

② 低速时由于排气能量不足，可能会使发动机的低速转矩受到一定影响，对工程机械和车用造成不利影响。

③ 在涡轮增压器中，从排气能量的变化到新的进气压力的建立需要一定的时间，所以发动机的加速响应性能较自然吸气机型差。

④ 增压发动机性能的进一步优化，受到增压器及中冷器的限制。其中增压器的问题集中在材料的机械强度、耐热性能、润滑、效率等方面，而对中冷器的要求是体积小、质量轻、效率高。

3．进气增压衡量参数

（1）增压度

增压度指发动机增压后增长的功率与增压前的功率之比。

$$\varphi = \frac{P_{ek} - P_{eo}}{P_{eo}} = \frac{P_{ek}}{P_{eo}} - 1$$

式中：P_{ek}——发动机增压后的有效功率；

P_{eo}——发动机增压前的有效功率。

多数车用发动机的增压度在 0.1～0.6 的范围内，而高增压柴油机的增压度可达 3 以上。

（2）增压比

增压比指增压后空气压力 p_b 与增压前空气压力 p_o 之比。

$$\pi_b = \frac{p_b}{p_o}$$

增压发动机按增压比的大小可分为：低增压（$\pi_b < 1.5$）、中增压（$1.5 < \pi_b \leqslant 2.5$）、高增压（$2.5 < \pi_b \leqslant 3.5$）和超高增压（$\pi_b > 3.5$）。

3.5.2　涡轮增压

最早的涡轮增压器用于跑车或方程式赛车上，这样在那些发动机排量受到限制的赛车比赛里，发动机就能够获得更大的功率。

1. 涡轮增压系统

涡轮增压系统分为单涡轮增压系统和双涡轮增压系统。

（1）单涡轮增压系统

如图 3-63 所示，只有一个涡轮增压器的增压系统称为单涡轮增压系统。单涡轮增压系统除涡轮增压器之外，还包括进气旁通阀、排气旁通阀和排气旁通阀控制装置等。

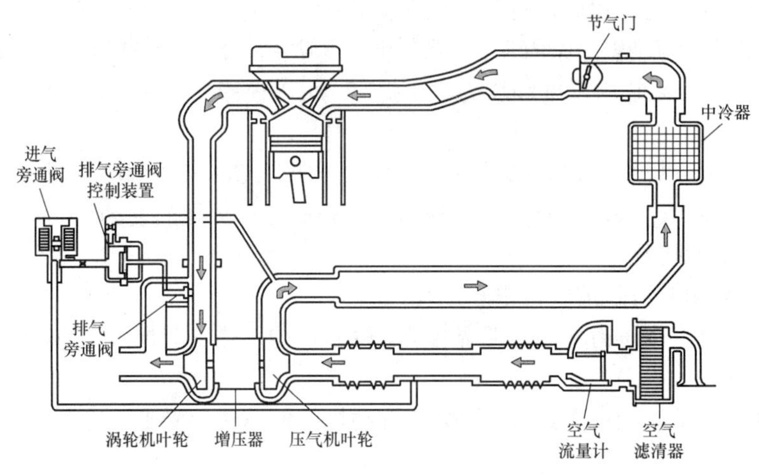

图 3-63　单涡轮增压系统示意

（2）双涡轮增压系统

如图 3-64 所示，该系统中有两个涡轮增压器并列布置在排气管中。此系统除包括涡轮增压器、进气旁通阀、排气旁通阀及排气旁通阀控制装置之外，还有中冷器、谐振室和增压压力传感器等。

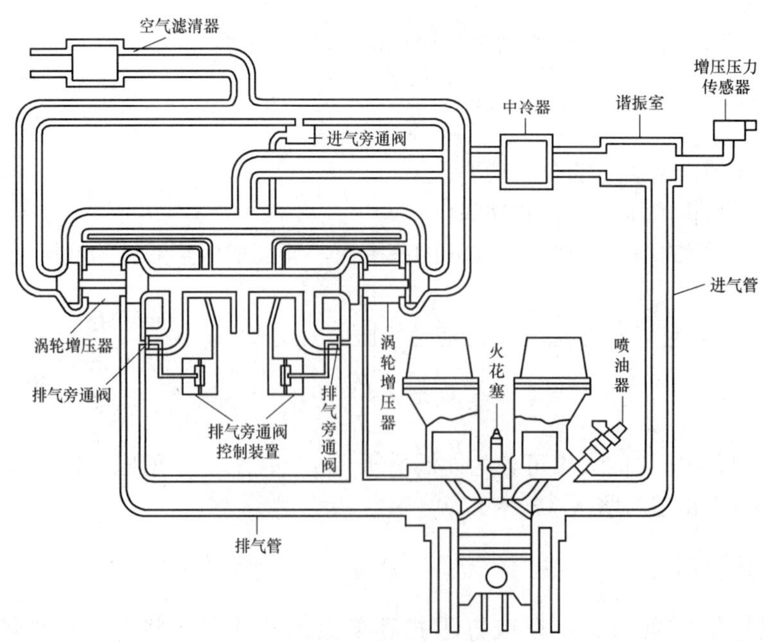

图 3-64　双涡轮增压系统示意

2. 涡轮增压器结构与工作原理

如图 3-65 所示，车用涡轮增压器由压气机、涡轮机及中间体 3 部分组成。增压器轴通过两个浮动轴承支承在中间体内。中间体内有润滑和冷却轴承的油道，还有防止机油漏入压气机或涡轮机中的密封装置等。

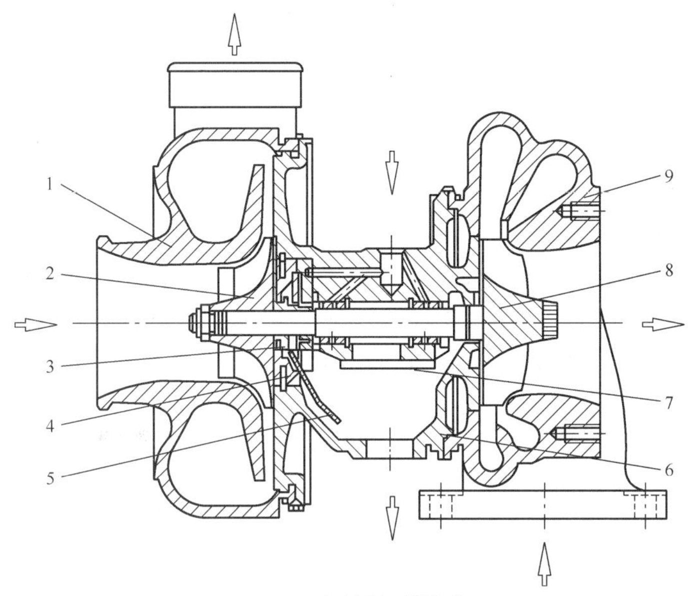

图 3-65 涡轮增压器结构

1—压气机蜗壳；2—压气机叶轮；3—推力轴承；4—压气机端密封座；5—挡油板；
6—中间壳体；7—浮动轴承；8—涡轮机叶轮；9—涡轮蜗壳

如图 3-66 所示，涡轮机进气口与排气歧管相连，涡轮机的排气口接在排气管上。压气机进气口与空气滤清器管道相连，压气机的排气口接在进气歧管上。涡轮机叶轮和压气机叶轮同轴刚性连接。其中涡轮机转化发动机的排气能量，产生机械能，而压气机则消耗这部分能量，用以压缩进气，提高发动机的进气密度。

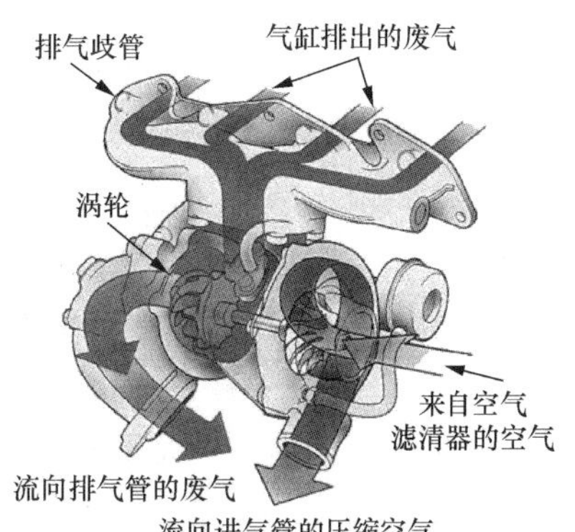

图 3-66 涡轮增压器实物及工作原理示意

（1）离心式压气机的工作过程

离心式压气机主要由进气道、工作轮（含导风轮）、扩压器和出气蜗壳等部件组成，如图 3-67（a）所示。离心式压气机比较适合于大流量低压比的发动机增压。为了获得高的效率，压气机必须高速旋转，因此非常适合与排气涡轮联合运行。

如图 3-67（b）所示，首先在很短的呈收缩状的进口段，新鲜充量（空气）沿截面收缩的轴向进气道进入工作轮，压力下降，气流略有加速。气流进入高速旋转的工作轮上叶片组成的气流通道内，吸收叶轮的机械能，使气体的压力、流动速度和温度均有较大的增加。空气能量的增加是由驱动工作轮的机械功转化而来的，而机械功又是来源于与之同轴相连的涡轮。在扩压器和出气蜗壳的通道内，由于两者的截面积逐渐增大，气体所拥有的动能的大部分转变为压力势能，压力和温度进一步升高，而速度下降。出气蜗壳同时还兼有收集流出的气体以便向发动机进气管输送的功能。

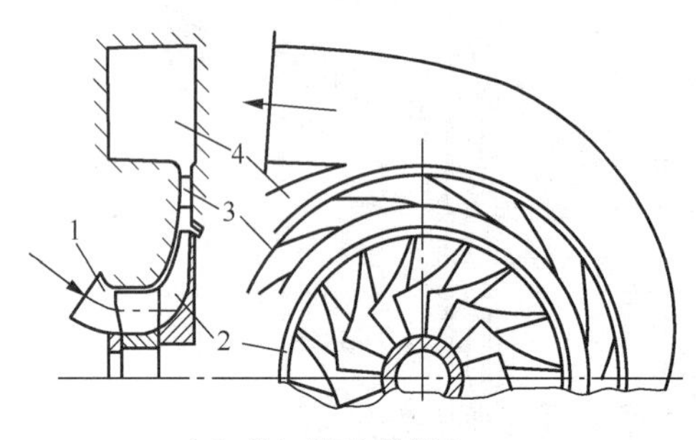

（a）离心式压气机简图

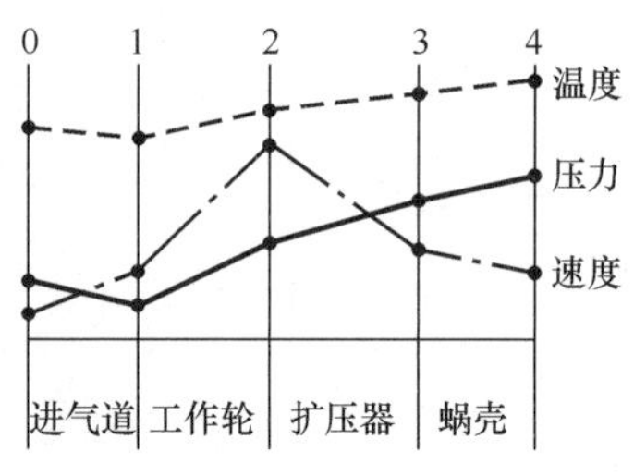

（b）空气沿压气机通道的参数变化

图 3-67　离心式压气机工作过程简图

1—进气道；2—工作轮；3—扩压器；4—蜗壳

（2）径流式涡轮机

涡轮机是将发动机排气的能量转变为机械功的装置。径流式涡轮机由蜗壳、喷管、叶轮和出气道等组成（见图 3-68）。蜗壳的进口与发动机排气管相连，发动机排气经蜗壳引导进入叶片式喷管。喷管是由相邻叶片构成的渐缩形流道。排气流过喷管时降压、降温、增速、膨胀，使排气的压力能转变为动能。由喷管流出的高速气流冲击叶轮，并在叶片所形成的流道中继续膨胀做功，推动叶轮旋转。涡轮机叶轮经常在 900℃高温的排气冲击下工作，并承受很大的离心力作用，所以采用镍基耐热合金钢或陶瓷材料制造。用质量轻并且耐热的陶瓷材料可使涡轮机叶轮的质量大约减小 2/3，涡轮增压加速滞后的问题也在很大程度上得到改善。喷管叶片用耐热和抗腐蚀的合金钢铸造或机械加工成形。蜗壳用耐热合金铸铁铸造，内表面应该光洁，以减少气体流动损失。

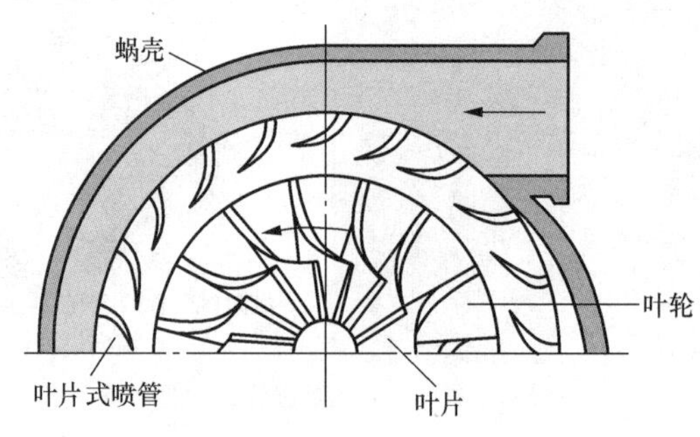

图 3-68　径流式涡轮机

（3）转子

涡轮机叶轮、压气机叶轮和密封套等零件安装在增压器轴上，构成涡轮增压器转子。转子以超过 100 000r/min、最高可达 200 000r/min 的转速旋转，因此，转子的平衡是非常重要的。增压器轴在工作中承受弯曲和扭转交变应力，一般用韧性好、强度高的合金钢 40Cr 或 18CrNiWA 制造。

（4）增压器轴承

增压器轴承的结构是保证车用涡轮增压器可靠性的关键之一。现代车用涡轮增压器都采用浮动轴承（见图 3-69）。浮动轴承实际上是套在轴上的圆环。圆环与轴以及圆环与轴承座之间都有间隙，形成双层油膜。圆环浮在轴与轴承座之间。一般内层间隙为 0.05mm 左右，外层间隙大约为 0.1mm。轴承壁厚约 3～4.5mm，用锡铅青铜合金制造，轴承表面镀一层厚度约为 0.005～0.008mm 的铅锡合金或金属铟。在增压器工作时，轴承在轴与轴承座中间转动。

增压器工作时产生轴向推力，由设置在压气机一侧的推力轴承承受。为了减少摩擦，在整体式推力轴承两端的止推面上各加工有 4 个布油槽；在轴承上还加工有进油孔，以保证止推面的润滑和冷却。

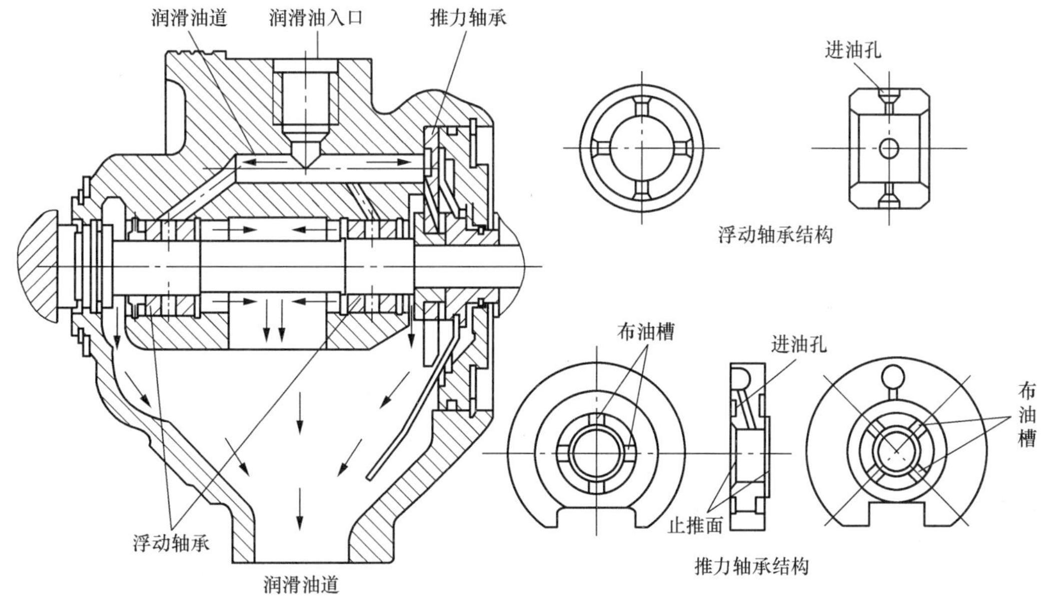

图 3-69　涡轮增压器轴承及其润滑

3. 增压器的润滑及冷却

如图 3-70 所示，来自发动机润滑系统主油道的机油，经增压器中间体上的机油进口进入增压器，润滑和冷却增压器轴和轴承。然后，机油经中间体上的机油出口返回发动机油底壳，在增压器轴上装有油封，用来防止机油窜入压气机或涡轮机蜗壳内。如果油封损坏，将导致机油消耗量增加和排气冒蓝烟。

由于汽油机增压器的热负荷大，因此在增压器中间体的涡轮机侧设置冷却液套，并用软管与发动机的冷却系统相通。冷却液自中间体上的冷却液进口流入中间体内的冷却液套，从冷却液出口流回发动机冷却系统。冷却液在中间体的冷却液套中不断循环，使增压器轴和轴承得到冷却。

有些涡轮增压器在中间体内不设置冷却液套，只靠机油及空气对其进行冷却。当发动机在大负荷或高转速工作之后，如果立即停机，那么机油可能由于轴承温度太高而在轴承内燃烧。因此，这类涡轮增压发动机应该在停机之前，至少在怠速下运转 1min。

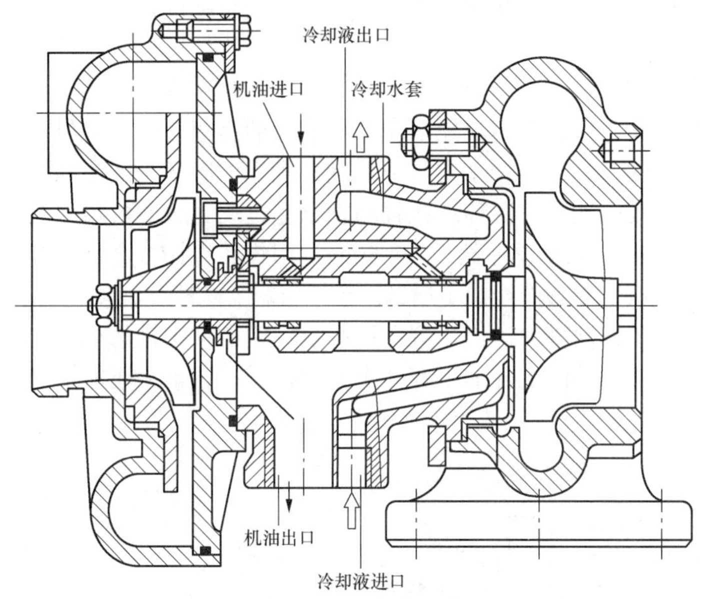

图 3-70 涡轮增压器的润滑油路及冷却液套

4．增压压力的调节

（1）旁通阀

在涡轮增压系统中设置进、排气旁通阀，是调节增压压力最简单、成本最低而又十分有效的方法。排气旁通阀的工作原理如图 3-71 所示。控制膜盒中的膜片将膜盒分为上、下两室。上室为空气室，经连通管与压气机出口相通；下室为膜片弹簧室，膜片弹簧作用在膜片上，膜片通过连动杆与排气旁通阀连接。当压气机出口压力也就是增压压力低于限定值时，膜片在膜片弹簧的作用下上移，并带动连动杆将排气旁通阀关闭；当增压压力超过限定值时，增压压力克服膜片弹簧力，推动膜片下移，并带动连动杆将排气旁通阀打开，使部分排气不经过涡轮机直接排放到大气中，从而达到控制增压压力及涡轮机转速的目的。

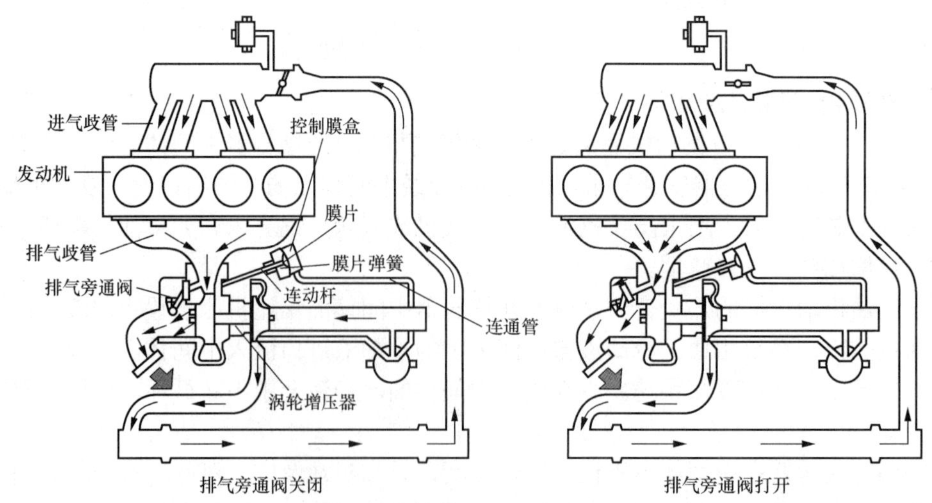

图 3-71 排气旁通阀工作原理示意

在有些发动机上，排气旁通阀的开闭由 ECU 控制的电磁阀操纵（见图 3-72）。ECU 根据发动机的工况，由预存的增压压力脉谱图确定目标增压压力，并与增压压力传感器检测到的实际增压压力进行比较。然后根据其差值来改变控制电磁阀开闭的脉冲信号占空比，以此改变电磁阀的开启时间，进而改变排气旁通阀的开度，控制排气旁通量，借以精确地调节增压压力。虽然排气旁通阀在涡轮增压发动机上得到了广泛应用，但是排气旁通之后，排气能量的利用率下降，致使在高速大负荷时发动机的燃油经济性变差。

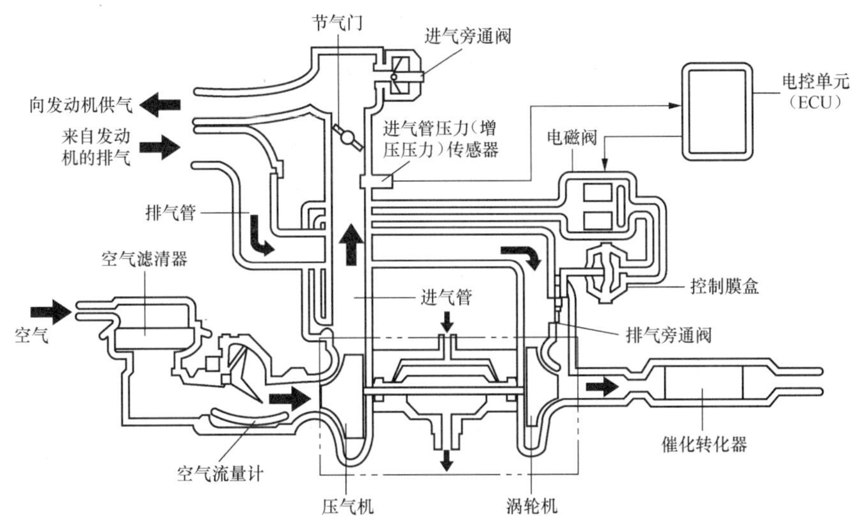

图 3-72　电控排气旁通阀的涡轮增压系统

（2）变截面涡轮增压器

在大排量重型车用涡轮增压发动机上，多采用一种涡轮机喷管出口截面可变的涡轮增压器，即可变几何截面涡轮增压器（Variable Geometry Turbocharger，VGT），也称变截面涡轮增压器。在这种涡轮增压器中，通过改变喷管出口截面积来调节增压压力。当发动机低速运行时，缩小喷管出口截面积，使喷管出口的排气流速增大，涡轮机转速随之升高，增压压力和供气量都相应增加；当发动机高速工作时，增大喷管出口截面积，使喷管出口的排气流速减小，涡轮机的转速相对降低，这样增压器不会超速，增压压力也不会过高。在有叶径流式涡轮机中，可以采用转动喷管叶片的方法来改变有叶喷管出口截面积。喷管叶片与齿轮相连，齿轮与齿圈啮合，当执行机构往复移动时，齿圈向左或向右转动，带动与其啮合的齿轮转动，并使喷管叶片随其转动，从而使喷管出口截面积发生改变（见图 3-73）。

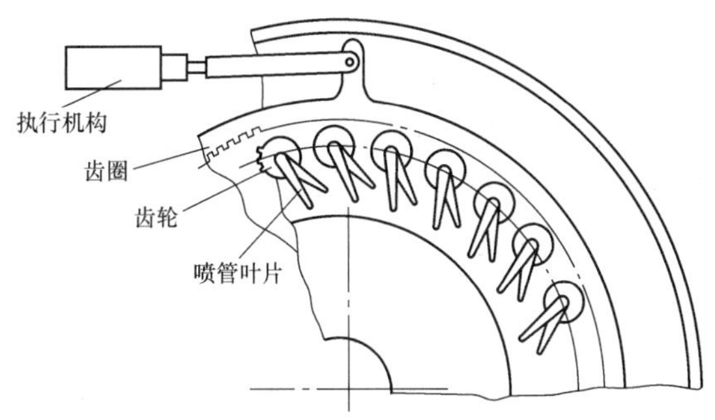

图 3-73　通过转动喷管叶片改变有径流式涡轮机有叶喷管出口截面积

对于无叶径流式涡轮机，可以在喷管出口处安装轴向移动的挡板来调节无叶喷管出口截面积（见图 3-74）。

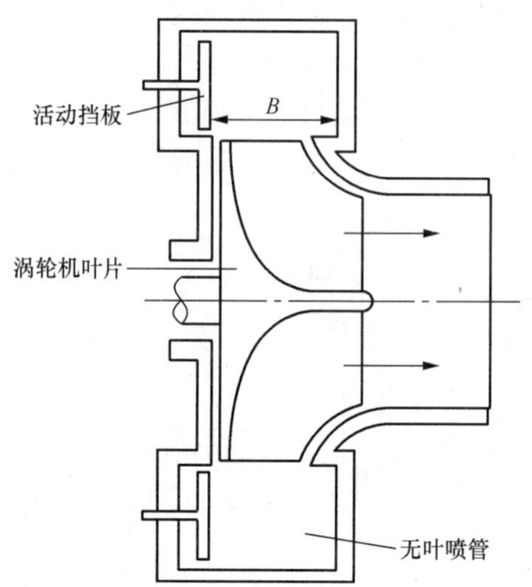

图 3-74　用活动挡板来改变无径流式涡轮机无叶喷管出口截面积

改变涡轮机进口截面积方法：在涡轮机的进口处安装一个可摆动 27° 角的舌片，可动舌片的转轴固定在涡轮机壳体上，可动舌片的摆动即涡轮机进口截面积的变化由电控单元根据柴油机的转速信号进行控制（见图 3-75）。

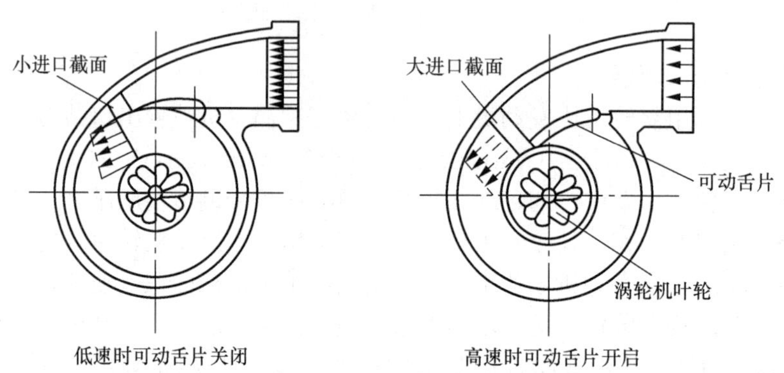

图 3-75　用可动舌片来改变涡轮进口截面积

3.5.3　机械增压

与涡轮增压相比，机械增压（Supercharge）历史更为悠久，且发动机具有较好的低速转矩和加速响应性能，但高速时的增压器噪声和使用寿命问题影响了它在发动机上的实际使用。近年来，机械增压重新得到了重视与发展，这是因为以下几点。

（1）制造工艺水平和材料科学的进步，使现代机械增压器的体积与噪声大幅度降低，效率和使用寿命有很大的提高。

（2）小排量发动机（如小于 2L）采用涡轮增压难度很大，难以找到合适的涡轮增压器，而采用机械增压，则可以获得比涡轮增压更好的动力、转矩甚至经济性能。

（3）对于排气管中安装有催化转化器或颗粒捕集器等后处理装置的发动机，机械增压系统对排气系统不做任何改动，更有利于有害排放物的消除。

机械增压器的类型有很多，主要有螺杆式、涡旋式、旋转活塞式和刮片式等。其中，前两种具有体积小、机械损失小、噪声低等优点。

采用机械增压，发动机与增压器之间是机械联系而不是气动联系，动态响应性能较佳。试验表明，与相同流量的机械增压器相比，即使是近期生产的可变几何截面陶瓷涡轮增压器，其产生最大增压压力的响应时间，也要比机械增压器多 4 倍。

1．机械增压器驱动方式

机械增压器压缩机的驱动力来自发动机曲轴。由发动机曲轴经过齿轮增速器驱动或齿形带及电磁离合器驱动（见图 3-76）。一般都是利用皮带连接曲轴皮带轮，以曲轴运转的扭力带动增压器，达到增压目的的。

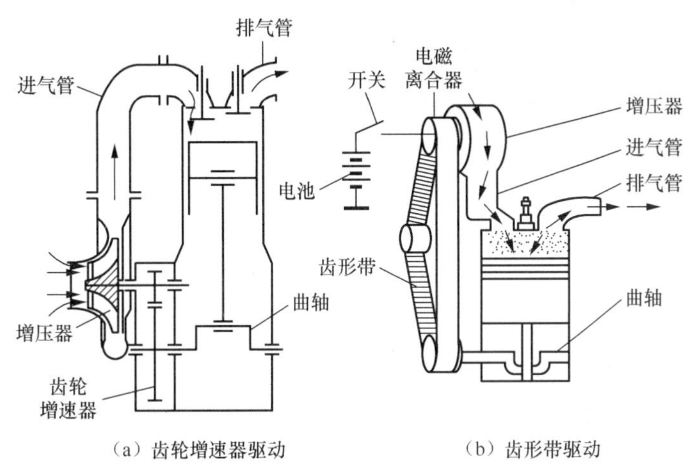

（a）齿轮增速器驱动　　（b）齿形带驱动

图 3-76　机械增压器驱动方式

2．机械增压器分类

根据构造不同，机械增压器曾经出现过许多种类型，包括叶片（Vans）、鲁兹（Roots）、温克尔（Wankle）等形式。

鲁兹增压器有双叶、三叶转子两种形式，目前以双叶转子较普遍（见图 3-77），其构造是在椭圆形的壳体中装两个茧形转子，转子之间保有极小的间隙而不直接接触。两转子借由螺旋齿轮连动，其中一个转子的转轴与驱动的皮带轮连接，转子转轴的皮带轮上装有电磁离合器，在不需要增压时松开离合器以停止增压。离合器的开合则由计算机控制以达到省油的目的。

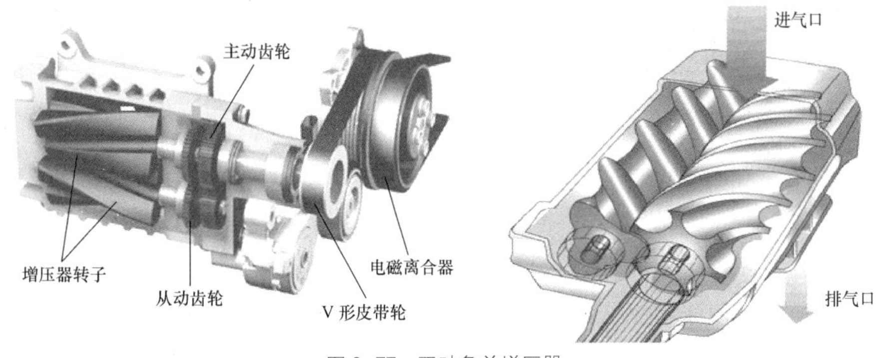

图 3-77　双叶鲁兹增压器

3. 奥迪 A6 机械增压器

奥迪 A6 机械增压器如图 3-78 所示。机械增压的好处是容易布置，机械相对独立，工作温度低，基本不需要额外的润滑和冷却系统。例如很多 V 形发动机，可以直接将增压器安装在两列气缸之间的夹角里，非常方便。由于结构简单，机械增压很适合用于改装。只要增压值不大，发动机缸体无须做任何改动，就可以加装机械增压器，只需要稍微调整 ECU，改变喷油和点火时间即可。

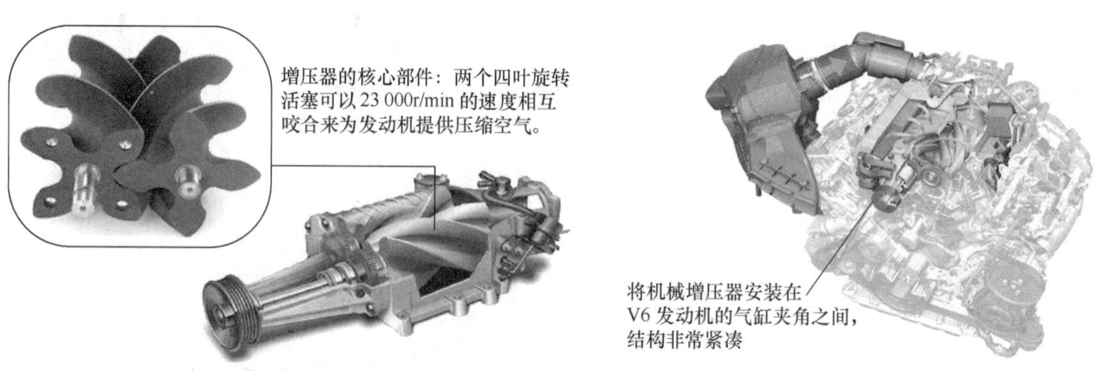

图 3-78　奥迪 A6 机械增压器

3.5.4　气波增压

气波增压器（见图 3-79 和图 3-80）是一种巧妙利用管道中压力波特性，使废气与新鲜空气接触，在相互不混合的前提下，直接将废气能量传给低压空气，并提高其压力而实现增压的一种装置。

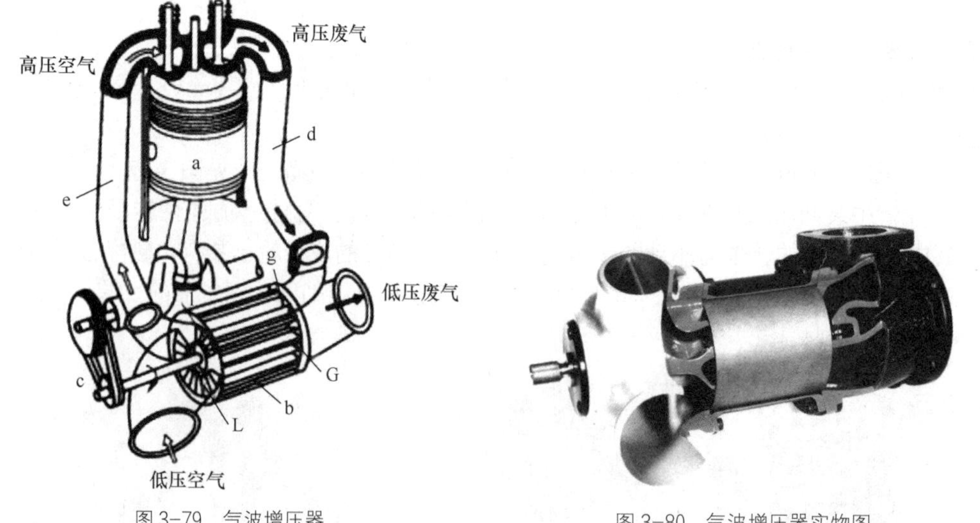

图 3-79　气波增压器

a—活塞；b—转子；c—皮带轮；d—排气管；e—进气管；l、L、G、g—气孔

图 3-80　气波增压器实物图

如图 3-79 所示，气波增压器的主要元件是转子 b，它由曲轴驱动的皮带轮 c 带动。转子上有很多均匀排列的直叶片，它们与转子内、外壳焊为一体，形成数十个直通的槽道，每个

槽道就是一个一维的管子。这些管子在旋转过程中，周期性地依次与左右两端固定不动的气孔（图中 l、L、G、g）连通或切断。左端面的 L 气孔与大气相通，吸进低压空气；l 气孔则与进气管 e 相通，输出高压空气。右端面的 g 气孔与排气管 d 相通，输入高压废气；G 气孔则与大气相通，排出低压废气。

转子 b 每转一圈，每一槽道管子，由于左、右边界不断变化，就会产生一系列在槽道中传播的压缩或膨胀压力波，并使槽道内工质的速度或左、或右地改变。由 L 及 g 气孔分别进入槽道的新鲜空气和高压废气在槽道中相遇，废气通过压力波将能量传给新鲜空气并提高其压力。由于压力波能量传递速度大大高于工质在槽道中的移动速度，在瞬间能量传递后，由于人为设计的边界促成压力波性质改变，高压空气和低压废气又会反向分别由 l 及 G 气孔排出，使得废气与新鲜空气并不掺混。所有槽道依次周而复始地完成上述过程，使增压能够连续进行。

气波增压器结构简单，动态性能好，低速转矩大，能适应载货车，工程机械等柴油机的运行要求，但因体积大，噪声大，有额外功率消耗以及进、排气流动组织复杂等缺点，至今尚未得到广泛应用。

3.5.5 复合增压

复合增压就是把机械增压器与废气涡轮增压器联合起来工作的增压装置。

机械增压有助于低转速时的扭矩输出，但是高转速时功率输出有限；而废气涡轮增压在高转速时拥有强大的功率输出，但低转速时则力不从心。于是发动机的设计师们就设想把机械增压和涡轮增压结合在一起，来解决两种技术各自的不足，同时解决低速扭矩和高速功率输出的问题。

2005 年，大众开始将这套技术装配到量产的民用车型高尔夫 1.4 TSI 上（见图 3-81），这套系统被称作“双增压”系统，兼顾了低速扭矩输出和高速功率输出。在低转速时，由机械增压提供大部分的增压压力，在 1 500r/min 时，两个增压器同时提供增压压力，其总增压值达到 0.25MPa（如果涡轮增压器单独工作，只能产生 0.13MPa 的增压压力）。随着转速的提高，涡轮增压器能使发动机获得更大的功率，与此同时，机械增压器的增压压力逐渐降低。机械增压通过电磁离合器控制，它与水泵结合在一起。在转速超过 3 500r/min 时，由涡轮增压器提供所有的增压压力，此时机械增压器在电磁离合器的作用下完全与发动机分离，防止消耗发动机功率。

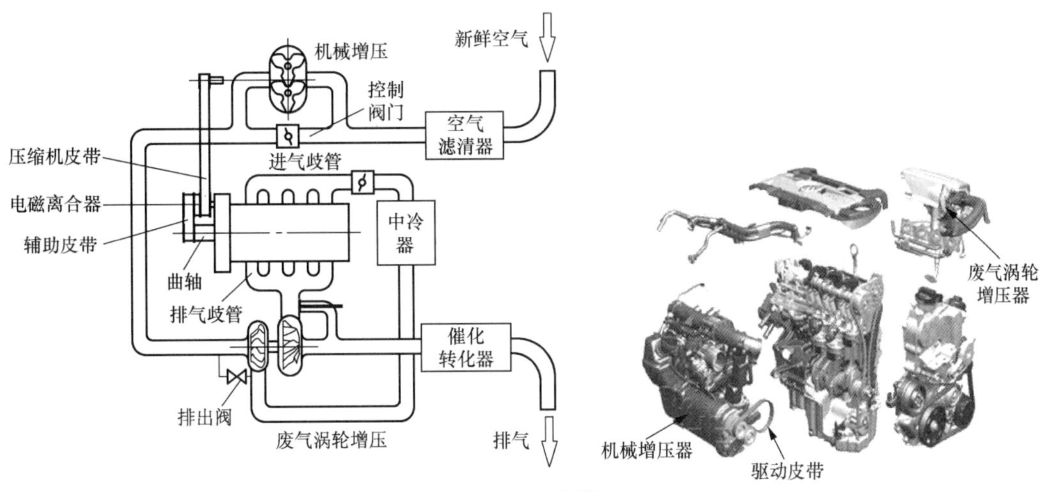

图 3-81 复合增压

小　结

通过本章学习重点掌握汽车发动机换气系统的作用与组成，配气机构的功用、组成、分类及主要部件的构造原理，配气相位，发动机可变进气控制技术，发动机增压技术分类与功能原理等。

1．换气系统的作用是根据发动机各缸的工作循环和着火次序适时地开启和关闭各缸的进、排气门，使足量的纯净空气或空气与燃油的混合气及时地进入气缸，并及时地将废气排出。换气系统包括空气滤清器、进气管系统、配气机构、排气管系统和排气消声器等。

2．配气机构能按照气缸的工作顺序和工作过程的要求，定时地开闭进、排气门，向气缸供给可燃混合气（汽油机）或新鲜空气（柴油机）并及时排出废气。配气机构包括气门组件、气门驱动机构、凸轮轴、凸轮轴传动机构等。

3．配气相位是用曲轴转角表示的进、排气门的开闭时刻和开启持续时间，通常用配气相位图表示，它包括进气提前角、进气迟后角、排气提前角、排气迟后角和气门重叠角。配气相位是影响充气效率的重要因素之一，直接影响发动机的动力性和经济性。

4．发动机的最佳换气系统应保证发动机在大负荷时进气量最多，在部分负荷时有较好的燃油经济性。采用可变进气控制技术可以使发动机更好地满足各工况下的换气需求，提高动力性和燃油经济性。根据工作方式不同，目前采用的可变进气控制技术可分为可变进气管控制系统和可变气门机构两大类。

5．发动机增压就是将空气预先压缩然后供入气缸，以期提高空气密度、增加进气量，从而提高发动机动力性和经济性的一项技术。发动机增压包括机械增压、涡轮增压、气波增压和复合增压 4 种方式。涡轮增压利用发动机排出的废气能量带动压气机对进气进行增压，减少了排气能量的浪费，目前其应用较为广泛。

思 考 题

1．简述换气系统的作用与组成。

2．简述配气机构的作用与组成。

3．气门为什么要早开晚关？

4．为什么有的配气机构中采用两个套装的气门弹簧？

5．简述 VTEC 系统的工作过程。

6．影响换气损失的因素有哪些？

7．如何提高发动机充气效率？

8．简述发动机的增压方式。

9．简述发动机增压技术的优势与代价。

10．简述离心式压气机的工作过程。

11．近年来，为何机械增压重新得到了重视与发展？

第4章 汽车发动机燃料供给系统

导入图例（见图 4-1）：2020 年度“中国心”十佳发动机之长城汽车 GW4N20 2.0T GDI 汽油机是长城 EC 平台的新一代产品，拥有高性能、高经济性、高可靠性等特性，最大功率 165kW（n=5 500r/min 时），最大扭矩 385N·m（n=1 800～3 600r/min 时），满足国Ⅵ排放标准，拥有 350bar 燃油喷射系统、缸盖集成排气歧管、缸内直喷、可变排量机油泵、进/排气 VVT、缸体缸盖分流独立冷却等核心技术。

图 4-1 长城汽车 GW4N20 2.0T GDI 汽油机

4.1 汽油机燃料供给系统

4.1.1 汽油机对燃料供给系统的基本要求

1. 汽油机燃料供给系统的功用

汽油机燃料供给系统的功用是根据发动机的不同工况要求，供给不同浓度的可燃混合气。

（1）发动机的工况

它是发动机工作状况的简称，通常用发动机的转速和负荷来表示。发动机的负荷是指发动机的外部载荷，发动机输出的动力随外部载荷的变化而变化。

（2）可燃混合气的形成过程

汽油机的可燃混合气形成时间很短，从进气过程开始到压缩过程结束为止，总共只有 0.01～0.02s 的时间。要在这样短的时间内形成均匀的可燃混合气，关键在于汽油的雾化和蒸发。雾化就是将汽油分散成细小的油滴或油雾。良好的雾化可以大大增加汽油的蒸发表面积，从而提高汽油的蒸发速度。另外，混合气中汽油与空气的比例应符合发动机运转工况的需要。因此，混合气形成过程就是汽油雾化、蒸发以及与空气混合的过程。

（3）可燃混合气的浓度

可燃混合气的浓度通常用空燃比或过量空气系数来表示。

①空燃比 α。每工作循环充入气缸的空气与燃油的质量比（$\alpha=A/F$）称为空燃比。理论上可燃混合气完全燃烧，其空燃比为 14.7:1。

②过量空气系数 ϕ_a。它是气缸内的实际空气质量与喷入气缸内的燃料完全燃烧所需的理论空气质量的比。$\phi_a = 1$ 为理论混合气，$\phi_a < 1$ 为浓混合气，$\phi_a > 1$ 为稀混合气。

2．稳定工况对可燃混合气浓度的要求

稳定工况是指发动机已经预热，转入正常运转，并且在一定时间内工况没有突然变化。稳定工况主要有怠速工况、小负荷工况、中等负荷工况、大负荷和全负荷工况。

（1）怠速工况

怠速是指发动机不对外输出动力，做功行程产生的动力只用来克服发动机的内部阻力，维持发动机以最低稳定转速运转。汽油机怠速转速一般为 700～900r/min。

在怠速工况下，进入气缸内的混合气很少，气缸内残余废气对混合气稀释严重，而且转速低，空气流速小，汽油雾化和蒸发不良，混合气形成不均匀。因此，要求供给 $\phi_a = 0.6～0.8$ 的少量浓混合气。

（2）小负荷工况

发动机负荷在 25%以下时称为小负荷。由于小负荷时，混合气的量比怠速时有所增加，废气对混合气的稀释作用也有所减弱，因而混合气浓度可以略微减小，一般 $\phi_a = 0.75～0.9$。

（3）中等负荷工况

发动机负荷在 25%～85%称为中等负荷。由于进入气缸的混合气的量增多，因此燃烧条件较好。此外，汽车发动机大部分时间处在中等负荷下工作，为提高经济性，应供给较稀的经济混合气，一般 $\phi_a = 1.0～1.15$。

（4）大负荷和全负荷工况

发动机负荷在 85%以上时称为大负荷，负荷为 100%时称为全负荷。此时，为了克服较大的外部阻力，要求发动机输出尽可能大的功率。因此，应供给较浓且量多的功率混合气，一般 $\phi_a = 0.85～0.95$。

3．过渡工况对可燃混合气浓度的要求

汽车在运行中常遇到的过渡工况有冷起动、暖机和加速 3 种工况。

（1）冷起动工况

起动是指发动机由静止到正常运转的过程。当熄火时间较长、发动机温度已下降至环境温度时的起动称为冷起动。冷起动时，发动机温度低，汽油蒸发困难，只有供给极浓的混合气（$\phi_a = 0.2～0.6$），才能保证进入气缸内的混合气中有足够的汽油蒸气，以利于发动机起动。

（2）暖机工况

暖机一般是指冷起动后，发动机的温度逐渐升高到正常工作温度的过程。在暖机过程中，混合气的浓度应随温度升高而减小，从起动时的极浓减小到稳定怠速运转所要求的浓度为止。

（3）加速工况

加速是指发动机负荷增加的过程。急加速（如超车）时，节气门迅速开大，要求发动机的动力迅速提高，然而在急速开大节气门的瞬间，由于汽油的惯性比空气惯性大，汽油流量的增加比空气流量的增加要慢得多，使混合气暂时过稀，反而使发动机的动力下降甚至熄火，因此，在急加速时，必须采用专门的装置额外供油，加浓混合气，以满足发动机急加速的要求。

综上所述，发动机所要求的空燃比是随发动机工况而变化的，见表 4-1。

表 4-1 发动机各工况对可燃混合气的要求

发动机工况	空燃比（A/F） （过量空气系数ϕ_a）	发动机工况	空燃比（A/F） （过量空气系数ϕ_a）
起动（0℃）	约 2 （ϕ_a =0.2）	中等负荷（经济车速）	15～18 （ϕ_a =1.0～1.15）
起动（20℃）	约 5 （ϕ_a =0.4）	大负荷	12～13 （ϕ_a =0.85～0.95）
怠速	约 11 （ϕ_a =0.6～0.8）	加速	8（ϕ_a =0.4～0.6）
小负荷	12～13（ϕ_a =0.75～0.9）		

4．可燃混合气成分对发动机性能的影响

可燃混合气的浓度对发动机的性能影响很大，直接影响其动力性和经济性（见图 4-2）。

试验证明，发动机的功率 P_e 和燃油消耗率 g_e 都是随着过量空气系数ϕ_a 变化而变化的。理论上，对于ϕ_a =1 的混合气而言，所含空气中的氧正好足以使汽油完全燃烧，但实际上，由于时间和空间条件的限制，汽油细粒和蒸气不可能及时地与空气绝对均匀地混合，因此，即使ϕ_a =1，汽油也不可能完全燃烧，混合气ϕ_a >1 才有可能完全燃烧。

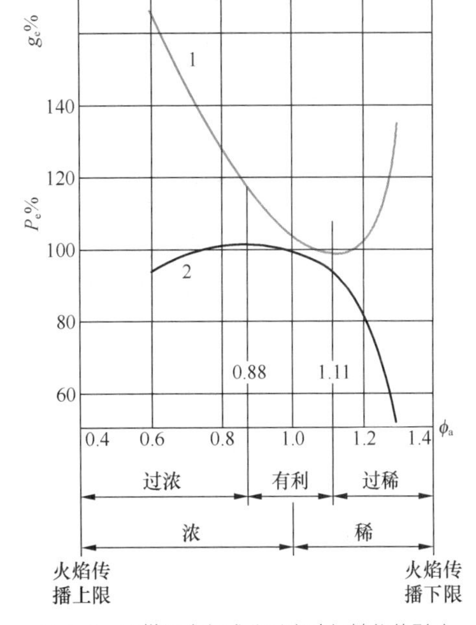

图 4-2 可燃混合气成分对发动机性能的影响
1—燃油消耗率曲线；2—功率曲线

因为ϕ_a >1 时混合气中有适量或较多的空气，正好满足完全燃烧的条件，所以此混合气称为经济混合气，对于不同的汽油机，经济混合气成分不同，一般为ϕ_a =1.05～1.15。当ϕ_a 不在 1.05～1.15 范围内时，燃油消耗率 g_e 增加，经济性变差。

当ϕ_a = 0.88 时，功率 P_e 最大，因为这种混合气中汽油含量较多，汽油分子密集，因此，燃烧速度最快，热量损失最小，因而使得缸内平均压力最高，功率最大。此混合气称为功率混合气。对不同的汽油机来说，功率混合气一般在ϕ_a =0.85～0.95。

ϕ_a >1.11 的混合气称为过稀混合气，ϕ_a <0.88 的混合气称为过浓混合气，混合气无论过稀或过浓都会使发动机功率 P_e 降低，燃油消耗率 g_e 增加。

混合气过稀时，由于燃烧速度太低，损失热量很多，往往造成发动机温度过高；严重过稀时，燃烧可延续到进气过程的开始，进气门已经开启时燃烧还在进行，火焰将传到进气管，产生拍击声。当混合气稀到ϕ_a =1.4 以上时，混合气虽然能着火，但火焰无法传播，导致发动机熄火，所以ϕ_a =1.4 称为火焰传播下限。

混合气过浓时，由于燃烧很不完全，产生大量的 CO，造成气缸盖、活塞顶和火花塞积

碳，排气管冒黑烟，甚至废气中的 CO 可能在排气管中被高温废气引燃，发生排气管“放炮”。混合气浓到 ϕ_a=0.4 以下时，可燃混合气虽然能着火，但火焰无法传播，发动机熄火，所以 ϕ_a=0.4 称为火焰传播上限。

从以上分析可知，发动机正常工作时，所用的可燃混合气 ϕ_a 值应该在获得最大功率和获得最低燃油消耗率之间，在节气门全开时，ϕ_a 值的最佳范围为 0.85～1.15。一般在节气门全开条件下，ϕ_a=0.85～0.95 时，发动机可得到较大的功率，当 ϕ_a=1.05～1.15 时，发动机可得到较好的燃料经济性，所以当 ϕ_a 在 0.85～1.15 范围内时，动力性和经济性都比较好，即功率 P_e 较大，燃油消耗率 g_e 较小。

汽油燃料供给系统的组成

实际上，对于一定的发动机，相应于一定工况，发动机喷油器只能供应一定 ϕ_a 值的可燃混合气，该 ϕ_a 值究竟要满足动力性还是经济性，或是二者适当兼顾，这就要根据汽车及发动机的各种工况进行具体分析。

4.1.2 电控汽油喷射系统

1．概述

20 世纪 70 年代至 80 年代，由于排放与节能的要求、电子技术的发展，汽车化油器燃油系统被强制淘汰，电控汽油喷射（Electronically Controlled Gasoline Injection，ECGI）技术在汽车上迅速得到推广和应用。图 4-3 所示为汽车汽油机燃油系统发展过程。

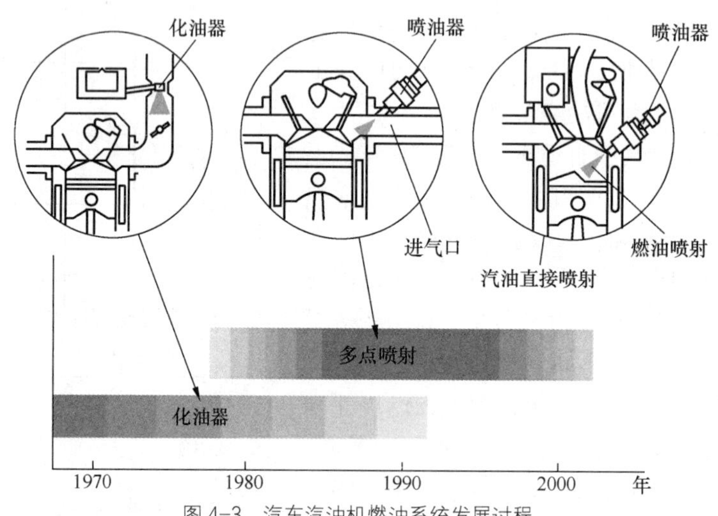

图 4-3 汽车汽油机燃油系统发展过程

（1）汽油喷射的基本概念

① 汽油喷射。一定量和压力的汽油经过喷油器直接喷入气缸或进气歧管称为汽油喷射。

② 汽油喷射系统。它是汽油喷射式发动机燃料供给装置的简称，包括燃油系统、空气系统、控制系统。

电控汽油喷射系统的功能

（2）汽油喷射的优点

① 能根据发动机工况的变化提供最佳空燃比的混合气；

② 供入各气缸内的混合气，分配均匀性较好；

③ 提高了发动机充气效率，从而增加了发动机的功率和扭矩；

④ 减少油耗和改善排放性；

⑤ 发动机冷起动性和加速性较好。

2．电控汽油喷射系统的类型

（1）按喷油器数量分类

电控汽油喷射系统的类型

电控汽油喷射系统按喷油器数量可分为多点喷射（MPI）系统和单点喷射（SPI）系统（见图 4-4）。

① 多点喷射系统。其在每一个气缸的进气门附近都装有一个喷油器，目前已广泛应用在各种电控汽油喷射发动机上。

② 单点喷射系统。其在节气门体上安装有一个或两个喷油器，向进气管中喷油，汽油和空气在进气管中形成可燃混合气，在进气行程时混合气被吸入气缸。该系统虽然能够提高空燃比的控制精度，但各缸混合气分配不均匀的问题仍然没有解决，因此已逐步被淘汰。

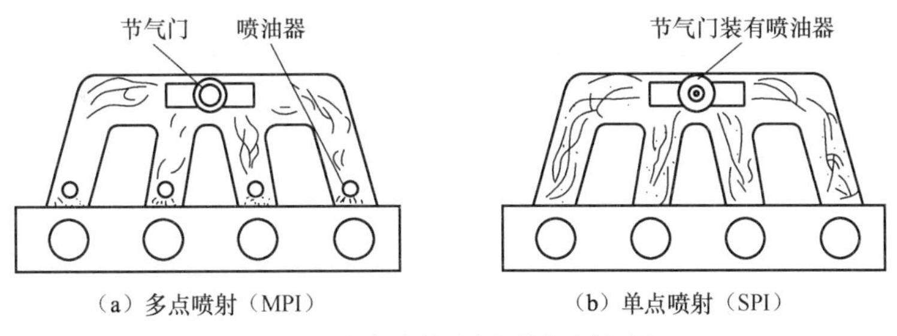

图 4-4　多点喷射系统和单点喷射系统

（2）按汽油喷射方式分类

电控汽油喷射系统按汽油喷射方式分为连续喷射系统和间歇喷射系统。

① 连续喷射系统：在发动机运转期间连续不断地喷油。这种方式多用于机械控制式和机电结合式汽油喷射系统中。

② 间歇喷射系统：在发动机运转期间间断喷油，喷油量的多少取决于喷油器开启时间的长短。它按照喷油时序的不同又可分为同时喷射、顺序喷射和分组喷射（见图 4-5）。

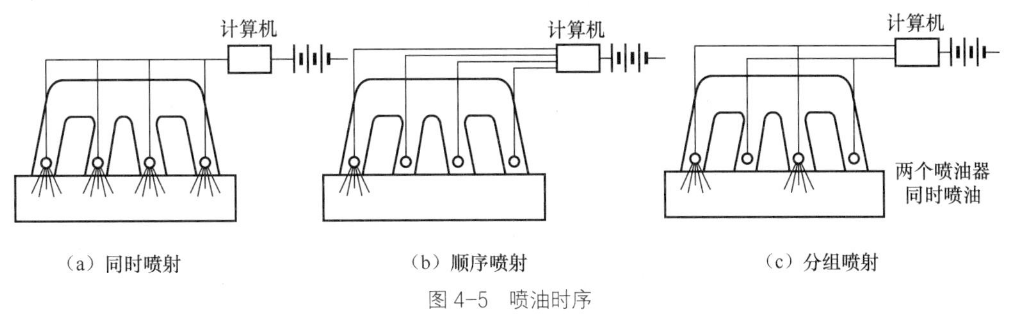

图 4-5　喷油时序

（3）按喷射装置的控制方式分类

电控汽油喷射系统按喷射装置的控制方式可分为机械控制式（如博世公司的 K-Jetronic 系统）、机电结合控制式（如博世公司的 KE-Jetronic 系统）和电子控制式（如博世公司的 Motronic 系统）喷射系统。

电子控制式喷射系统（见图 4-6）通过空气流量计和各种传感器，检测发动机的运行状态，经过电控单元对这些信号进行分析、计算、比较、判断后发出喷油脉冲和点火正时指令。

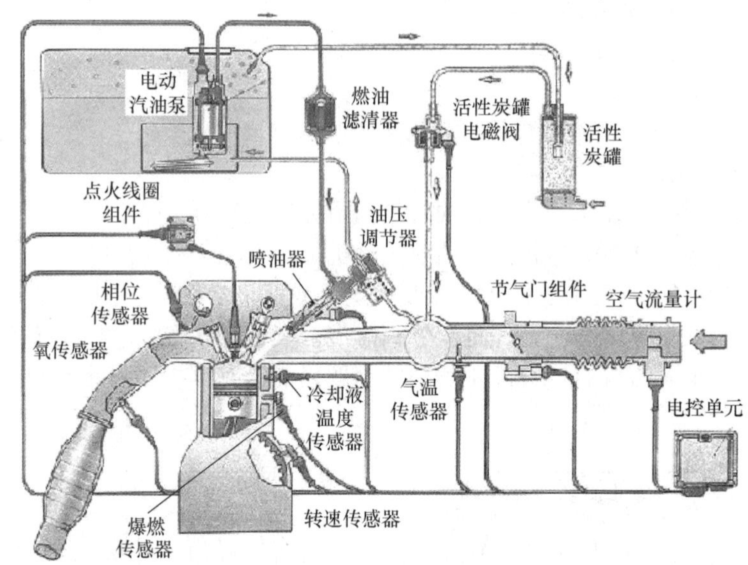

图 4-6　电子控制式喷射系统

（4）按空气量的检测方式分类

电控汽油喷射系统按空气量的检测方式可分为直接测量式和间接测量式。

①直接测量式（流量型）：用空气流量计测量进气量，如博世公司的 L-Jetronic 系统（见图 4-7）。

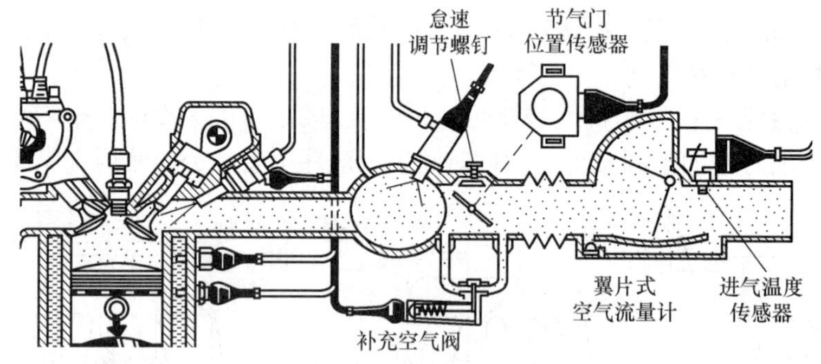

图 4-7　直接测量式

②间接测量式（压力型）：将进气歧管绝对压力和转速信号输送到 ECU 计算出进气量，如博世公司的 D-Jetronic 系统（见图 4-8）。

（5）按喷油器的喷射位置分类

电控汽油喷射系统按喷油器的喷射位置可分为缸外喷射和缸内直喷。缸外喷射是指进气总管节气门处或进气门前喷射，分为单点喷射[见图 4-9（a）]和多点喷射[见图 4-9（b）]；缸内直喷[见图 4-9（c）]是指喷油器将汽油直接喷射到气缸燃烧室内，它需要较高的喷射压力（近年来，缸内直喷汽油机的燃油喷射压力可高达 20～35MPa）。

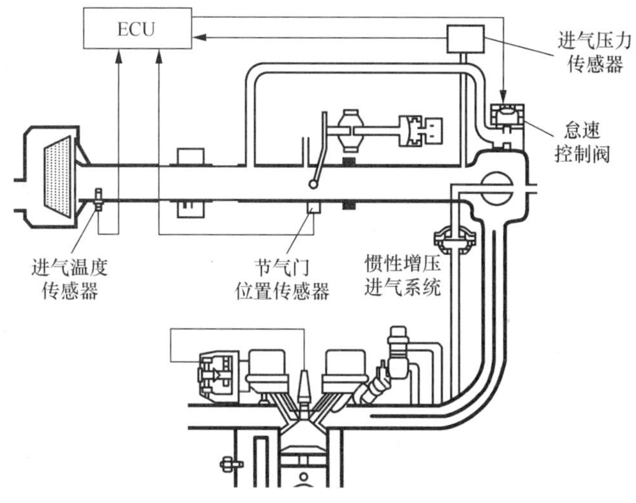

图 4-8 间接测量式

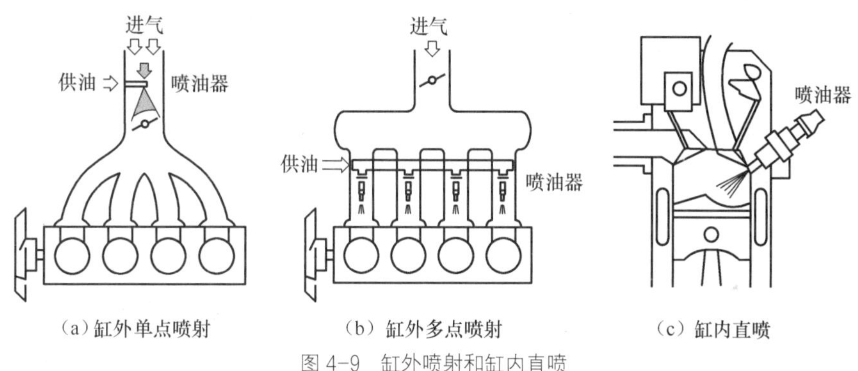

(a) 缸外单点喷射 (b) 缸外多点喷射 (c) 缸内直喷

图 4-9 缸外喷射和缸内直喷

3. 电控汽油喷射系统主要组件的构造与工作原理

电控汽油喷射系统的组成

空气滤清器、汽油箱和汽油滤清器

电控汽油喷射系统一般由燃油供给系统、空气供给系统和电子控制系统 3 大部分组成。

(1) 燃油供给系统

燃油供给系统的组成：汽油箱、电动汽油泵、汽油滤清器、燃油分配管、喷油器、油压调节器等。

燃油供给系统的功用：为喷油器提供一定压力的汽油，喷油器根据 ECU 指令喷油。

① 汽油箱。汽油箱（Fuel Tank）的功用是储存汽油。其数目、容量、形状及安装位置均随车型而异。汽油箱的容量应使汽车的续驶里程达 300～600km。汽油箱由钢板或塑料制造。在汽油箱上还装有油面指示传感器、出油开关和放油螺塞等。汽油箱内通常有挡油板，目的是减轻汽车行驶时汽油的振荡。

② 电动汽油泵。常见的电动汽油泵（Fuel Pump）有滚柱式电动汽油泵和叶片式电动汽油泵。

a. 滚柱式电动汽油泵（见图 4-10）。其工作过程为：转子偏心地安装在泵体内，滚柱装在转子的凹槽中。当转子旋转时，滚柱在离心力的作用下紧压在泵体的内表面上；同时在惯性力的作用下，滚柱总是与转子凹槽的一个侧面贴紧，从而形成若干个工作腔。

在汽油泵工作过程中，进油口一侧的工作腔容积增大，成为低压吸油腔，汽油经进油口被吸入工作腔内。出油口一侧的工作腔容积减小，成为高压油腔，高压汽油从高压油腔经出油口流出。

限压阀（溢流阀）的功用是当油压超过限值时开启，使汽油回流到进油口，以防止油压过高损坏汽油泵。

在出油口处装设单向止回阀（出油阀），当发动机停机时，止回阀关闭，防止管路中的汽油倒流回汽油泵，从而使管路中保持一定的油压，目的是使再起动发动机比较容易。

滚柱式电动汽油泵的特点是：运转噪声大，油压脉动大，泵内表面和转子易磨损。

b．叶片式电动汽油泵（见图 4-11）。其工作原理为：叶轮是一个圆形平板，在平板的圆周上加工有小槽，形成泵油叶片。叶轮旋转时，小槽内的汽油随叶轮一起高速旋转。离心力的作用使出油口处油压增高，而进油口处空间增大产生真空，从而使汽油从进油口吸入，从出油口排出。

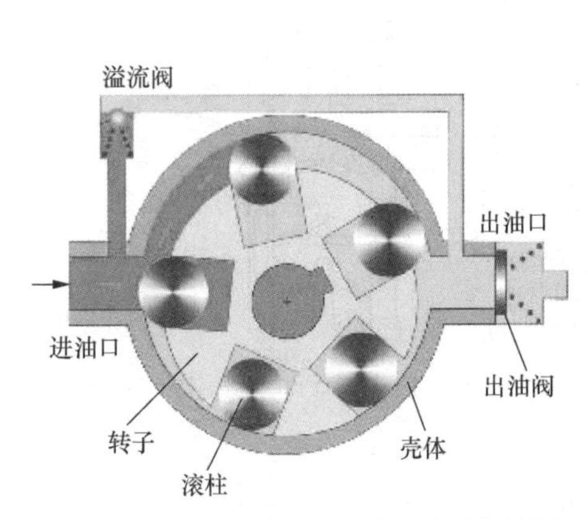

图 4-10　滚柱式电动汽油泵

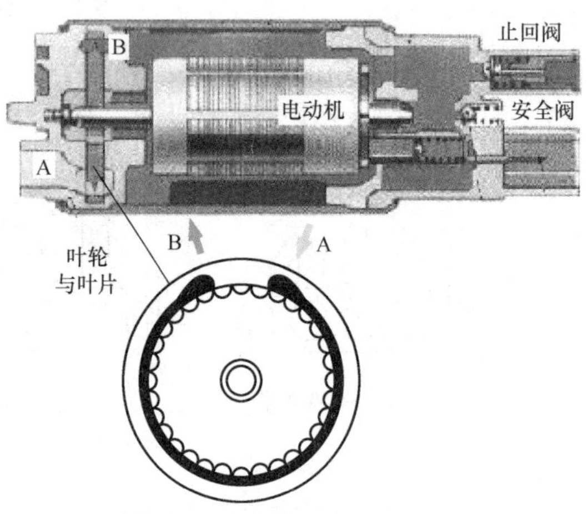

图 4-11　叶片式电动汽油泵

叶片式电动汽油泵的特点是：运转噪声小，泵油压力高，叶片磨损小，使用寿命长。

③ 汽油滤清器。汽油从汽油箱进入汽油泵之前，先经过汽油滤清器（Fuel Filter）除去其中的杂质和水分，以减少汽油泵和喷油器等部件的故障。滤芯多用多孔陶瓷或微孔滤纸制造。陶瓷滤芯结构简单，不消耗金属，滤清效果较好，但滤芯不易清洗干净，使用寿命短。纸质滤芯滤清效果好，结构简单，使用方便。现代轿车发动机多采用一次性使用、不可拆式纸质滤芯汽油滤清器（见图 4-12），一般每行驶 30 000km 整体更换一次。

④ 燃油分配管（见图 4-13）。燃油分配管（Fuel Rail），也被称作“共轨”，其功用是将汽油均匀等压输送给各缸喷油器。因其容积大，故有储油蓄压、减缓油压脉动的作用。

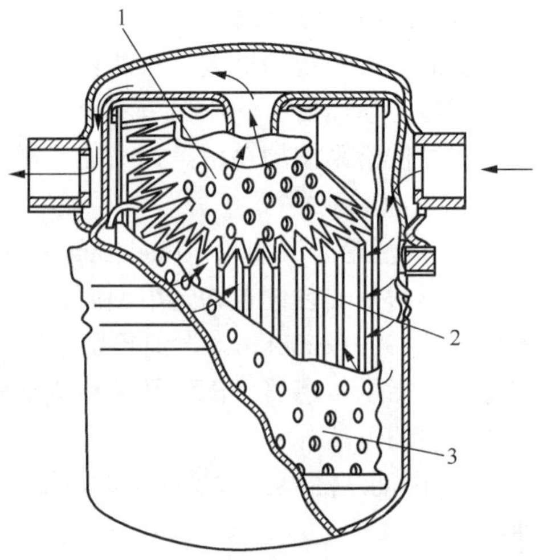

图 4-12　不可拆式汽油滤清器

1—中央多孔筒；2—纸质滤芯；3—多孔滤纸外筒

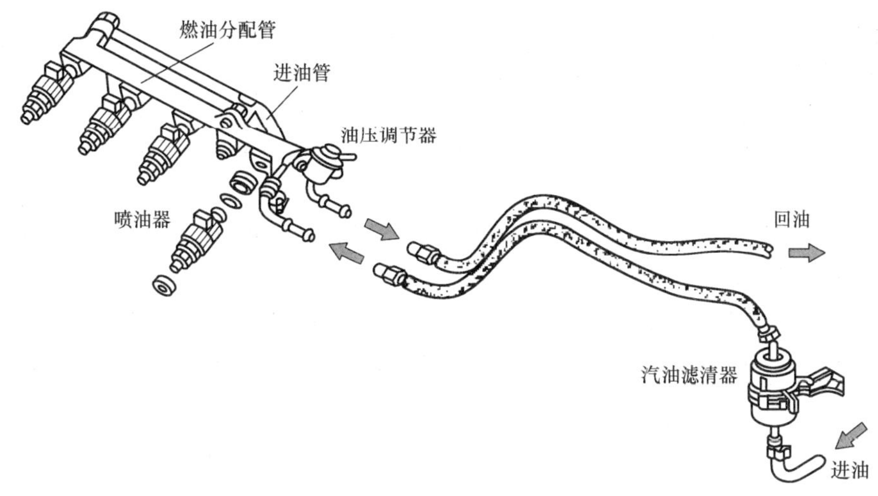

图 4-13 燃油分配管

⑤喷油器。喷油器（Injector）是电控汽油喷射系统的一个重要的执行器，它根据 ECU 传来的喷油脉冲信号，精确计量汽油喷射量。轴针式电磁喷油器结构如图 4-14 所示。

喷油器的工作原理

喷油器相当于电磁阀。通电时电磁线圈产生电磁力，将衔铁及针阀吸起，喷油器开启，汽油经喷孔喷入进气道或进气管；断电时电磁力消失，衔铁及针阀在回位弹簧的作用下将喷孔封闭，喷油器停止喷油。喷油器的通电、断电由电控单元以电脉冲方式控制。喷油量由电脉冲宽度（即喷油脉宽）决定，喷油脉宽等于喷油持续时间，它与喷油量成正比。

一般喷油器针阀升程约为 0.1mm，而喷油持续时间为 2～10ms。

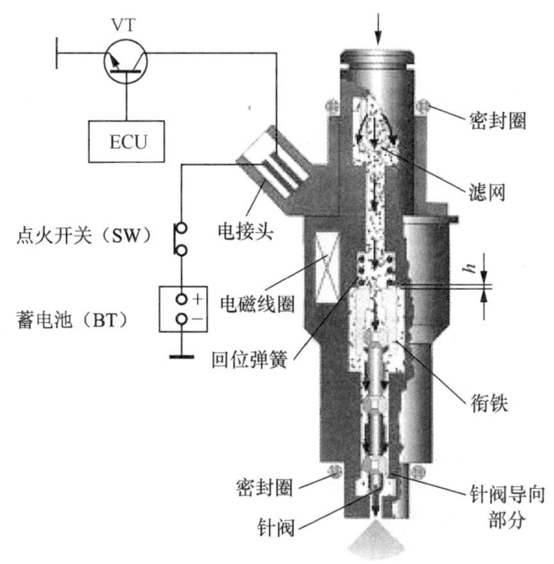

图 4-14 轴针式电磁喷油器结构

⑥ 油压调节器。

a．油压调节器（Fuel Pressure Regulator）的功用：使燃料供给系统的压力与进气管压力之差即喷油压力（喷油压力 = 供油压力–进气管压力）保持恒定。

b. 油压调节器结构（见图 4-15）及工作原理：当进气管压力减小时，油压调节器中的膜片克服弹簧的弹力向上弯曲，回油阀口开启，汽油经回油口流回汽油箱，使燃料供给系统的压力下降，但两者的压差保持不变。

油压调节器结构

当进气管压力增大，膜片向下弯曲，回油阀口关闭，回油终止，燃料供给系统的压力增大，使两者的压差仍然保持不变。

燃料供给系统的压力与进气管压力之差由油压调节器中弹簧的弹力限定，调节弹簧预紧力即可改变两者的压力差，也就是改变喷油压力。

油压调节器的工作原理

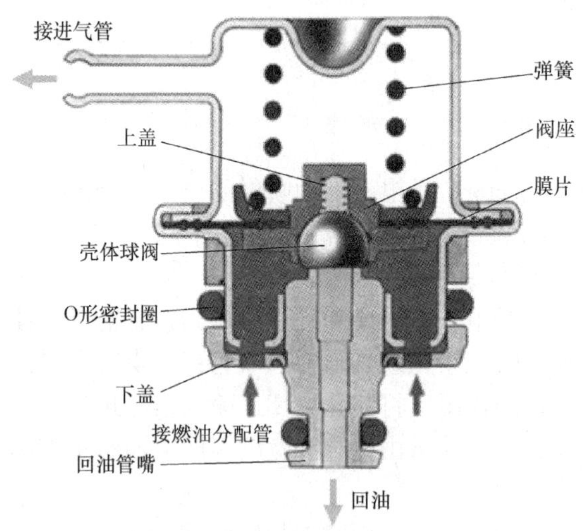

图 4-15　油压调节器结构

（2）空气供给系统

① 空气供给系统的功用与组成。空气供给系统功用：供给与发动机负荷相适应的清洁空气，计量空气质量并与喷油器喷出的汽油形成最佳混合气。

空气供给系统的工作原理

空气供给系统组成：空气滤清器、空气流量计、节气门体、进气歧管等（见图 4-16）。

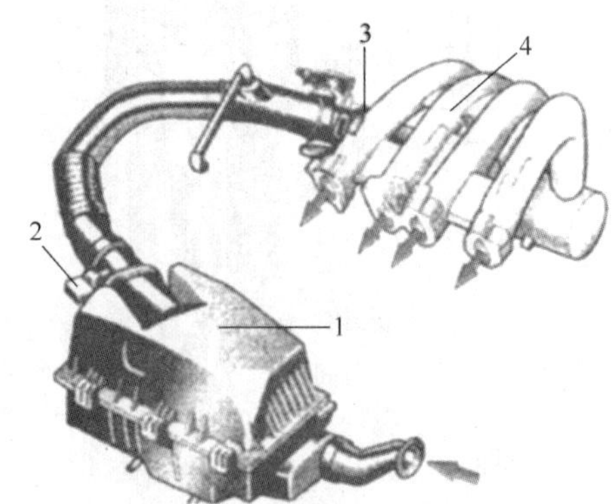

图 4-16　空气供给系统

1—空气滤清器；2—空气流量计；3—节气门体；4—进气歧管

发动机在进气行程中，空气经空气滤清器 1、空气流量计 2 和节气门体 3 进入各缸进气歧管 4。驾驶员通过调节节气门的开度来控制每工作循环的进气量。发动机在怠速时，节气门几乎处于关闭状态，空气量由怠速控制阀来控制，保证冷起动暖机时加大空气量，实现快怠速转速。正常怠速时恢复怠速空气量。

②节气门体。节气门体（见图 4-17）安装在进气道中，其功用是调节进入发动机的空气量，主要由节气门、回位弹簧、节气门位置传感器和节气门驱动电动机等组成。

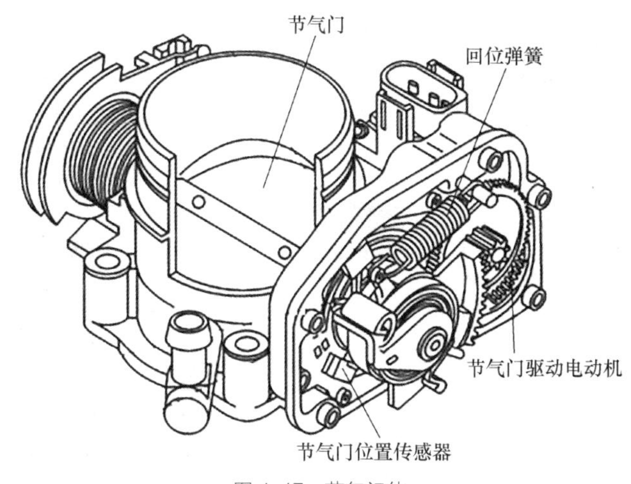

图 4-17　节气门体

节气门（Throttle Valve）是用来控制空气进入发动机的一道可控阀门，调节节气门开度就能控制可燃混合气的流量，改变发动机的转速和功率，以满足汽车行驶的需要。

传统发动机节气门操纵机构是通过拉索（软钢丝）或者拉杆，一端连接加速踏板（油门踏板），另一端连接节气门连动板来工作的（见图 4-18）。

电子节气门操纵机构（见图 4-19）采用电子节气门，通过踏板位置传感器，传送踩踏加速踏板的深浅与快慢的信息，这个信息会被汽车 ECU 接收和解读，然后输出控制指令使节气门依指令快速或缓和开启至其应当张开的角度。这个过程精准而快速，而且不会有机械磨耗的问题。

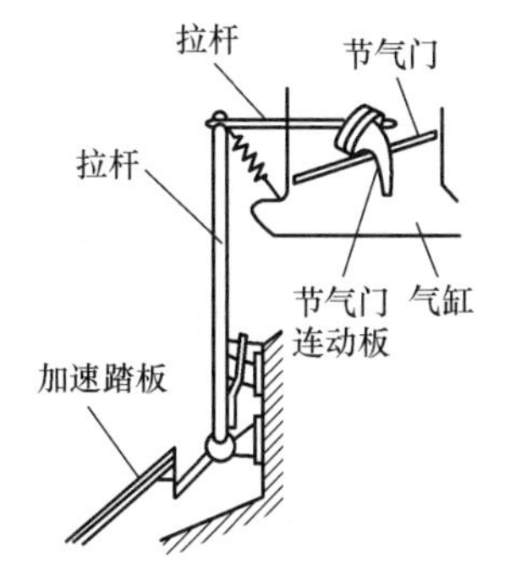

图 4-18　传统发动机节气门操纵机构

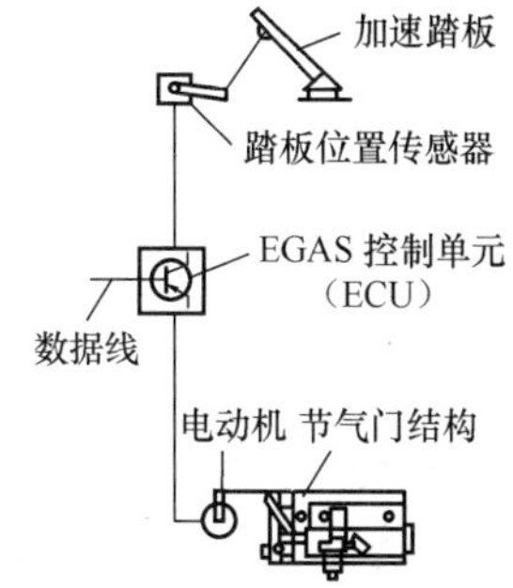

图 4-19　电子节气门操纵机构

（3）电子控制系统

电子控制系统的功用是检测发动机的工况，精确控制喷油量、喷油正时和点火时刻。

电子控制系统由传感器、电控单元和执行器等组成（见图 4-20）。

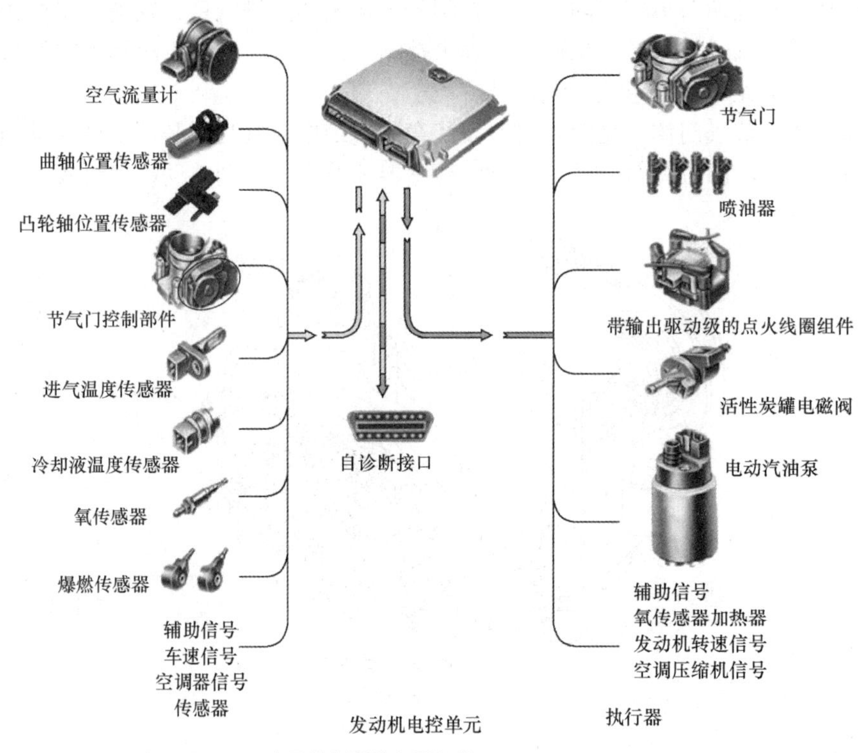

图 4-20　电子控制系统主要组件

传感器的分类及工作原理

① 传感器。传感器的主要功用是把各种反映发动机工况和汽车运行状况的参数（非电量参数）转变成电信号（电压和电流）提供给电控单元，使电控单元正确地控制发动机运转或汽车运行。

a．空气流量传感器（Air Flow Sensor，AFS），也称空气流量计。该传感器用来测量进入发动机的空气流量，并将测量的结果转换成电信号传给电控单元。

空气流量计一般安装在空气滤清器后端，节气门体前端。

空气流量计主要有翼片式空气流量计、热线式空气流量计、热膜式空气流量计和进气管压力传感器等。

b．曲轴位置传感器和凸轮轴位置传感器。

曲轴位置传感器（Crankshaft Position Sensor，CPS）又称发动机转速与曲轴转角传感器，其功用是采集曲轴转动角度和发动机转速信号，并输入电控单元，以便确定点火时刻和喷油时刻。

曲轴位置传感器有电磁感应式、霍尔效应式和光电式 3 种。

凸轮轴位置传感器（Camshaft Position Sensor，CPS）又称气缸识别传感器（Cylinder Identification Sensor，CIS），为了区别于曲轴位置传感器（CPS），凸轮轴位置传感器一般都用 CIS 表示。该传感器用来采集配气凸轮轴的位置信号并输入电控单元，以便电控单元识别气缸压缩上止点，从而进行顺序喷油控制、点火时刻控制和爆燃控制。此外，凸轮轴位置信号还用于发动机起动时识别第一次点火时刻。

c．节气门位置传感器（Throttle Position Sensor，TPS）。该传感器用来检测节气门开度的大小，并把节气门开度信息输送给电控单元。电控单元根据节气门开度或节气门开闭的快慢程度，得到发动机工况是怠速无负荷、小负荷、中负荷还是全负荷，或者汽车是在加速或减速的信息。电控单元根据这些信息，确定喷油量、喷油正时和最佳点火提前角。

节气门位置传感器安装在节气门体上，与节气门轴联动。

d．进气温度传感器（Intake Air Temperature Sensor，IATS）。该传感器与空气流量计相配合，用来测量空气温度的变化，以确定空气密度的变化，进而获得较精确的空气质量流量及空燃比。它通常安装在空气流量传感器上或进气歧管处。

e．冷却液温度传感器（Coolant Temperature Sensor，CTS）。该传感器用来检测发动机冷却液的温度，该值作为喷油量和点火正时的修正量。

f．氧传感器（Oxygen Sensor，OS）。该传感器安装在排气管中，用来检测可燃混合气的实际空燃比偏离理论空燃比的程度，并把这一信息输入电控单元。电控单元控制喷油脉宽长短，实现反馈，组成闭式循环，满足最佳排气净化要求。

g．爆燃传感器（Knock Sensor，KS）。该传感器用来检测发动机是否产生爆燃，并将产生爆燃的信号输送给电控单元，实现点火正时的控制。

爆燃传感器安装在气缸体或气缸盖上。

② 电控单元。电控单元（ECU）是电子控制单元的简称。电控单元的功用是根据其内存的程序和数据对空气流量计及各种传感器输入的信息进行运算、处理、判断，然后输出指令，向喷油器提供一定宽度的电脉冲信号以控制喷油量。

电控单元一般由中央处理器（Central Processing Unit，CPU）、只读存储器（Read-Only Memory，ROM）、可编程只读存储器（Programmable ROM，PROM）、随机存储器（Random Access Memory，RAM）、模数（Analogue-digital，A/D）转换器和输入/输出（Input/Output，I/O）接口等组成，如图 4-21 所示。

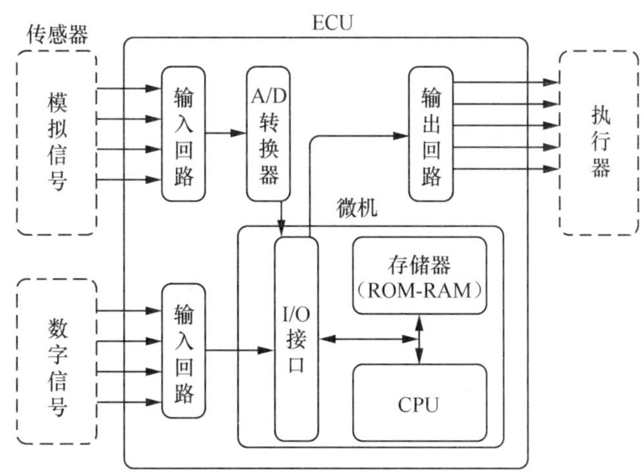

图 4-21 电控单元

电控单元工作过程：从传感器来的信号，首先进入输入回路，对具体信号进行处理。如是数字信号，根据 CPU 的安排，经 I/O 接口直接进入微机；如是模拟信号，还要经过 A/D 转换，转换成数字信号后，才能经 I/O 接口进入微机。大多数信息暂时存储在 RAM 内，根据指令再从 RAM 送至 CPU。下一步是将存储在 ROM 中的参考数据引入 CPU，使输入传感器的信息与之进行比较。CPU 对这些数据比较运算后，做出决定并输出指令信号，经 I/O 接口，必要的信号经数模（Digital-analogue，D/A）转换器转变成模拟信号，最后经输出回路去控制执行器动作。例如，喷油器驱动信号，通过控制喷油正时和喷油脉宽，完成控制喷油功能。

③ 执行器。执行器用来完成电控单元输出的各种指令，是电控单元指令的执行者，如喷油器、点火线圈等。

近年来，电子控制系统的功能不断增加，在发动机管理系统中，不但能控制喷油器的喷油量，还可控制点火、怠速、废气再循环等；另外，还可控制底盘中的自动变速器、防抱死制动系统、悬架高度调整系统、转向助力系统及车身控制系统等。

④ 自动诊断系统。自动诊断就是电子控制系统对系统本身进行故障诊断。车载诊断系统（On-Board Diagnostics，OBD）是一种自动诊断汽车问题的程序。当系统出现故障时，故障指示灯（Malfunction Indicator Lamp，MIL）或检查发动机（Check Engine）警告灯亮，同时动力控制模块（Power Control Module，PCM）将故障信息存入存储器，通过一定的程序可以将故障码从 PCM 中读出。根据故障码的提示，维修人员能迅速准确地确定故障的性质和部位，有针对性地去检查有关部位，元件和线路，将故障排除。

从 20 世纪 80 年代起，美、日、欧等国家和地区的各大汽车制造企业开始在其生产的电喷汽车上配备 OBD，初期的 OBD 没有自检功能。比 OBD 更先进的第二阶段 OBD-Ⅱ在 20 世纪 90 年代中期出现，在 20 世纪 90 年代末期，进入北美市场的汽车都按照新标准设置 OBD。OBD-Ⅱ与以前的所有车载诊断系统不同之处在于有严格的排放针对性，其实质功能就是监测汽车尾气排放。当汽车排放的 CO、HC、NO_x 或燃油蒸发污染量超过设定的标准，故障灯就会点亮报警。

虽然 OBD-Ⅱ对监测汽车排放十分有效，但驾驶员是否接受警告全凭“自觉”。为此，比 OBD-Ⅱ更先进的 OBD-Ⅲ出现了。OBD-Ⅲ主要目的是使汽车的检测、维护和管理合为一体，以满足环境保护的要求。OBD-Ⅲ系统会分别进入发动机、变速器、防抱死制动系统（Antilock Braking System，ABS）等系统 ECU 中去读取故障码和其他相关数据，并利用小型车载通信系统，例如，全球定位系统（Global Positioning System，GPS）或无线通信方式将车辆的身份代码、故障码及所在位置等信息自动通告管理部门，管理部门根据该车辆排放问题的等级对其发出指令，包括去哪里维修的建议、解决排放问题的时限等，还可对超出时限的违规者的车辆发出禁行指令。因此，OBD-Ⅲ系统不仅能对车辆排放问题向驾驶员发出警告，而且能对违规者进行惩罚。2004 年之后，汽车发达国家的 OBD 技术进入第三个阶段（OBD-Ⅲ）。

欧洲和美国在 OBD 检测的项目和限值方面存在一定差别。美国 OBD 监控的目的是在汽车成为高排放标准车辆之前发现故障；欧洲 OBD 监控的目的是发现高排放车辆。我国导入的 OBD 技术，将在 3 个阶段以后等效采用欧洲 OBD 系统的相关规定。

⑤ 电子控制系统工作原理。发动机电控单元根据进气流量或进气管绝对压力、发动机转速、冷却液温度、进气温度、节气门位置等传感器输入的信号，与存储在 ROM 中的参考数据进行比较（见图 4-22），从而确定在该状态下发动机所需的喷油量、喷油正时和最佳点火提前角。存储在 ROM 中的参考数据是通过大量的发动机及整车试验所获得的优化数据。

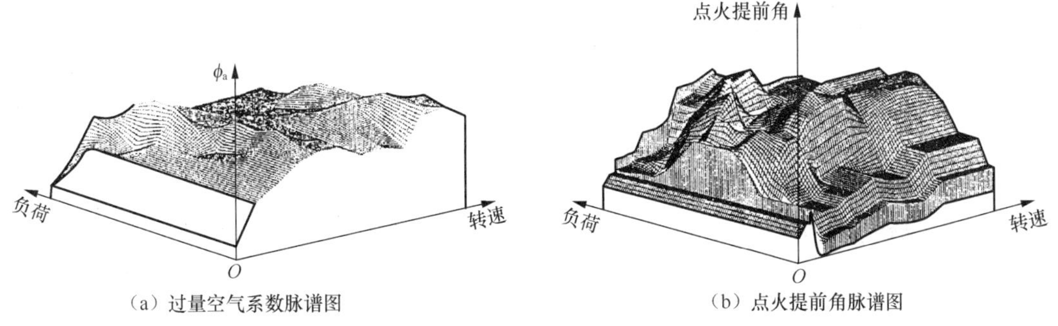

（a）过量空气系数脉谱图

（b）点火提前角脉谱图

图 4-22 汽油机电控喷射系统脉谱图

在发动机状态信号中进气流量或进气管绝对压力和转速信号是两个主要参数，它们决定该工况下的基本燃油供给量和基本点火提前角。其他各种参数起修正作用，如冷却液温度修正、进气温度修正、大气压力修正、蓄电池电压修正、节气门变化速率（加减速）修正、排气中氧含量修正等。

⑥ 喷油控制（空燃比的控制）。实际上，ECU 对空燃比的控制是通过对燃油喷射量的控制来完成的。发动机工作时，ECU 首先从传感器得到空气流量的信息，并根据事先存入的空燃比脉谱图以及其余影响实际空燃比的传感器信息（如温度、压力等），选定目标空燃比，计算出所需的基本喷油量，再根据喷油器的喷油压力与喷油器流量特性决定喷油器的开启时间，即喷油脉宽。整个计算过程的框图如图 4-23 所示。

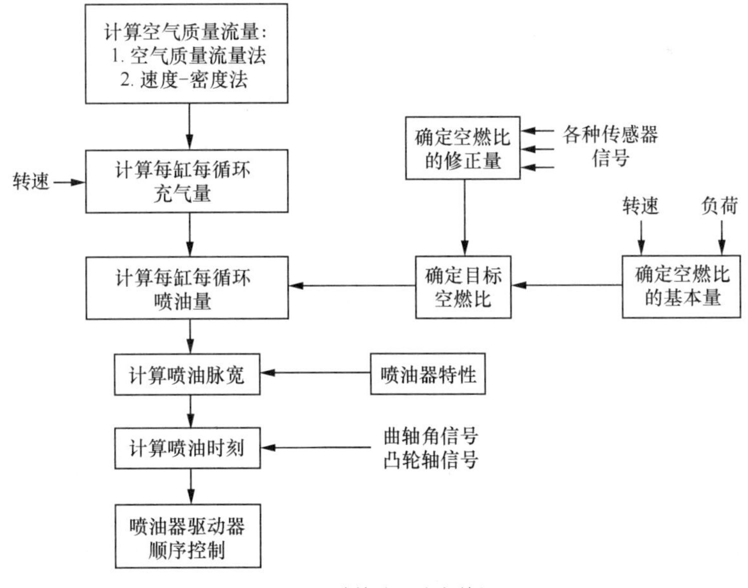

图 4-23 计算喷油脉宽的框图

a. 起动过程。由于起动时转速低，转速的波动也很大，空气流量计测得的进气量信号有很大的误差，因此，这时 ECU 不以空气流量计的信号作为喷油量的计算依据，而是按预先给定的起动程序来进行喷油控制。ECU 根据起动开关及转速传感器的信号，判定发动机是否处于起动状态。当起动开关接通，且发动机转速低于某一转速（如 300r/min）时，电控单元按发动机冷却液温度、进气温度和起动转速计算出一个固定的喷油量，这一喷油量能使发动机获得顺利起动所需的浓混合气。

b. 暖机过程。在冷车起动结束后的暖机过程中，发动机的温度一般不高，喷入燃油与空气的混合较差，造成气缸内的混合气变稀。因此，在暖机过程中必须增加喷油量，暖机所需增加喷油量的大小取决于冷却液温度传感器所测得的发动机温度，并随着发动机温度升高而逐渐减小。

c. 加速过程。发动机加速时，节气门突然加大开度，进气管内压力骤然增加，燃油雾化程度降低，会使一部分燃油来不及雾化而沉积在进气道壁面上，导致实际有效空燃比增加（混合气变稀），为此需要增加喷油量，实现稳定加速。

d. 大负荷与全负荷工况。混合气的加浓程度主要受节气门位置传感器的控制。

e. 断油控制。断油控制分为超速断油控制和减速断油控制。

超速断油是当发动机转速超过允许的最高转速时，由 ECU 控制自动中断喷油的过程，可防止发动机超速运转，造成机件损坏，也有利于降低油耗，减少有害排放物。

当汽车在高速行驶中驾驶员突然松开加速踏板减速时，发动机仍在汽车惯性的带动下高速旋转。由于节气门已关闭，进入气缸的混合气量很少，若继续喷油，则会造成燃烧不完全与排气中有害排放物增多的不良现象。这时中断燃油喷射，直到发动机转速下降到设定的低转速时再恢复喷油。

4. 电控汽油喷射系统实例

桑塔纳 2000GSi 型轿车的 AJR 发动机装用德国博世公司的莫特良尼克 M3.8.2 型电控顺序多点汽油喷射系统，其组成如图 4-24 所示。

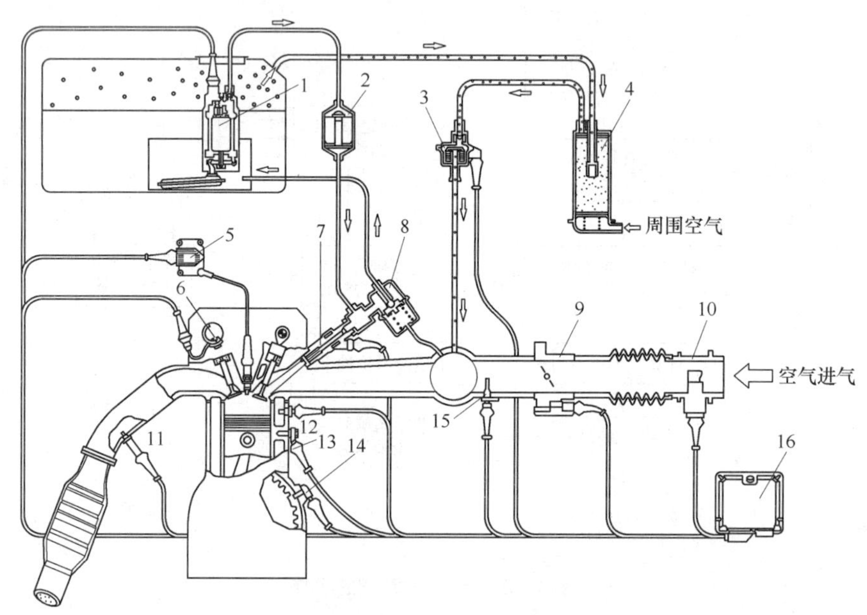

图 4-24　M3.8.2 型电控顺序多点汽油喷射系统

1—电动汽油泵；2—汽油滤清器；3—活性炭罐电磁阀；4—活性炭罐；5—点火线圈组件；6—相位传感器；7—喷油器；8—燃油压力调节器；9—节气门控制部件；10—空气流量计；11—氧传感器；12—冷却液温度传感器；13—爆燃传感器；14—发动机转速传感器；15—进气温度传感器；16—发动机电控单元

M3.8.2 型电控顺序多点汽油喷射系统采用热膜式空气流量计，其输出的信号是电控单元用来计算点火时刻和喷油量的主要参数之一。在使用过程中，如果空气流量计的信号中断，电控单元将根据发动机转速、节气门位置及进气温度等信号计算出一个替代值。

该系统中的节气门控制装置由怠速开关、怠速节气门电位计、节气门电位计及怠速电动机等组成。节气门电位计直接与节气门轴连接，向电控单元提供节气门位置信号。怠速节气门电位计向电控单元提供怠速时的节气门位置。怠速开关在整个怠速期间处于闭合状态，电控单元根据此信号识别出怠速工况。如果此信号中断，电控单元将根据节气门电位计及怠速节气门电位计所提供的信号来判断发动机是否处于怠速状态。怠速电动机受控于电控单元，按照电控单元的指令，在怠速调节范围内通过齿轮传动来调节节气门的开度。

M3.8.2 电控系统同时控制汽油喷射及点火正时，以实现两者的最佳配合。借助各种传感器，该系统可以实现下列控制功能。

（1）点火正时的控制

电控单元根据发动机的转速和进气量从存储在 ROM 中的点火特性脉谱图中确定基本点火提前角，再按照发动机温度、进气温度、节气门位置、怠速开关和有无爆燃等信号，对基本点火提前角进行修正，最终确定出最佳点火提前角。

（2）爆燃控制

M3.8.2 电控系统采用双爆燃传感器，能更有效地监控发动机爆燃。当电控单元根据爆燃传感器的信号识别出某气缸发生爆燃时，便将该气缸的点火时刻向后推迟。如果爆燃传感器信号中断，则各缸点火提前角均向后推迟约 15° CA，这时发动机性能将明显下降。

（3）喷油量控制

电控单元根据发动机的转速和进气量确定基本喷油量，再根据节气门电位计、怠速节气门电位计、怠速开关、发动机温度传感器、进气温度传感器和氧传感器等的信号进行修正，确定出最佳喷油量。然后根据点火基准算出各缸的喷油时刻，并按照 1—3—4—2 的发动机工作顺序向各缸进气门前喷射。

（4）汽油蒸发控制系统的控制

汽油蒸发控制系统的功用是将汽油箱内蒸发的汽油蒸气引入气缸内烧掉，以防止其排入大气中对环境造成污染。在 M3.8.2 电控系统中，电控单元通过控制汽油蒸气回收控制电磁阀的开闭频率来调节由汽油蒸发控制系统进入气缸内的汽油蒸气量。当电磁阀开启时，活性炭罐中的汽油蒸气被吸入进气歧管中；当电磁阀关闭时，汽油蒸气被活性炭罐内的活性炭吸附。

（5）电动汽油泵的控制

在发动机起动时，电控单元根据曲轴位置传感器输出的转角信号，使汽油泵继电器动作，向汽油泵、空气流量计和氧传感器的加热装置供电。若曲轴位置传感器的信号中断，汽油泵继电器就不动作，发动机也不能起动。

4.1.3 汽油缸内直喷技术

传统电喷汽油发动机是通过喷油器将燃油喷射入进气歧管的，尽管效率已经比化油器式发动机提高很多，但燃油喷油器与燃烧室之间相隔较长的通道，燃油微粒与空气形成混合气受发动机工况的影响较大，油气混合气仍然无法做到在发动机的各工况时都能充分燃烧。

汽油缸内直喷（Gasoline Direct Injection，GDI）技术的概念最早在 1925 年，由瑞典工程师 Jonas Hesselman 首先应用于实践。在第二次世界大战期间，缸内直喷汽油机被德国、苏联和美国应用于战斗机中。战后，缸内直喷汽油机被应用于极少量的高档运动型汽车，由于成本居高不下，该技术在当时的条件下不适合推广到普通汽车。直到 21 世纪，缸内直喷汽油机才逐渐成为主流，目前典型的缸内直喷汽油机有大众 FSI、通用 SIDI 和博世 DI-Motronic 等。

1. 大众 FSI 技术

燃料分层喷射（Fuel Stratified Injection，FSI）技术是缸内直喷汽油机领域的一项创新的革命性技术。大众旗下奥迪采用的 FSI 技术在同等排量下实现了发动机动力性和燃油经济性的完美结合，是当今汽车工业发动机技术中较为成熟、先进的燃油直喷技术，并引领了汽油发动机的发展趋势。与传统的火花点燃发动机采用的进气歧管喷射不同，FSI 发动机将燃油直接喷入燃烧室，无须使用节气门。这种技术“释放”了发动机，降低了热损耗，从而增加了动力输出，空燃比可达 40:1，降低了燃油消耗（见图 4-25）。

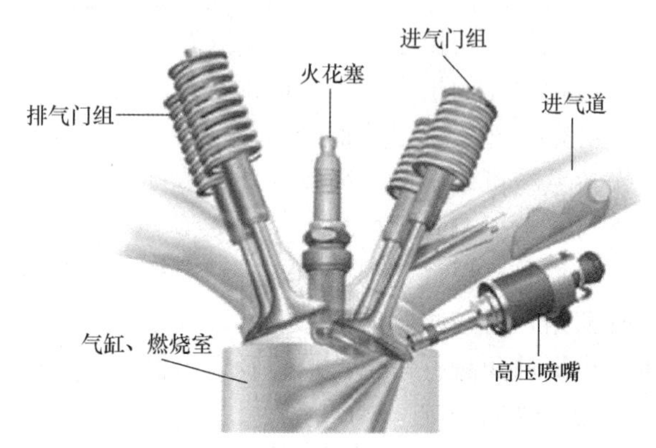

图 4-25　FSI 发动机

2. 通用 SIDI 技术

通用将其汽油缸内直喷技术以 SIDI（Spark Ignition Direct Injection）命名。其 SIDI 发动机工作原理和一般的缸内直喷汽油机并无二致：凸轮轴驱动的汽油泵为供油系统提供高压汽油，共轨喷嘴将高压汽油直接喷入气缸，点火时刻就可以得到精确控制，而且高压喷射和极细的喷嘴设计保证了喷油量的精确计算。缸内直喷技术代替了传统多点电喷（Multi Port Fuel Injection，MPFI）技术之后，汽油机在低转速下燃烧效率被进一步提升。另外，通用的 SIDI 技术依靠缸内均质燃烧来提升效率，并没有使用稀薄分层燃烧技术。由于国内油品的限制，引入国内的直喷发动机均不使用分层燃烧，通用的 SIDI 发动机也不例外。不过没有使用分层燃烧也使 SIDI 发动机拥有易养护、寿命长的优势，官方产品手册上也并没有对 SIDI 发动机提出任何特殊的养护要求，这也是它相比大众系列直喷发动机最大的优势所在。

3. 博世 DI-Motronic 技术

博世公司的合资公司——联合汽车电子有限公司为大众汽车公司和奥迪汽车公司提供新一代的汽油缸内直喷技术和零部件。DI-Motronic 是一套具备发动机电子扭矩控制的汽油缸内直喷系统，电子加速踏板将驾驶员输入的数据转换成电子信号用于控制节气门的开关。DI-Motronic 结合废气涡轮增压、可变气门正时系统，即使在发动机低转速状态下也能输出强劲的扭矩。良好的空燃比、优化的换气策略再加上更高的压缩比，使增加低速扭矩的同时，还降低了油耗。它给发动机整体设计带来了更大的自由度，整车制造商可根据需要自由选择大功率发动机或经济型发动机，强大的功率输出及整个发动机转速范围内的快速响应性能使缸内直喷汽油机可设计成兼具动力性和经济性的环保型发动机。与普通进气歧管系统的涡轮增压发动机相比，采用涡轮增压、汽油缸内直喷并配备可变气门正时系统的发动机，其输出扭矩可高出 50%，油耗可降低 15%。

博世公司开发的第二代 DI-Motronic 采用多孔技术，燃油压力高达 20MPa 的电磁阀驱动的高压喷射系统，使混合气形成更好，并具有多种油束形态，有利于改进缸内燃烧状态。第二代 DI-Motronic 汽油缸内直喷系统包括高压油泵（紧凑型单缸 HDP5 高压油泵）、高压油轨、高压喷油器、高压压力传感器、电控单元等（见图 4-26）。

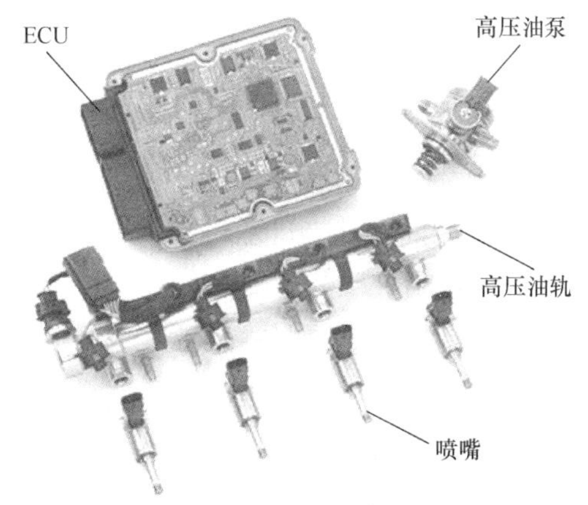

图 4-26　博世第二代汽油缸内直喷系统主要组成

4.2　柴油机燃料供给系统

燃料供给系统是柴油机的重要组成部分。它的功用是根据柴油机运转工况的需要，将适量的清洁燃油，在一定时间内，以适当的雾化状态喷入燃烧室，提供混合气形成与燃烧的有利条件。

汽车柴油机的燃料供给系统分为机械高压油泵燃油系统和高压共轨电子控制喷射燃油系统。

4.2.1　机械高压油泵燃油系统

1. 机械高压油泵燃油系统总体组成

机械高压油泵燃油系统的组成

机械高压油泵燃油系统由低压油路和高压油路两部分组成，如图 4-27 所示。在输油泵 3 的作用下，柴油从柴油箱 1 被吸出，经过油水分离器 2 分离除去柴油中的水分，再压向柴油滤清器 6 过滤，干净的柴油进入柱塞式喷油泵 5，提高压力，再经高压油管 8，送到喷油器 9，以一定的速率、射程和喷雾锥角喷入燃烧室。多余的柴油从回油管 7 流回柴油滤清器。

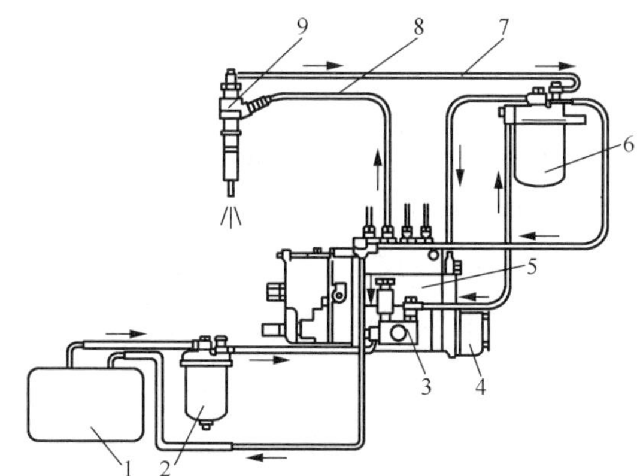

图 4-27　机械高压油泵燃油系统

1—柴油箱；2—油水分离器；3—输油泵；4—调速器；5—柱塞式喷油泵；6—柴油滤清器；7—回油管；8—高压油管；9—喷油器

2. 油水分离器

为了除去柴油中的水分，一些柴油机在柴油箱和输油泵之间装设油水分离器（见图 4-28）。油水分离器由手压膜片泵 1、液面传感器 5、浮子 6、分离器壳体 7 和分离器盖 8 等组成。来自柴油箱的柴油经进油口 2 进入油水分离器，并经出油口 9 流出。柴油中的水分在分离器内从柴油中分离出来并沉积在壳体的底部。浮子 6 随着积水的增多而上浮。当浮子到达规定的放水水位时，液面传感器 5 将电路接通，仪表板上的报警灯发出放水信号，这时驾驶员应及时旋松放水塞 4 放水。手压膜片泵 1 供放水和排气时使用。

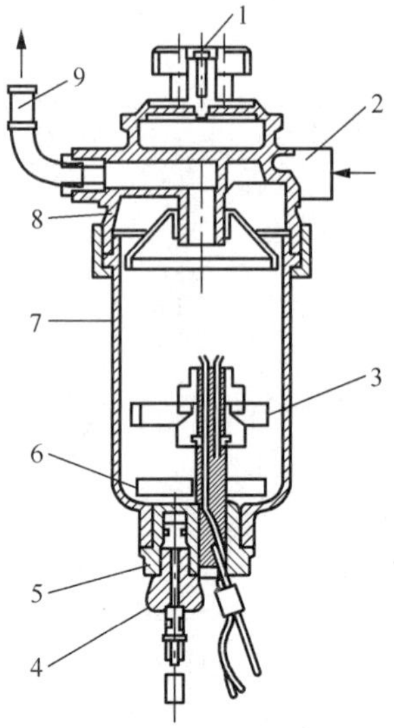

图 4-28　油水分离器

1—手压膜片泵；2—进油口；3—放水水位；4—放水塞；5—液面传感器；6—浮子；7—分离器壳体；8—分离器盖；9—出油口

3. 输油泵

输油泵的功用是保证有足够量的柴油自柴油箱输送到喷油泵，并维持一定的供油压力以克服管路及柴油滤清器阻力，使柴油在低压管路中循环。输油泵的输油量一般为柴油机全负荷需要量的 3～4 倍。输油泵有膜片式、滑片式、活塞式及齿轮式等。

活塞式输油泵的基本结构如图 4-29 所示。当喷油泵凸轮轴 18 旋转时，在偏心轮 19 和输油泵活塞弹簧 9 的共同作用下，输油泵活塞 10 在输油泵体 8 的活塞腔内做往复运动。

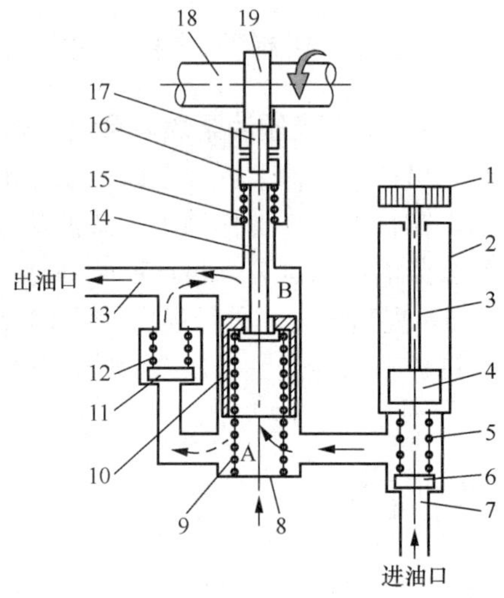

图 4-29　活塞式输油泵的基本结构

1—手压泵拉钮；2—手压泵体；3—手压泵杆；4—手压泵活塞；5—进油阀弹簧；6—进油阀；7—进油口；8—输油泵体；9—输油泵活塞弹簧；10—输油泵活塞；11—出油阀；12—出油阀弹簧；13—出油口；14—推杆；15—推杆弹簧；16—挺柱；17—滚轮；18—喷油泵凸轮轴；19—偏心轮

当输油泵活塞由下向上运动时，A 腔容积增大，产生一定的真空度，使进油阀 6 开启，柴油经进油口 7 被吸入 A 腔；与此同时，B 腔容积缩小，其中的柴油压力升高，出油阀关闭，柴油被送往滤清器。当输油泵活塞由上向下运动时，A 腔容积减小，油压升高，进油阀关闭，出油阀开启；与此同时，B 腔容积增大，柴油就从 A 腔流入 B 腔。当柴油机负荷减小，需要的柴油量减少时，或柴油滤清器堵塞，油道阻力增加时，会使输油泵 B 腔油压增高。当此油压与输油泵活塞弹簧的弹力相平衡时，活塞往 B 腔的运动停止，活塞的移动行程减小，造成输油泵的输出油量减少，实现了输油量的自动调节，而输油压力则基本稳定。

当柴油机燃料供给系统中有空气进入时，柴油机便无法起动和正常运转，这时可利用手压泵拉钮 1 排除空气。方法是先将燃油滤清器和喷油泵的放气螺钉旋松，再将手压泵拉钮旋开，上下反复拉动手压泵活塞，使柴油自进油口吸入，经出油阀压出，并充满燃油滤清器和喷油泵前的所有低压油路，将其中的空气排除干净。空气排除完毕，应重新拧紧放气螺钉，旋进手压泵拉钮。

4．滤清器

为了保证柴油机不间断地工作，从油箱出来的燃油必须仔细地清除杂质。若燃油滤清不良，则喷油泵和喷油器中的精密偶件会很快地磨损或卡住。精密偶件的磨损会引起各缸供油不均匀、燃油消耗量增加以及功率下降。在柴油机中一般都安装两个滤清器，如图 4-30 和图 4-31 所示。

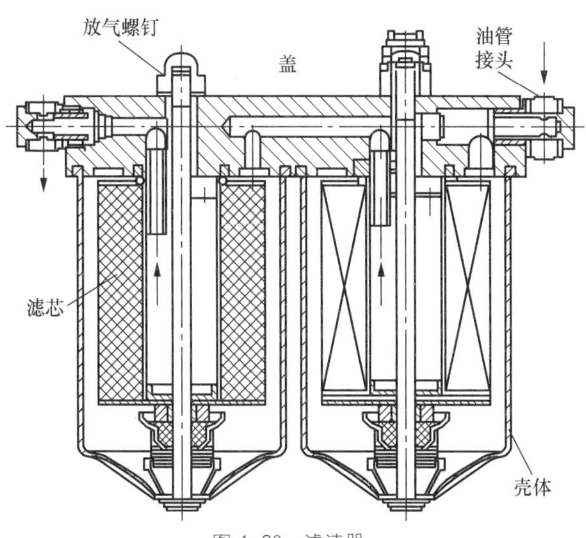

图 4-30 滤清器

图 4-31 滤清器实物

5．喷油泵

喷油泵的基本功用是定时定量地提供高压柴油，其结构如图 4-32 所示。工作时，在喷油泵凸轮轴上的凸轮与柱塞弹簧的作用下，柱塞做上下往复运动，从而完成泵油任务。

泵油过程可分为图 4-33 所示的 3 个阶段。

喷油泵泵油原理

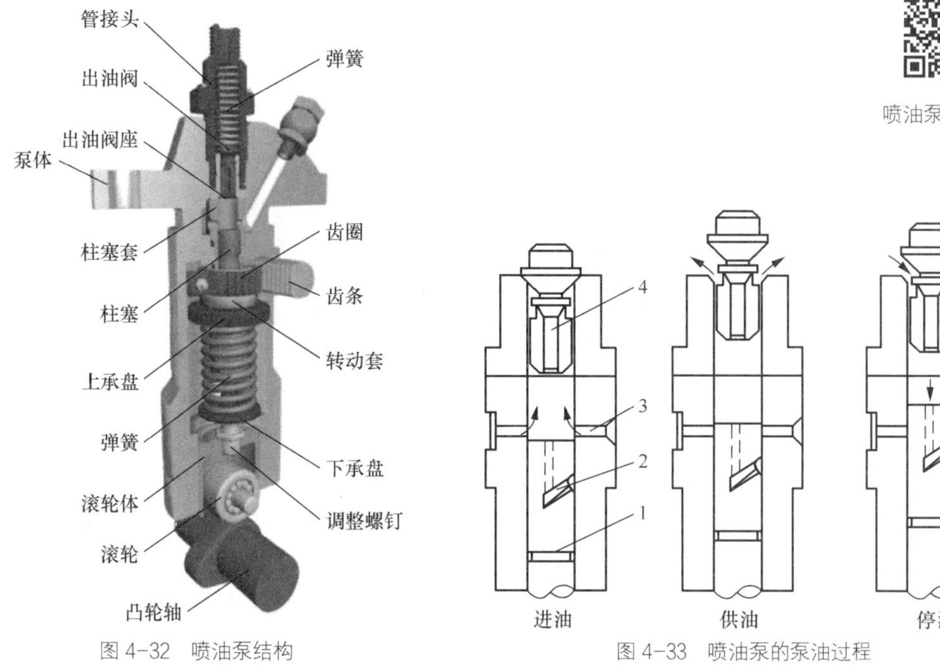

图 4-32 喷油泵结构

图 4-33 喷油泵的泵油过程

1—柱塞；2—斜槽；3—油孔；4—出油阀

（1）进油：柱塞1下移，燃油经油孔3进入泵腔。

（2）供油：柱塞1上移，封闭油孔3，柱塞上部燃油压力迅速增加，打开出油阀4，提供高压燃油。

（3）停油：柱塞1继续上移，当斜槽2与油孔3接通时高压油流回，压力降低，出油阀关闭，柱塞越过上止点后下移，进入下一循环。

6．油量调节机构

驾驶员踩下加速踏板，通过齿杆（见图4-34）、拉杆（见图4-35），转动柱塞，控制供油量。

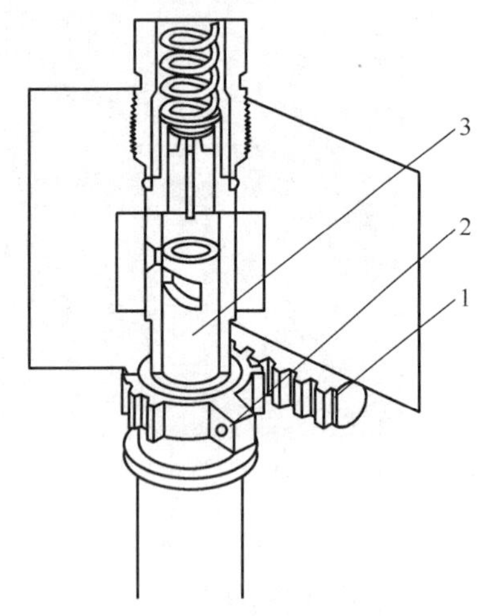

图4-34　齿杆式油量调节机构

1—齿杆；2—可调齿圈；3—柱塞

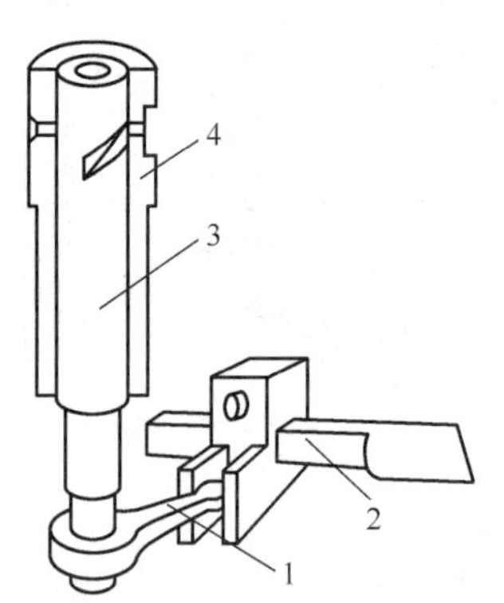

图4-35　拨叉拉杆式油量调节机构

1—拨叉；2—拉杆；3—柱塞；4—柱塞套筒

7．出油阀

出油阀安装在喷油泵上端，它是一个自动阀，当柱塞压油时开启，而当柱塞不压油时，在出油阀弹簧和油管压力作用下关闭。它由一对重要的精密偶件组成，它的结构形状对供油特性有很大影响。出油阀实物如图4-36所示。

图4-36　出油阀实物

8．喷油器

喷油器装在气缸盖上，它的功用是将燃料雾化成极细的微粒喷入气缸。对喷油器雾化质量的要求，主要取决于燃烧室形式。

汽车柴油机广泛采用孔式喷油器（见图4-37）。这种喷油器主要由喷油器体、调压装置、滤芯、顶杆及喷嘴等部分组成。孔式喷油器的喷嘴是由针阀和针阀体组成的一对精密偶件（见图4-38），其配合间隙仅0.002～0.004mm。为此，在精加工之后，尚需配对研磨，故在使用中不能互换。一般针阀由热稳定性好的高速钢制造，而针阀体则采用耐冲击的优质合金钢。

喷油器工作时，来自喷油泵的高压柴油，经进油管接头 5 进入喷油器体上的进油道，作用在针阀的承压锥面上，对针阀形成一个向上的轴向推力。此推力一旦大于喷油器调压弹簧 3 的预压力，针阀立即上移，打开喷孔，高压柴油随即喷入燃烧室中。喷油泵停止供油时，高压油道内压力迅速下降，针阀在调压弹簧作用下及时回位，将喷孔关闭，停止喷油。

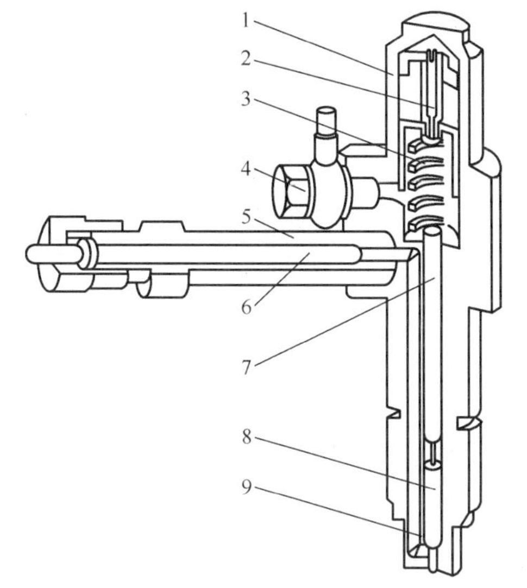

图 4-37　孔式喷油器

1—喷油器体；2—调压螺钉；3—调压弹簧；4—回油管螺栓；5—进油管接头；6—滤芯；7—顶杆；8—针阀；9—针阀体

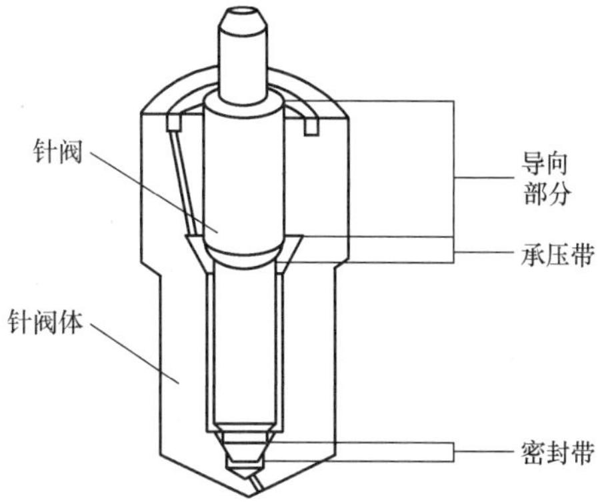

图 4-38　喷油器针阀偶件

4.2.2　高压共轨电子控制喷射燃油系统

为降低有害气体和污染物排放，从而减少其对环境和人类健康的影响，改善车辆的燃油经济性已成为全世界亟待解决的问题。在欧洲，柴油发动机车辆是很受欢迎的，因为它的燃油经济性较好。另外，必须大大降低废气中所含的 NO_x 和颗粒物（Particulate Matter，PM）的量，以满足排放法规的要求，而用以改善燃油经济性和降低废气排放的相关技术也正在积极开发中。

柴油机喷油技术经历了传统的纯机械操纵式喷油和现代的电控操纵式喷油这两个发展阶段。而现代电控喷油技术的崛起，则应归功于计算机技术和传感检测技术的迅猛发展。目前电控操纵式喷油技术已从初期的位置控制型发展到时间控制型。

现代电控喷油技术实现的手段主要有电控泵喷嘴、电控单体泵以及电控高压共轨系统。

1．电控泵喷嘴系统

在电控泵喷嘴系统中喷油泵和喷油器组成一个单元。每个发动机气缸都在其缸盖上装有这样一个单元，它直接通过摇臂或者间接地由发动机凸轮轴通过推杆来驱动，如图 4-39 所示。

2．电控单体泵

电控单体泵系统工作方式跟电控泵喷嘴系统相同，它是一种模块式结构的高压喷射系统。与电控泵喷嘴系统不同的是，其喷油器和油泵用一根较短的喷射油管连接，单体泵系统中每个气缸都设置有一个分列式（PF）单柱塞喷油泵，由发动机的凸轮轴驱动，如图 4-40 所示。

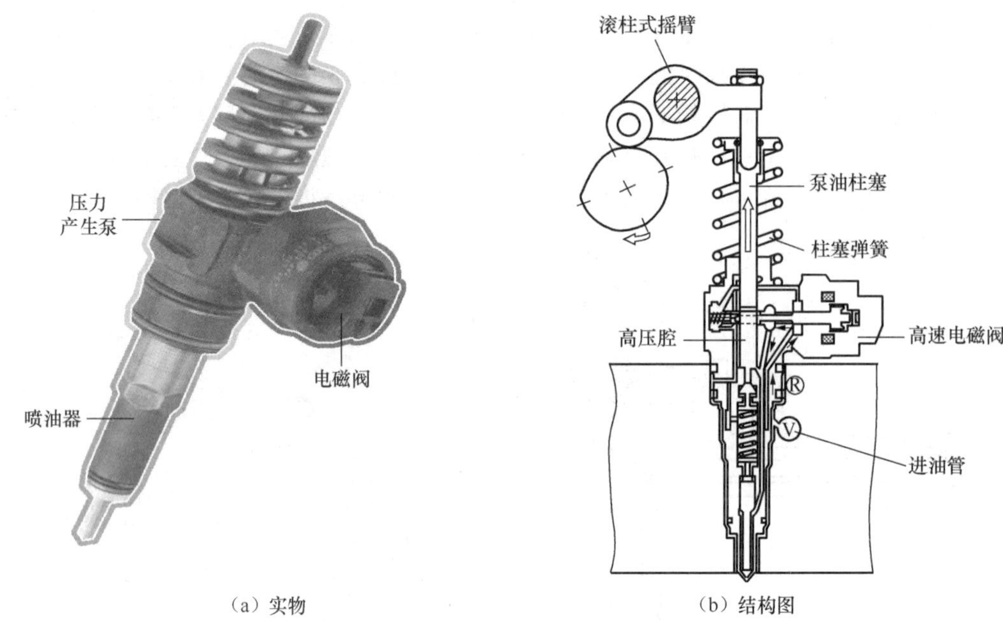

（a）实物　　（b）结构图

图 4-39　电控泵喷嘴系统

电控单体泵系统是带时间控制的高压燃油喷射系统，用于直喷式柴油机。它们具有高达 205MPa 的瞬时喷油压力、可变的喷油起点，并可采用预喷射。该系统由燃料供给系统的低压部分和高压部分、电控单元和传感器等组成。电控单体泵是通过制成一体的电磁阀控制高压柴油喷射系统来工作的。电磁阀触发的时刻也就是其闭合的时刻，由此确定供油起点。

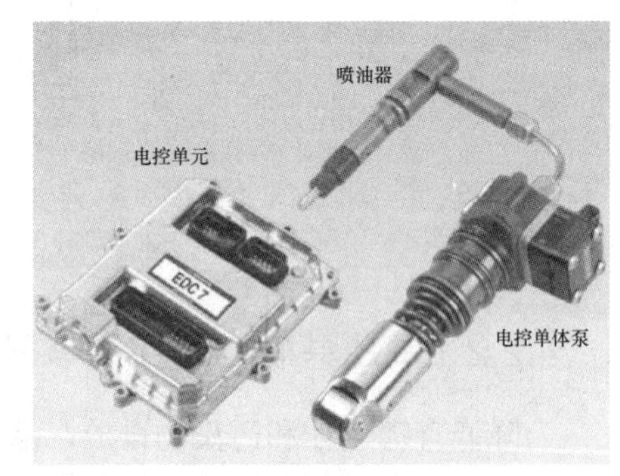

图 4-40　电控单体泵

电磁阀触发时间长短决定喷油量大小。电控单体泵安装在每个缸体外部直接由发动机凸轮轴上的喷油凸轮驱动。高压燃油由单体泵通过高压油管、高压短接管进入喷油器，然后喷入气缸内燃烧室。由于这种布置对气缸盖结构变动不大，因此深受商用车和柴油机企业的欢迎。国外商用车公司如奔驰、道依茨、卡特匹勒、达夫等都采用单体泵。我国商用柴油机企业如大柴、玉柴、潍柴等也采用单体泵来满足国三排放标准。

3．电控高压共轨系统

“电控”是指喷油系统由 ECU 控制，ECU 对每个喷油器的喷油量、喷油时刻进行精确控制，能使柴油机的燃油经济性和动力性达到最佳的平衡，而传统的柴油机则是由机械控制，控制精度无法保证。

“高压”是指喷油系统压力比传统柴油机要高出 3 倍，可高达 200MPa（而传统柴油机喷油压力在 60～70MPa），压力大、雾化好、燃烧充分，从而提高了动力性，最终达到省油的目的。

“共轨”是柴油通过公共供油管同时供给各个喷油器。经过 ECU 精确的计算，同时向各喷油器提供相同质量、相同压力的燃油，使发动机运转更加平顺，从而优化柴油机综合性能。

而传统柴油发动机由各缸各自喷油，喷油量和压力不一致，运转不平顺，造成燃烧不平稳、噪声大、油耗高。

（1）共轨系统的特点

柴油机共轨式电控燃油喷射技术是一种全新的技术，因为它集成了计算机控制技术、现代传感检测技术以及先进的喷油结构于一身。它不仅能达到较高的喷射压力、实现喷射压力和喷油量的控制，而且能实现预喷射和后喷，从而优化喷油特性，降低柴油机噪声和大大减少废气的排放量。该技术的主要特点如下。

① 采用先进的电子控制装置并配有高速电磁开关阀，使得喷油过程的控制十分方便，并且可控参数多，益于柴油机燃烧过程的全程优化。

② 采用共轨方式供油，喷油系统压力波动小，各喷嘴间相互影响小，喷射压力控制精度较高，喷油量控制较准确。

③ 高速电磁开关阀频响高，控制灵活，使得喷油系统的喷射压力可调范围大，并且能方便地实现预喷射、后喷等功能，为优化柴油机喷油规律、改善其性能和降低废气排放提供了有效手段。

④ 系统结构移植方便，适用范围宽，对柴油机的结构形式无专门要求；尤其是高压共轨系统，均能与目前的小型、中型及重型柴油机很好地匹配。

（2）博世电控高压共轨系统构成

电控高压共轨柴油喷射系统基本组成如图 4-41 所示，主要由低压油路、高压油路、传感器与电控单元等组成。

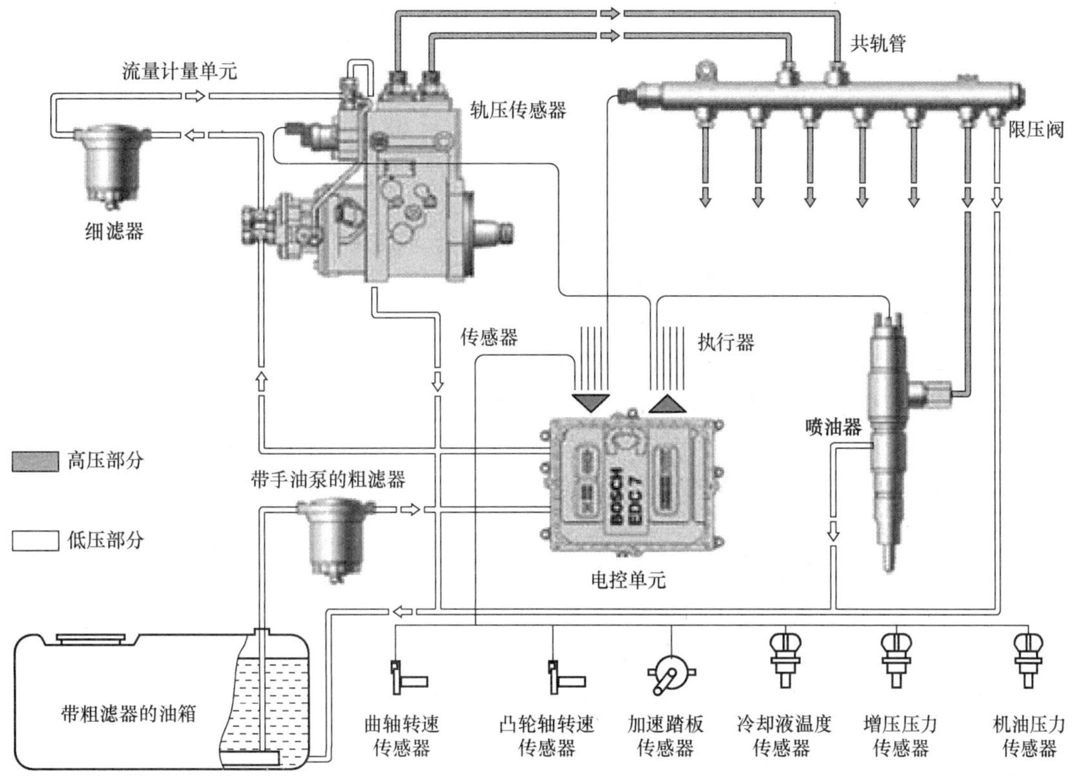

图 4-41　博世电控高压共轨柴油喷射系统基本组成

① 低压油路。低压油路由油箱、柴油粗滤器、输油泵和柴油细滤器等组成，其功用是产生低压柴油，输入高压泵。

② 高压油路。高压油路由高压泵、调压阀、高压存储器（共轨管）、限压阀、流量限制器和电控喷油器等组成。其基本功用是产生高压（160MPa 左右）柴油。

a．高压泵（见图 4-42）。高压泵的功用是产生高压油。它采用 3 个径向布置的柱塞泵油元件 9，相互错开 120°，由偏心凸轮 8 驱动，出油量大，受载均匀。

工作时，从输油泵来的柴油流过安全阀 5，一部分经节流小孔流向偏心凸轮室供润滑冷却用，另一部分经低压油路 6 进入柱塞室。当偏心凸轮转动导致柱塞下行时，进油阀 11 打开，柴油被吸入柱塞室；当偏心凸轮顶起时，进油阀关闭，柴油被压缩，压力剧增，达到共轨压力时，顶开出油阀 1，高压油被送去共轨管。

在发动机怠速或小负荷工作时，输出油量有剩余，可以经调压阀 3 流回油箱。还可以通过控制电路使柱塞止回阀 12 通电，使电枢上的销子下移，顶开进油阀，切断某缸柱塞供油，以减少供油量和功率损耗。

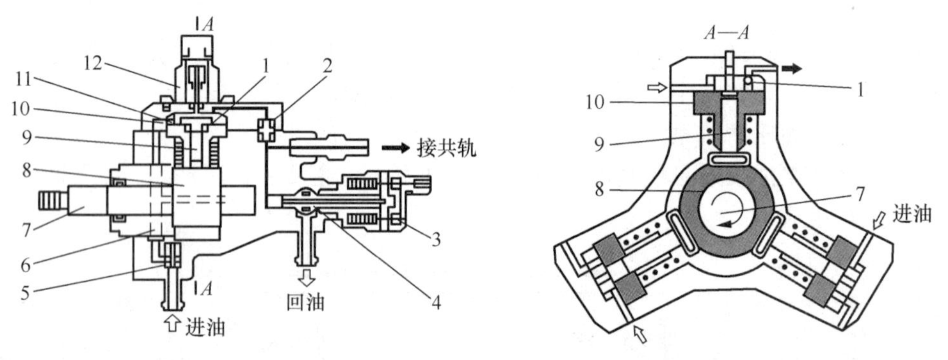

图 4-42 高压泵

1—出油阀； 2—密封件； 3—调压阀；4—球阀；5—安全阀；6—低压油路；7—驱动轴；
8—偏心凸轮；9—柱塞泵油元件；10—柱塞室；11—进油阀；12—柱塞止回阀

b．调压阀（见图 4-43）。调压阀被安装在高压泵旁边或共轨管（见图 4-41）上。其作用是根据发动机负荷状况调整和保持共轨管中的压力。

当调压阀不工作时，电磁线圈 4 不带电，高压泵出口压力大于弹簧 2 的弹力，阀门 6 被顶开。根据输油量的不同，调节阀门打开的程度。

当需要提高共轨管中的压力时，电磁线圈带电，给电枢 3 一个附加作用力，压紧阀门 6，使共轨管中的压力升高到与其平衡为止，然后调节阀门停留在一定开启位置，保持压力不变。

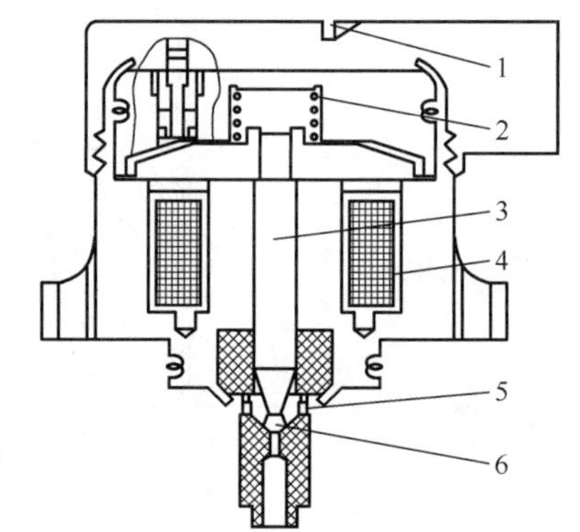

图 4-43 调压阀

1—电气接头；2—弹簧；3—电枢；
4—电磁线圈；5—回油孔；6—阀门

c．高压存储器（共轨管）。共轨管的作用是存储高压油，保持压力稳定。其结构如图 4-44 所示，共轨管上安装有压力传感器 2、限压阀 3 和流量限制器 4。

共轨压力传感器（见图 4-45）用固定螺纹 6 紧固在共轨管上，其内部的压力传感膜片 4 感受共轨压力，通过分析电路，把压力信号转换成电信号传至 ECU 进行控制。

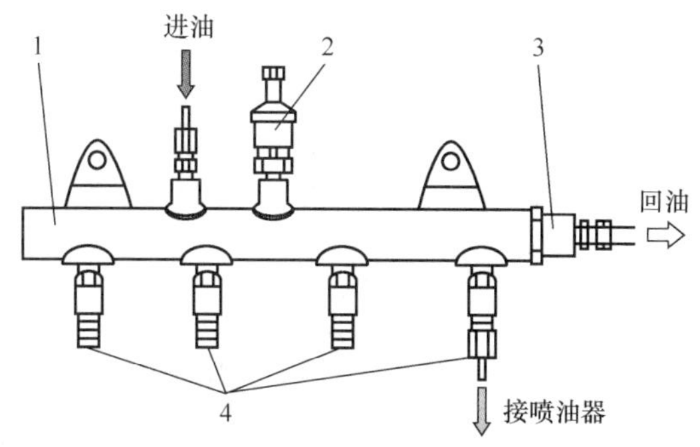

图 4-44 高压存储器（共轨管）结构

1—共轨管；2—压力传感器；3—限压阀；4—流量限制器

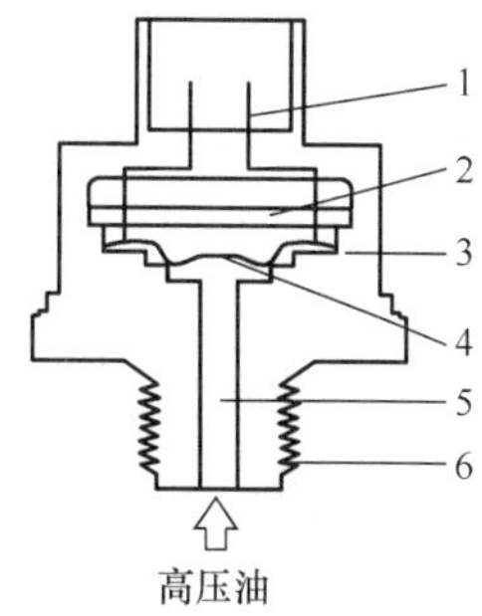

图 4-45 共轨压力传感器

1—电气接头；2—分析电路；3—外壳；4—压力传感膜片；5—油道；6—固定螺纹

d．限压阀（见图 4-46）。限压阀的作用是限制共轨管中的压力。当压力超过弹簧 5 的弹力时，阀门 2 打开卸压，高压油经通流孔 3 和回油孔 8 流回油箱。

e．流量限制器（见图 4-47）。流量限制器的作用是防止喷油器出现持续喷油。活塞 2 在静止时，由于受弹簧 4 的作用力，总是靠在堵头 1 端。在一次喷油后，喷油器端压力下降，活塞在共轨压力作用下向喷油器端移动，但并不关闭密封座面 6。只有在喷油器出现持续喷油，导致活塞下移量大时，才关闭通往喷油器的通道，切断供油。

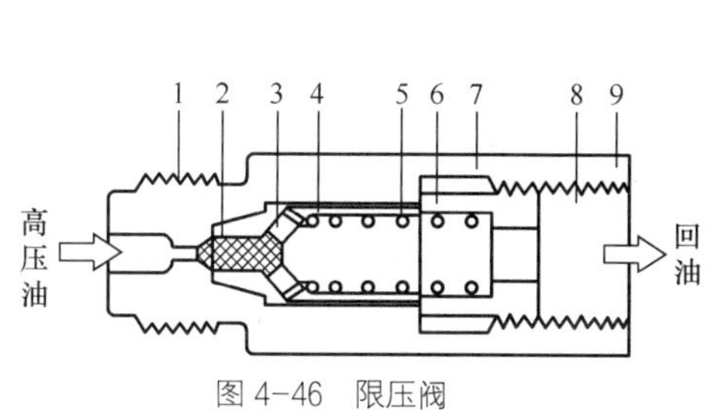

图 4-46 限压阀

1—固定螺纹；2—阀门；3—通流孔；4—活塞；5—弹簧；6—限位件；7—阀座；8—回油孔；9—外壳

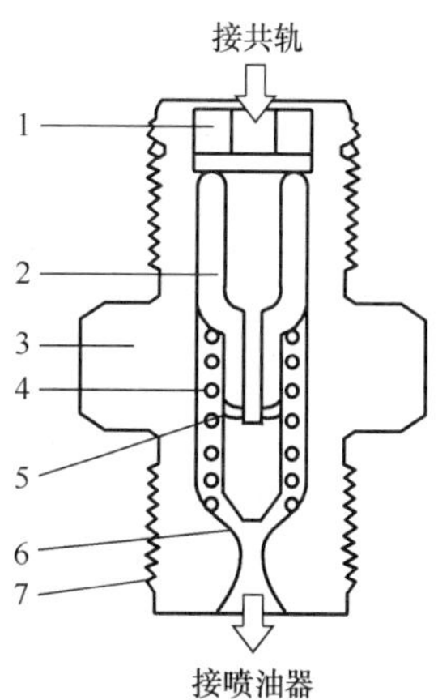

图 4-47 流量限制器

1—堵头；2—活塞；3—外壳；4—弹簧；5—节流孔；6—密封座面；7—螺纹

f．电控喷油器（见图 4-48）。电控喷油器是共轨柴油喷射系统的核心部件，其功用是准确控制喷油时间、喷油量和喷油规律。

其工作原理如下。

电磁阀断电，球阀关闭。控制腔压力＋针阀弹簧压力>针阀腔压力，针阀关闭，不喷射。

电磁阀通电，球阀开启，泄油孔泄油。控制腔压力＋针阀弹簧压力<针阀腔压力，针阀抬起，喷射。针阀抬起速度取决于泄油孔与进油孔的流量差；针阀关闭速度取决于进油孔流量。喷射响应时间＝电磁阀响应时间＋液力系统响应时间，一般应为 0.1～0.3ms （喷油速率控制的要求）。

③ 传感器。主要传感器参见表 4-2。

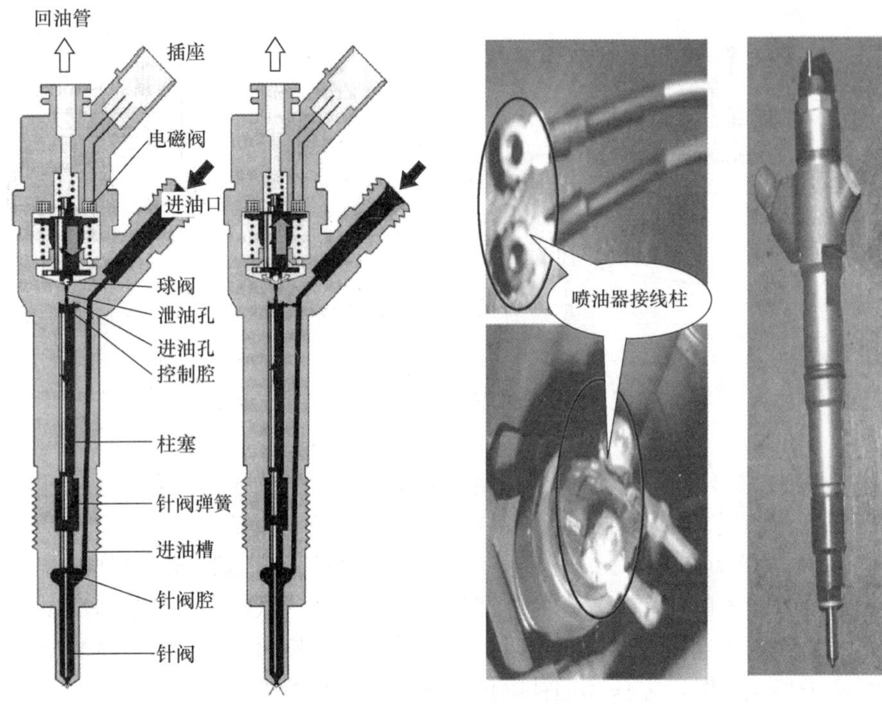

（a）结构

（b）外形

图 4-48 电控喷油器

表 4-2 传感器的类型

序号	传感器名称	传感器类型	功能描述
1	曲轴位置传感器	电磁感应式	精确计算曲轴位置，用于喷油时刻和喷油量计算，转速计算
2	凸轮轴位置传感器	电磁式或霍尔式	判缸和跛行模式（Limp Home）
3	加速踏板位置传感器	双电位计式或霍尔式	将驾驶员的意图输送给控制器 ECU
4	进气温度传感器	负温度系数式	测量进气温度，修正喷油量，过热保护
5	增压压力传感器	压敏电阻式	检测进气压力，调节喷油控制，与进气温度传感器经常集成在一起
6	大气压力传感器	集成在 ECU 内	测量大气压力，用于校正控制参数
7	冷却液温度传感器	负温度系数式	测量冷却液温度，用于冷起动、目标怠速计算等，同时还用于修正喷油提前角、最大功率保护等
8	燃油温度传感器	负温度系数式	测量燃油温度，用于燃油加热及热保护
9	共轨压力传感器	压敏电阻式	测量共轨中的燃油压力，实现油压的闭环控制
10	机油压力传感器	压敏电阻式	测量机油温度，用于热保护
11	燃油含水率传感器	电位计式	检测粗滤器中水含量，控制指示灯
12	离合器开关	常闭式	检测离合器的动作
13	制动主、副开关	常开式/常闭式	检测制动信号，用于喷油量修正

④ ECU（见图 4-49）。ECU 是电控发动机的控制中心，它接收各传感器传送来的发动机运行信息并加以运算处理后控制各执行器动作。

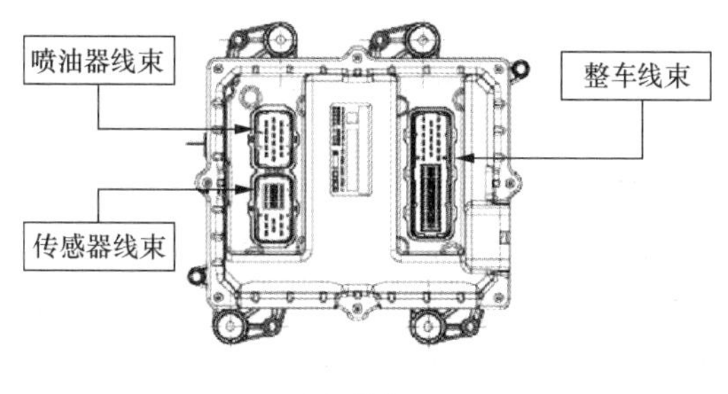

(a)结构

(b)外形

图 4-49 ECU

高压共轨喷油器的喷油量、喷油时间和喷油规律除取决于柴油机的转速、负荷外，还跟众多因素有关，如进气流量、进气温度、冷却液温度、燃油温度、增压压力、电源电压、凸轮轴位置、废气排放等，所以必须采用相应传感器，采集相关数据，采集数据的速度达 15 000 个/s。

由各种传感器采集的数据都被送入 ECU，并与存储在里面的经过试验得到的最佳喷油量、喷油时间和喷油规律的大量数据进行比较、分析，计算出当前状态的最佳参数，其运算速度达 2 000 万次/s。

通过 ECU 计算出的最佳参数，再返回通过执行机构（电磁阀等）控制电动输油泵、高压油泵、废气再循环等机构工作，使喷油器按最佳的喷油量、喷油时间和喷油规律进行喷油，控制输出的速度达 2 000 次/s 以上。

（3）博世电控高压共轨系统工作原理

在共轨式蓄压器喷射系统中，压力的产生和燃油的喷射是相互独立的。喷射压力的产生跟发动机转速和喷油量毫不相干。燃油以一定的压力储存在高压蓄压器（即所谓的“共轨”）内，时刻准备着进行喷射。喷油量由驾驶员确定，喷射起点、喷射持续时间和喷射压力由 ECU 计算出来。然后，ECU 触发电磁阀，使每个气缸的喷油器（喷油单元）相应地进行燃油喷射。

① 喷油量的控制。ECU 根据加速踏板位置和柴油机转速等传感器信号确定基本喷油量，再按进气管压力和燃油温度等传感器及起动开关输入的信号进行修正，最后计算出最佳喷油量，并向喷油器通电。ECU 通过控制通向喷油器的电脉冲宽度（通电时间）来控制喷油量。

② 喷油正时的控制。ECU 根据加速踏板位置和柴油机转速等传感器的信号确定基本喷油时刻，再按进气管压力和冷却液温度等传感器以及起动开关输入的信号进行修正，最后确定出最佳喷油时刻，ECU 按此时刻向喷油器通电，即 ECU 对喷油器通电的时刻决定了喷油始点。

③ 喷油压力的控制。喷油压力等于燃油分配管内的燃油压力。在燃油分配管上设置燃油压力传感器和限压阀，后者用来防止燃油分配管内油压过高。

④ 喷油规律的控制。喷油规律是指喷油速率随时间或曲轴转角的变化关系，而喷油速率则是单位时间的喷油量。由于喷油规律对柴油机性能有重要影响，因此，具有不同混合气形成与燃烧方式的柴油机应选择不同的喷油规律。在燃油分配管式电控柴油喷射系统中，当喷油压力保持不变时，喷油量只取决于 ECU 对喷油器的通电脉冲宽度。因此，只要改变指令脉冲就可以改变喷油规律。

（4）博世电控共轨系统的优势

博世电控高压共轨系统的优点如下。

① 喷油压力的产生过程与喷油过程相互独立。

② 喷油始点和燃油喷射量的控制各自独立，可实现精确控制。

③ 最小稳定燃油喷射量极小，可以达到 1mm^3/次。

④ 喷油系统响应灵敏，能灵活方便地实现预喷及后喷。

⑤ 高压喷射改善了进气和燃油的混合及燃烧过程，降低了柴油机的排放。

⑥ 高压泵的驱动扭矩峰值小，机械噪声小。

⑦ 不必对柴油机结构进行重大改进即可替代传统的喷油系统。

小　结

通过本章的学习，重点掌握发动机燃料供给系统的功用与组成，电控汽油喷射系统和柴油机高压共轨电控燃油喷射系统主要组件的结构与工作原理；熟悉汽油缸内直喷技术。

1. 燃料供给系统是发动机的重要组成部分，它能根据发动机的不同工况要求，供给不同浓度的可燃混合气。

2. 汽油机燃料供给系统以电控汽油喷射系统应用最为广泛。电控汽油喷射系统一般由燃油供给系统、空气供给系统和电子控制系统三大部分组成。

3. 缸内直喷汽油机将燃油直接喷入燃烧室，无须使用节气门，还可实现分层燃烧，使汽油机动力性和经济性得到显著改善。目前典型的缸内直喷汽油机有大众 FSI、通用 SIDI 和博世 DI-Motronic 等。

4. 柴油机燃油喷射技术经历了传统的纯机械操纵式喷油和现代的电控操纵式喷油这两个发展阶段。现代电控燃油喷射技术实现的手段主要有电控泵喷嘴、电控单体泵以及电控高压共轨系统。

思 考 题

1. 简述汽油机可燃混合气的形成过程。
2. 简述可燃混合气成分对发动机性能的影响。
3. 简述电控汽油喷射系统的类型。
4. 简述喷油器的工作原理及工作过程。
5. 为何要发展应用汽油直喷技术?
6. 简述机械高压油泵燃油系统组成及工作原理。
7. 简述电控高压共轨系统的含义。

第5章 汽车发动机冷却系统

导入图例（见图 5-1）：2020 年度“中国心”十佳发动机之长城汽车自主研发的 GW4N20 2.0TGDI 汽油发动机，采用电子节温器和电子水泵热管理系统进行发动机缸体、缸盖及涡轮增压系统的冷却。

图 5-1 长城汽车 GW4N20 2.0TGDI 汽油发动机

5.1 冷却系统概述

5.1.1 冷却系统的作用

冷却系统概述

冷却系统的主要作用是把与燃烧室接触的受热零件吸收的部分热量及时散发出去，保证发动机在最适宜的温度状态下工作。另一重要作用是使发动机尽快升温，并使其保持恒温。

汽车发动机的工作循环是在高温下进行的，进入气缸的混合气燃烧时的温度最高可达 2 000℃以上。此时发动机的活塞、气缸体、气缸盖、气门等部件与高温可燃混合气接触而强烈受热，如果不设法对它们进行适当冷却，将热量及时散出，将会引起下列不良后果。

（1）降低材料的机械性能，破坏零件间的正常间隙，造成严重磨损，甚至会发生卡死等现象。

（2）增大零件的热应力和热变形，甚至使气缸盖和活塞顶处产生热裂纹。

（3）可能使活塞环失去弹性，造成燃气的大量泄漏，从而使发动机功率下降。

（4）气缸壁的温度过高，会使充入的进气量减少，使混合气早燃（提前燃烧），导致出现严重损害发动机的爆燃现象，也会引起发动机功率降低。

（5）高温能引起润滑油的分解与劣化，影响零件的正常润滑。

为了保证发动机正常、可靠工作，必须对上述受热零件进行强制冷却。然而由于冷却所损失的热量约占燃烧总热量的 15%～30%，因此，过度冷却将会引起热能的大量损失，会使发动机功率和经济性降低，故冷却应恰如其分。

发动机工作温度过低，燃油不易蒸发，导致雾化效果变差，使混合气燃烧不充分，增大燃油消耗量的同时还易造成发动机内部形成积碳。同时，发动机润滑油在低温状态下黏度上升，流动性变差，造成润滑不均匀，加剧发动机内部磨损。

当冷却液的温度约为 93℃时，发动机达到最佳运行状态。在此温度下，燃烧室的温度足以使燃料完全蒸发，因此可以提高燃烧效率并减少有害气体排放。

5.1.2 暖风循环

暖风循环同样是发动机的一个冷却循环。冷却液经过暖风加热芯，将冷却液的热量传入车内，然后流回发动机。暖风循环不受节温器的控制，只要打开暖气，该循环就开始工作。

5.1.3 冷却系统的类型

冷却系统按照冷却介质不同可以分为风冷系统和水冷系统。把发动机中高温零件的热量直接散入大气进行冷却的装置称为风冷系统。而把这些热量先传给冷却液，然后散入大气进行冷却的装置称为水冷系统。由于水冷系统冷却均匀、效果好，且使发动机运转噪声小，故目前汽车发动机上广泛采用的冷却系统是水冷系统。

5.1.4 冷却液

现代轿车普遍采用防冻液作冷却液，以提高冷却液的防冻和防沸的能力。例如桑塔纳系列轿车采用以乙二醇为基料的冷却液（乙二醇的质量占 45.6%，水的质量占 54.4%），使其凝固点在–25℃以下，沸点在 106℃以上。不同的冷却液有不同的凝固点和沸点，可以根据发动机使用条件进行选用。有的冷却液还添加有防锈剂、泡沫抑制剂等，有利于减轻冷却系统锈蚀和减少冷却液泡沫的产生，提高冷却效果。

专用冷却液一般呈深绿色或深红色，有一定的毒性，使用时应注意。若发现冷却液泄漏应及时检查添加。

5.2 水冷系统的组成及工作原理

5.2.1 水冷系统的基本组成

冷却系统的组成及工作原理

水冷系统主要由散热器、风扇、水泵、节温器、补偿水桶、循环水路（进水管、冷却液上橡胶软管、冷却液下橡胶软管）及其他附属装置组成，如图 5-2 所示。

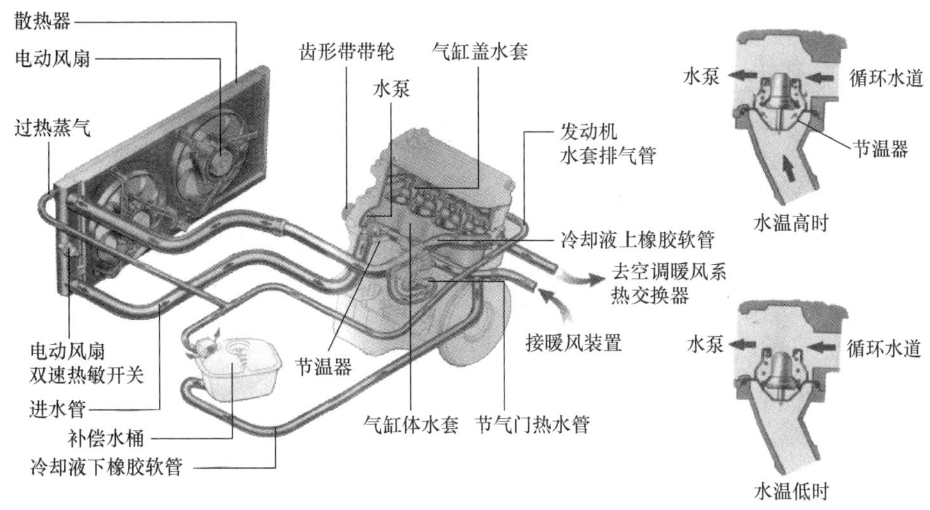

图 5-2　发动机水冷系统

1. 散热器

（1）散热器的功用和组成

散热器的功用是增大散热面积，加速水的冷却。冷却液经过散热器后，其温度可降低 10～15℃，为了将散热器传出的热量尽快带走，在散热器后面装有风扇与散热器配合工作。

散热器又称水箱，由散热器盖、上水室、散热器芯、风扇和下水室等组成，如图 5-3 所示。

散热器上水室顶部有加水口，冷却液由此注入整个冷却系统并用散热器盖盖住。在上水室和下水室分别装有进水管和出水管，进水管和出水管分别用橡胶软管与气缸盖的出水管和水泵的进水管相连，这样，既便于安装，当发动机和散热器之间产生少量位移时也不会漏水。在散热器下面一般装有减振垫，防止散热器受振动损坏。在散热器下水室的出水管上还有放水开关，必要时可将散热器内的冷却液放掉。

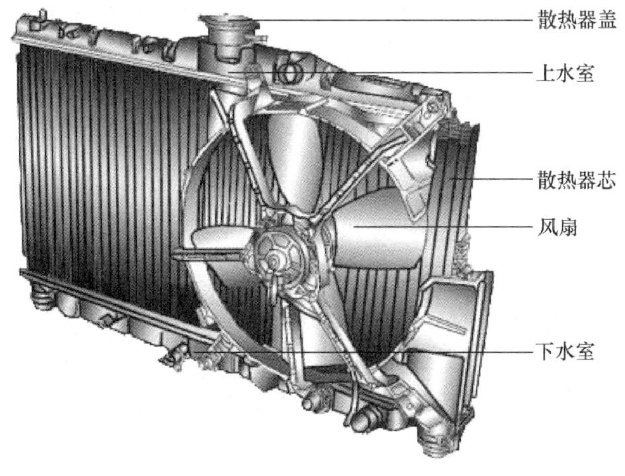

图 5-3　散热器

（2）散热器芯

散热器芯由许多冷却管和散热片组成，散热器芯应该有尽可能大的散热面积，采用散热片就是为了增加散热器芯的散热面积。散热器芯的构造形式多样，常用的有管片式、管带式和板式（见图 5-4）。

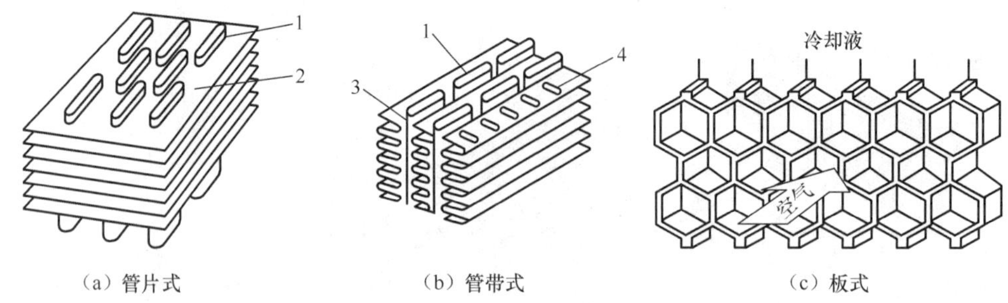

（a）管片式　（b）管带式　（c）板式

图 5-4　散热器芯的结构

1—冷却管；2—散热片；3—散热带；4—缝孔

① 管片式散热器芯冷却管的断面大多为扁圆形，它连通上、下水室，是冷却液的通道。和圆形断面的冷却管相比，它不但散热面积大，而且如果管内的冷却液结冰膨胀，扁管可以借其断面变形而避免破裂。采用散热片不但可以增加散热面积，还可增大散热器的刚度和强度。这种散热器芯强度和刚度都好，耐高压，但制造工艺较复杂，成本高。

② 管带式散热器芯采用沿纵向间隔排列的冷却管和散热带，散热带上的小孔可以破坏空气流在散热带上形成的附面层，使散热能力提高。这种散热器芯散热能力强，制造工艺简单，成本低，但结构刚度不如管片式，一般多为轿车发动机采用，近年来在一些中型车辆上也开始采用。

③ 板式散热器芯的冷却液通道由成对的金属薄板焊合而成。这种散热器芯散热效果好，制造简单，但焊缝多，不坚固，容易沉积水垢且不易维修。

对散热器芯的要求是，必须有足够的散热面积，而且所有材料的导热性能要好，因此，散热器芯一般用铜或铝制成。

2. 散热器盖

目前汽车发动机多采用闭式水冷系统，这种冷却系统的散热器盖有自动阀门。发动机热态工作正常时，阀门关闭，将冷却系统与大气隔开，防止水蒸气逸出，使冷却系统内的压力稍高于大气压力，从而可增高冷却液的沸点。

散热器盖由蒸气阀和空气阀等组成（见图 5-5），它们均为单向阀。发动机正常状态时阀门均关闭，使冷却系统与大气隔开。

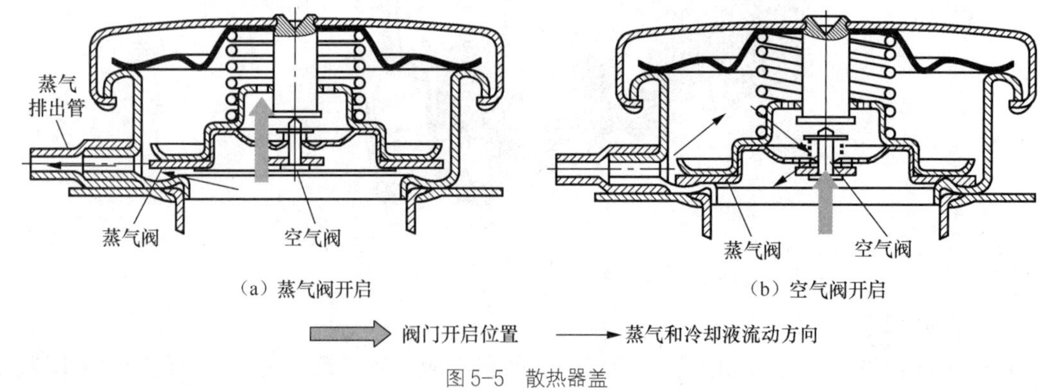

（a）蒸气阀开启　（b）空气阀开启

图 5-5　散热器盖

当发动机工作时，冷却液的温度逐步升高。冷却液膨胀使冷却系统内的压力增高。当压力超过预定值时，蒸气阀开启，一部分冷却液经溢流管流入补偿水桶，以防止冷却液胀裂散热器。当发动机停机后，冷却液温度下降，冷却系统内的压力也随之降低。当压力降到大气压以下出现真空时，空气阀开启，补偿水桶内的冷却液部分流回散热器，避免散热器被大气压力压坏。

3．补偿水桶

补偿水桶由塑料制造并用软管与散热器加冷却液口上的溢流管连接（见图 5-6）。当冷却液受热膨胀时，部分冷却液流入补偿水桶；而当冷却液降温时，部分冷却液又被吸回散热器，所以冷却液不会溢失。补偿水桶内的液面有时升高，有时降低，而散热器却总是为冷却液所充满。在补偿水桶的外表面上刻有两条标记线："DI"线和"GAO"线。补偿水桶内的液面应位于两条标记线之间。若液面低于"DI"线，应向桶内补充冷却液。在向桶内添加冷却液时，液面不应超过"GAO"线。补偿水桶还可消除水冷系统中的气泡。

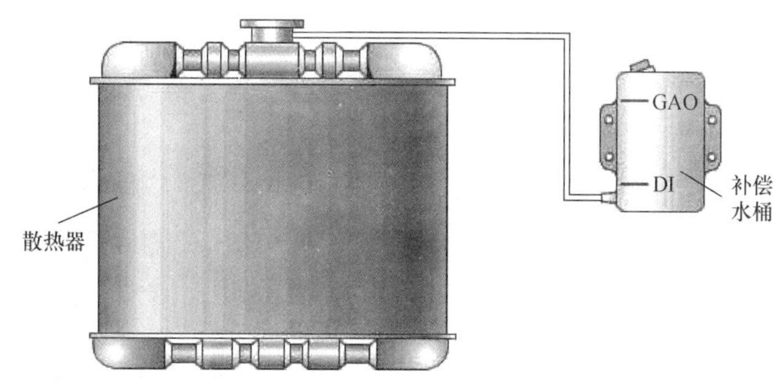

图 5-6 散热器和补偿水桶

4．风扇

功用：提高通过散热器芯的空气流速，增加散热效果，加速冷却液的冷却。

风扇置于散热器后面（见图 5-7）。当发动机在车架上纵向布置时，风扇一般安装在水泵轴上，并由驱动水泵和发电机的同一根 V 形带传动（见图 5-8）。当风扇旋转时，对空气产生吸力，使之沿轴向流动。空气流由前向后通过散热器芯，使流经散热器芯的冷却液加速冷却。

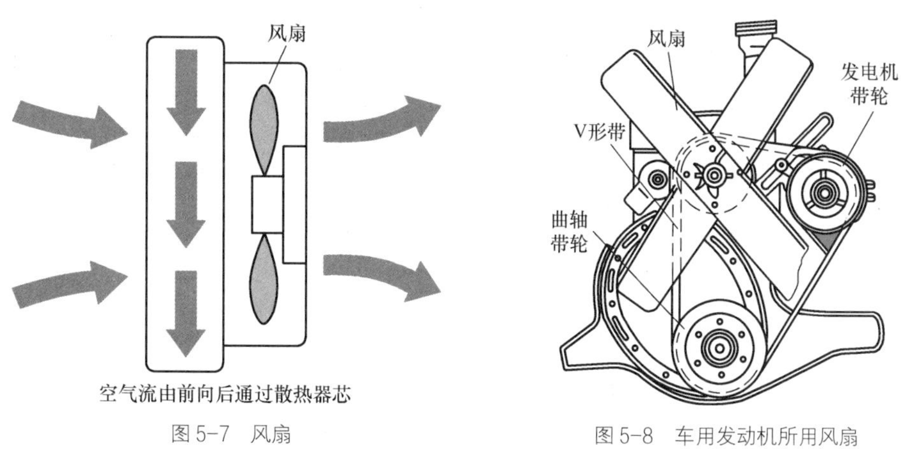

图 5-7 风扇

图 5-8 车用发动机所用风扇

特点：发动机低速大负荷运转时温度高，需要提高风扇转速以加强散热，但风扇转速反而随曲轴转速升高而降低，不能根据发动机的热状况对冷却强度进行调节。

车用发动机的风扇有两种形式，轴流式和离心式。轴流式风扇所产生的风，流向与风扇轴平行；离心式风扇所产生的风，流向为径向。轴流式风扇效率高，风量大，结构简单，布置方便，因而在车用发动机上得到了广泛应用。

5．水泵

功用：对冷却液加压，加速冷却液的循环流动，保证冷却可靠。车用发动机上多采用离心式水泵，离心式水泵具有结构简单、尺寸小、排水量大、维修方便等优点。

离心式水泵主要由外壳、叶轮和水泵轴组成（见图 5-9），叶轮一般是径向或向后弯曲的，其数目一般为 6～9 片。

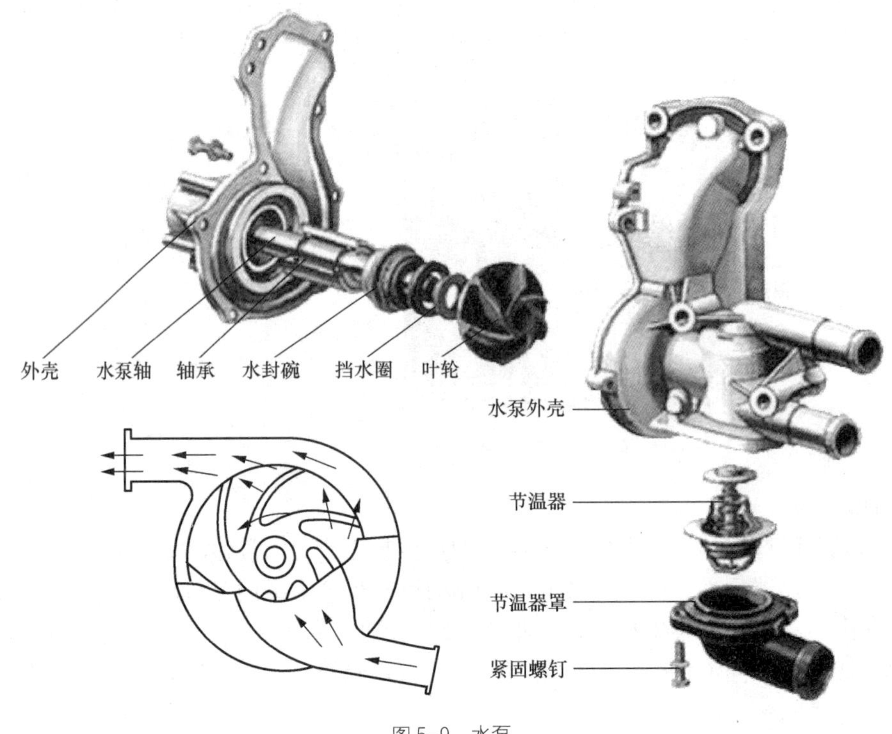

图 5-9　水泵

当叶轮旋转时，水泵中的水被叶轮带动一起旋转，在离心力作用下，水被甩向叶轮边缘，然后经外壳上与叶轮呈切线方向的出水管压送到发动机水套内。与此同时，叶轮中心处的压力降低，散热器中的冷却液便经进水管被吸进叶轮中心部分。如此连续作用，使冷却液在水路中不断地循环。如果水泵因故停止工作，冷却液仍然能从叶轮叶片之间流过，进行热流循环，不会很快发生过热。

5.2.2　冷却强度调节装置

冷却强度调节装置能根据发动机不同工况和不同使用条件，改变冷却系统的散热能力，即改变冷却强度，从而保证发动机在最有利的温度状态下工作。改变冷却强度通常有两种调节方式：一种是改变通过散热器的空气流量；另一种是改变通过散热器的冷却液的流量。

1. 改变通过散热器的空气流量

通常利用百叶窗、电动风扇和风扇离合器来实现改变通过散热器的空气流量。

（1）百叶窗

百叶窗可以调节空气流量并防止冬季冻坏水箱，多用人工调节，也有采用自动调节装置的。百叶窗可由驾驶员通过驾驶室内的手柄来操纵其开闭，也可用感温器自动控制。图5-10所示是货车上使用的散热器百叶窗的自动控制系统。控制系统的感温器2安装在散热器1进水管上，用来感受来自发动机的冷却液温度。在发动机冷起动或暖机期间，百叶窗关闭。当发动机达到正常工作温度后，感温器打开空气阀，使制动空气压缩机3产生的压缩空气进入空气缸4，并推动空气缸4内的活塞连同调整杆5一起下降，带动杠杆7使百叶窗9开启。

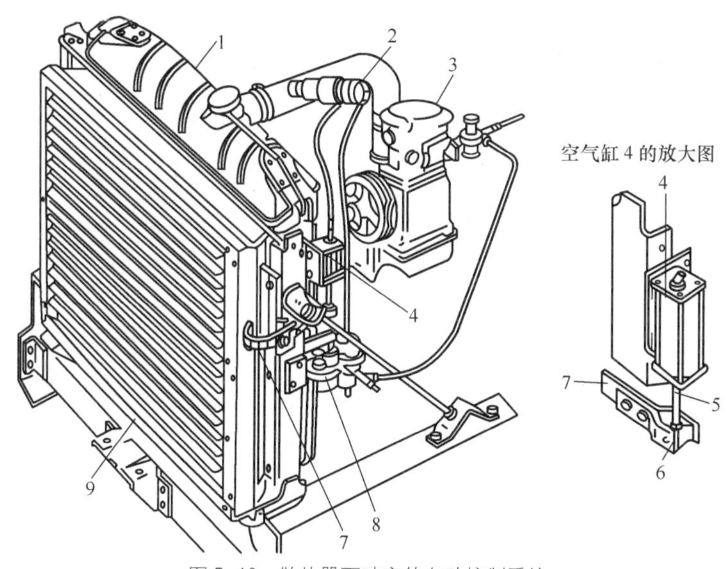

图5-10 散热器百叶窗的自动控制系统

1—散热器；2—感温器；3—制动空气压缩机；4—空气缸；5—调整杆；6—调整螺母；7—杠杆；8—空气滤清器；9—百叶窗

（2）电动风扇

电动风扇（见图5-11）是指用电动机驱动的风扇，它不使用发动机作直接动力源，而是使用蓄电池的电能，所以其转速与发动机转速无关。它只在冷却液温度超过一定值时才开始工作，所以电动风扇无动力损失，构造简单，总体布置方便，为大多数现代轿车所使用。

电动机一般有高速和低速两个挡位，其工作状态通过温度传感器（开关）由冷却液温度控制。当散热器出口冷却液温度为92～97℃时，温控开关接通电动机Ⅰ挡（低速挡），风扇开始运转，保证有足够的空气流经散热器；当冷却液温度在99～105℃时，温控开关接通电动机Ⅱ挡（高速挡），风扇以更高的转速运转，以提高冷却强度，防止发动机过热；当冷却液温度下降到91～98℃时，风扇电动机恢复Ⅰ挡（低速挡）运转；当冷却液温度下降到84～91℃时，风扇电动机停止工作。

（3）风扇离合器

风扇离合器是置于风扇传动机构中的离合机构，可根据发动机的温度自动控制风扇的转速，调节风量以达到改变通过散热器的空气流量的目的。它不仅能减少发动机的功率损失，节省燃油，而且还能延长发动机的使用寿命，降低发动机的噪声。常见的风扇离合器有硅油风扇离合器、机械式风扇离合器、电磁风扇离合器及液力耦合器等。硅油风扇离合器应用比较广泛。

硅油风扇离合器（见图 5-12）由主动板、从动板、双金属感温器及壳体等构成。风扇装于壳体上。从动板与壳体之间的空间为工作腔，从动板与前盖之间为贮油腔，硅油存于其中。从动板上有进油孔，由感温阀片和双金属感温器控制。从动板外缘有一个由球阀控制的回油孔。冷却液温度较低时，通过散热器的空气温度不高，进油孔关闭，贮油腔的硅油不能进入工作腔，离合器分离。冷却液温度较高时，双金属感温器受热变形，从而带动阀片轴和阀片转过一定角度，将进油孔打开，硅油进入工作腔，由于硅油黏度大，主动板通过硅油带动壳体和风扇一起转动，使风扇转速迅速升高。

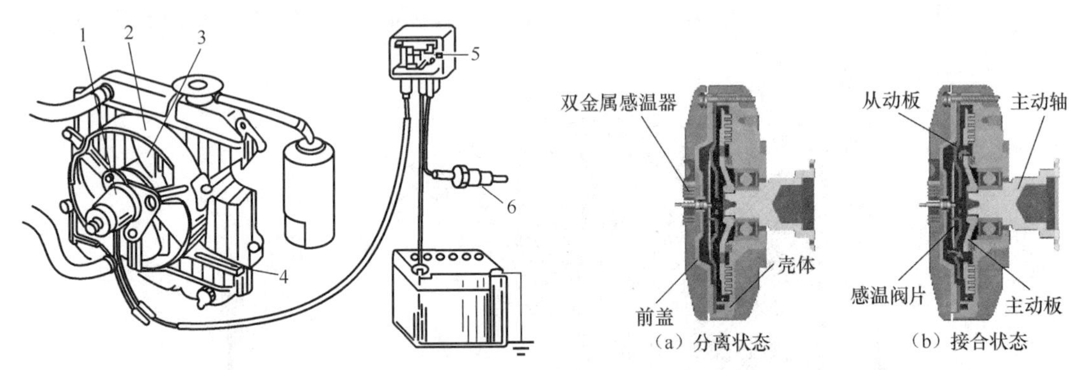

图 5-11　电动风扇

1—电动机；2—护风罩；3—风扇框架；4—风扇叶片水泵；5—继电器；6—温度传感器（开关）

图 5-12　硅油风扇离合器

2. 改变通过散热器的冷却液的流量

通常利用节温器（见图 5-13）来控制通过散热器的冷却液流量。节温器装在冷却液循环的通路中（一般装在气缸盖的出水口），根据发动机负荷大小和冷却液温度的高低自动改变冷却液的循环流动路线，以调节冷却系统的冷却强度。节温器分为机械式和电子式两种。机械式节温器有蜡式和乙醚皱纹筒式两种，目前多数发动机采用蜡式节温器。电子式节温器通过电信号控制其内部的加热元件，如加热电阻、加热棒、加热丝和加热线圈等，并根据冷却液温度传感器采集的温度数据来进行节温器开度无级调控。

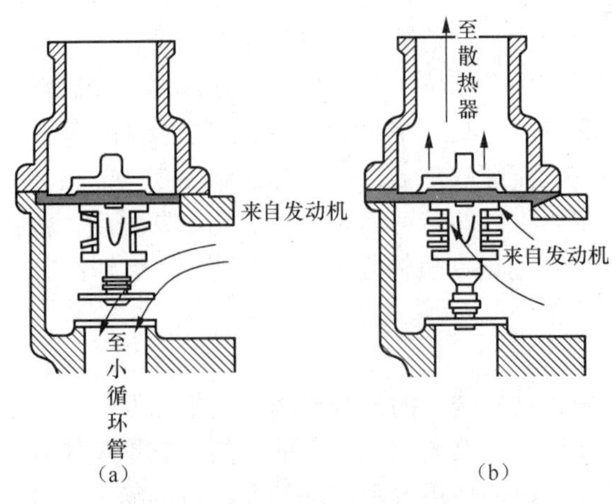

图 5-13　节温器

（1）节温器的功用。其功用是根据发动机冷却液温度的高低，打开或关闭冷却液通向散热器的通道以保证发动机在最适宜的温度下工作。

（2）节温器的结构。汽车发动机装用的节温器基本是蜡式节温器（见图 5-14），主要由主阀门 2、副阀门 6、推杆 3、节温器壳体 7 和石蜡 4 等组成。推杆 3 的一端固定在支架 1 上，另一端插入胶管 5 的中心孔内。石蜡 4 装在胶管与节温器壳体 7 之间的腔体内。

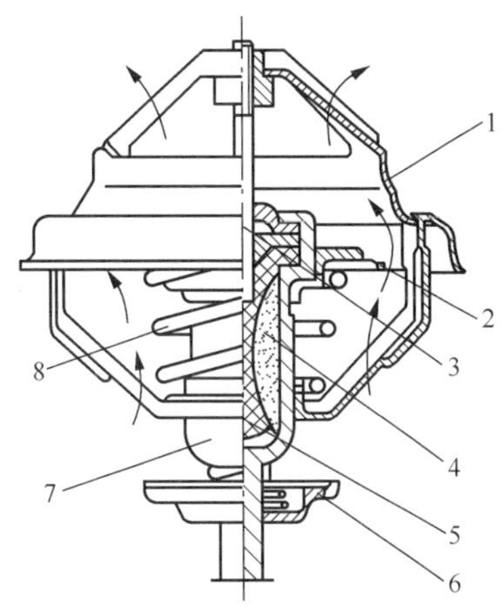

图 5-14　蜡式节温器的构造

1—支架；2—主阀门；3—推杆；4—石蜡；5—胶管；6—副阀门；7—节温器壳体；8—弹簧

（3）节温器的工作原理（见图 5-15）。温度较低时，石蜡呈固态，主阀门 2 被弹簧 8 推向上方与阀座压紧，处于关闭状态 [见图 5-15（a）]，此时，副阀门开启，冷却液进行小循环，来自发动机水套的冷却液经副阀门 6、小循环水管直接进入水泵，被泵回到发动机水套内。

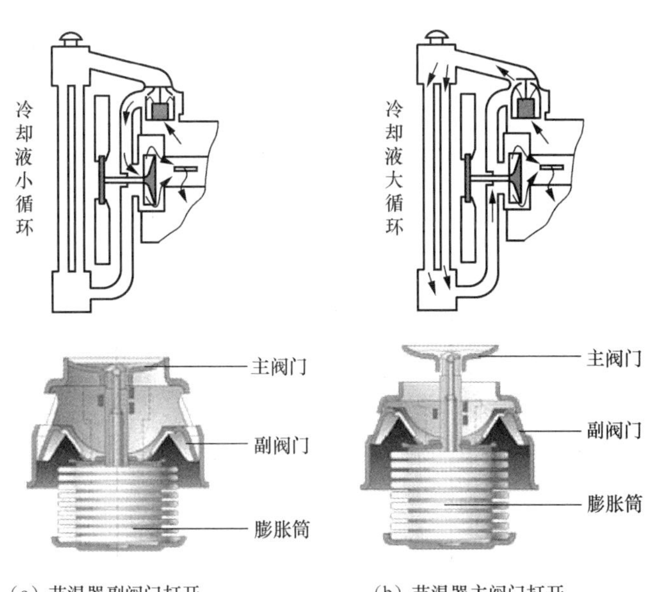

（a）节温器副阀门打开　　（b）节温器主阀门打开

图 5-15　节温器工作原理

温度升高时，石蜡逐渐熔化成液态，体积膨胀，迫使胶管收缩对推杆端部产生向上的推力，由于推杆固定在支架上，推杆对胶管、节温器壳体 7 产生向下的反推力。当冷却液温度升高到一定值时，反推力克服弹簧 8 的弹力使胶管、节温器壳体向下运动，主阀门 2 开始开启，同时副阀门 6 开始关闭。当冷却液温度进一步升高到一定值时，主阀门 2 完全开启，而副阀门 6 也正好关闭小循环水路，此时来自发动机水套的冷却液全部经过散热器进行大循环 [见图 5-15（b）]。冷却液温度在主阀门开始开启温度与完全开启温度之间时，主阀门和副阀门均部分开启，在整个冷却系统内，部分冷却液进行大循环，部分进行小循环。

主阀门开始开启到完全开启时的温度随车型的不同有所不同，如桑塔纳 JV 型发动机节温器，主阀门开始开启温度为 85℃，完全开启时的温度为 105℃。一般载货汽车发动机节温器的开启温度较低，如 CA6102 发动机节温器，主阀门开始开启温度为 76℃，完全开启时的温度为 86℃。

节温器是冷却系统中用来调节冷却液温度的重要机件，它是否正常工作，对发动机工作温度影响很大，间接地影响了发动机的动力性能和耗油量，因此，节温器不可随便拆除。

3．冷却液温度传感器

（1）冷却液温度传感器的功用。其主要功用是感测发动机冷却液温度的变化。在传统汽车中，冷却液温度传感器与装在仪表板上的冷却液温度指示表组成冷却液温度显示系统，以提醒驾驶员注意发动机的温度变化。在现代汽车中，冷却液温度传感器一方面作为一个感应信号传入 ECU，以便对发动机的喷油、点火等进行控制，另一方面可以显示冷却液温度及用来控制电动风扇的运转等。

（2）冷却液温度传感器的结构及原理。热敏电阻式冷却液温度传感器采用热敏电阻制成（见图 5-16），工作温度范围为 −20～＋130℃。它一般安装在发动机缸体、缸盖的水套或节温器壳体内并伸入水套中，与冷却液直接接触，用来感测发动机的冷却液温度，并向发动机 ECU 传送信息。

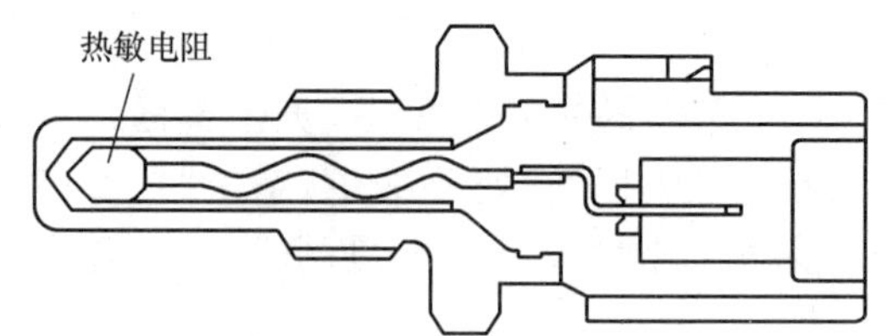

图 5-16　热敏电阻式冷却液温度传感器

图 5-17 所示是热敏电阻式冷却液温度传感器与电磁式冷却液温度指示表联用的冷却液温度显示系统。

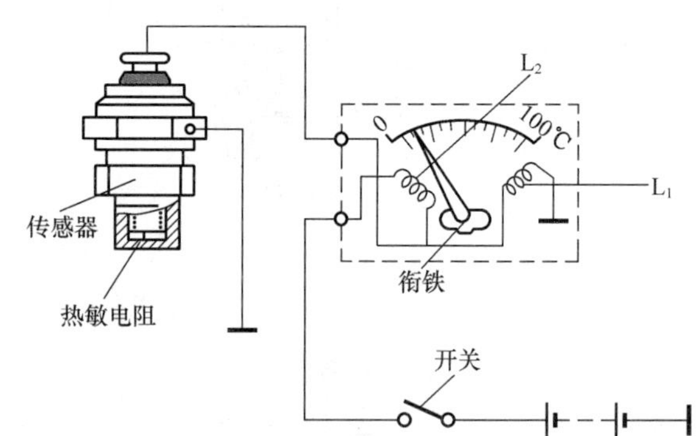

图 5-17　冷却液温度显示系统

电磁式冷却液温度指示表（虚线框内部分）中有两个垂直安装的线圈 L_1 和 L_2，L_1 和传感器并联，L_2 和它们串联。线圈 L_1 和 L_2 的中间装有带有指针的衔铁。

点火开关接通后，电流流过冷却液温度指示表和传感器。当冷却液温度较低时，传感器内热敏电阻的阻值较大，流经线圈 L_1 和 L_2 的电流相差不多，但 L_1 匝数多，产生的磁场强，使衔铁带动指针向左偏转，指针指向低温刻度。当冷却液温度升高时，热敏电阻的阻值减小，线圈 L_2 中的电流明显增大，电磁力也增大，使衔铁带动指针向右偏转，冷却液温度指示表的指针指向高温刻度。

4．发动机水套

发动机水套是气缸体和气缸盖内的一层水套，是气缸体和气缸盖的双层壁所形成的空间，主要由分水管和喷水管组成。

（1）分水管[见图 5-18（a）]。水套中的分水管，能使冷却液均匀流到各缸。

（2）喷水管[见图 5-18（b）]。水套中的喷水管，能快速地冷却排气门。

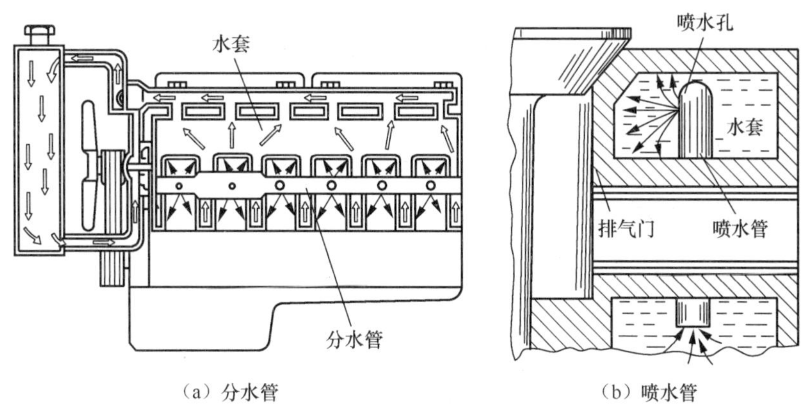

图 5-18　发动机水套

5.2.3　冷却系统的工作原理

1．冷却系统水路

水冷系统以冷却液作为冷却介质，把发动机受热零件吸收的热量散发到大气中去。目前汽车发动机上采用的水冷系统大都是强制循环式水冷系统，利用水泵强制冷却液在冷却系统中循环流动。它由散热器、水泵、风扇、冷却液套和温度调节装置等组成，如图 5-19 所示。

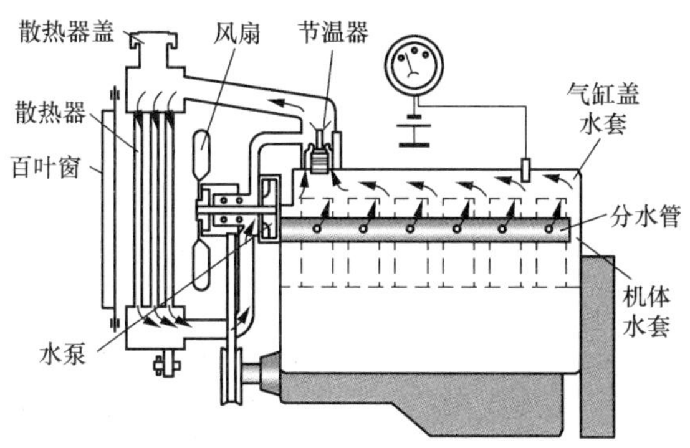

图 5-19　水冷系统组成

散热器内的冷却液经加压后，通过气缸体进水孔压送到气缸体水套和气缸盖水套内，冷却液在吸收了机体的大量热量后经气缸盖出水孔流回散热器。由于风扇的强力抽吸，空气流由前向后高速通过散热器。因此，受热后的冷却液在流过散热器芯的过程中，热量不断地散发到大气中去，冷却后的冷却液流到散热器的底部，又被水泵抽出，再次压送到发动机的水套中，如此不断循环，把热量不断地送到大气中去，使发动机得到冷却。

2．冷却系统工作循环

通常，冷却液在冷却系统内的循环流动路线有两条，一条为小循环，另一条为大循环。所谓小循环就是冷却液温度低时，冷却液不经过散热器进行的循环流动；而大循环是冷却液温度高时，水经过散热器进行的循环流动。

（1）小循环。当发动机冷却液温度较低时（如奥迪 100 型轿车冷却液温度低于 85℃时），节温器主阀门关闭、副阀门打开。冷却液经水泵增压后，经发动机的机体水套，再从水套壁周围流过并从水套壁吸热而升温，然后向上流入气缸盖水套，由气缸盖水套壁吸热之后流经节温器（小循环通道），返回发动机机体水套，进行小循环[见图 5-20（a）]。

（2）大循环。当发动机冷却液温度升高到一定值（如奥迪轿车冷却液温度高于 105℃时），节温器主阀门完全开启、副阀门关闭。冷却液经节温器及散热器进水软管流入散热器，在散热器中，冷却液向流过散热器周围的空气散热而降温，最后冷却液经散热器出水软管返回水泵，进行大循环[见图 5-20（b）]。

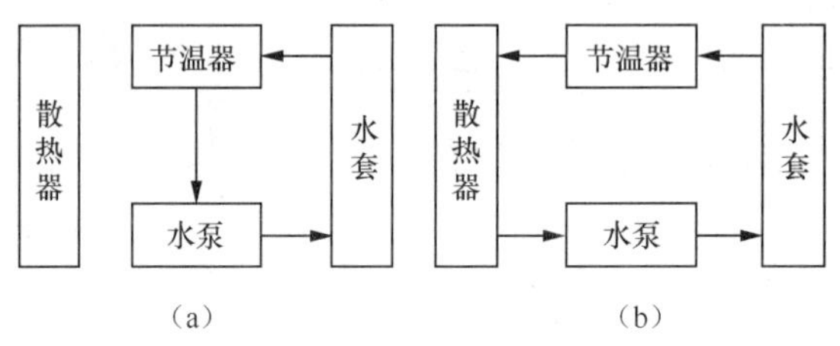

图 5-20　冷却系统工作循环

当发动机冷却液温度处于大、小循环的温度范围内（如奥迪 100 型轿车，冷却液温度处于 85～105℃）时，节温器主阀门和副阀门都部分开启，冷却液大、小循环都同时存在，发动机温度基本稳定。

5.2.4　东风本田发动机的双模式冷却系统

传统的冷却方式仅仅通过节温器的温控开关实现大、小循环的切换，而双模式冷却系统（见图 5-21）根据发动机理想工作条件，对发动机的冷却循环路线进行细分：冷机时只冷却缸盖，使气缸的油温在短时间内上升以减少摩擦损耗；暖机后，经散热器冷却的冷却液流经缸体、缸盖，提高了抗爆燃性。

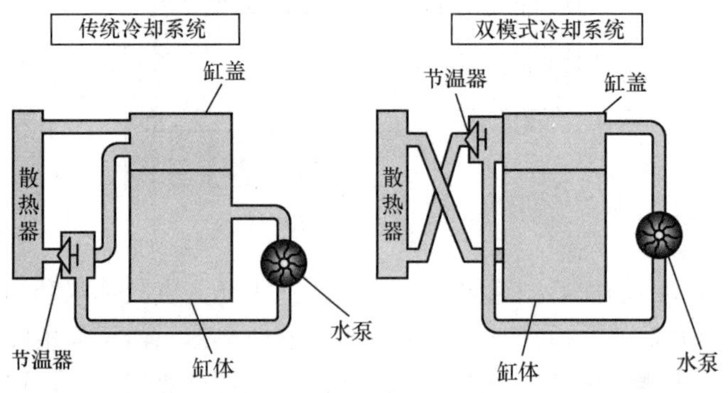

图 5-21　双模式冷却系统

5.2.5　电子节温器和电子水泵热管理系统

随着汽车电子技术的发展，近几年出现了利用电子节温器和电子水泵进行冷却循环控制的热管理系统，如长城汽车自主研发的 GW4N20 2.0T GDI 汽油发动机。

图 5-22 所示为利用电子节温器进行冷却循环控制的缸盖缸体冷却系统，其冷却循环控制

路线与上述的双模式冷却循环路线相同，电子节温器 1 和电子节温器 2 根据温度顺次打开来实现气缸盖和气缸体的冷却循环。

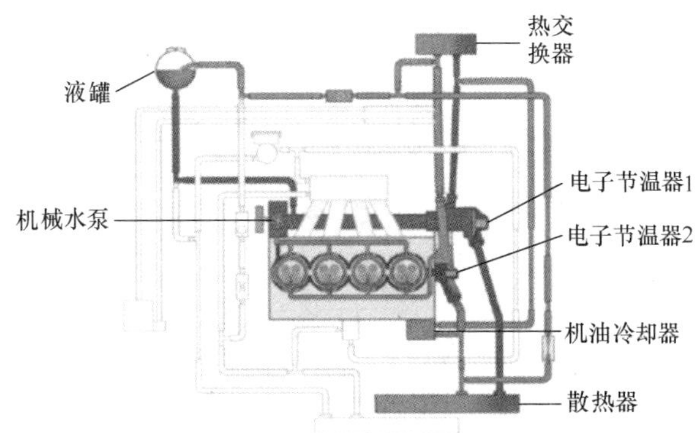

图 5-22　缸盖缸体冷却系统

图 5-23 所示为利用电子水泵控制的涡轮增压器冷却循环系统，其作用是对涡轮增压系统进行过热保护，以及对中冷器进行冷却。发动机工作时电子水泵周期性工作，发动机停机时电子水泵持续工作一段时间来冷却涡轮增压器。

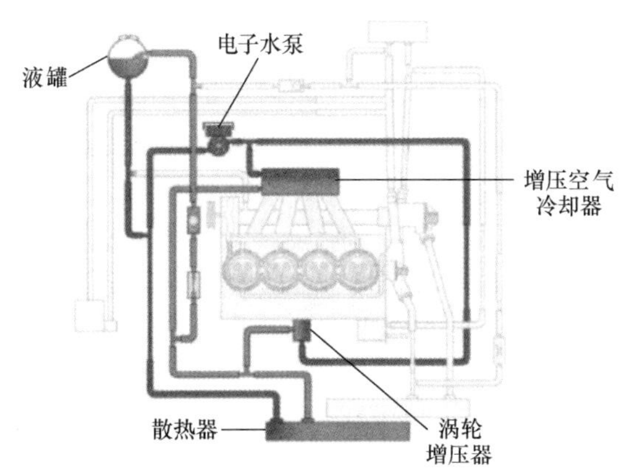

图 5-23　涡轮增压冷却循环系统

5.3　风冷系统

风冷系统（见图 5-24）利用高速空气流直接吹过气缸盖和气缸体的外表面，把从气缸内部传出的热量散发到大气中去，以保证发动机在最有利的温度范围内工作。

发动机气缸体和气缸盖采用传热较好的铝合金铸成，为了增大散热面积各缸一般都分开制造，在气缸体和气缸盖表面分布有许多均匀排列的散热片，以增大散热面积，利用车辆行驶时的高速空气流，把热量吹散到大气中去。

由于汽车发动机功率较大，需要冷却的热量较多，多采用功率、流量较大的轴流式风扇加强发动机的冷却。为了有效地利用空气流和保证各缸冷却均匀，在发动机上装有导流罩和分流板。

虽然风冷系统与水冷系统比较，具有结构简单、重量轻、故障少、无须特殊保养等优点，但是由于材料质量要求高、冷却不够均匀、工作噪声大等缺点，目前在汽车上很少使用。

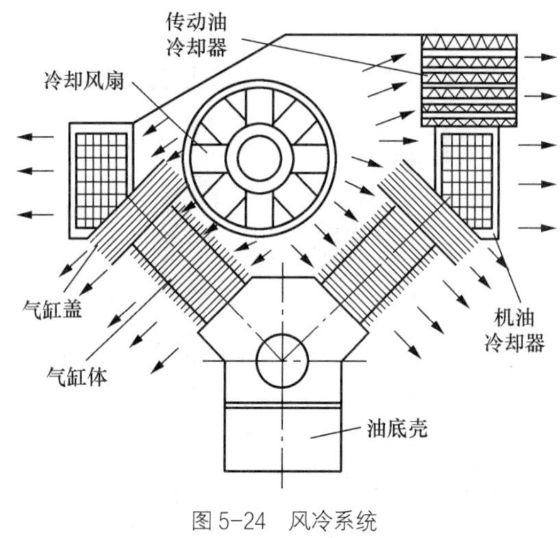

图 5-24　风冷系统

小　结

通过本章学习重点掌握发动机冷却系统的组成、工作过程及各组成装置的工作原理。

1. 通过控制冷却介质的流动，发动机冷却系统将发动机受热零件吸收的热量散发到大气中，从而保证发动机在适宜的温度下正常工作。

2. 水冷系统由水泵、散热器、风扇、节温器、温度传感器等装置构成，这些装置在发动机中形成有效的循环水路，使冷却液将受热零件吸收的热量带走。节温器是水冷系统中重要的部件，它通过感受到的冷却液温度来实现阀门的开启和闭合，从而完成小循环和大循环的切换。

3. 风冷系统利用高速空气流吸收气缸外表面的热量，其冷却效果不如水冷系统，目前在汽车上很少使用。

思 考 题

1. 发动机中冷却系统的作用具体有哪些？
2. 水冷系统中，冷却强度怎么调节？
3. 节温器的作用是什么？
4. 什么是大循环？什么是小循环？两者的区别是什么？分别在什么状态下工作？
5. 简述散热器的组成及作用。
6. 电子水泵的作用是什么？它主要针对发动机中的什么装置进行冷却控制？

第6章 汽车发动机润滑系统

导入图例（见图6-1）：2021年度“中国心”十佳发动机之上汽通用汽车有限公司（简称上汽通用汽车）第八代Ecotec 1.5T四缸涡轮增压发动机，采用电控可变排量机油泵进行发动机润滑。

图6-1 上汽通用汽车第八代Ecotec 1.5T四缸涡轮增压发动机

发动机工作时，各运动零件均以一定的力作用在另一个零件上，并且做高速的相对运动。有了相对运动，零件表面必然要产生摩擦，加速磨损（曲轴7 000r/min的高速旋转，一旦缺少润滑，马上烧熔“抱轴”；活塞与活塞环在气缸中高速往复运动，其线速度高达17～23m/s，易造成发热而“拉缸”）。因此，为了减轻磨损，减小摩擦阻力，延长使用寿命，发动机上都必须有润滑系统。

6.1 润滑系统概述

6.1.1 润滑系统的功用

润滑系统的功用如下。

润滑系统概述

（1）润滑作用：润滑运动零件表面，减小摩擦阻力和磨损，减少发动机的功率消耗。

（2）清洗作用：机油在润滑系统内不断循环，清洗摩擦表面，带走磨屑和其他异物。

（3）冷却作用：机油在润滑系统内循环还可带走摩擦产生的热量，起冷却作用。

（4）密封作用：在运动零件之间形成油膜，提高它们的密封性，有利于防止漏气或漏油。

（5）防锈蚀作用：在零件表面形成油膜，对零件表面起保护作用，防止零件腐蚀生锈。

（6）液压传动作用：润滑油还可用作液压油（如液压挺柱），起液压传动作用。

（7）减振缓冲作用：在运动零件表面形成油膜，吸收冲击并减小振动，起减振缓冲作用。

6.1.2 润滑系统的润滑方式

发动机各运动零件的工作条件不同，对润滑强度的要求也就不同，因而要相应地采取不同的润滑方式，如图 6-2 所示。

（1）压力润滑。利用机油泵，将具有一定压力的润滑油源源不断地送往摩擦表面。例如：曲轴主轴承、连杆轴承及凸轮轴轴承等处承受的载荷及相对运动速度较大，需要以一定压力将机油输送到摩擦表面的间隙中，方能形成油膜以保证润滑。这种润滑方式称为压力润滑。

（2）飞溅润滑。利用发动机工作时运动零件飞溅起来的油滴或油雾来润滑摩擦表面的润滑方式称为飞溅润滑。这种润滑方式可使裸露在外面承受载荷较轻的气缸壁，相对滑动速度较小的活塞销，以及配气机构的凸轮表面、挺柱等得到润滑。

（3）定期润滑。发动机辅助系统中有些零件则只需定期加注润滑脂（黄油）进行润滑。例如水泵及发电机轴承就是采用这种方式润滑的。近年来在发动机上采用含有耐磨润滑材料（如尼龙、二硫化钼等）的轴承来代替加注润滑脂的轴承。

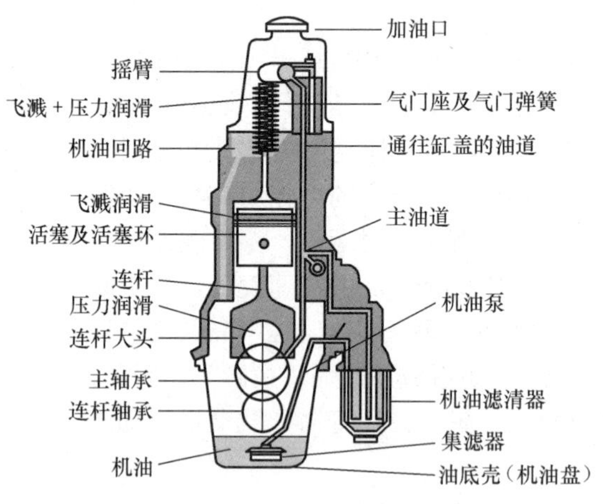

图 6-2　润滑系统的润滑方式

6.1.3　润滑系统的组成

润滑系统的组成如图 6-3 所示，说明如下。

润滑系统的组成及工作原理

案例：康明斯 6BTA5.9 柴油机的润滑系统

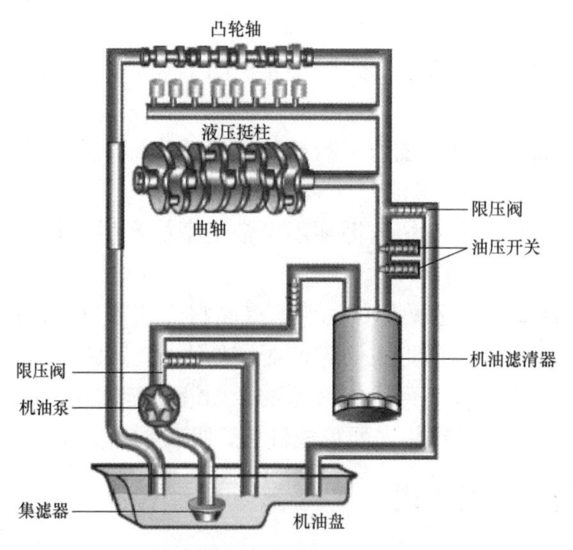

图 6-3　润滑系统的组成

（1）润滑油储存装置：油底壳（机油盘）。

（2）润滑油升压装置：机油泵。

（3）润滑油滤清装置：集滤器、粗滤器、细滤器。

（4）安全和限压装置：限压阀、旁通阀。

（5）润滑油冷却装置：机油散热器。

（6）润滑系统工作检查装置：油压表、油温表、油尺。

6.1.4 发动机润滑部位

发动机润滑部位主要有曲柄连杆机构、配气机构以及正时齿轮室，如图 6-4 所示。

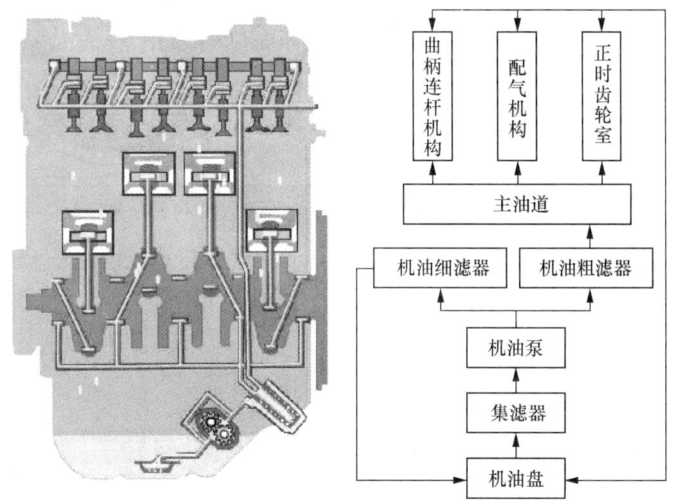

图 6-4 发动机润滑部位

6.2 润滑系统构造及工作原理

6.2.1 润滑油储存装置——油底壳

油底壳用于存储润滑油。它由薄钢板冲压而成，为防止润滑油渗漏，其与机体结合面加垫片和密封胶密封。

6.2.2 润滑油升压装置——机油泵

机油泵用于将油底壳中的机油吸出，并以一定压力压向各润滑部位。按其结构不同分为齿轮式和转子式两种，齿轮式又分外接齿轮式和内接齿轮式两种。

1. 外接齿轮式机油泵

外接齿轮式机油泵结构如图 6-5 所示。为了避免封闭在齿轮径向间隙内的油压过高引起工作阻力加大，以及机油泵轴衬套磨损加快，在泵盖上加工有卸压槽 4，使齿轮径向间隙内的机油经卸压槽流入出油腔。

在机油泵齿轮与泵盖之间加有垫片密封，同时可以通过调整垫片厚度，使齿轮端面间隙在 0.05～0.20mm 内。若该间隙过大，则机油压力下降，泵油量减少。

2. 内接齿轮式机油泵

内接齿轮式机油泵如图 6-6 所示。主动齿轮套在曲轴前端，通过花键套直接由曲轴驱动。从动齿轮安装在机油泵体内，泵体固定在发动机机体前端。当主动齿轮旋转时，带动从动齿轮旋转，进油容积由小变大，不断进油，出油容积由大变小，油压升高。这种齿轮泵直接由曲轴驱动，无需中间传动机构，所以零件数少，体积小，成本低，但泵油效率较低。

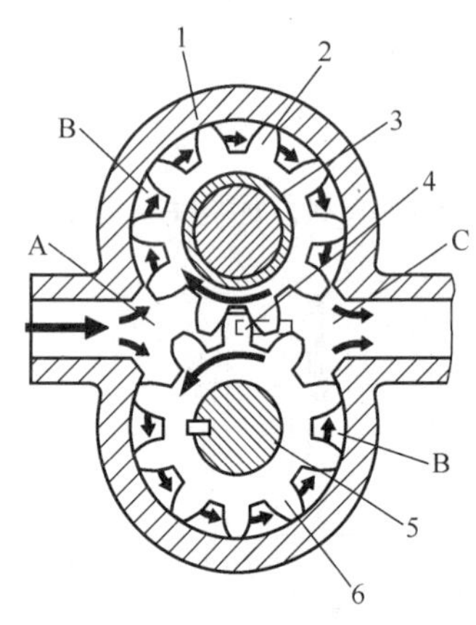

图 6-5 外接齿轮式机油泵

1—机油泵体；2—机油泵从动齿轮；3—衬套；4—卸压槽；5—驱动轴；6—机油泵主动齿轮；A—进油腔；B—过渡油腔；C—出油腔

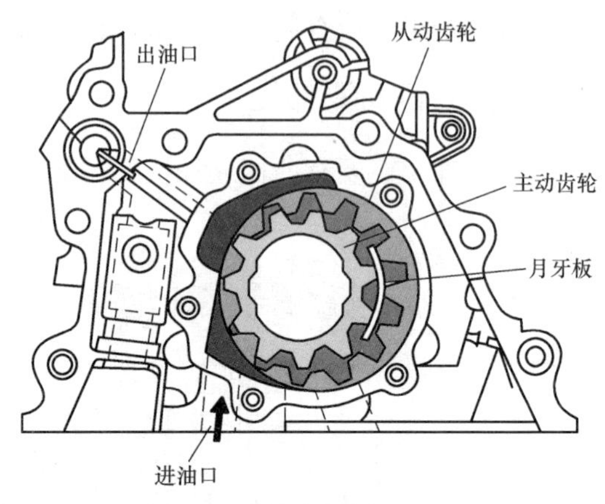

图 6-6 内接齿轮式机油泵

3. 转子式机油泵

转子式机油泵如图 6-7 所示。它由机油泵体、内转子、外转子、驱动轴、安全阀等零件组成。内转子 4 有多个凸齿，外形为次摆线，固定在机油泵传动轴上，由机油泵齿轮驱动。外转子 3 比内转子多一个凹齿，它自由地安装在机油泵体 2 内，并与内转子啮合转动。内、外转子有一定偏心距，它们与机油泵体和泵盖组成了进油腔 A、过渡油腔 B 和出油腔 C。

机油泵工作时，内转子带动外转子旋转，进油腔容积由小变大，腔内产生一定真空度，润滑油从油底壳被吸入进油腔，随后经过过渡油腔，再进入出油腔 C。出油腔容积由大变小，使润滑油压力升高，再送往各润滑油道。

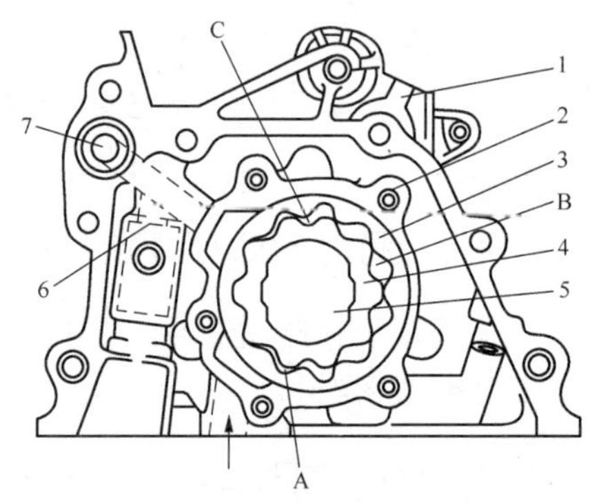

图 6-7 转子式机油泵

1—发动机体；2—机油泵体；3—外转子；4—内转子；5—驱动轴；6—安全阀；7—出油孔；A—进油腔；B—过渡油腔；C—出油腔

4. 电控可变排量机油泵

电控可变排量机油泵是一种新技术，应用于新一代小排量发动机上，如上汽通用汽车第八代 Ecotec 1.5T 四缸涡轮增压发动机、广汽传祺第三代 1.5T GDI 发动机等。这种机油泵的核心部分为叶片式结构，如图 6-8 所示。

对于定排量机油泵，定子和转子的偏心距固定，随着转子的顺时针旋转，左侧腔室两个叶片间的空间逐渐加大，形成真空，吸油；右侧腔室两个叶片间的空间逐渐减小，形成压力，出油。这样，转子在曲轴的驱动下不断运转，机油也就源源不断地被泵送出来了。而对于变排量机油泵，是通过改变定子和转子的偏心距来调节泵油量的。在不工作时，机油泵的定子在回位弹簧的作用下，保持与转子的偏心距最大，此时的排量最大。定子与油泵外壁间有两个油腔 A 和 B。这两个油腔是调节油泵排量的关键因素。A 腔引入经过机油滤清器的主油路油压，而 B 腔的油压受一个压力控制电磁阀控制。当发动机 ECU 将电磁阀通电打开时，主油路的油压就会作用在 B 腔，与 A 腔的压力一起将定子向逆时针方向推动。这样，定子与转子的偏心距就减小了，排量也就随之变小。在怠速时，发动机的转速、负荷最小，发动机需求的机油供应量相对也较小。此时，发动机 ECU 对电磁阀通电控制，将机油泵的排量变小，减小发动机运转阻力，节省燃油。而随着转速和负荷的上升，发动机 ECU 在判定需要大排量时，将电磁阀断电，机油泵重新变回大排量。一旦电磁阀失效，相当于电磁阀断电，机油泵将会保持大排量的状态。这时可以满足发动机润滑需求。但是，由于实现不了小排量控制，其燃油经济性就会有所降低。

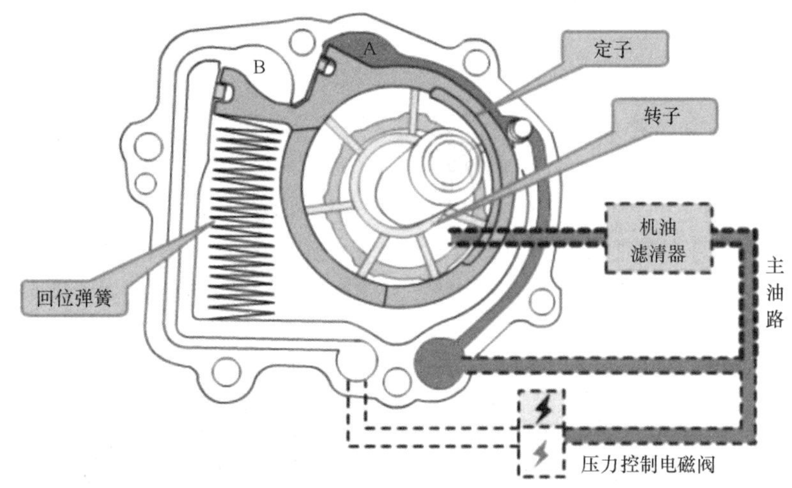

图 6-8　电控可变排量机油泵

6.2.3　润滑油滤清装置——集滤器、粗滤器、细滤器

发动机工作时，金属磨屑和大气中的尘埃以及燃料燃烧不完全所产生的炭粒会渗入机油中，机油本身也会因受热氧化而产生胶状沉淀物，所以机油中常含有一些杂质。如果把这样的脏机油直接送到运动零件表面，机油中的机械杂质就会成为磨料，加速零件的磨损，并且引起油道堵塞及活塞环、气门等零件胶结。因此必须在润滑系统中设机油滤清器，使循环流动的机油在送往运动零件表面之前得到净化处理，保证摩擦表面的良好润滑，延长零件使用寿命。

一般润滑系统中装有几个具有不同滤清能力的滤清器：集滤器、粗滤器和细滤器，分别串联或并联在主油道中。与主油道串联的滤清器称为全流式滤清器，一般为粗滤器；与主油道并联的滤清器称为分流式滤清器，一般为细滤器，过油量为 10%～30%。

1．机油集滤器

机油集滤器安装在油底壳润滑油的入口，用来滤除润滑油中粗大的杂质。

机油集滤器有浮式和固定式两种。浮式集滤器（见图 6-9）的浮筒 3 能随着油底壳油平面上下浮动，始终浮在油面上，吸入上层干净的机油。滤网 2 采用金属丝编织，有弹性，中央有环口。一般情况下，借助滤网弹性，环口压紧在浮筒罩 1 上。浮筒罩边缘有缺口，浮筒罩与浮筒装合后形成进油狭缝。

发动机正常工作（滤网未堵塞）时，机油从油底壳经进油狭缝、滤网进入吸油管[见图6-9（a）]，大杂质被滤网滤除。当滤网被杂质堵塞时，滤网上方真空度提高，将滤网吸向上方，环口离开浮筒罩，机油经进油狭缝和环口直接进入吸油管[见图6-9（b）]，以防供油中断。

浮式集滤器由于浮在机油面上，容易吸入油面的泡沫而使机油压力下降，可靠性差。而固定式集滤器的浮筒淹没在油面下，其他结构与浮式集滤器类似，工作可靠，但容易吸入油底壳底部杂质。

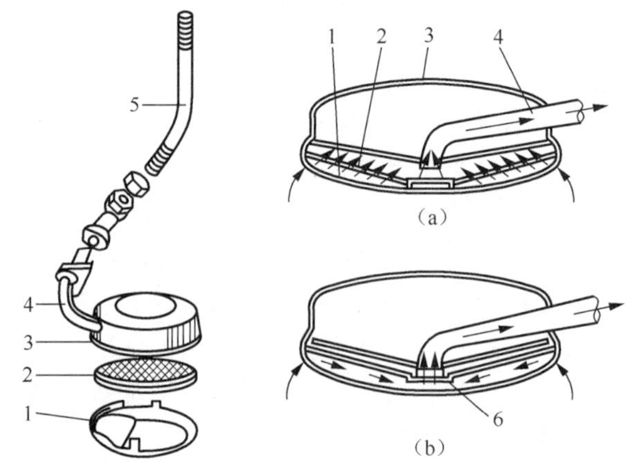

（a）滤网未堵塞　（b）滤网堵塞

图6-9　机油集滤器

1—浮筒罩；2—滤网；3—浮筒；4—吸油管；5—固定油管；6—环口

2．粗滤器

粗滤器用于滤去机油中粒度较大的杂质，对机油的流动阻力小，它通常串联在机油泵与主油道之间，属于全流式滤清器（见图6-10）。粗滤器是过滤式滤清器，其工作原理是机油通过细小的孔眼或缝隙时，将大于孔眼或缝隙的杂质留在滤芯的外部。根据滤芯的不同，有各种不同的结构形式。传统的粗滤器多采用金属片缝隙式和绕线式，现多采用纸质式[见图6-10（b）]和锯末式。

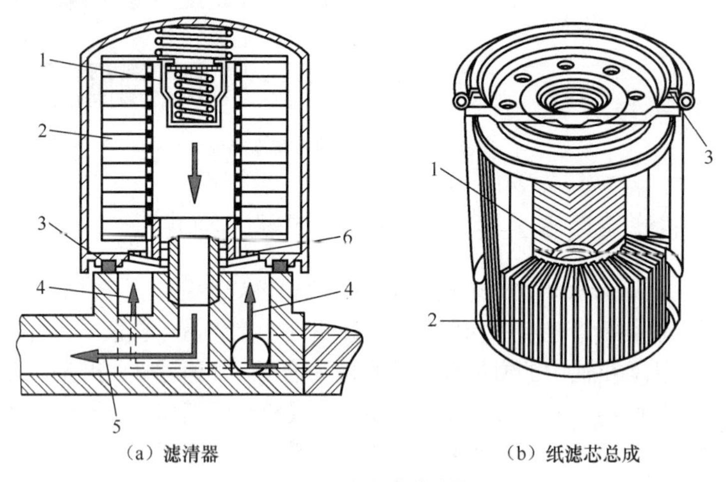

（a）滤清器　（b）纸滤芯总成

图6-10　全流式滤清器

1—安全阀；2—纸滤芯；3—密封圈；4—来自机油泵的机油；5—过滤后的机油；6—防漏阀

3．细滤器

细滤器用以清除机油中细小的杂质，这种滤清器对机油的流动阻力较大，故多做成分流式，它与主油道并联，只有少量的机油通过它滤清后又回到油底壳。

4．机油过滤方式

机油过滤方式有如下几种。

（1）全流式过滤方式（见图6-11）。机油滤清器串联在机油泵和主油道之间，机油全部经过滤清器过滤后流入主油道，该过滤方式设有旁通阀。马自达轿车发动机润滑系统全流式过滤方式如图 6-12 所示。

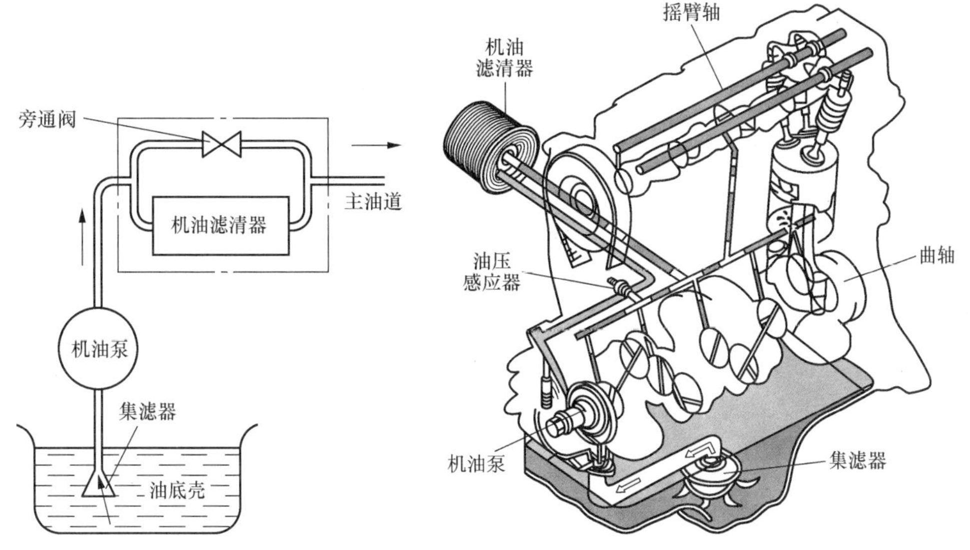

图 6-11 全流式过滤方式　　图 6-12 马自达轿车发动机润滑系统全流式过滤方式

（2）分流式过滤方式（见图 6-13）。机油泵压出的机油一部分经滤清器过滤后流回油底壳，另一部分则不经滤清器过滤直接流入主油道。

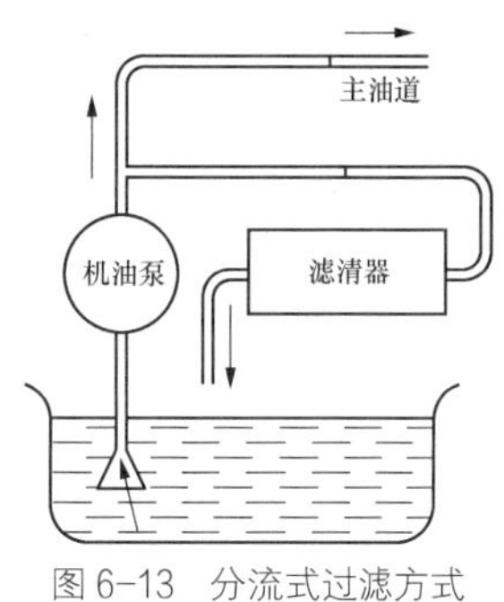

图 6-13 分流式过滤方式

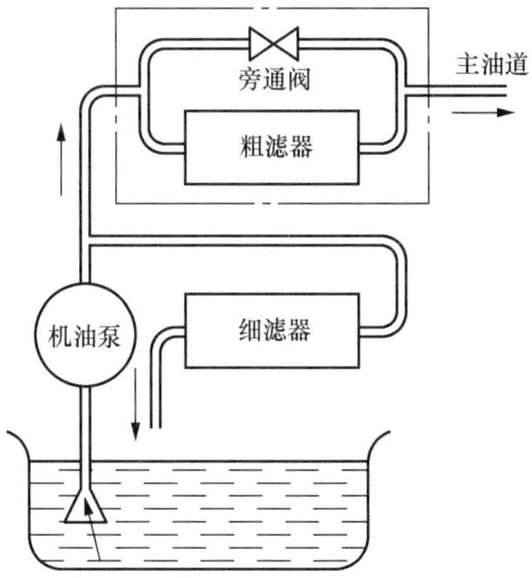

（3）混合式过滤方式（见图 6-14）。机油一部分经细滤器过滤后流回油底壳，另一部分则经装有旁通阀的粗滤器过滤后流入主油道。

（4）并联式过滤方式（见图 6-15）。机油滤清器并联在机油泵和机件间的油路中，一部分机油经滤清器过滤后与另一部分未经滤清器过滤的机油一起流入主油道。

图 6-14 混合式过滤方式

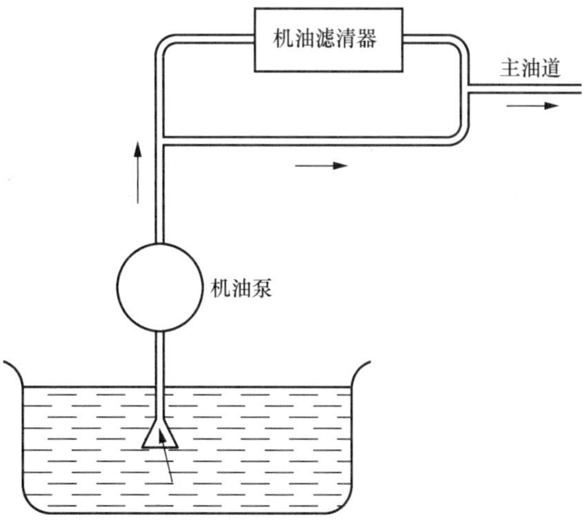

图 6-15 并联式过滤方式

6.2.4 安全和限压装置——限压阀、旁通阀

在润滑系统中设有几个限压阀和旁通阀，以确保润滑系统正常工作。

1. 限压阀（又称安全阀）

限压阀（见图 6-3）用以限制润滑系统中机油的最高压力。发动机工作时，机油泵的泵油压力是随发动机转速增加而增高的，并且当润滑系统中油路淤塞、轴承间隙过小或使用的机油黏度过大时，泵油压力也会增高。因此，在润滑系统机油泵和主油道中设有限压阀，限制机油最高压力，以确保安全。

当机油泵和主油道上机油压力超过预定的压力时，机油克服限压阀弹簧作用力，顶开阀门，一部分机油从侧面通道流入油底壳内，油道内的油压下降至设定的正常值后，阀门关闭。

2. 旁通阀

旁通阀（见图6-11）用以保证润滑系统内油路畅通，当机油滤清器堵塞时，机油通过并联在其上的旁通阀直接进入润滑系统的主油道，防止主油道断油。旁通阀与限压阀的结构基本相同，只是安装位置、控制压力、溢流方向不同，通常旁通阀弹簧刚度要比限压阀弹簧刚度小得多。

6.2.5 润滑油冷却装置——机油散热器

机油在发动机机体内循环，温度高达 95℃以上，尤其是热负荷较高的发动机。过高的机油温度使机油黏度下降，不利于在摩擦表面形成润滑油膜，同时加快机油氧化变质，使其失去作用，所以有些发动机带有机油冷却器。

机油冷却器分风冷式和水冷式两种。风冷式机油冷却器安在发动机前部，其结构与冷却系统的散热器相似（见图 6-16），靠汽车行驶时的迎面风对机油进行冷却。

水冷式机油冷却器靠冷却液冷却。如图 6-17 所示，在全流式机油滤清器 4 上带有水冷式机油冷却器，从冷却系统散热器出水管引来的冷却液从冷却器芯 2 的外面流过，而从机油泵来的机油经冷却器芯进入机油滤清器过滤，再经冷却器芯流出，在冷却器内进行热交换。

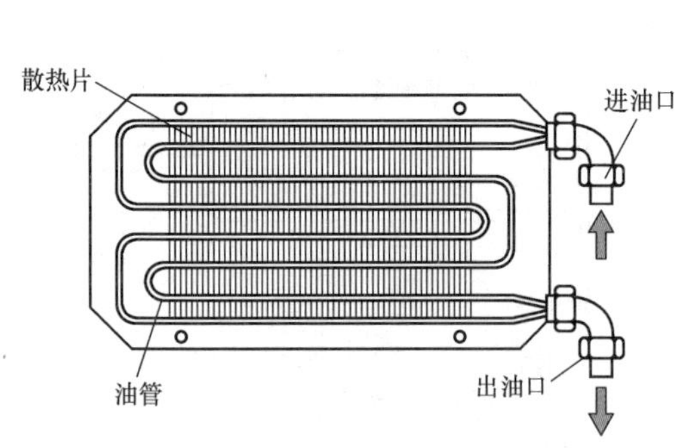

图 6-16 风冷式机油冷却器

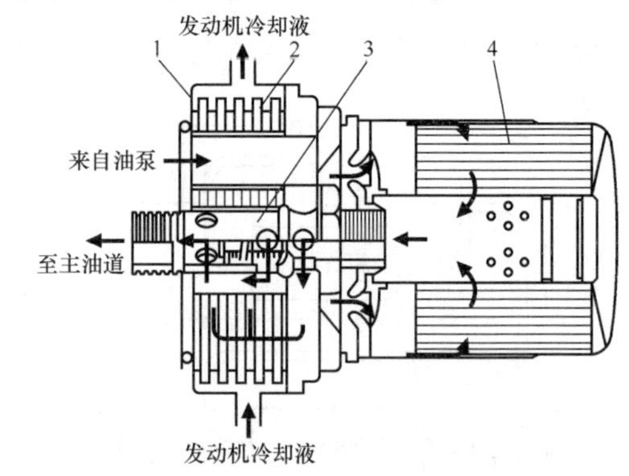

图 6-17 水冷式机油冷却器

1—冷却器壳体；2—冷却器芯；3—安全阀；4—全流式机油滤清器

6.2.6 润滑系统工作检查装置——机油压力表、油尺

机油压力表用以指示发动机工作时润滑系统中机油压力的大小，一般都采用电热式机油

压力表，它由油压表和传感器组成，中间用导线连接。传感器装在粗滤器或主油道上，它把检测到的机油压力传给油压表。油压表装在驾驶室内仪表板上，显示机油压力值的大小。

油尺用来检查油底壳内油量和油面高低。它是一根金属杆，下端制成扁平，并有刻线。机油油面必须处于油尺上下刻线之间。检查发动机机油量应在发动机起动之前或停止运转 5min 以后。

6.2.7　润滑油路

如图 6-18 所示，当发动机工作时，机油泵经固定式集滤器从油底壳中吸取机油，这样可以防止大机械杂质进入机油泵内部。被机油泵压出的机油经机油滤清器滤去机械杂质，流入纵向的主油道。进入主油道的机油，通过机体中的 7 条并联的横向油道分别润滑摇臂轴、主轴颈和凸轮轴轴颈。机油还通过曲轴中的斜向油道从主轴颈处流向连杆轴颈（曲柄销）。以上这些摩擦表面都能得到压力润滑，其余部分用飞溅润滑。

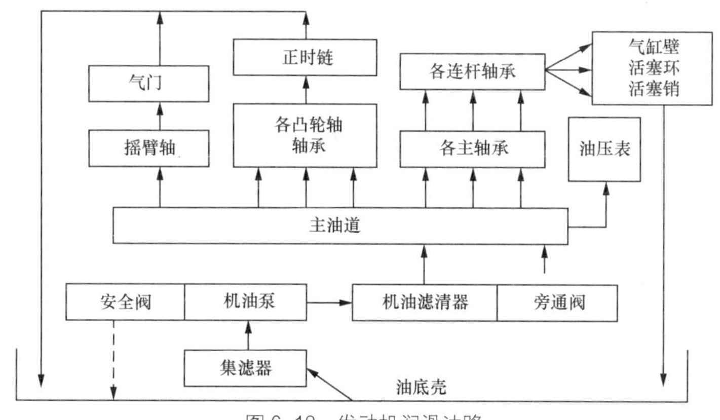

图 6-18　发动机润滑油路

6.2.8　润滑系统与液压控制

如图 6-19 所示，机油除了具有前面所述的功能外，在现代发动机中还可作为液压控制的介质，可变正时控制（Variable Timing Control，VTC）液压油，即使用来自机油泵的机油。

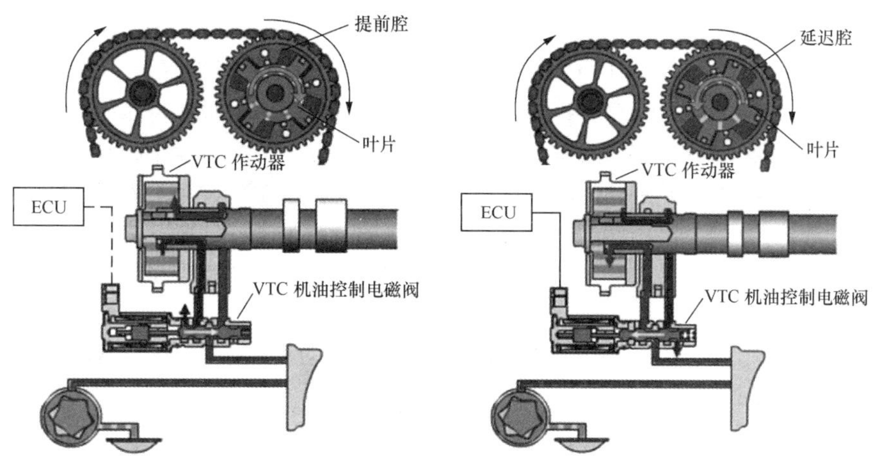

图 6-19　润滑系统与液压控制

6.3 润滑剂

汽车发动机润滑剂有润滑油（机油）和润滑脂（黄油）两类。

6.3.1 润滑油

1．润滑油的主要性能

（1）黏度。黏度是指润滑油受外力作用移动时，分子间产生的内摩擦力大小。它是润滑油分级和选用的主要依据。黏度过小，在高温、高压下容易从摩擦表面流失，不能形成足够厚度的油膜；黏度过大，发动机冷起动阻力增加，起动困难，润滑油不能及时被泵送到摩擦表面，导致起动磨损严重。

（2）黏温性。黏温性是指润滑油黏度随温度变化的特性。发动机从起动到满负荷工作，温度变化范围大，导致润滑油温度变化大于 100℃。若润滑油的黏度随温度变化太大，就会使高温时黏度太低，而低温时黏度太高，影响正常润滑。

（3）氧化安定性。氧化安定性是指润滑油抵抗氧化作用不使其性质发生永久变化的能力。润滑油工作温度高达 95℃，产生氧化后，颜色变暗，黏度增加，酸性增大，并产生胶状沉积物。氧化变质的润滑油将腐蚀发动机零件，甚至影响发动机的正常工作。

（4）其他性能。如极压性、防腐性、起泡性、清净分散性等，它们对发动机的润滑都产生一定的影响，需要加入各种添加剂，保证润滑油的性能。

2．润滑油的分类

国际上广泛采用国际自动机工程师学会（SAE International，简称 SAE）黏度分类法和美国石油学会（American Petroleum Institute，API）使用分类法，而且它们已被国际标准化组织（International Organization for Standardization，ISO）确认。

SAE 按照机油的黏度等级，把机油分为冬季用机油和非冬季用机油。冬季用机油有 6 种牌号，即 SAE 0W、SAE 5W、SAE 10W、SAE 15W、SAE 20W 和 SAE 25W。非冬季用机油有 5 种牌号，即 SAE 20、SAE 30、SAE 40、SAE 50 和 SAE 60。号数较大的机油黏度较大，适合在较高的环境温度下使用。

API 使用分类法：API 根据机油的特性和适合的使用场合，把机油分为 S 系列、C 系列和 SC（CS）系列 3 类。S 系列为汽油机用油，目前有 SA、SB、SC、SD、SE、SF、SG、SH、SJ、SL、SM 和 SN 共 12 个类别。C 系列为柴油机用油，目前有 CA、CB、CC、CD、CD-2、CE、CF、CF-2、CF-4、CG-4、CH-4、CI-4 和 CJ-4 共 13 个类别。级号越靠后，使用性能越好，适用的机型越新或强化程度越高。其中，SA、SB、SC、SD、CA、CB、CD-2 和 CE 类别的机油已经停止使用。SC（CS）系列为汽柴油机通用机油，标有 API S*/C*或 C*/S*的，适用于混合车队的汽柴油机两用机油，一般来说，S 在前的更适合汽油车，C 在前的更适合柴油车。

我国的机油分类法参照 API 分类方法。《内燃机油分类》（GB/T 28772—2012）按机油的特性和使用场合分为汽油机油和柴油机油两种。

（1）汽油机油：SE、SF、SG、SH、GF-1、SJ、GF-2、SL、GF-2、SM、GF-2、SN 和 GF-2，共 13 个类别。

（2）柴油机油：CC、CD、CF、CF-2、CF-4、CG-4、CH-4、CI-4、CJ-4，共 9 个类别。

级号越靠后，使用性能越好，适用于新机型或强化程度高的发动机。汽油机油中，

GF代表以汽油为燃料的、具有燃料经济性要求的乘用车发动机油，第一个字母与第二个字母或第一个字母与第二个字母及其后的数字相结合代表质量等级。柴油机油中，第一个字母与第二个字母相结合代表质量等级，其后的数字2或4分别代表二冲程或四冲程柴油发动机。

每一种级别又有若干种单一黏度等级和多黏度等级的润滑油牌号。例如，CC级润滑油有3个单一黏度等级（30、40和50）和6个多黏度等级（5W-30、5W-40、10W-30、10W-40、15W-40和20W-40）的润滑油牌号。

单一黏度等级的润滑油黏温性较差，只适合在某一温度范围内使用。多黏度等级的润滑油黏温性好，适用温度范围广。

3．润滑油的选用

润滑油的选用方式有如下3种。

（1）汽油机选择汽油机油，柴油机选择柴油机油，二冲程汽油机选择相应机油。这是由于不同发动机工作原理、工作条件不同。

（2）根据发动机的强化程度选用合适的润滑油等级。

柴油机的强化程度用系数K表示，按下式计算：

$$K=P_{me}C_m\tau$$

式中：P_{me}——气缸内气体平均有效压力，MPa；

C_m——活塞平均速度，m/s；

τ——冲程系数（四冲程柴油机$\tau=0.5$，二冲程柴油机$\tau=1$）。

当$K\leqslant 50$时，选用CC级润滑油；$K>50$时，应选用CD级润滑油。

（3）根据气温选用适当黏度等级的润滑油，如图6-20所示。具体机型应按使用说明书进行机油选用与保养。

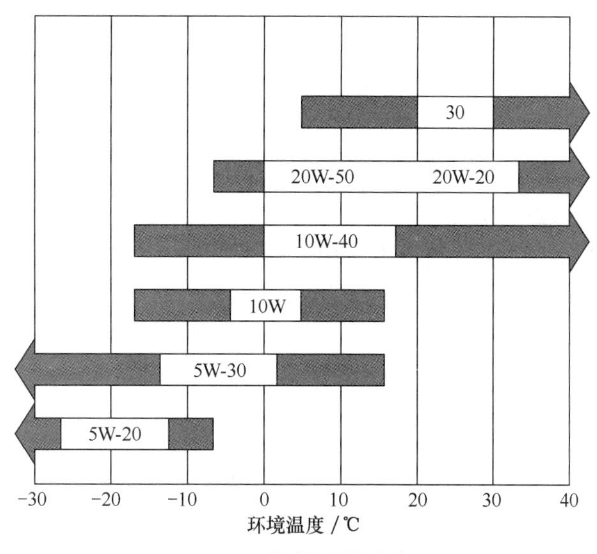

图6-20 发动机润滑油选用

6.3.2 合成机油

合成机油是利用化学合成方法制成的润滑剂。其主要特点是有良好的黏温性，可满足大温差的使用要求；有优良的氧化安定性，可长期使用不需更换。使用合成机油，发动机的燃油经济性会稍有改善，并可降低发动机的冷起动转速。目前，合成机油的价格比从石油提炼出来的机油相对较高。但是，随着生产规模的扩大和制造工艺的改进，合成机油的价格将会越来越低。未来将是合成机油的时代。

6.3.3 润滑脂

润滑脂具有良好的黏附性，在常温下可附着于垂直表面而不流淌，可以在敞开或密封不良及受压较大的摩擦部位工作，并有防水、防尘、密封作用。

汽车发动机主要在水泵轴承及发电机轴承处使用润滑脂。目前普遍推荐使用的是通用锂基润滑脂，它具有良好的高低温适应性，可在−30～+120℃的温度范围内使用，具有良好的抗水性、防锈性、氧化安定性和润滑性，在高速运转的水泵及发电机轴承中使用，可以不变质、不流失，保证润滑。

小　结

通过本章学习重点掌握发动机润滑系统的组成、功用及各部件的工作原理。

1．发动机高速运动过程中，发生相对运动的零件表面产生摩擦，润滑系统将润滑剂输送到摩擦表面来减小摩擦、减轻磨损，还起到冷却、密封、清洗等作用。

2．压力润滑系统由油底壳、机油泵、滤清器、安全阀、散热器、润滑油路等构成。机油泵从油底壳中抽吸润滑油并使压力油通过润滑系统中的润滑装置和润滑油路源源不断流入曲柄连杆机构、凸轮轴轴承等需要润滑的部位，形成润滑油膜以保证润滑。

3．润滑剂分为润滑油和润滑脂两类。润滑油的流动性较好，润滑脂的黏附性较好。润滑脂用于敞开或密封不良及受压较大的摩擦部位，如水泵轴承及发电机轴承。

思 考 题

1．润滑系统的作用有哪些？

2．简述润滑系统的润滑方式。

3．简述电控可变排量机油泵的工作原理。

4．如何选用润滑油？

5．我国的机油如何分类？

第 7 章 汽车发动机点火系统

导入图例（见图 7-1）：2020 年度“中国心”十佳发动机之红旗 1.5T 汽油机，采用无触点霍尔效应式电子点火系统，具有高速与变速点火控制功能，有火花能量较高和火花持续时间长等优点。

图 7-1 红旗 1.5T 汽油机

7.1 点火系统概述

7.1.1 点火系统的作用

点火系统的主要作用就是将汽车电源的低电压转换成高电压，并将高电压脉冲按发动机气缸工作顺序送到各个火花塞上，火花塞两电极间的间隙被击穿而产生电火花，点燃各气缸内压缩后的混合气，使发动机做功。

7.1.2 点火时刻

点火时刻一般用点火提前角来表示，即从火花塞发出电火花开始到活塞到达上止点为止的一段时间内曲轴转过的角度。

如果点火过迟，就会使发动机过热，功率下降。如果点火过早，不仅使发动机的功率降低，并有可能引起爆燃和运转不平稳现象，加速运动部件和轴承的损坏。试验证明，当发动机气缸内的最高压力出现在上止点后 10°CA～15°CA 时，发动机每循环所做的机械功最多（见图 7-2 中 *C* 曲线下阴影部分），发动机动力性最佳。

通常把发动机输出最大功率和油耗最小时所对应的点火提前角称为最佳点火提前角。不同发动机的最佳点火提前角各不相同，同一发动机在不同工况和使用条件下的最佳点火提前角也不相同。

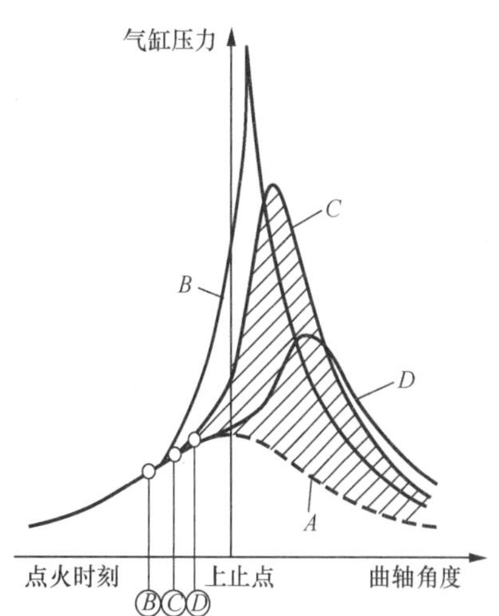

图 7-2 点火提前角对发动机性能的影响

A—不点火；*B*—点火过早；*C*—点火适当；*D*—点火过迟；

Ⓑ、Ⓒ、Ⓓ—*B*、*C*、*D* 的点火开始时刻

7.1.3 点火系统的类型

随着电子技术及计算机技术的发展，点火系统经历了传统的触点式点火、半导体辅助点火、无触点电子点火、微机控制有分电器点火、微机控制无分电器点火等发展阶段。目前，应用最多的是微机控制无分电器点火系统。

7.2 传统点火系统

7.2.1 传统点火系统的组成

传统点火系统的组成及工作原理

传统点火系统主要由电源（蓄电池和发电机）、点火开关、点火线圈、电容器、断电器、配电器、火花塞、阻尼电阻和高压导线等组成，如图 7-3 所示。

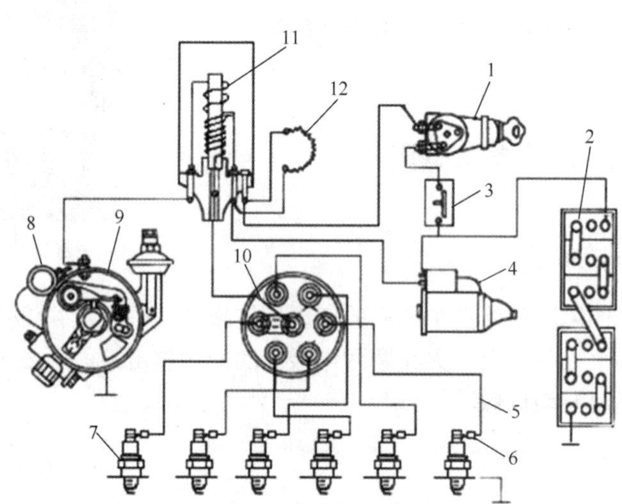

图 7-3 传统点火系统的组成

1—点火开关；2—蓄电池；3—起动按钮；4—起动机；5—高压导线；6—高压阻尼电阻；7—火花塞；8—电容器；9—断电器；10—配电器；11—点火线圈；12—附加电阻

1. 电源

电源的功能是为点火系统提供工作时所需的能量。

汽车上的电源由蓄电池和发电机构成。汽油机用电源的标称电压一般为 12～14V。

2. 点火开关

点火开关用来控制点火系统初级电路（也称低压电路）以及起动机继电器电路的开与闭。

3. 点火线圈

点火线圈的功能是将电源供给的 12V 的低压直流电转变为 15～20kV 的高压直流电。

点火线圈主要由初级线圈、次级线圈和铁芯等组成。

按磁路的结构形式不同，点火线圈可分为开磁路式点火线圈和闭磁路式点火线圈。由于开磁路式点火线圈磁路的磁阻大，漏磁较多，能量损失多，目前多用闭磁路式点火线圈。

闭磁路式点火线圈的结构如图 7-4（a）所示。在“曰”字形铁芯内绕有初级绕组，在初级绕组的外面绕有次级绕组，其磁路如图 7-4（b）所示。磁力线经铁芯构成闭合磁路，为了减少磁滞现象，铁芯上设有一个微小的空气隙。

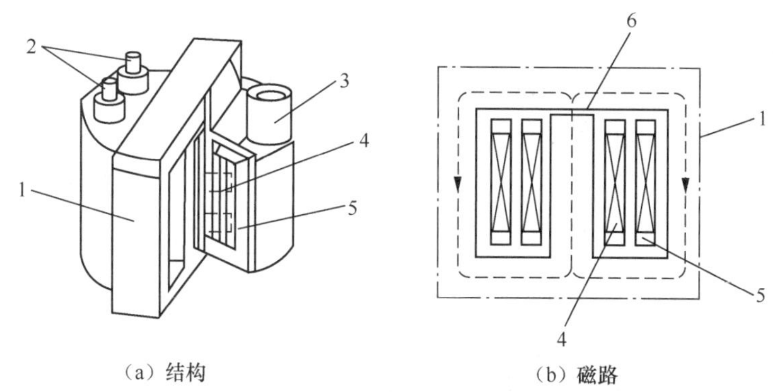

图 7-4 闭磁路式点火线圈

1—“曰”字形铁芯；2—初级绕组接线柱；3—高压接线柱；4—初级绕组；5—次级绕组；6—空气隙

闭磁路式点火线圈的优点是漏磁少，磁路的磁阻小，因而能量损失小，能量变换率高。闭磁路式点火线圈采用热固性树脂作为绝缘填充物，外壳以热熔性塑料注塑成型，其绝缘性、密封性均优于开磁路式点火线圈，并且具有体积小、安装位置灵活等优点。

4．分电器

分电器的功能是在发动机工作时接通与切断点火系统的初级电路，使点火线圈的次级绕组中产生高压电，并按发动机要求的点火时刻与点火顺序，将点火线圈产生的高压电分配到相应气缸的火花塞上。

传统分电器主要由断电器、配电器、电容器和点火提前调节装置等组成。结构如图 7-5 所示。

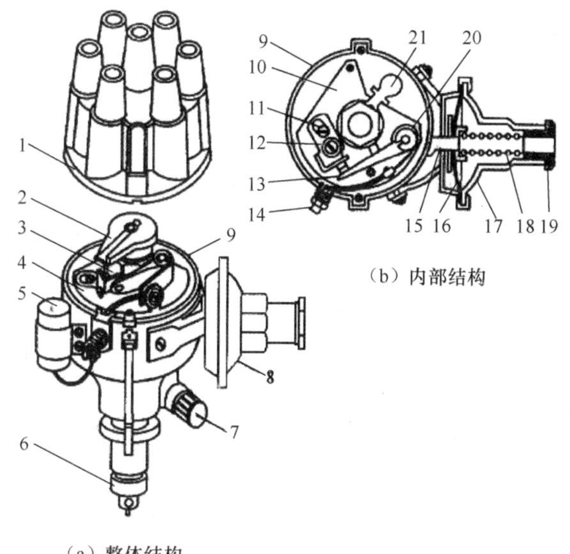

图 7-5 传统分电器结构组成

1—分电器盖；2—分火头；3—断电器凸轮；4—断电器触点；5—电容器；6—联轴节；7—油杯；8—真空提前机构；9—分电器壳体；10—活动底板；11—偏心螺钉；12—静触点支架；13—触点臂；14—接线端子；15—拉杆；16—膜片；17—真空提前机构外壳；18—调节弹簧；19—调节螺母；20—触点臂弹簧片；21—润滑油毡及其夹圈

（1）断电器

断电器的作用是接通与切断点火系统的初级电路（低压电路）。它主要由凸轮、固定触点、偏心螺钉、活动触点臂、触点臂弹簧片等组成（见图 7-6）。

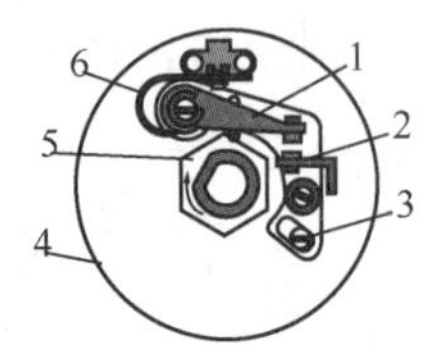

图 7-6　断电器结构

1—活动触点臂；2—固定触点；3—偏心螺钉；4—分电器壳体；5—凸轮；6—触点臂弹簧片

断电器凸轮由发动机凸轮轴驱动，并以同样的转速旋转，即发动机曲轴每转 2 周，断电器凸轮转 1 周。

（2）配电器

配电器的作用是将点火线圈产生的高压电按点火顺序分配至火花塞。

配电器装于断电器的上方，由分电器盖、分火头组成（见图 7-7）。

（a）分电器盖　　（b）分火头

图 7-7　配电器结构

分电器盖由胶木粉在钢模中热压而成，装于分电器顶端，用两个弹性夹卡固。分火头套装在分电器轴的顶端随轴一起旋转，其上有金属导电片。分电器盖的中间有高压线座孔，其内装有带弹簧的炭柱，压在分火头的导电片上。分电器盖的四周有与发动机气缸数相等的旁电极通至盖上的金属套座孔，以安插分缸高压线。分火头旋转时，导电片从距离旁电极 0.2～0.8mm 间隙处越过，当信号发生器产生点火信号时，高电压自导电片跳至与其相对的旁电极，再经分缸高压线送至火花塞。

高压线有中央高压线和分缸高压线两种，一般为耐压绝缘包层的铜芯线或全塑高压阻尼线，常为竖直排列，也有水平布置，这样可避免折损，缩短长度，抗高电压，延长使用寿命。

（3）电容器

电容器的作用是减小断电器触点断开瞬间在触点处所产生的电火花，以免触点烧蚀，可延长触点的使用寿命。

电容器安装在分电器壳上，与断电器触点并联，电容的一极与外壳相连，另一极由引出导线接至分电器接线柱（见图 7-8）。

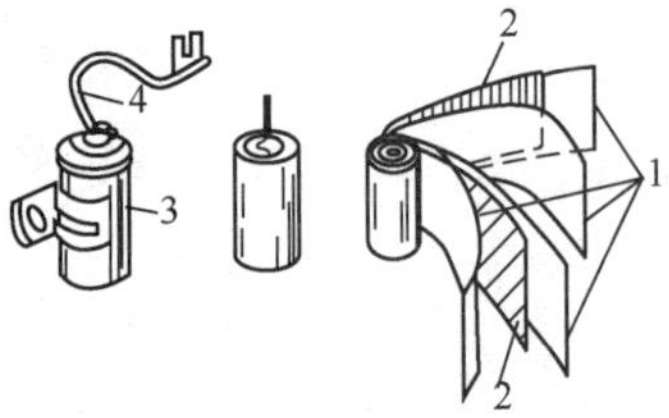

电容器工作时要承受触点打开时初级绕组产生的 200～300V 自感电动势，因此要求其耐压为 500V。

图 7-8　电容器

1—蜡纸；2—铝箔；3—外壳；4—引出线

（4）点火提前机构

传统分电器上装有随发动机转速和负荷的变化而自动改变点火提前角的离心点火提前机构和真空点火提前机构，分别安装在断电器底板的下方和分电器的外壳上，用来在发动机工作时随发动机工况的变化自动调整点火提前角。

① 离心点火提前机构。离心点火提前机构的作用是在发动机转速变化时，利用离心力使

断电器提前产生点火信号来调节点火提前角。其结构如图 7-9 所示，在分电器轴上固定有托板，两个重块分别套在托板的柱销上，重块的另一端由弹簧拉向轴心。凸轮与拨板一起套在分电器轴上，拨板的两端有长形孔，套于重块的柱销上。

点火提前角无须调整时，离心点火提前机构处于不工作位置，两重块在弹簧作用下被拉向轴心。当发动机转速升高时，两重块在离心力作用下向外甩开，重块上的柱销带动拨板和凸轮，顺着分电器轴的旋转方向相对于轴转动一个角度，提前产生点火信号，点火提前角增大。转速越高，重块离心力越大，点火提前角越大。反之，转速降低，点火提前角减小。

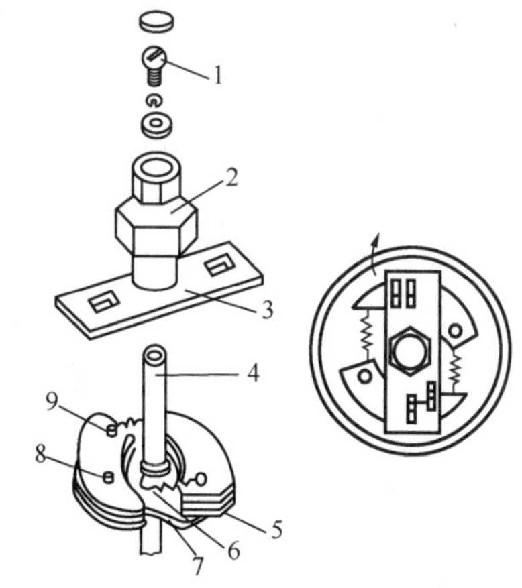

图 7-9 离心点火提前机构

1—固定螺钉；2—凸轮；3—拨板；4—分电器轴；5—重块；6—弹簧；7—托板；8—柱销；9—销钉

连接重块的两根弹簧由不同粗细的钢丝绕成，弹力不同。低速范围内只有细弹簧起作用，点火提前角增大得较快，而在高速范围内，由于两根弹簧同时工作，因而点火提前角的增大比较平稳。

② 真空点火提前机构。真空点火提前机构的作用是在发动机负荷（即节气门开度）变化时，自动调节点火提前角。真空点火提前机构装于分电器壳体一侧，如图 7-10 所示。

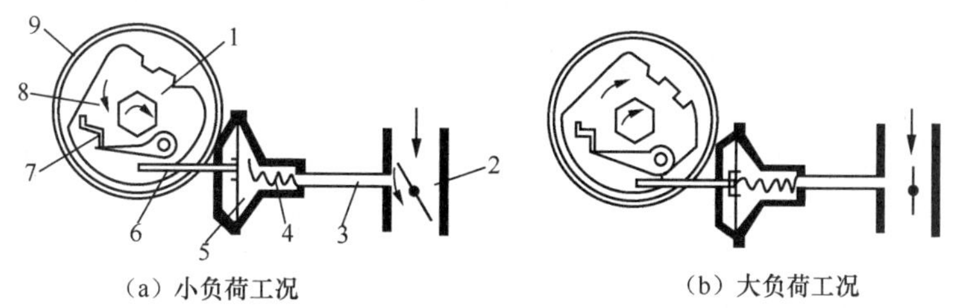

（a）小负荷工况　（b）大负荷工况

图 7-10 真空点火提前机构

1—凸轮；2—节气门；3—真空连接管；4—弹簧；5—膜片；6—拉杆；7—触点副；8—活动底板；9—分电器壳体

在外壳内固定有弹性金属片制成的膜片，膜片中心一侧与拉杆固连，另一侧压有弹簧。拉杆从壳底座孔中伸出，与活动底板相连，拉动活动底板带着断电器的触点副相对于分电轴产生角位移。

当发动机负荷较小时，节气门开度也小，节气门下方及管道的真空度增大，真空吸力吸引膜片压缩弹簧而拱曲，通过拉杆拉动活动底板带着信号发生器的定子逆着分电器轴旋转方向转动一定角度，提前产生点火信号，于是点火提前角增大。发动机负荷越小，节气门开度也越小，真空度越高，点火提前角越大，反之，负荷变大则点火提前角减小。

发动机全负荷工作时，节气门全开，小孔处的真空度很小，真空点火提前机构调节量很小。

怠速时，节气门接近全闭。点火提前角很小或基本不提前。

③ 辛烷选择器。为了适应不同汽油的不同抗爆性能，在换用不同品质的汽油时，应适当调整点火时刻，为此在分电器上常装有辛烷选择器，安装在分电器的壳体上，用来转动分电器的壳体，使其相对于凸轮转过一定角度，以调整点火提前角。

不同形式的分电器，辛烷选择器的结构也不同，但其原理基本相同，即逆着凸轮旋转方向转动分电器壳体时，点火提前角增大；反之，则点火提前角减小。壳体转动的多少，一般可从刻度板上看出。目前采用电子点火系统后，辛烷选择器被淘汰了。

5．火花塞

火花塞由中心电极和侧电极组成，安装在发动机的燃烧室中，用来将点火线圈产生的高压电引入燃烧室，在其电极间产生电火花点燃混合气。

（1）火花塞的工作条件及要求

火花塞的工作条件极其恶劣。

① 当发动机工作时，火花塞承受着交变的冲击性高电压，其绝缘体应有足够的绝缘强度，能承受 30kV 高压。

② 当混合气燃烧时，火花塞下部将承受高压燃气的冲击，要求火花塞结构必须有足够的机械强度。

③ 混合气燃烧时，燃烧室内温度很高，可达 1 500～2 200℃，进气时又突然受到 50～60℃混合气的冷却，因此要求火花塞不但要耐高温，而且能承受温度剧变，不能出现局部过冷或过热引起的热应力。

④ 混合气的燃烧产物很复杂，含有多种活性气体和物质，如臭氧（O_3）、CO 和硫氧化物（SO_x）等，易使电极腐蚀，因此要求火花塞要耐腐蚀，电极应采用难熔、耐蚀的材料制成。

⑤ 另外火花塞应具有尽可能低的工作电压，以减轻整个电路的负担，降低成本，延长使用寿命。

火花塞的电极间隙大小影响击穿电压高低，所以要有合适的电极间隙。火花塞安装位置要合适，以保证有合理的着火点。还有火花塞气密性应当好，以保证燃烧室不漏气。

（2）火花塞的结构

火花塞的结构如图 7-11 所示。火花塞主要由接线螺母、绝缘体、金属杆、导体玻璃、中心电极、侧电极和壳体等部分组成。

在钢制壳体 5 的内部固定有高氧化铝陶瓷绝缘体，使中心电极与侧电极之间保持足够的绝缘强度。绝缘体的上部装有金属杆，通过接线螺母与高压分线相连，下部装有中心电极，金属杆与中心电极之间用导体玻璃密封。

电极一般采用耐高温、耐腐蚀的镍锰合金钢或铬锰氮、钨、镍锰硅等合金制成，也有的采用镍包铜材料制成，以提高散热性能。传统点火系统火花塞电极间隙多为 0.6～0.7mm，电子点火系统其间隙可增大至 1.0～1.2mm。

火花塞与气缸盖座孔之间应保证密封，密封方式有平面密封和锥面密封两种。平面密封时，在火花塞与座孔之间应加装铜包石棉垫圈；锥面密封是靠火花塞壳体的锥形面与气缸盖之间相应的锥形面进行密封的。火花塞借壳体下部的螺纹旋入气缸盖中，旋紧时密封垫圈受压变形，保证壳体与缸盖之间密封良好。

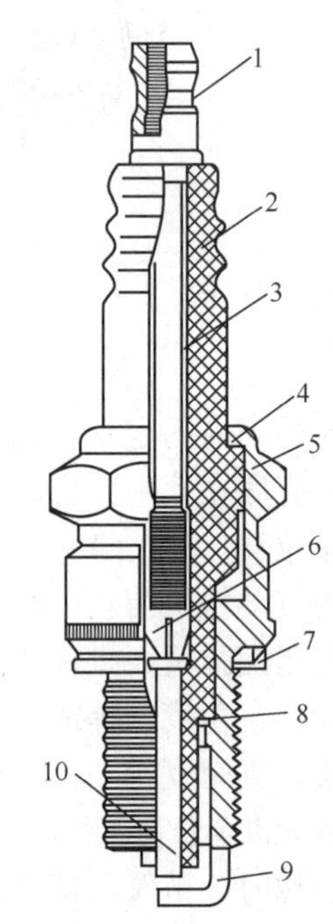

图 7-11　火花塞的结构

1—接线螺母；2—绝缘体；3—金属杆；4、8—内垫圈；5—壳体；6—导体玻璃；7—多层密封垫圈；9—侧电极（负极）；10—中心电极（正极）

为了满足不同发动机的需要，火花塞根据下部的形状和绝缘体裙部长度的不同有多种形式。

（3）火花塞热特性

火花塞工作时，周期性地受到高温燃气作用，使火花塞绝缘体裙部温度升高，这部分热量主要通过壳体、绝缘体、中心电极、金属杆等传至缸体或散发到空气中。

实践证明，当火花塞绝缘体裙部的温度保持在500～600℃时，落在绝缘体上的油滴能立即烧去，不形成积碳，这个温度称为火花塞的自净温度。低于自净温度时，就可能使油雾聚积成油层，燃烧不完全产生积碳漏电，导致不点火；如果温度过高，例如超过 850℃，当混合气与炽热的绝缘体接触时，会形成炽热点火，产生早燃而引起爆燃，甚至可能在进气行程中燃烧，使发动机损坏。

火花塞裙部的工作温度取决于火花塞热特性和发动机气缸的工作温度。

火花塞热特性就是指火花塞发火部位的热量向发动机冷却系统散发的性能。影响火花塞热特性的主要因素是火花塞裙部的长度。裙部较长时，受热面积大，吸收热量多，而散热路径长，散热少，裙部温度较高，这种火花塞称为“热型”火花塞。反之，当裙部较短时，吸热少，散热多，裙部温度较低，这种火花塞称为“冷型”火花塞（见图 7-12）。

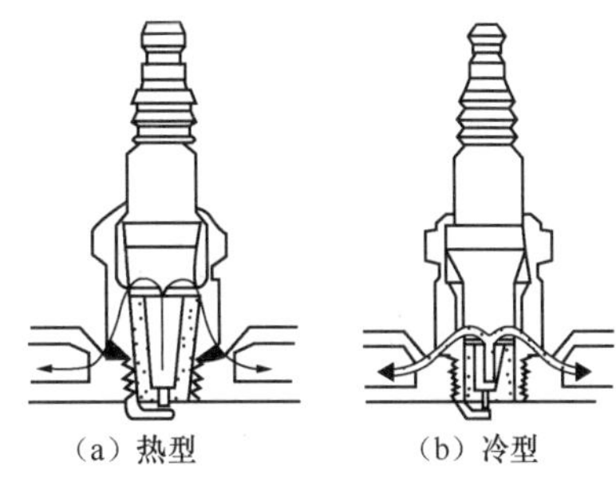

图 7-12 热型和冷型火花塞

火花塞热特性常用热值表示。国产火花塞热值分别用 1、2、3、4、5、6、7、8、9、10、11…阿拉伯数字表示。1、2、3 为低热值火花塞；4、5、6 为中热值火花塞；7、8、9 及以上为高热值火花塞。热值越大，表示散热性越好。因而，小数字为热型火花塞，大数字为冷型火花塞。

火花塞裙部温度还与发动机气缸内的工作温度有关。对于大功率、高压缩比和高转速的发动机来说，燃烧室内温度高，火花塞裙部温度就高，可以选用冷型火花塞。反之，小功率、小压缩比、低转速发动机的燃烧室内温度低，火花塞裙部温度就低，不易点火，应选用热型火花塞。因此不同类型的发动机应选用不同热特性的火花塞。

使用温度是火花塞的重要指标之一。NGK（日本 NAGAKI 永木精械株式会社英文简称）对火花塞使用温度的标定方式已经逐渐成为火花塞的通用标准被采用：标定的数值越小，火花塞的耐热温度越高，散热性能越好。

6．附加电阻

附加电阻与点火线圈的初级绕组串联，通常与点火线圈组装在一起，有的车型用电阻线。

附加电阻可用低碳钢丝、镍铬丝或纯镍丝制成，具有受热时电阻迅速增大，而冷却时电阻迅速减小的特性。在发动机工作时，可自动调节初级电流，改善起动和高速运行时的点火特性。

7.2.2 传统点火系统工作过程

传统点火系统的工作原理如图 7-13 所示。其工作过程可以分 3 个步骤：第一步，断电器触点闭合，点火线圈初级绕组有电流通过，产生点火能量；第二步，断电器触点打开，点火线圈初级绕组电流切断，次级绕组产生感应电压；第三步，次级绕组产生的电压施加到火花塞上，火花塞电极间隙产生电火花，点燃气缸内混合气。

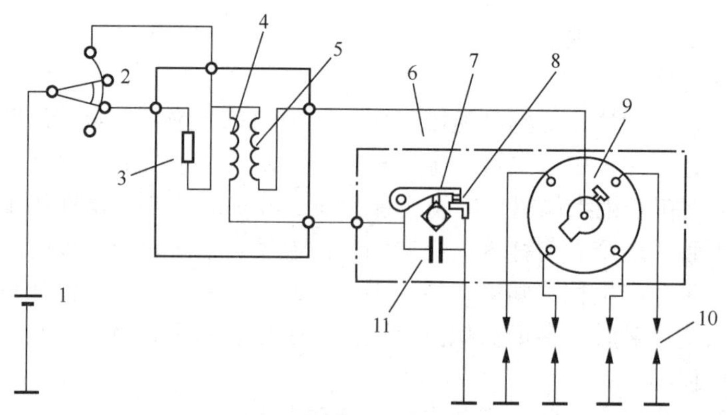

图 7-13　传统点火系统的工作原理

1—蓄电池；2—点火开关；3—点火线圈附加电阻；4—点火线圈初级绕组；5—点火线圈次级绕组；6—分电器；7—断电器；8—触点；9—配电器；10—火花塞；11—电容器

传统点火系统机械零部件多，存在机械惯性以及磁滞现象，影响火花能量，限制了发动机转速的提高。

7.3　电子点火系统

电子点火系统的工作原理如图 7-14 所示。采用各种形式的信号发生器（或称传感器）产生触发或控制点火的信号，经过点火器内的放大功能等电路，最后控制点火器内大功率三极管的导通和截止，达到控制点火线圈初级电流通断的目的。

电子点火系统的组成及工作原理

点火信号发生器按所使用的传感器形式不同，主要有磁电式、霍尔效应式、光电式 3 种类型。

1. 磁电式发生器

图 7-15 所示的是一种磁电式发生器。永久磁体和感应绕组固定在分电器底板上。一个信号转子由分电器轴驱动，信号转子的凸齿数与发动机气缸数相同。永久磁体的磁通量经转子凸齿、底板形成磁路。当信号转子上的凸齿接近永久磁体（定子）时将产生较大的磁通量。当信号转子离开永久磁体时，永久磁体和信号转子凸齿之间的气隙增大，磁阻也随之增大，使磁通量减小。

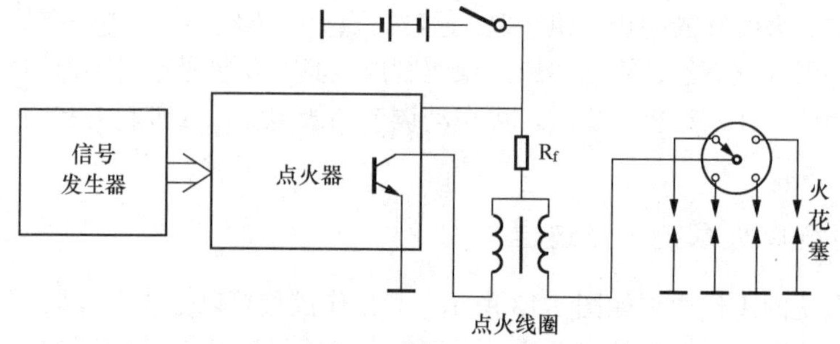

图 7-14　电子点火系统的工作原理

感应绕组因磁通量的变化产生感应电动势，在凸齿接近或离开时，凸齿与永久磁体距离最近的瞬间，磁通量变化最大，此时的感应电动势也最大。信号转子旋转一周，感应电动势在增长过程中有一个正峰值，衰减过程中有一个负峰值。磁通量变化率取决于信号转子的转速，所以脉冲发生器输出电压可随发动机转速的上升而增大。

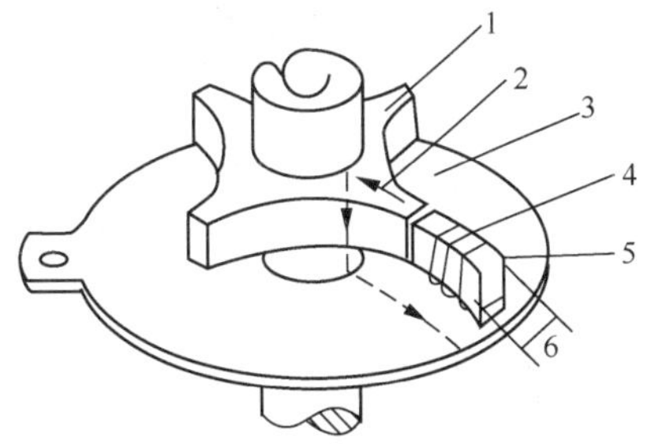

图 7-15 磁电式发生器

1—信号转子；2—磁路；3—气隙；4—感应绕组；5—永久磁体；6—输出电压

另一种磁电式发生器工作原理如图 7-16 所示。其信号转子由分电器轴驱动，转子上的凸齿与其汽油机的气缸数相等。

磁电式电子点火装置结构简单，性能可靠，已在国内外普遍使用。日本丰田轿车、国产切诺基吉普车、CA1092 载货汽车和 EQ1090 型载货汽车等均装有该类型点火装置。图 7-17 所示为日本丰田汽车发动机所装用的无触点磁电式电子点火系统，主要由磁电式点火信号发生器、点火控制器、分电器、专用点火线圈、火花塞等组成。分电器中仍保留了传统的配电器、离心点火提前机构和真空点火提前机构，只是用点火信号发生器取代了触点。

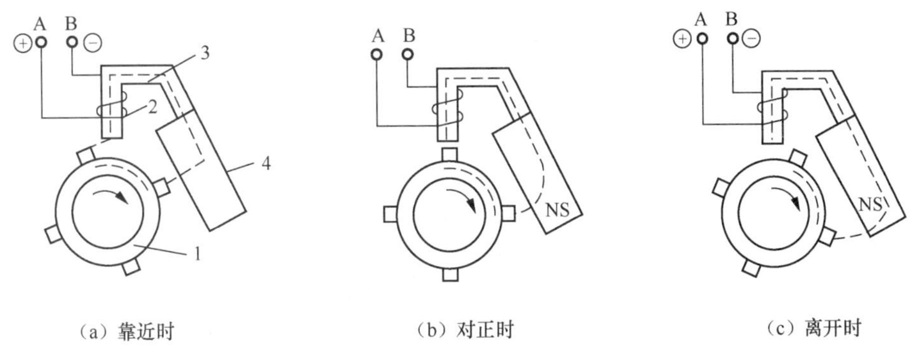

图 7-16 磁电式发生器工作原理

1—信号转子；2—传感线圈；3—铁芯；4—永久磁体

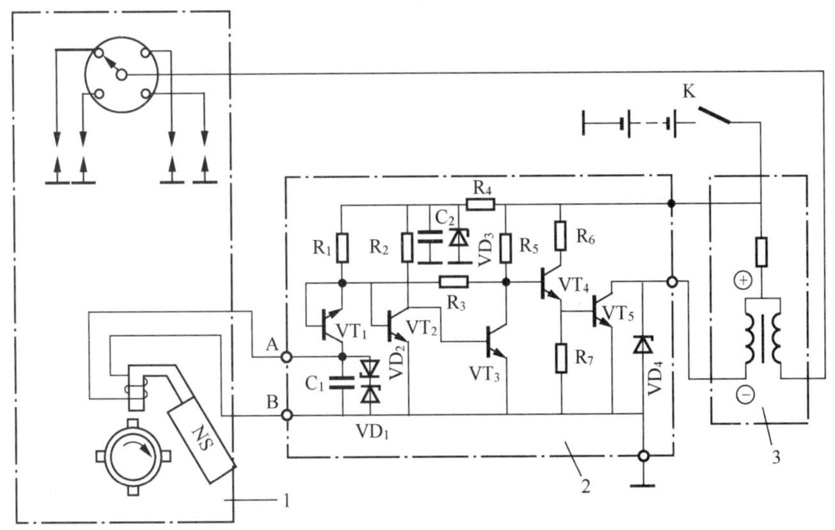

图 7-17 丰田汽车发动机无触点磁电式电子点火系统原理

1—磁电式无触点分电器；2—点火控制器；3—点火线圈

2. 霍尔效应式发生器

图 7-18 所示为霍尔效应式发生器的工作原理。霍尔半导体基片固定在陶瓷座上，有 4 个电接头。信号电流由 A、B 输入，霍尔电压由 C、D 输出。该基片的对面装有永久磁体，中间有空气间隙。触发叶轮由分电器轴驱动，叶轮上有与发动机的气缸数相等的叶片。当叶片通过或离开气隙时，即发出断、通磁场信号，起到开关装置的作用。其工作过程见表 7-1。

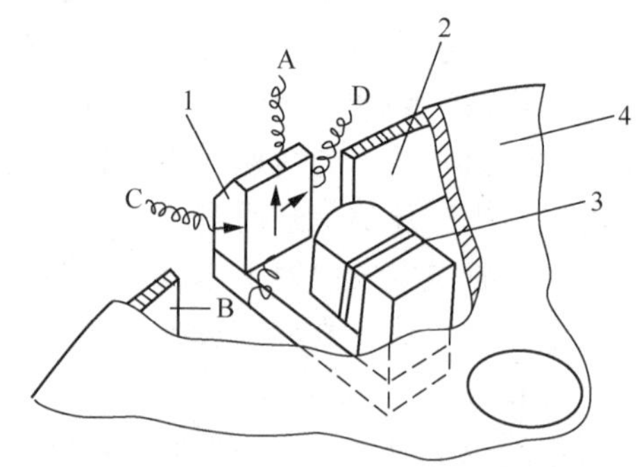

图 7-18 霍尔效应式发生器的工作原理

1—霍尔半导体基片；2—叶片；3—永久磁体；4—触发叶轮

霍尔效应式发生器输出电压的幅值不受发动机转速的影响，结构简单，工作可靠，抗干扰能力强。它一般装在分电器内，结构如图 7-19 所示。

表 7-1 霍尔效应式发生器的工作过程

叶片位置	霍尔电压	点火线圈初级电路
在气隙中	无	接通
在气隙外	有	断开

图 7-20 所示为德国博世公司专为霍尔式点火发生器配备的点火电子组件内部电路，其工作原理如下：接通点火开关，起动发动机，分电器开始转动。当霍尔信号发生器触发叶轮的叶片进入永久磁体与霍尔元件之间的空气隙时，霍尔信号发生器输出信号 U_G 为高电平，这时点火电子组件中的三极管 VT_1 导通，由 VT_2 和 VT_3 组成的复合晶体管得到基极电流饱和导通，点火线圈初级绕组电路接通产生初级电流 i_1；当霍尔信号发生器触发叶轮的叶片离开空气隙时，霍尔信号发生器输出的点火信号 U_C 由高电平下跳为低电平，三极管 VT_1 因基极电压下降而截止，三极管 VT_2 和 VT_3 因失去基极电流而截止，从而切断了点火线圈的初级电流 i_1，使次级绕组产生高压电，送到火花塞上，完成点火工作。

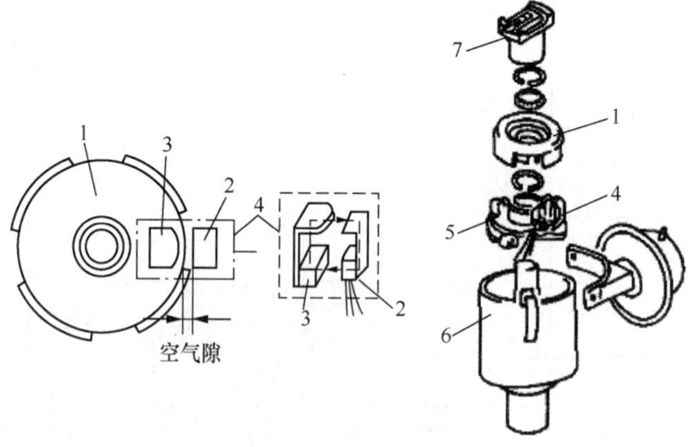

图 7-19 霍尔效应式发生器

1—触发叶轮；2—霍尔集成块；3—带导板的永久磁体；4—信号触发开关；5—触发开关托盘；6—分电器壳体；7—分火头

目前上述点火电子组件已被以专用点火集成电路为核心的混合集成电路组成的点火电子组件（点火器）所取代，其中，专用点火集成电路以意大利生产的 L497 较为著名，我国生产的上汽大众桑塔纳、奥迪 100、高尔夫、捷达等轿车均采用以 L497 为核心组成的点火电子组件。

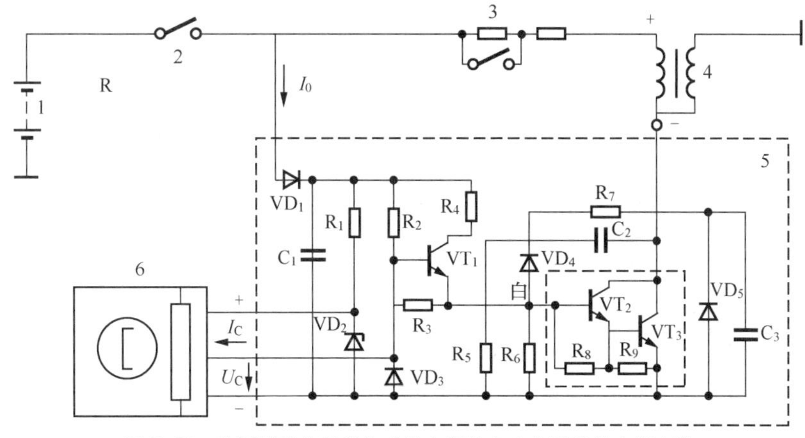

图 7-20 德国博世公司霍尔式发生器的点火电子组件内部电路

1—蓄电池；2—点火开关；3—附加电阻；4—点火线圈；5—点火器；6—霍尔式点火发生器

图 7-21 所示为以 L497 为核心、与霍尔式点火发生器相配的点火器典型电路。该点火器在完成基本点火功能的同时，还具有点火线圈限流保护功能、闭合角控制功能、电流上升率控制功能、停车慢断电保护功能及过电压保护功能等。

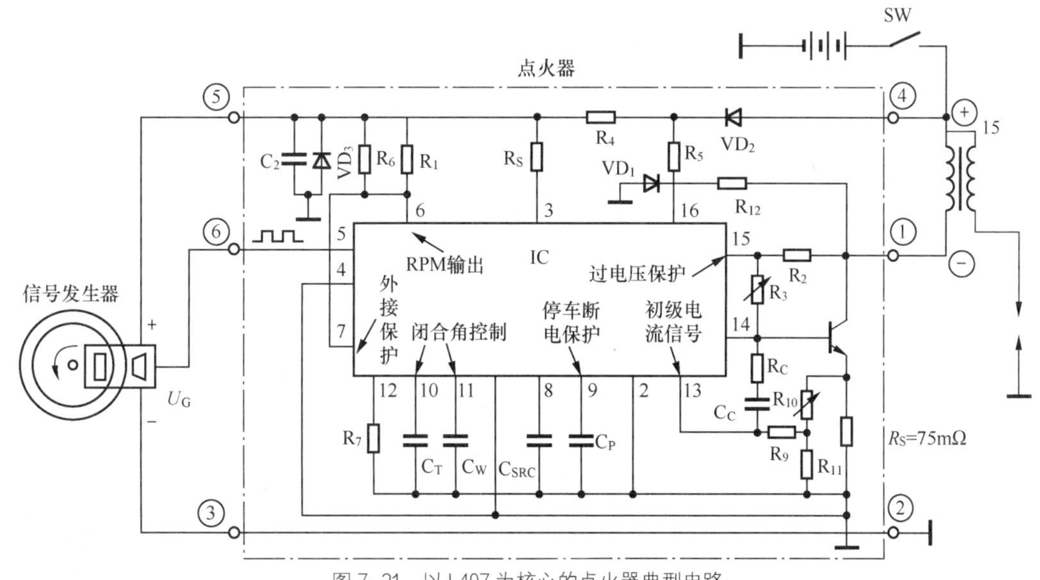

图 7-21 以 L497 为核心的点火器典型电路

霍尔式电子点火系统是目前国内外使用最多的点火装置之一，上汽大众桑塔纳、一汽-大众奥迪等轿车均采用这种点火装置。图 7-22 为桑塔纳轿车装用的霍尔式电子点火系统的组成及电路连接图。

3. 光电式发生器

汽车无触点电子点火装置中所使用的光电式发生器，主要由光源、光接收器和遮光盘 3 部分组成，如图 7-23 所示。

光源采用发光二极管。光接收器可以用光电二极管（即光敏二极管），也可用光电（光敏）三极管。遮光盘开有与发动机气缸数相等的缺口，一般被安装在分电器轴上，位于分火头下面。发动机各气缸点火时刻的精确度取决于发生器遮光盘的缺口在其盘上分布位置的精度。

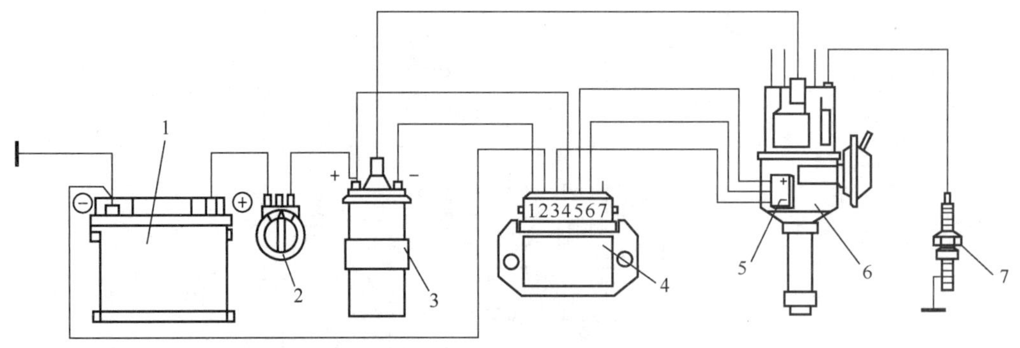

图 7-22 桑塔纳轿车电子点火系统组成

1—电源；2—点火开关；3—点火线圈；4—点火电子组件；5—霍尔效应式发生器；6—分电器；7—火花塞

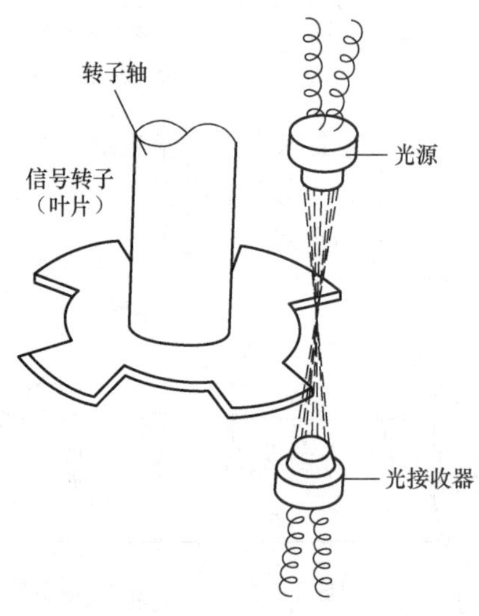

图 7-23 光电式发生器

7.4 微机控制无分电器点火系统

无分电器点火系统是当前十分先进的点火系统。根据点火线圈的数量和高压电分配方式的不同，无分电器点火系统有独立点火式、分组点火（双缸同时点火）式和二极管配电点火式 3 种控制方式。

微机控制无分电器点火系统的组成及工作原理

7.4.1 独立点火式

无分电器独立点火式点火系统如图 7-24 所示，发动机的每个气缸的火花塞上配有一个点火线圈，仅对该缸进行点火，也称独立点火。

由于每缸有各自独立的点火线圈，即使发动机的转速很高，点火线圈也有较长的通电时间（大的闭环角），可提供足够的点火能量。与有分电器的电子点火系统相比，在发动机转速和点火能量相同的情况下，单位时间内通过点火线圈初级电路的电流要小得多，点火线圈不易发热，且点火线圈的体积又可做得非常小，可以和火花塞组装到一起。如日产公司独立点火系统、奥迪五缸发动机独立点火系统等。

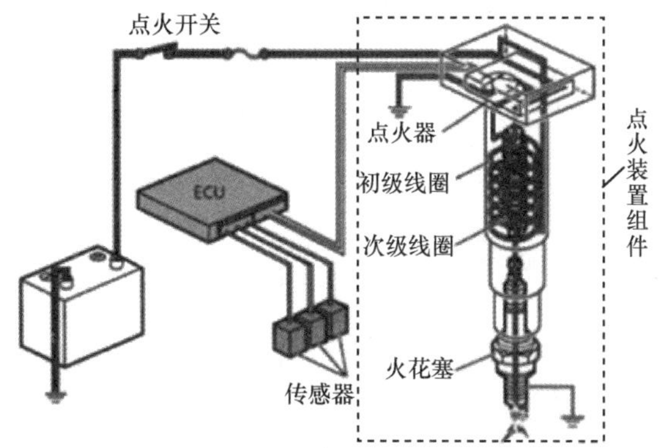

图 7-24 无分电器独立点火式点火系统

7.4.2 分组点火式

无分电器分组点火式点火系统中，点火线圈上有两个高压插孔，用两根高压导线分别与两个气缸的火花塞相连（见图 7-25），当两个活塞同时到达上止点位置时同时点火。此时一个气缸处于压缩行程接近上止点位置，为有效点火，另一个气缸处于排气行程接近上止点之前的位置，火花塞产生的火花既不能点燃残余废气，也不能点燃尚未经过压缩，被残余废气冲淡的、进入气缸的新鲜混合气（由于气门重叠，此时该缸的进气门已打开），为无效点火。图 7-26 所示为桑塔纳 2000 时代超人轿车 AJR 发动机的无分电器电子点火系统。

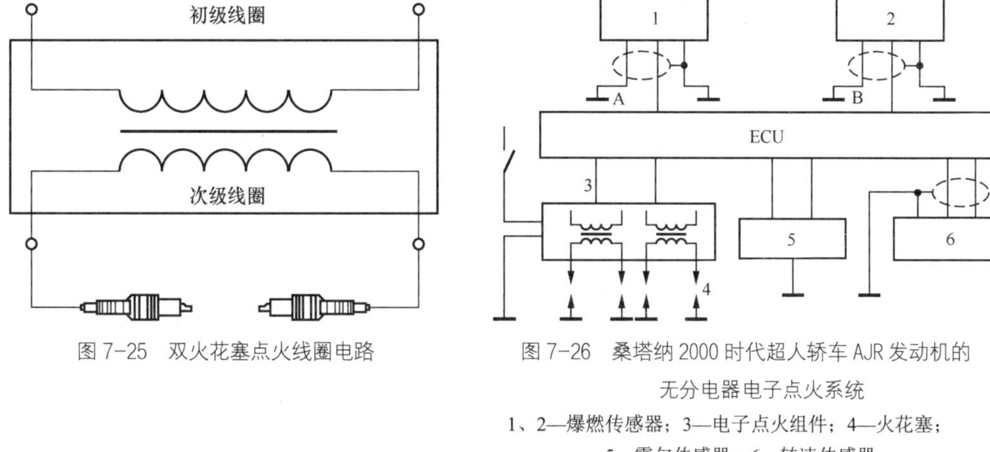

图 7-25 双火花塞点火线圈电路

图 7-26 桑塔纳 2000 时代超人轿车 AJR 发动机的无分电器电子点火系统

1、2—爆燃传感器；3—电子点火组件；4—火花塞；5—霍尔传感器；6—转速传感器

这种点火系统被用在气缸数为偶数的汽车发动机中，点火线圈的个数为气缸数目的一半。与独立点火方式相比，系统的结构和控制电路较为简单，应用比较多。

7.4.3 二极管配电点火式

二极管配电点火式点火系统如图 7-27 所示，发动机每 4 个气缸共用一个点火线圈，点火线圈为内装双初级绕组、双次级绕组式特制结构，利用 4 个二极管的单向导电性交替完成 1、4 缸和 2、3 缸配电过程。在此点火系统中，1 缸与 4 缸、2 缸与 3 缸各为一组，每组的两个火花塞的极性刚好相反，点火时，两个火花塞都产生电火花，一个火花在发动机压缩行程接近终了时产生，为有效点火；另一个火花在发动机排气行程时产生，为无效点火。

二极管配电点火方式的特性与同时点火方式相同，但对点火线圈要求更高，而且发动机的气缸数必须是 4 的整倍数，所以在应用上有一定的限制。

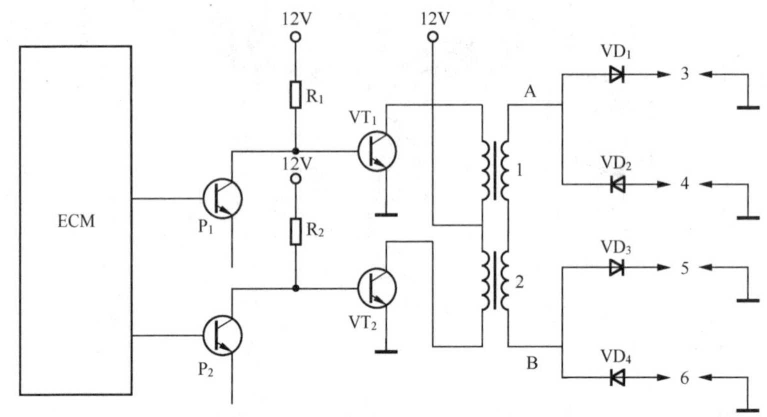

图 7-27　二极管配电点火式点火系统

1、2—点火线圈次级绕组；3、4—1、4 缸的火花塞；5、6—2、3 缸的火花塞

图 7-28 所示为美国福特公司所使用的特制双输出点火线圈的内部结构，用于二极管配电式点火系统。

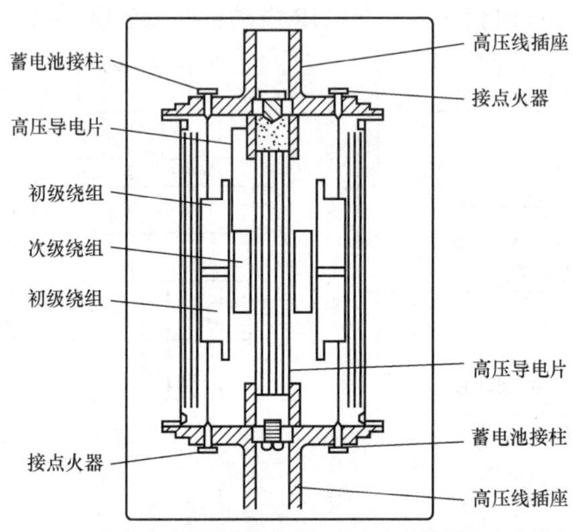

图 7-28　福特公司所使用的特制双输出点火线圈的内部结构

7.5　点火系统新技术

随着汽车市场的要求和消费者需要的不断提高以及技术的不断革新，汽车也变得越来越智能化，一些点火系统新技术不断被应用到汽车领域。

7.5.1　连续点火技术

连续点火技术也叫作连续击穿点火，指发动机的各个气缸在工作过程中产生连续两个甚至多个高压电火花以点燃混合气，能够使放电时间覆盖曲轴旋转的角度延长十几倍，也就是在气缸的每个工作过程产生一串火花而不仅是一个火花。可以是在一个火花塞上连续数次放电，也可以是每个气缸安装两个火花塞依次放电。

这种技术目前已普遍使用在高端品牌的汽车上，比如奔驰、宝马等。尽管不同厂家实现连续点火的形式有所不同，但都是通过增加点火的次数和延长点火时间来达到增加点火能量的目的的。

7.5.2 高压高频连续点火技术

采用一个专门的ECU，点火模块可以提供一个直流电压和用于爆燃监控的辅助电压。每进行一次点火操作，在点火线圈内每秒都有达数万次计的磁场变化，这就意味着整个燃烧过程中有持续不断的火花放电。

7.5.3 双火花塞点火系统

在半球形燃烧室两半球上对称布置两个同型号火花塞（见图7-29），这两个火花塞与燃烧室中心的距离相等，发动机怠速或低速运行时仍采用单火花塞点火；正常工作后，两个火花塞同时点火，缩短了火焰传播距离。该技术可以满足工况需要，实现分层燃烧，改善净化指标和降低油耗。

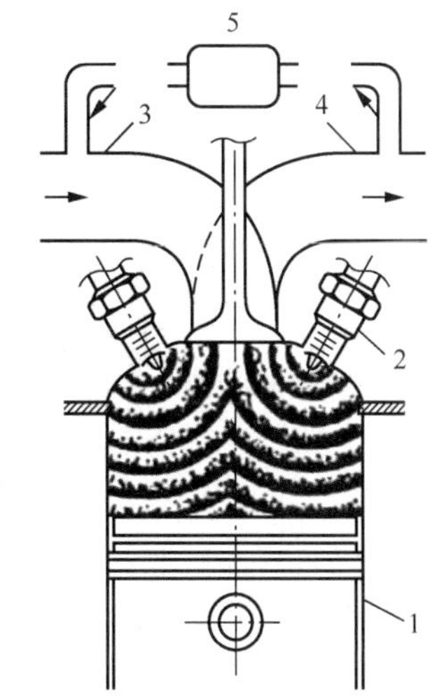

图7-29 双火花塞点火示意

1—活塞；2—火花塞；3—进气管；4—排气管；5—废气再循环控制阀

小 结

通过本章的学习，重点掌握点火系统的相关概念、组成及工作原理，了解电子点火系统的种类，掌握无分电器电子点火系统工作原理。

1．点火时刻或点火提前角决定发动机动力性、经济性等，发动机输出最大功率和油耗最小时所对应的点火提前角称为最佳点火提前角。不同发动机最佳点火提前角各不相同，同一发动机在不同工况和使用条件下的最佳点火提前角也不相同。

2．掌握点火系统工作过程，熟悉点火线圈的功能、火花塞的功能。

3．掌握磁电式发生器、霍尔效应式发生器的结构及工作原理。

4．了解点火系统新技术。

思 考 题

1．名词解释：点火提前角、基本点火提前角、最佳点火提前角。

2．分电器的作用是什么？

3．影响发动机点火提前角的因素有哪些？点火提前角过大或过小对发动机有何影响？

4．简述电子点火器的工作原理。

5．电子点火系统由哪些部件组成？

6．电子点火系统的主要优点有哪些？

第 8 章 汽车发动机起动系统

图 8-1 领克 06 1.5TD-MHEV 轻混动力系统

导入图例（见图 8-1）：2020 年度“中国心”十佳发动机之领克 06 1.5TD-MHEV 轻度混合（轻混）动力系统，采用皮带驱动式起动/发电机（Belt Driven Starter Generator，BSG），具有智能起停功能。

汽车发动机需要借助外力来起动，即发动机的起动是指静止的发动机曲轴在外力作用下从开始转动到发动机自动保持怠速运转的全过程。起动系统的功用就是通过起动机将蓄电池的电能转换成机械能，使发动机达到规定转速。

常用的起动方式有人力起动、辅助汽油机起动以及电动机起动等。目前汽车上广泛使用的是电动机起动，这种方式起动迅速，可重复使用。

8.1 起动系统的组成

起动系统一般由蓄电池、点火开关、起动继电器、起动机等组成，如图 8-2 所示。把点火开关旋至起动挡，起动机产生转矩开始转动，同时起动机上的电磁开关把传动机构中的小齿轮推出，使其与发动机的飞轮齿圈啮合，这样就把电动机的转矩通过传动机构传递给了飞轮，使发动机起动。

8.2 起动机

起动机通常包含直流电动机、控制部分和传动机构（啮合机构），如图 8-3 所示。

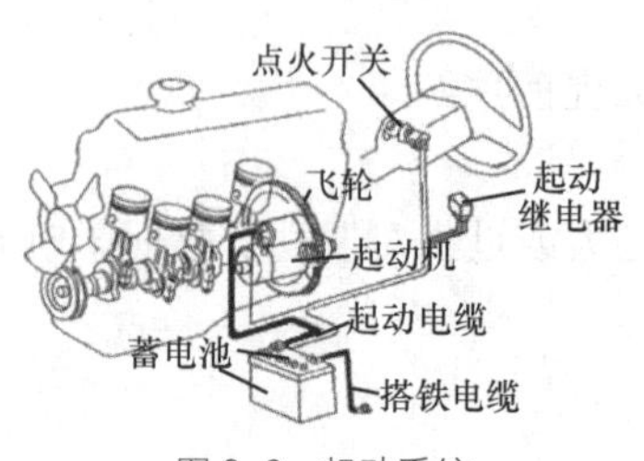

图 8-2 起动系统

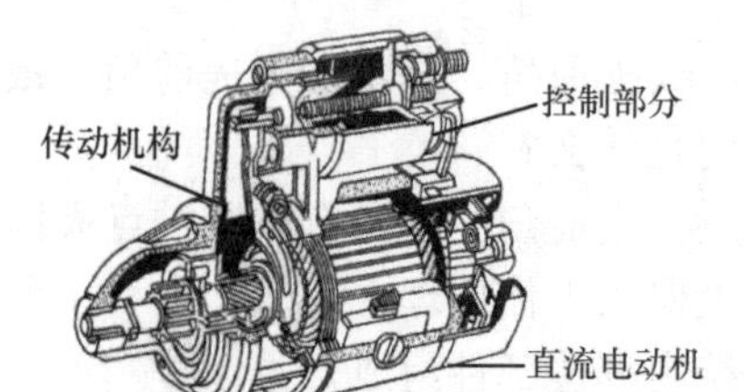

图 8-3 起动机结构

起动机的构造

8.2.1　直流电动机

直流电动机的作用就是产生转矩，将蓄电池输入的电能转换为机械能。直流电动机由电枢、磁极、换向器、电刷和刷架、端盖和外壳等组成（见图 8-4）。

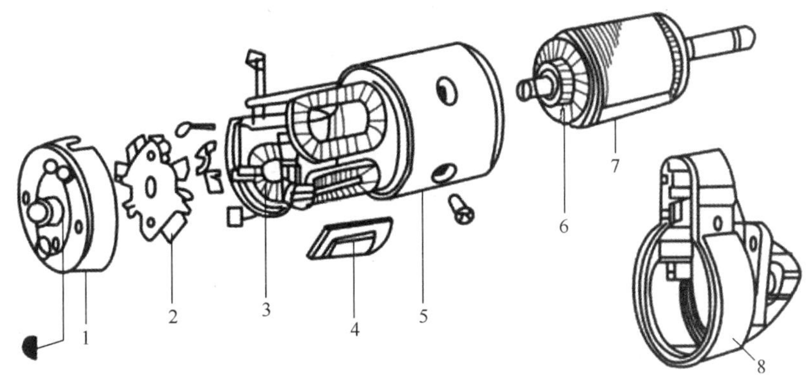

图 8-4　直流电动机

1—前端盖；2—电刷和刷架；3—磁场绕组；4—磁极铁芯；5—外壳；6—换向器；7—电枢；8—后端盖

为了获得足够的起动转矩，通过电枢绕组的电流较大（一般汽油机为 200～600A，柴油机可达 1 000A）。

8.2.2　控制部分

控制部分主要指起动机的电磁开关，用来接通或断开电动机与蓄电池之间的电路。

电磁开关主要由吸拉线圈、保持线圈、回位弹簧、活动铁芯、接触盘等组成，如图 8-5 所示。活动铁芯前端固定有推杆，推杆前端安装有开关触盘，活动铁芯后端用调节螺钉和连接销与拨叉连接。

工作时，点火开关 3 接至起动挡 ST，接通吸拉线圈和保持线圈，其电路为：蓄电池正极→熔断器→点火开关 ST 挡→接线柱 5，然后分两路，一路经吸拉线圈→主电路接线柱 2 →电动机的组→电枢绕组→搭铁→蓄电池负极；另一路经保持线圈→搭铁→蓄电池负极。

此时，吸拉线圈与保持线圈产生的磁场方向相同，在两线圈电磁吸力的作用下，活动铁芯克服回位弹簧的弹力被吸入，推杆前端的接触盘 6 向左移动，同时拨叉将起动小齿轮推出使其与飞轮齿圈啮合。齿轮啮合后，接触盘 6 将主电路接线柱 4 和 2 接通，电动机主电路接通，蓄电池便向励磁绕组和电枢绕组进行大电流供电，产生起动转矩，带动起动机转动。

与此同时，吸拉线圈短路，齿轮的啮合位置由保持线圈的吸力来保持。当吸拉线圈和保持线圈通电产生的磁场方向相反时，其电磁吸力相互抵消，在回位弹簧的作用下，活动铁芯等可移动部件自动复位，触盘与触点断开，电动机主电路断开。

起动机的工作原理

8.2.3　传动机构

传动机构（啮合机构）由单向离合器、驱动齿轮、拨叉等组成。其作用是当发动机起动时，使起动机的驱动小齿轮啮入发动机的飞轮齿圈，将起动机转矩传给发动机的曲轴；当发动机起动后，使起动机的驱动小齿轮自动脱开飞轮齿圈。

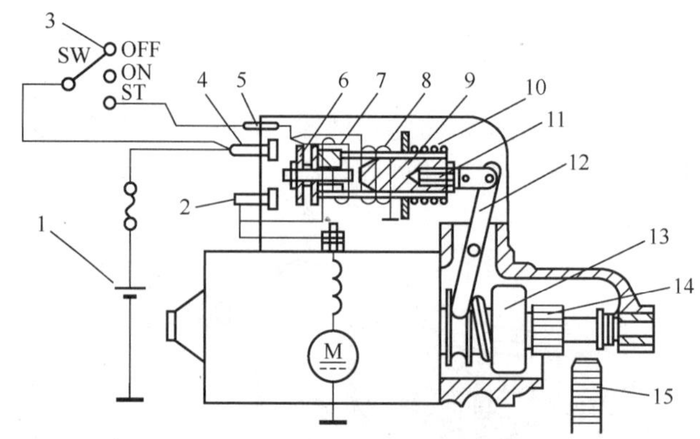

图 8-5　起动机控制电路

1—蓄电池；2、4—主电路接线柱；3—点火开关；5—起动挡接线柱；6—接触盘；7—吸拉线圈；8—保持线圈；9—活动铁芯；10—回位弹簧；11—调节螺钉；12—拨叉；13—单向离合器；14—驱动齿轮；15—飞轮

常用的单向离合器有滚柱式、摩擦片式、弹簧式等多种形式。

1．滚柱式单向离合器

滚柱式单向离合器（见图 8-6）主要由外壳、滚柱、十字块和弹簧等组成。驱动齿轮与离合器外壳刚性连接，十字块与传动套筒刚性连接。装配后，十字块与外壳形成 4 个楔形空间（见图 8-7），滚柱被分别安装在 4 个楔形空间内，且在压帽弹簧张力的作用下，处在楔形空间的窄端。

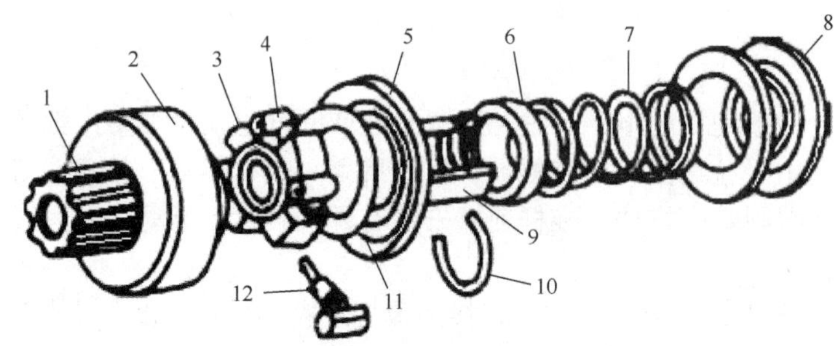

图 8-6　滚柱式单向离合器结构

1—驱动齿轮；2—外壳；3—十字块；4—滚柱；5—护盖；6—弹簧座；7—弹簧；8—移动衬套；9—传动套筒；10—卡簧；11—垫圈；12—压帽弹簧

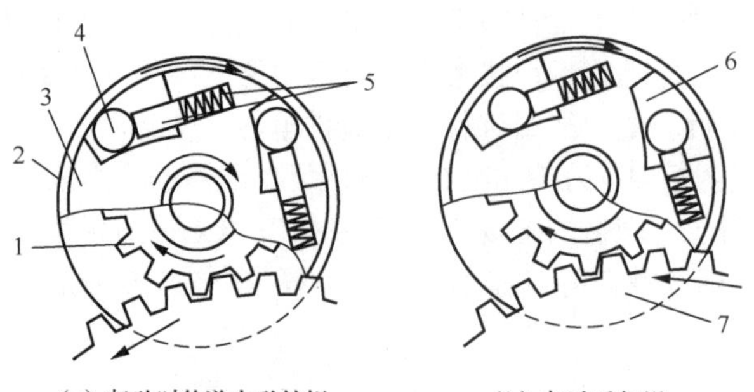

（a）起动时传递电磁转矩　　（b）起动后打滑

图 8-7　滚柱式单向离合器工作原理

1—驱动齿轮；2—外壳；3—十字块；4—滚柱；5—压帽弹簧；6—楔槽；7—飞轮

传动套筒内有花键槽，与电枢轴上的外花键相配合。驱动齿轮套在传动套筒的光滑部分

上，可以随轴转动，也可以在电枢轴上前后移动，使驱动齿轮和飞轮能啮合与分离。

当起动机工作时，电枢轴带动十字块作为主动方开始转动，在离心力的作用下，滚柱被弹簧压向楔形空间较窄的一边，外壳和十字块卡紧，从而带动驱动齿轮一起转动。当发动机起动后，发动机转速大于电枢轴转速（因为发动机飞轮的齿数比起动机齿轮的齿数多），外壳转速快使得滚柱被压向楔形空间较宽的一边，起动机齿轮打滑，起不到动力传输作用。这就是起动机滚柱式单向离合器的工作原理。

此种离合器构造简单，工作可靠，但接合处为刚性，不能承受大的冲击力，传递大扭矩会因滚柱卡死而失效，适用于额定功率在 1.47kW 以下的小型起动机。

2. 摩擦片式单向离合器

摩擦片式单向离合器结构如图 8-8（a）所示，其外接合毂 1 用半圆键固定在起动机轴上，两个弹性圈 2 和压环 3 依次沿起动机轴装进外接合毂中，青铜主动片 4 的外凸齿装入外接合毂的切槽中，钢制的被动片 5 以其内齿插入内接合毂 6 的切槽中。内接合毂具有螺线孔并旋在起动机驱动齿轮柄 9 的三线螺纹上，齿轮柄则自由地套在起动机轴上，内垫有减振弹簧 8，并用螺母锁紧以免从轴上脱落。内接合毂 6 上有两个小弹簧 7，轻压各片，以保证它们彼此接触。

单向离合器

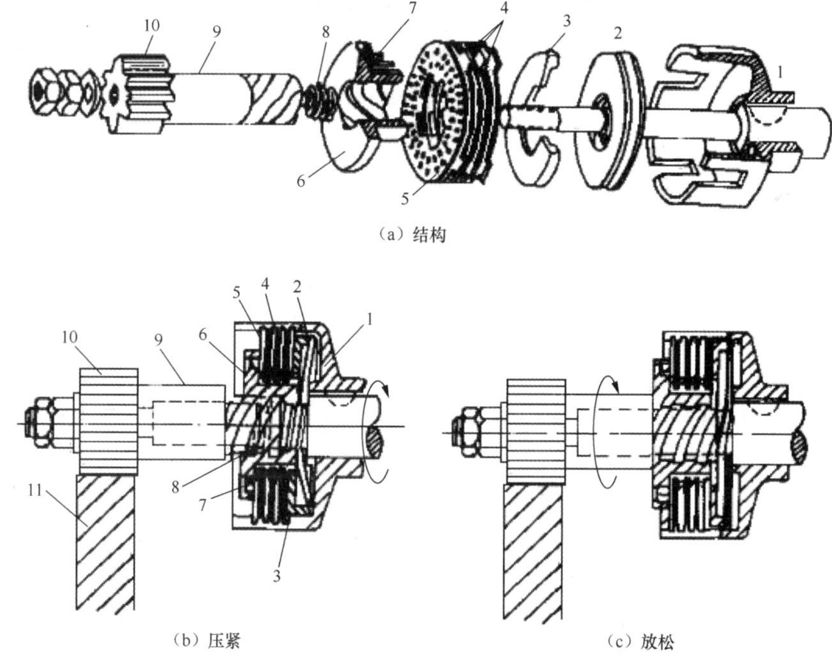

图 8-8 摩擦片式单向离合器

1—外接合毂；2—弹性圈；3—压环；4—主动片；5—被动片；6—内接合毂；7—小弹簧；8—减振弹簧；9—齿轮柄；10—驱动齿轮；11—飞轮

摩擦片式单向离合器的工作原理：当起动机带动曲轴旋转时，内接合毂沿螺旋线向右移动，将摩擦片压紧，如图 8-8（b）所示，利用摩擦力，使电枢的转矩传给飞轮。发动机起动后，起动机驱动齿轮被飞轮带动旋转，当其转速超过电枢转速时，内接合毂则沿着螺旋线向左退出，摩擦片放松，如图 8-8（c）所示，这时驱动齿轮虽高速旋转，但不驱动电枢，从而避免了电枢超速飞散的危险。

摩擦片式单向离合器所传递的最大转矩是由于内接合毂 6 顶住弹性圈而被限制的，因此在压环与摩擦片之间加薄垫片即可调整最大转矩。

3. 弹簧式单向离合器

弹簧式单向离合器的构造如图 8-9 所示，起动机驱动齿轮的右端有一传动套筒，传动套筒内有花键，套在起动机轴的螺旋花键部分上，两个月形圈装入驱动齿轮右端相应的缺口中，并嵌入传动套筒左端的环槽内，使驱动齿轮与花键传动套筒可一起转动，又可以相对起动机轴滑动。扭力弹簧的两端分别裹紧花键传动套筒和驱动齿轮。扭力弹簧与护套之间有间隙，护套可防止扭力弹簧放松时直径过分变大而产生变形和月形圈脱出。垫圈可防止扭力弹簧做轴向移动，垫圈与移动衬套间的缓冲弹簧的作用是减少驱动齿轮与飞轮齿环接触时齿轮的磨损。

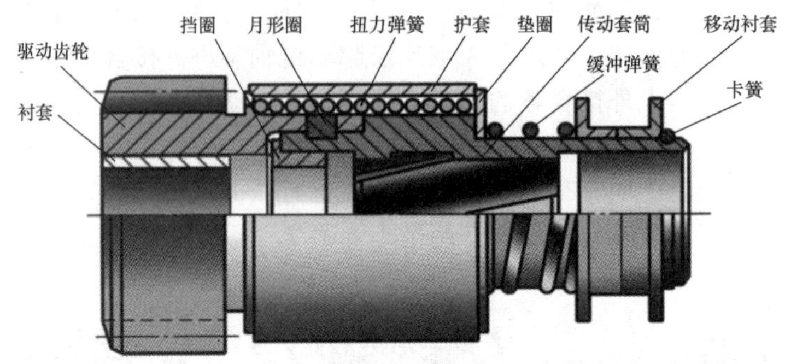

图 8-9 弹簧式单向离合器的构造

起动发动机时，控制装置迫使驱动齿轮与飞轮齿环啮合，电枢轴带动花键传动套筒旋转，在摩擦力的作用下扭力弹簧扭缩，直径缩小，抱紧驱动齿轮右端外圆表面和传动套筒外表面，使其成一刚体，于是电动机产生的转矩经花键传动套筒、扭力弹簧传给驱动齿轮，从而带动飞轮旋转。

起动发动机后，由于飞轮带动驱动齿轮的转速高于花键传动套筒，迫使扭力弹簧放松，使弹簧直径扩大，驱动齿轮和传动套筒不再是一刚体，可以相对滑动，从而避免了电动机超速旋转的危险。

弹簧式单向离合器结构简单、加工方便，成本低，轴向尺寸长，适用于大功率起动机。

8.3 起动机新技术

混合动力汽车中，发动机和电机驱动相结合已经成为主流。根据电机参与的情况，混合动力汽车驱动方案分为轻度混合型、中度混合型和重度混合型 3 类（见图 8-10）。

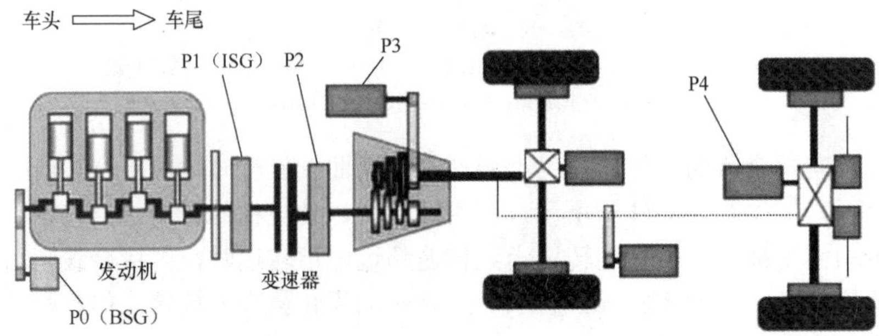

图 8-10 混合动力汽车驱动方案

P0：BSG，实现自起停、能量回收、扭矩辅助，更节能，运转更平顺；

P1：起动/发电一体机，电机在发动机后端与发动机刚性连接在一起，多以中混为主；

P2：电机安装在变速器与发动机中间的离合器之后，简单易行；

P3：前轴电机，增加前轴输出，加快动力响应速度；

P4：大功率后轴电机，实现“全时电四驱”。

目前常见的48V轻混系统主要有两种布局，一种是采用BSG（见图8-11），另一种则是起动/发电一体机（Integrated Starter Generator，ISG）（见图8-12）。

图8-11　皮带驱动式起动/发电机（BSG）

图8-12　起动/发电一体机（ISG）

在奔驰EQ新能源技术布局中，BSG主要应用在奔驰代号为M264的四缸发动机上，ISG主要应用在以奔驰GLE和奔驰S级车型为首的代号为M256的六缸发动机上。当然也有例外，比如奔驰E350L就搭载的是ISG。

8.3.1　皮带驱动式起动/发电机一体化

皮带驱动式起动/发电机，位于发动机前端（见图8-10中的P0），通过皮带传动机构与发动机连接（见图8-13），发动机和其他的动力总成结构没有改变，可以沿用传统车辆的飞轮、离合器和变速器等机构，可以在现有传统的动力总成结构上进行很小的改动获得，大大减小了机构的复杂程度。皮带具有质量轻的特点，与齿轮传动比较，大大降低了整个动力总成结构的质量。这种结构比较常见，如奔驰C 260L、奥迪A6L、吉利博瑞GE等都是采用这种形式。

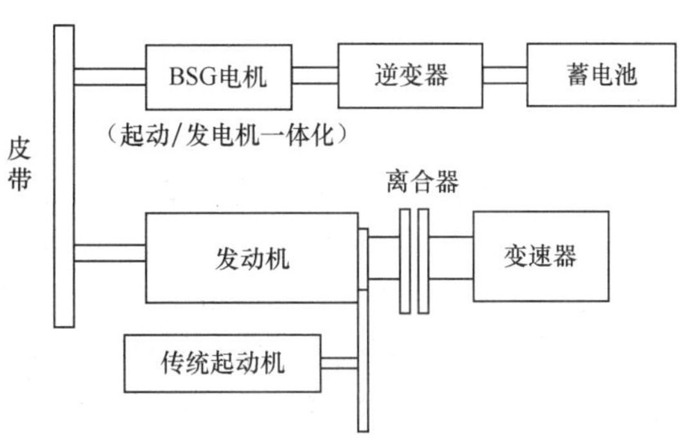

图8-13　BSG动力系统结构示意

BSG轻度混合动力汽车减速工况时，驾驶员的脚离开加速踏板，踩下制动踏板，马上开始制动能量回收，并向起动/发电机传送一个信号，使其将车辆的动能转化成电能并存储起来，驾驶员将挡位挂至空挡，车辆不再向发动机供油，关闭发动机，车辆逐渐停止。

停车工况时，控制系统自动切断内燃机供油，发动机处于关闭状态（车内其他附属设备，如空调系统等可由蓄电池供电，如图8-14所示）。

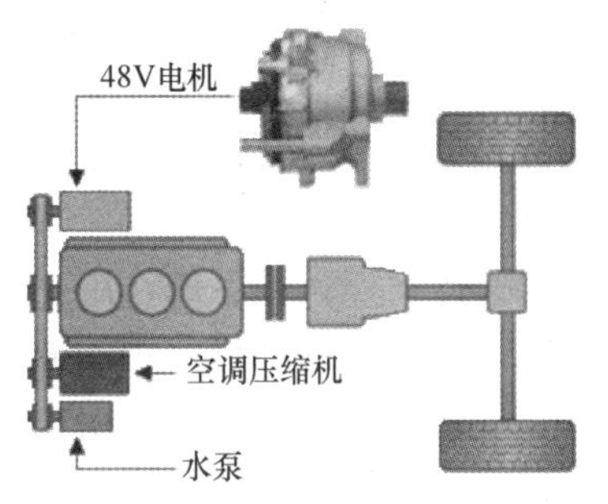

图8-14　BSG结构

起动工况时，重新起动车辆，驾驶员挂一挡，B-ISG系统马上由起动/发电机带动皮带拖动发动机，使发动机达到怠速转速，发动机供油开始，驾驶员脚踩加速踏板（从怠速到起动的过程中，会有约 250ms 的延迟，给驾驶员的感觉是发动机并没有关闭过）。

正常行驶工况：发动机正常工作，驱动汽车。

BSG 由动力电子设备控制，42V 蓄电池一方面为电子设备控制系统提供电力，另一方面，通过 DC/DC 转换器，将电压转换成 12V，为车辆其他电子系统提供电力。

BSG 系统结构简单，成本低，适用于对价格较为敏感的经济车型，特别适合城市某些专门用途的车辆。对特定行驶工况的发动机燃油消耗量的减少有着突出的作用。

8.3.2 起动/发电一体机

起动/发电一体机（ISG）也称 ISA（Integrated Starter Alternator），将盘式一体化起动/发电机直接安装在内燃机曲轴输出端（ISG 转子与曲轴连接，如图 8-15 所示）。ISG 作为电动机可在短时间内（通常加速时间仅为 0.1～0.2s）将内燃机加速至怠速转速（例如 800r/min），然后内燃机开始缸内的燃烧过程。

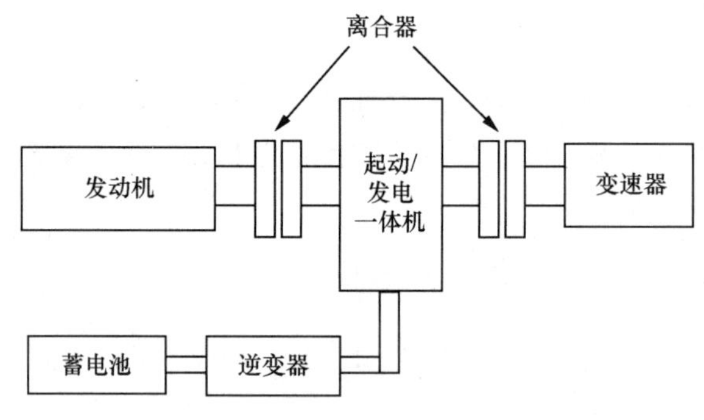

图 8-15 ISG 混合动力系统结构示意

ISG 混合动力系统具有如下特点。

（1）可以实现汽车的自动起停功能。例如在路口等红灯时，内燃机一直处于怠速状态，控制系统自动使内燃机停止运行，同时 ISG 也停止工作，需要起步时，ISG 在 0.1～0.2 s 的短时间内完成起动任务。在城市工况下，汽车不停地起步和停车以及内燃机处于怠速的情况非常多，自动起停系统利用电动机快速起动的特点避开了内燃机低速起动和长时间怠速的情况，提高了整车燃油经济性，改善了整车排放性能。

（2）ISG 可以在内燃机低速大负荷运转时工作在电动机状态，提供一部分辅助功率，提高低速时内燃机的动力性能。例如，当内燃机以较低转速运转时，如果加速踏板的行程大于满行程的 90%，ISG 就开始进行功率补偿，当加速踏板行程达到满行程时，ISG 提供最大瞬时功率。

（3）当 ISG 用作发电机时可以提供 6～10kW 功率输出，全转速范围内的效率在 80%以上。此外，ISG 还可以将汽车减速或制动时的动能转换成电能，为车载电池充电，提高燃油经济性。

（4）ISG 取代飞轮的作用，可以通过自身的转动惯量以及在电动机和发电机之间来回切换状态，来平衡内燃机曲轴的波动，成为有源飞轮，起到减振器的作用。

（5）内燃机附件全部采用电动方式驱动，齿形皮带及齿轮组可以全部省掉，同时可以省去传统的发电机和电动机，内燃机附件的布置可以更加灵活。

小　结

通过本章的学习，重点掌握起动系统的结构组成及工作原理，熟悉直流电动机的结构和工作原理，掌握滚柱式单向离合器的结构及工作原理。

1．汽车一般采用电动机起动，通过驱动小齿轮与发动机的飞轮齿圈啮合，起动发动机。

2．单向离合器的功能是当发动机起动时，使起动机的驱动小齿轮啮入发动机的飞轮齿圈，将起动机转矩传给发动机的曲轴；当发动机起动后，又能够使起动机驱动小齿轮自动脱开飞轮齿圈。

思 考 题

1．汽车起动方式有哪些？

2．起动机由哪些部件组成？

3．起动机上单向离合器的作用是什么？

4．汽车起动机单向离合器有哪几种？各有什么特点？

第9章 汽车发动机燃料燃烧过程

导入图例（见图 9-1）：均质混合气压燃。

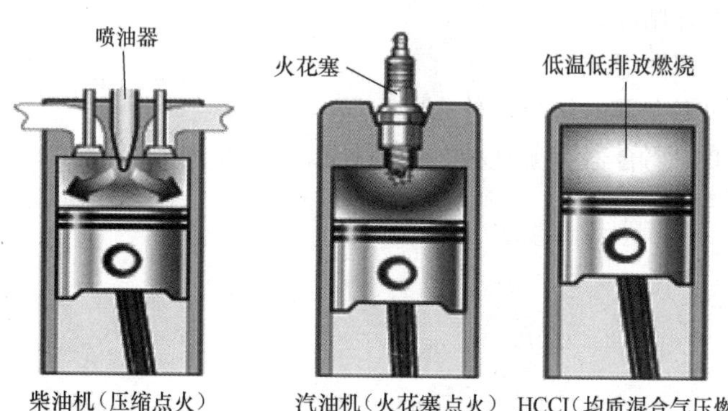

图 9-1 均质混合气压燃

均质混合气压燃（Homogeneous Charge Compression Ignition，HCCI）发动机和传统的汽油发动机一样，都是向气缸里面注入比例均匀的空气和燃料混合气。传统的汽油发动机通过火花塞点火，点燃可燃混合气产生能量。但 HCCI 发动机则不同，它的点火过程同柴油发动机类似，通过活塞压缩混合气使之温度升高至一定程度时自行燃烧。

9.1 汽油机燃料的燃烧

汽油机的燃料燃烧方式属预混合燃烧方式，其特点是火花点火和火焰传播。汽油机对燃烧过程的要求如下。

（1）完全。燃烧完全，才能充分利用燃油的热能，同时减少有害气体排放。

（2）及时。在上止点附近燃烧（即最高燃烧压力 p_{max} 出现在做功行程上止点后 10°CA～15°CA），循环功最多。

（3）正常。正常燃烧，才能保证发动机稳定、可靠工作。

9.1.1 汽油机燃料的正常燃烧

汽油机燃料的燃烧过程，根据气缸压力的变化分为 3 个阶段（见图 9-2），分别为着火延迟期、速燃期和后燃期。

（1）着火延迟期

从火花塞开始点火的 *A* 点到气缸压力线脱离压缩线（即不供油时的气缸压力曲线）的 *B* 点的这段时期，称为着火延迟期，其长短用着火延迟角 φ_i 表示。

这一时期主要进行物理、化学准备，它约占全部燃烧时间的 15%。

由于可燃混合气存在着火延迟，因此火花塞在上止点前 θ 角（点火提前角）点火，使缸内压力在上止点附近达到最大值。

点火提前角 θ：火花塞在点火瞬时到活塞行至上止点时所转过的曲轴转角。它对发动机的动力性、经济性和排放性等影响极大。

火花出现数百微秒后，在火花塞电极周围形成一个直径 1～2mm 的火核，并以层流火焰状态向周围扩展，即燃烧过程开始。燃烧造成压力和温度升高，使缸内气体压力开始脱离压缩线，这标志着着火延迟期结束。一般汽油机的 φ_i 为 10°CA～20°CA。对于实际点火时刻的判断，通常也采用 5%累计放热率所对应的曲轴转角（CA5）作为汽油机的点火时刻。

若能保证汽油机正常工作，着火延迟期的长短对汽油机性能影响不大，但考虑到最高燃烧压力 p_{max} 出现在上止点稍后为最佳时刻，一般使 *B* 点出现在上止点前 12°CA～15°CA 较为合适。

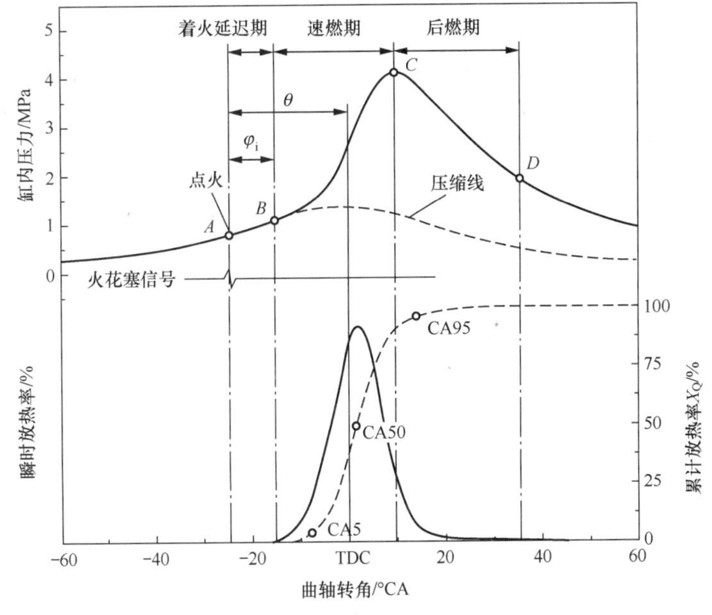

图 9-2　汽油机燃烧过程

（2）速燃期

从 *B* 点开始，到气缸内出现最高压力的 *C* 点为止，这段时期称为速燃期（又称火焰传播时期）。

这段时期，火焰由火核迅速向外传播，直至扩展到整个燃烧室。燃烧放热主要在火焰前锋面上进行，在此期间 70%～90%的燃料被燃烧掉。随着燃烧的进行，缸内压力、温度迅速上升，并达到最高燃烧压力 p_{max}。一般将 p_{max} 作为速燃期的终点，由图 9-2 可以看出，p_{max} 大约对应着 90%累计放热率。

p_{max} 出现的时间非常重要，一般希望 p_{max} 出现在上止点后 10°CA～15°CA。若出现过早，则混合气着火必然过早，引起压缩行程负功增加；若出现过晚，则等容度下降，循环热效率下降，同时散热损失也增加。p_{max} 出现的位置可用点火提前角 θ 来控制。

（3）后燃期

从速燃期终点的 C 点到燃料基本燃烧完的 D 点，这一段时期称为后燃期。在 C 点时，火焰前锋面已传播到燃烧室壁面，整个燃烧室被火焰充满。大部分燃料的燃烧放热已完成，因而继续燃烧的是火焰前锋面扫过后未完全燃烧的燃料以及壁面附近的未燃混合气。另外，高温裂解产生的 CO、NO_x 等成分，在膨胀过程中随温度下降又部分化合而放出热量。由于燃烧放热速率下降，加之气体膨胀做功，使缸内压力很快下降。

为保证高的循环热效率和多的循环功，应使后燃期尽可能短，以保证燃烧持续期在 40°CA～60°CA。近年来，随着汽油机热效率的提高，燃烧持续期逐渐缩短为 40°CA 之内。但燃烧持续期过短时，对提高热效率的效果已不明显，反而会增大汽油机工作粗暴程度。

9.1.2 汽油机燃料的非正常燃烧

汽油机燃料正常燃烧的特征是，由火花点火引燃并以火核为中心的火焰有序传播。若设计或控制不当，汽油机也会出现如爆燃和表面点火等非正常燃烧现象，这类非正常燃烧在柴油机中是没有的。

1．爆燃

（1）定义：当火花塞点火后，正常火焰传来之前，燃烧室边缘区域的混合气（末端混合气）立即自燃并急速燃烧，产生爆炸性冲击波和尖锐的金属敲击声的现象称为爆燃，爆燃也被称作敲缸或爆震。

（2）爆燃时发动机外部特征如下。

① 气缸内发出频率为 3 000～7 000Hz 的金属振音（敲缸）。

② 冷却系统过热，气缸盖温度、冷却液温度和润滑油温度均明显上升（冷却液温度表显示温度过高）。

③ 轻微爆燃时，发动机功率略有增加，强烈爆燃时，发动机功率和转速下降，油耗上升，工作不稳定，机身有较大振动。

④ 缸内压力曲线出现高频大幅度波动（锯齿波），如图 9-3 所示。

⑤ 爆燃严重时，汽油机甚至冒黑烟。

（3）爆燃产生的原因：末端混合气受到不正常的热辐射或压缩等。

（4）爆燃会给汽油机带来极大危害，如热负荷及散热损失增加、机械负荷增大、动力性和经济性降低、磨损加剧、排气异常等。为防止爆燃，汽油机的压缩比一般不超过 10～11，这是汽油机热效率显著低于柴油机的一个主要原因。

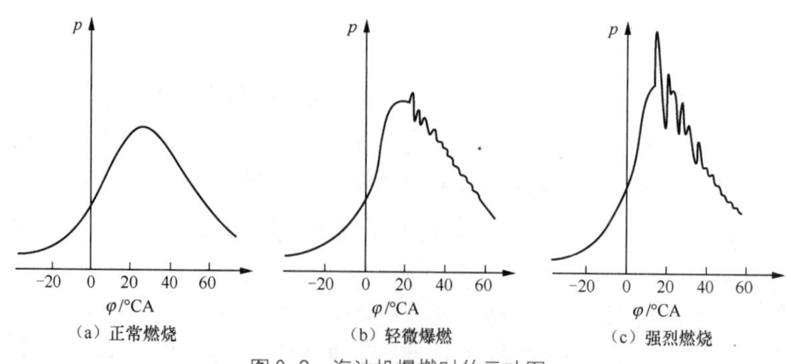

图 9-3 汽油机爆燃时的示功图

[单缸机，排量 381cm^3，n=4 000r/min，节气门全开，喷油提前角由（a）到（c）依次加大]

2．表面点火

（1）定义：由燃烧室内炽热表面引起的着火称为表面点火。

（2）容易形成炽热表面的部位有排气门头部、火花塞电极、燃烧室内壁凸出部位或积碳处等，有资料表明，含铅化合物的积碳更容易引燃混合气，因为含铅化合物的催化作用可使积碳着火温度由 600℃降低到 340℃。

（3）早火：指发生在火花塞点火之前的表面点火。由于它提前点火而且炽热表面点火的面积远比火花塞点火的大，所以燃烧速度加快，气缸压力、温度增高，发动机工作粗暴，并且压缩功增加（见图 9-4），向缸壁传热增加，致使功率下降，火花塞、活塞等零件过热。由于活塞和连杆等零部件在压缩行程末期受到较大的冲击载荷产生振动，因而发出一种沉闷的低频敲缸声（600～1 200Hz），可与爆燃时的高频敲击声相区分。推迟点火提前角可以减轻和消除爆燃，但无法消除表面点火引起的非正常燃烧。

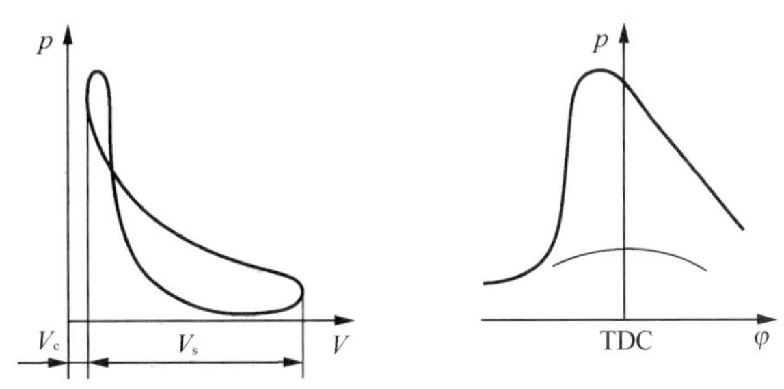

图 9-4　汽油机早火时的示功图

（4）后火：指发生在火花塞点火之后的表面点火。当炽热表面的温度比较低时，电火花点燃混合气后，在火焰传播的过程中，炽热表面点燃其余混合气，但此时形成的火焰前锋仍以正常的速度传播。这种现象可在发动机断火以后出现，这时发动机仍像有电火花一样继续运转，直到炽热表面温度下降以后，发动机才停止运转。

（5）表面点火和爆燃也会相互影响，强烈的爆燃，必然增加向气缸壁的传热，从而促成燃烧室炽热表面的形成，导致表面点火。早火又使气缸压力升高，最高燃烧压力增大，使未燃混合气受到较强的压缩和传热，从而促使爆燃发生。

9.1.3　汽油机燃料燃烧过程的影响因素

汽油机燃料燃烧过程的影响因素有燃料的性质、混合气的浓度、点火提前角、发动机的转速、发动机负荷、压缩比、冷却液的温度、燃烧室的形状、气缸直径以及气缸盖和活塞的材料等。

1．燃料

汽油机使用的燃料是汽油，汽油是从石油中提炼出来的碳氢化合物。按辛烷值不同分为几个牌号。以 RQ 打头，后跟汽油的辛烷值。汽油的辛烷值通常有两种表示方法，即研究法辛烷值（Research Octane Number，RON）和马达法辛烷值（Motor Octane Number，MON），换算关系为 RON=MON+10。例如牌号为 RQ-90，“R”是燃的汉语拼音首字母，“Q”是汽的汉语拼音首字母，“RQ”代表燃料汽油；90 是辛烷值（表示研究法辛烷值为 90），压缩比大的汽油机应选用较高牌号的汽油。由于环保的要求，我国在 2000 年 7 月 1 日推广使用无铅汽油，含铅量小于 2.5mg/L 的汽油为无铅汽油。

2．汽油的使用性能指标

汽油的使用性能指标主要有抗爆性、蒸发性和热值等。

（1）汽油的抗爆性。抗爆性指汽油抵抗爆燃的能力，用辛烷值评定。汽油的辛烷值越高，其抗爆性就越好。研究法辛烷值与马达法辛烷值的试验条件和方法略有区别，同一种汽油的研究法辛烷值大于马达法辛烷值，两者的数值差称为敏感度，它们和的一半称为抗爆指数。

（2）汽油的蒸发性。蒸发性指汽油汽化的难易程度，以馏程作为评价汽油蒸发性的指标。常用汽油的 10%、50%、90%等馏分的馏出温度来评定。

10%的馏出温度标志着起动性能。汽油机使用 10%馏出温度低的汽油，容易起动。但此温度过低，会使汽油在输送管路中形成“气阻”，使发动机断火。

50%的馏出温度标志着汽油的平均蒸发性。它影响着发动机的暖机时间、加速性和工作稳定性。若此温度低，可以使暖机时间短，并且当发动机由低负荷向高负荷过渡时，能够及时供给发动机所需浓混合气，使发动机加速性能良好。

90%的馏出温度标志着燃料中含有的难以挥发的重质成分的数量。此温度低，表明燃料中重质成分少，挥发性好，有利于完全燃烧。此温度过高，则因汽油中重质成分较多而使汽油汽化不良，燃烧不完全，造成排气冒烟和积碳。

（3）汽油的热值。热值指 1kg 燃料完全燃烧后所产生的热量。汽油的热值约为 44 000kJ/kg。

3．汽油的选用

选择汽油主要依据发动机的压缩比。因为压缩比越大，汽油在发动机气缸内燃烧发生爆燃的可能性越大，所以压缩比高的汽油机应采用辛烷值高的汽油。

4．混合气的浓度

混合气浓度对火焰传播的影响如图 9-5 所示。

功率混合气（ϕ_a=0.85～0.95），火焰传播速度最快。

经济混合气（ϕ_a=1.05～1.15），火焰传播速度仍较高，且此时空气相对充足，燃料能完全燃烧，热效率最高。

火焰传播下限（ϕ_a=1.3～1.4），燃料分子之间的距离将增大到使混合气的火焰不能传播的程度，以致发动机不能稳定运转。

火焰传播上限（ϕ_a =0.4～0.5），由于燃烧过程中严重缺氧，也将使火焰不能传播。

5．点火提前角

不同点火提前角的示功图如图 9-6 所示。

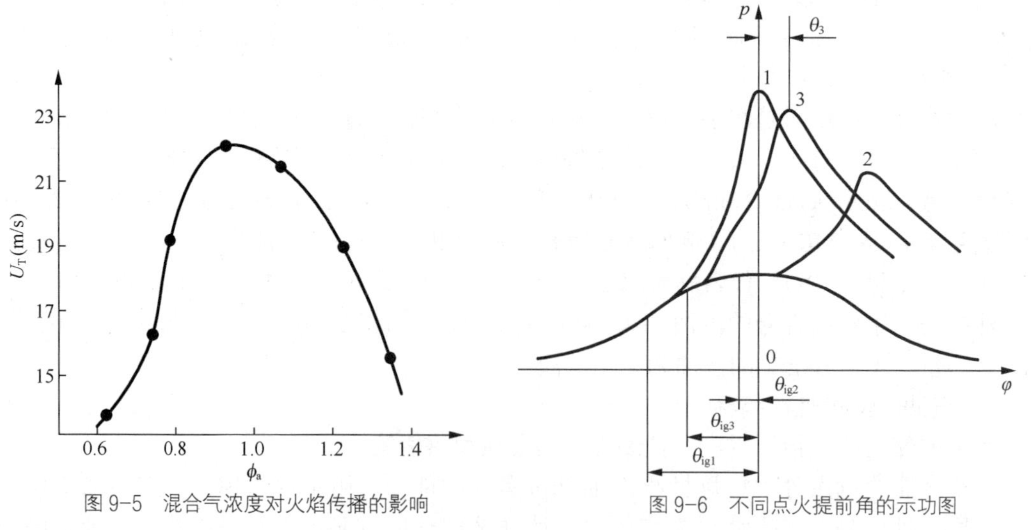

图 9-5　混合气浓度对火焰传播的影响

图 9-6　不同点火提前角的示功图

点火提前角过大（点火过早，曲线 1）：压缩功增加，有效功率下降，发动机工作粗暴程度增大，爆燃倾向增大。在这种情况下，只要适当减小点火提前角，就可以消除爆燃。

点火提前角过小（点火过迟，曲线2）：散热损失增多，最高压力降低，且膨胀不充分，使排气温度过高，发动机过热，功率下降，耗油量增多。有时还会造成排气管“放炮”现象。

合适的点火提前角（曲线3）的气缸最高压力出现在上止点后10°CA～15°CA。

6. 发动机转速

发动机转速增加，火焰传播速度加快（见图9-7），爆燃的倾向减小。这是因为发动机转速升高，导致气缸内可燃混合气涡、紊流增强，且漏气及传热损失减少。

因为以时间计的燃烧速度加快，而以曲轴转角计的燃烧延续角仍然过大，所以汽油机转速提高后，应将点火提前角加大，以保证燃烧过程在上止点附近完成。

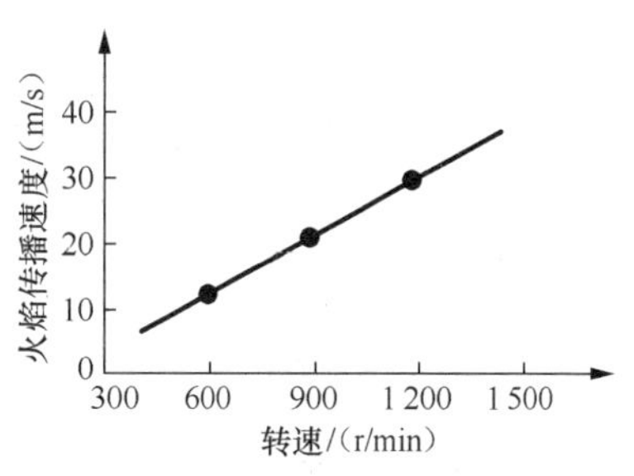

图9-7 火焰传播速度随转速的变化

7. 发动机负荷

发动机转速一定而负荷减小时，进入气缸的新鲜混合气量减少，而残余废气量基本不变，使残余废气所占比例相对增加，导致燃烧速度减慢。图9-8所示为发动机不同节气门开度时的示功图。为保证燃烧过程在上止点附近完成，应该随着负荷的减少增大点火提前角，这点靠真空提前点火装置来调节。

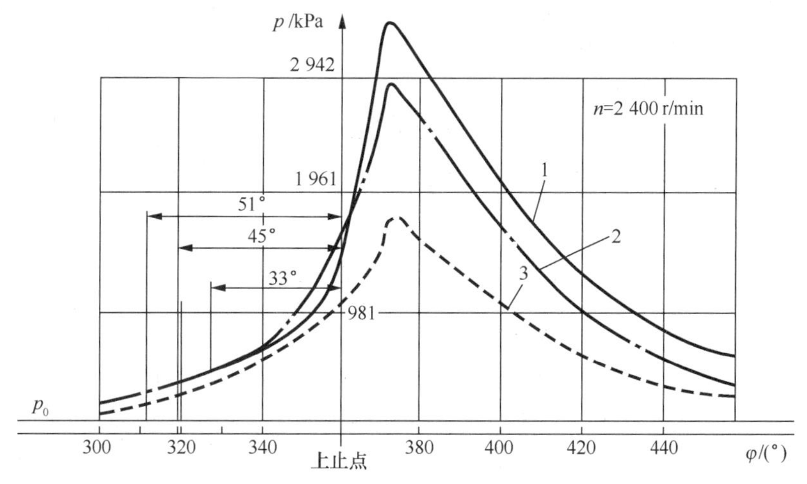

图9-8 发动机不同节气门开度时的示功图

1—节气门开度100%；2—节气门开度40%；3—节气门开度20%

负荷减小时，由于气缸中残余废气的稀释作用增强，气缸内的温度、压力下降，故爆燃倾向减小。所以发生爆燃时，可以采用放松加速踏板的方法，以临时消除爆燃。

8. 压缩比

提高压缩比，可提高压缩行程终了时混合气的温度、压力，加快火焰传播速度。选择合适的点火提前角，可使燃烧在更小的容积下进行，使燃烧终了时的温度、压力高。且燃气膨胀充分，热转变为功的量多，热效率提高，发动机功率、扭矩大，有效燃油消耗率降低。

但是，提高压缩比，会增大未燃混合气自燃的倾向，容易发生爆燃，所以汽油机不可能像柴油机那样采用高压缩比。随着汽油品质的提高，燃烧室的设计、汽油机电控喷射等技术的发展，允许汽油机压缩比有所提高，目前可达 10～11。

9．气缸直径

气缸直径增大，火焰传播距离长，从火焰核心形成到火焰传播至末端混合气的时间增长，爆燃倾向增大，所以无大缸径的汽油机，通常汽油机缸径在 100mm 以下。

10．气缸盖和活塞材料

铝合金比铸铁导热性好，所以气缸盖、活塞采用铝合金材料，可使燃烧室表面温度降低，热负荷明显降低，可减小爆燃倾向。

11．燃烧室的形状和火花塞布置

不同的燃烧室形状和火花塞布置，使发动机有不同的压缩比、面容比、混合气的涡紊流状态和燃烧速度，直接影响发动机的抗爆性、经济性、动力性和排放性能，值得深入研究。

9.1.4 汽油机典型燃烧室及其特性

当活塞位于上止点时，活塞顶面以上、气缸盖底面以下所形成的空间称为燃烧室。燃烧室形状直接影响到充气效率、燃烧放热速率、散热损失以及爆燃等，从而影响汽油机的各项主要性能。常见的汽油机（不包括缸内直喷式）燃烧室形状有以下 5 种（见图 9-9）。

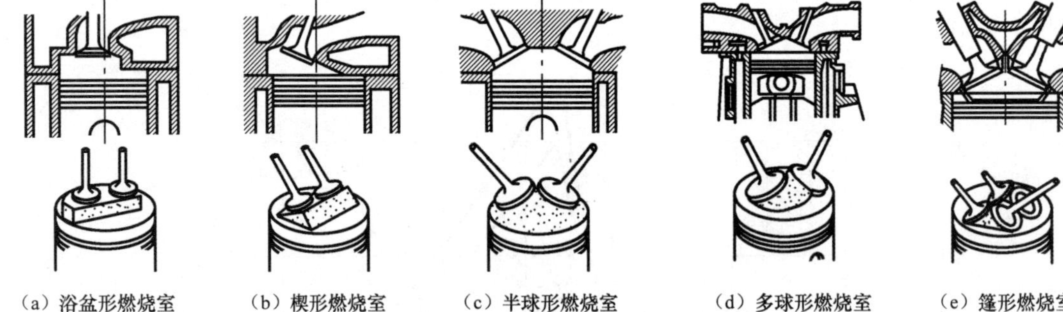

（a）浴盆形燃烧室　（b）楔形燃烧室　（c）半球形燃烧室　（d）多球形燃烧室　（e）篷形燃烧室

图 9-9　常见的汽油机燃烧室形状

1．汽油机燃烧室设计的基本原则

汽油机的主要问题是油耗高（排气污染可由三元催化器来有效控制），因而其燃烧室设计的主要目的是提高循环热效率。具体措施包括提高压缩比、缩短燃烧持续期、减少散热损失和提高进气充量，主要设计原则如下。

（1）燃烧室结构紧凑

一般以面容比 F/V（燃烧室表面积与燃烧室容积之比）来表征燃烧室的紧凑性。F/V 越小，燃烧持续期越短，等容度越高；散热损失越小；火焰传播距离越短，不易产生爆燃；壁面淬熄效应减小，HC 排放降低。采用顶置气门的各种燃烧室（见图 9-9）的 F/V 较小，压缩比普遍达到 8 及以上。

（2）燃烧室几何形状合理

合理的燃烧室几何形状，有助于得到适宜的火焰传播速率和放热速率。合理的几何形状还包括燃烧室轮廓线尽可能圆滑，以避免凸出部分产生局部热点导致表面点火。

（3）火花塞布置合理

火花塞位置会直接影响火焰传播距离的长短以及燃烧放热速率，而缩短火焰传播时间可以有效防止爆燃并提高热效率。确定火花塞位置时一般要考虑以下几点：

① 火花塞至末端混合气距离最短，使得在相同压缩比时发生爆燃的可能最小；

② 火花塞应靠近排气门布置，以避免末端混合气温度过高而易出现爆燃；

③ 保证火花塞周围有足够的扫气气流，以充分清扫火花塞间隙处的残余废气，保证点火成功，这会使发动机冷起动和低速、低负荷运转时的工作稳定性好，循环波动率小，动力性、经济性和 HC 排放均会得到改善。

（4）组织合理的气流运动

强度适当的涡流特别是湍流可以使油气混合更加均匀。湍流火焰传播速度要比层流的高数十至上百倍，提高混合气的湍流度可以明显提高燃烧速度，扩大混合气的稀燃界限，减小壁面淬熄层厚度，使 HC 排放降低。但过强的气流运动会使散热损失增加，流动阻力增加，着火困难。

（5）有足够的进、排气门流通截面

进、排气门流通截面的增大，不仅使充气效率提高，还会使泵气损失下降。图 9-9 所示的燃烧室中，两气门布置时，楔形、半球形和多球形燃烧室相对来说容易得到较大的进、排气门流通截面，而且气流也比较顺畅，不拐直角弯，阻力较小；而篷形燃烧室的四气门布置有最大的进、排气门流通截面。

2．典型燃烧室及其性能

（1）浴盆形燃烧室

如图 9-9（a）所示，浴盆形燃烧室形状像一个椭圆形浴盆，在双侧或单侧（见图 9-10）设置挤气面。

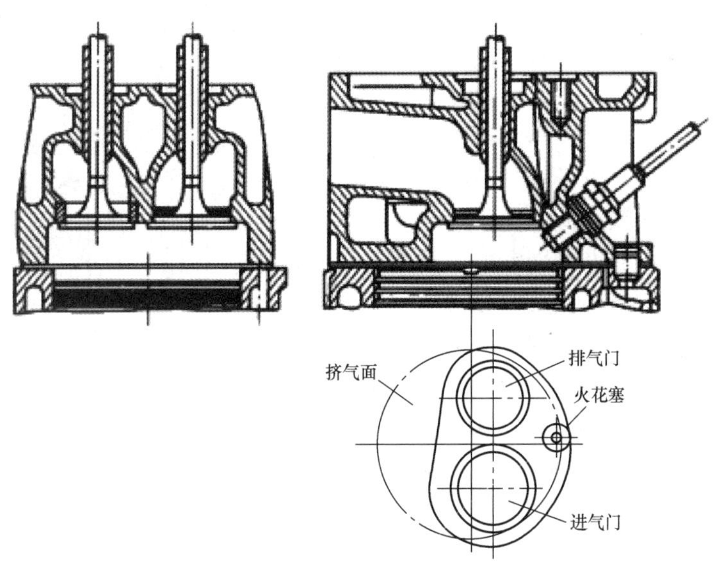

图 9-10　46100Q 型汽油机的浴盆形燃烧室

浴盆形燃烧室的 F/V 较大，火花塞位置远离燃烧室，火焰传播距离较长，因而压缩比一般不超过 7.5。气门垂直布置在燃烧室上面，进、排气阻力大，充气效率较低，燃烧速度较低，动力性和经济性不高。CO 和 HC 排放量较多，但发动机工作柔和，NO_x 排放低。结构简单，也较紧凑，能形成一定的挤气涡流，制造工艺性好，便于维修。北京 492Q 和 6100Q、一汽-大众奥迪 100 和捷达 EA827 型汽油机均采用浴盆形燃烧室。

（2）楔形燃烧室

如图 9-9（b）所示，楔形燃烧室的气门斜置，流通截面较大，气道转弯较小，充气特性好。火花塞布置在楔形燃烧室高侧的进、排气门之间，在压缩终了时能产生强烈的挤气涡流，可在火花塞附近形成较强的扫气气流，燃烧速度快，发动机低速及低负荷运转时性能稳定。结构较简单、紧凑，其动力性和燃油经济性好于浴盆形燃烧室，但存在较大的散热面积，对 HC 排放不利。北京切诺基轿车发动机采用这种结构的燃烧室。

（3）半球形燃烧室

如图 9-9（c）所示，半球形燃烧室的 F/V 要小于浴盆形和楔形燃烧室，基本不组织挤气涡流。进、排气门倾斜布置，气门直径较大，燃烧室结构最为紧凑，散热面积小，充气效率高，有利于促进燃料的完全燃烧及排气净化，HC 排放量较少。但其配气机构较复杂，且 NO_x 排放量较多。

目前国外轿车最高转速在 6 000r/min 以上的汽油发动机多采用这种形状的燃烧室。神龙富康轿车发动机的燃烧室为半球形，其大部分空间（27mL）在气缸盖上，小部分（6mL）在活塞顶上。

（4）多球形燃烧室

如图 9-9（d）所示，多球形燃烧室顶面呈球面状，并且气门及火花塞周围也各自呈球面状，因此称为多球形燃烧室。这种燃烧室可布置较大的气门或多气门，获得压缩涡流，但其结构复杂，散热面积大，热效率较低。

（5）篷形燃烧室

如图 9-9（e）和图 9-11 所示，篷形燃烧室的形状是如圆锥面的帐篷状，最便于四气门布置，这就使火花塞可以布置在燃烧室中央。篷形燃烧室 F/V 最小，结构紧凑，火焰传播距离最短，由于四气门倾斜布置，进、排气口截面积最大，充气效率较高。在常用的各种汽油机燃烧室中，动力性、燃油经济性以及高速适应性都最好。自 20 世纪 90 年代后期以来，国际上先进的轿车和轻型车汽油机大都采用四气门结构，因而篷形燃烧室成为最常用的燃烧室。天津一汽夏利及欧宝 V6、奔驰 320E 和三菱 3G81 等轿车发动机采用篷形燃烧室。

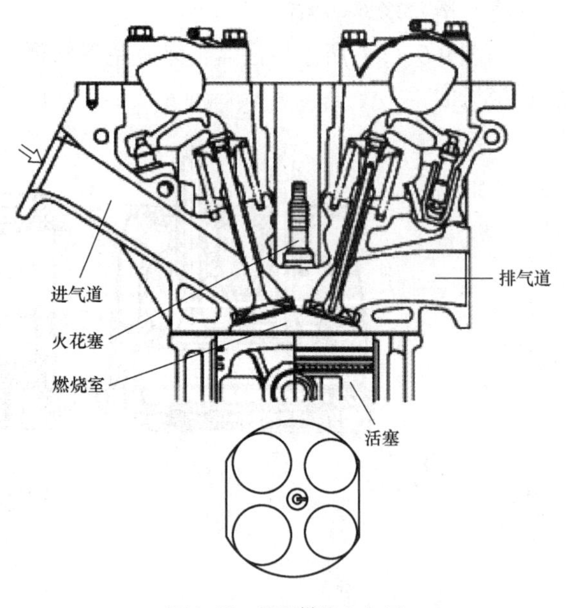

图 9-11　篷形燃烧室实例

9.2　柴油机燃料的燃烧

9.2.1　柴油机混合气形成

1．柴油机混合气形成特点及改善措施

（1）混合气形成特点

① 柴油的蒸发性和流动性比汽油差。

② 混合气在缸内混合形成。

③ 混合气形成时间极短，只占 15°CA～35°CA（按发动机转速 3 000r/min 计，时间只有 8.3×10^{-4}～1.9×10^{-3}s）。

④ 边燃烧边喷油，气缸内各处混合气浓度很不均匀。

（2）改善措施

① 组织空气在气缸中的流动，促进可燃混合气形成。

② 设计出各种燃烧室，使混合气形成和燃烧快速进行。

③ 采用高喷油压力（15～200MPa）向气缸喷油，使燃油雾化均匀，与空气快速混合燃烧。

④ 采用电子控制技术，准确控制燃料定时、定量向气缸喷射。

2．柴油机混合气形成方式

根据柴油机混合气形成特点，可以分为空间雾化混合和油膜蒸发混合两种基本方式。

空间雾化混合是将柴油高压喷向燃烧室空间，形成雾状，与空气进行混合，如图 9-12（a）所示。为了使混合均匀，要求喷出的燃油与燃烧室形状相配合，并充分利用燃烧室中空气的运动。

油膜蒸发混合是将大部分柴油喷射到燃烧室壁面上，形成一层油膜，柴油受热蒸发，在燃烧室中强烈的旋转气流作用下，燃料蒸气与空气形成均匀的可燃混合气，如图 9-12（b）所示。

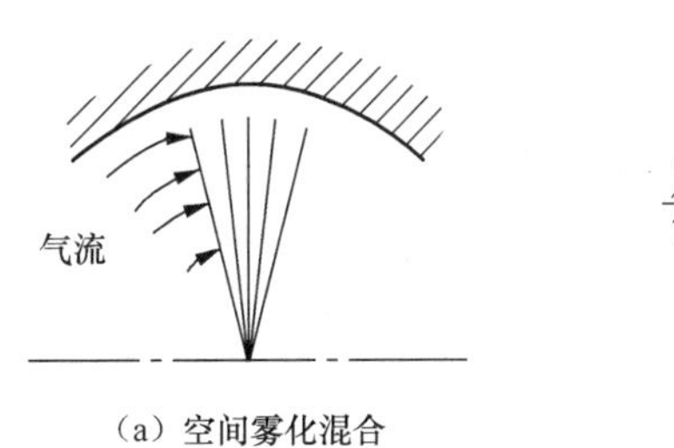

（a）空间雾化混合　（b）油膜蒸发混合

图 9-12　混合气形成方式

在柴油实际喷射中，两种混合方式都兼而有之，只是多少、主次有所不同。

为了促进柴油与空气更好地混合，一般都要组织适当的空气涡流，常见的有以下 3 种。

（1）进气涡流

进气涡流是指在进气行程中，使进入气缸的空气形成绕气缸中心高速旋转的气流。它一直持续到燃烧膨胀过程。

采用螺旋进气道和切向进气道（见图 9-13），空气涡流速度可以达到曲轴转速的 6～10 倍。

（2）挤压涡流

挤压涡流（挤流）是指在压缩行程中形成的空气运动。当活塞接近压缩上止点时，活塞顶上部环形空间中的气体被挤入活塞顶部的凹坑内[见图 9-14（a）]，形成气体的运动。当活塞下行时，活塞顶部凹坑内的气体向外流入环形空间[见图 9-14（b）]，称为逆挤流。挤压涡流的产生与活塞顶凹坑（燃烧室）设计有很大关系，柴油机活塞顶凹坑形形色色，目的就是促进燃油与空气的混合与燃烧。

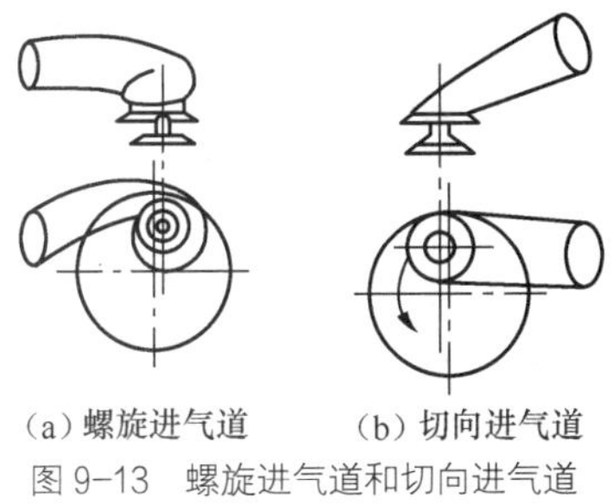

（a）螺旋进气道　（b）切向进气道

图 9-13　螺旋进气道和切向进气道

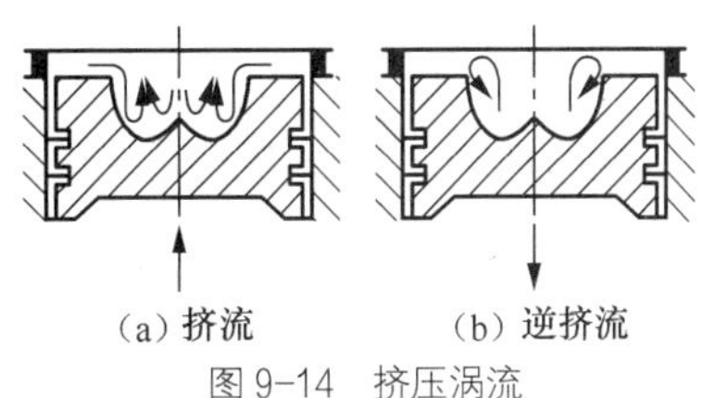

（a）挤流　（b）逆挤流

图 9-14　挤压涡流

（3）燃烧涡紊流

燃烧涡紊流是指利用柴油燃烧的能量，冲击未燃的混合气，造成混合气涡流或紊流的现象。其目的也是进一步促进燃油与空气的混合与燃烧。

9.2.2 柴油机燃料的燃烧过程

柴油机采用喷雾扩散燃烧方式，其燃烧过程要比汽油机复杂得多。柴油机燃烧过程具有高速、高温和高压的特点，从喷油开始到燃烧结束的整个燃烧过程一般在 2～10ms，燃烧室内局部温度可达 2 000℃以上，最高燃烧压力甚至超过 15MPa（增压柴油机）。燃烧过程及燃烧特性对柴油机的动力性、燃油经济性、排放特性和 NVH 等外在性能有重要影响。

1．柴油机燃料的燃烧过程

根据柴油机燃料的燃烧过程进展的实际特征，柴油机燃料的燃烧过程分为 4 个阶段：着火延迟期（滞燃期）、速燃期、缓燃期和后燃期，分别对应图 9-15 中的 1、2、3、4 阶段。

（1）着火延迟期（滞燃期）

着火延迟期是指从喷油始点 A 到气缸压力线与压缩线脱离点 B 所对应的时期（见图 9-15 中的第 1 阶段），此段时期又称作滞燃期。

这个时期主要进行柴油着火前的物理、化学准备过程（雾化、吸热、扩散、蒸发、氧化、分解），在温度、压力以及空燃比等条件合适处，多点同时着火，随着燃烧放热的进行，缸内压力和温度升高，并脱离压缩线。同时，此时期燃料不断被喷入，期间喷油量约占循环喷油量的 30%～40%。

除直接在示功图上判断 B 点外，用放热率曲线可以更精确地确定 B 点。如图 9-15 所示，由于柴油汽化吸热，造成着火前放热速率 $dQ_B/d\varphi$ 曲线出现负值，一旦开始燃烧放热，$dQ_B/d\varphi$ 很快变为正值。因此，可以取 $dQ_B/d\varphi=0$ 的点作为着火点。

着火延迟期时间虽短（0.000 7～0.003s），但对整个燃烧过程影响很大。若着火延迟期长，则喷出的油量多，导致速燃期压力急剧升高，柴油机工作粗暴；但着火延迟期过短，又会导致可燃混合气形成困难，柴油机动力、经济性能欠佳。

（2）速燃期

速燃期指从柴油开始着火点 B 开始的压力急剧上升的 BC 段（见图 9-15 中的第 2 阶段）。

由于着火延迟期内做好燃前准备的预混合气大面积多点同时着火，燃烧放热速率 $dQ_B/d\varphi$ 很快上升并达到最高值，且在活塞靠近上止点时气缸容积较小的情况下发生，因此气体的温度和压力都急剧升高。随着大量在着火延迟期内生成的可燃混合气燃烧殆尽，放热速率 $dQ_B/d\varphi$ 下降，达到曲线的谷点 C，速燃期结束。

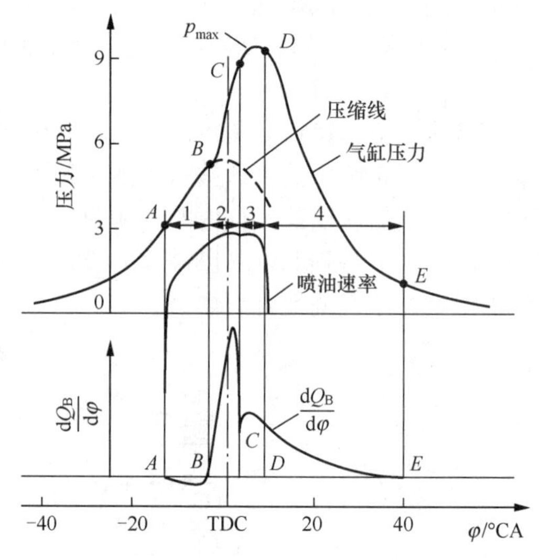

图 9-15 柴油机燃料燃烧过程

1—着火延迟期；2—速燃期；3—缓燃期；4—后燃期

由于在速燃期中参与燃烧的主要是在着火延迟期内形成的可燃混合气，因此也称这一时期为“预混合燃烧”阶段。这种预混合气体是在极短时间内形成的，实际是一种非均质预混合气，与汽油机的均质预混合气并不完全相同。

速燃期燃料燃烧非常迅速，气缸压力和温度急剧增加，是对外做功的关键时期；在这个时期，针阀仍然开启，燃料继续喷入，燃烧条件变差，所以要控制该时期的喷油量和加强气缸内气体的流动。

（3）缓燃期

缓燃期指从 *C* 点到最高燃烧温度的 *D* 点所对应的时期（见图 9-15 中的第 3 阶段）。

在此期间，参与燃烧的是速燃期内未燃烧的燃料和后续喷入的燃料，这些燃料边蒸发混合，边着火参与燃烧。由于气缸内温度的急剧升高，燃料蒸发混合速度明显加快，加之后续喷油速率的上升，使放热速率 $dQ_B/d\varphi$ 再次上升，出现柴油机燃烧特有的“双峰”现象。这一阶段，燃烧放热速率的大小取决于油气相互扩散混合速度，因此也称为扩散燃烧阶段。

缓燃期由于活塞下行，气缸容积变大，氧气变少，废气增多，所以混合气燃烧速度减缓，气缸内压力逐渐出现下降趋势，而温度却继续上升；若此时喷油还在继续，由于燃烧恶化，燃料易裂解成黑烟排出。缓燃期过长，会使一部分燃料远离上止点进行燃烧放热，因而燃烧等容度下降，放热时间加长，循环热效率下降。因此，缓燃期应越短越好，加快缓燃期燃烧速度的关键是加快混合气形成。

（4）后燃期

后燃期指从缓燃期终点 *D* 到燃料基本燃烧完毕的 *E* 点这段时期（见图 9-15 中的第 4 阶段）。

由于柴油机混合气形成时间短，油气混合极不均匀，总有一些燃料不能及时形成可燃混合气，以致拖到膨胀期间继续燃烧，特别是在发动机高负荷运转时，过量空气少，后燃现象比较严重。后燃期气缸内未燃的燃料继续燃烧，由于燃烧条件恶化，使燃烧不完全，排气冒黑烟，放出的热无法做功而传给机体，使发动机过热，所以应尽量减少后燃。

柴油机燃烧时，总体空气量是过量的，只是混合不均匀造成局部缺氧。因此，加强缸内气体运动，可以加快后燃期的混合气形成和燃烧速度，而且会使碳烟及不完全燃烧成分加速氧化。

2．燃料对柴油机燃烧过程的影响

依据国家标准《车用柴油》（GB 19147—2016），我国车用柴油按凝点分为 5、0、−10、−20、−35 和−50 共 6 个牌号，从 2019 年 1 月 1 日起执行车用柴油（Ⅵ）国家标准，其部分指标见表 9-1。

表 9-1　　我国车用柴油（Ⅵ）部分指标（GB 19147—2016）

<table>
<tr><th colspan="2">指标</th><th>凝点/℃（不高于）</th><th>十六烷值（不小于）</th><th>运动黏度（20℃）/（mm²/s）</th><th>馏程 50% 回收温度/℃（不高于）</th><th>闪点（闭口）/℃（不低于）</th><th>水含量（体积分数）/%（不大于）</th><th>总污染物含量/（mg/kg）（不大于）</th></tr>
<tr><td rowspan="6">牌号</td><td>5 号</td><td>5</td><td rowspan="3">51</td><td rowspan="2">3.0～8.0</td><td rowspan="6">300</td><td rowspan="3">60</td><td rowspan="6">痕迹</td><td rowspan="6">24</td></tr>
<tr><td>0 号</td><td>0</td></tr>
<tr><td>−10 号</td><td>−10</td><td rowspan="2">2.5～8.0</td></tr>
<tr><td>−20 号</td><td>−20</td><td>49</td><td>50</td></tr>
<tr><td>−35 号</td><td>−35</td><td rowspan="2">47</td><td rowspan="2">1.8～7.0</td><td rowspan="2">45</td></tr>
<tr><td>−50 号</td><td>−50</td></tr>
</table>

（1）十六烷（$C_{16}H_{34}$）值。它是评价柴油着火难易的一个重要指标。十六烷值小，柴油

着火变难，着火延迟期变长，柴油机工作粗暴。汽车柴油机要求十六烷值不小于 45。

（2）凝点。凝点是指柴油失去流动性开始凝固时的温度。汽车轻柴油就是按凝点分为各种牌号的。选用柴油时，应该根据当时当地的气温确定，要求柴油的凝点低于气温 5℃以上。

（3）馏程。馏程是表征柴油蒸发性能的一个指标。以某一馏出容积百分数下的温度表示。50%馏程表征了柴油的平均蒸发性能，该温度越低，说明柴油蒸发性越好。

（4）黏度。黏度是表征柴油稀稠的一项指标。黏度过大，柴油喷雾困难，雾化质量变差，影响燃烧过程；而黏度过小，喷油泵及喷油器中的精密偶件润滑不良，容易磨损。

（5）污染物和水分。污染物会引起喷嘴的喷孔堵塞，加剧喷油泵、喷嘴精密偶件磨损；而水分会使燃烧恶化，污染物和含水量都应严格控制。尤其是柴油的输运和添加等环节，注意防止外界灰尘、杂质及水分混入，柴油应进行沉淀和严格过滤。

除此之外，对柴油的氧化安定性、防腐性等也都有要求。

3．供油提前角对燃烧过程的影响

供油提前角是指喷油泵开始供油瞬时到活塞行至上止点所转过的曲轴转角。它是影响柴油机动力性能、经济性能、运转性能和排放性能的一个重要而且敏感的因素。

供油提前角过大，由于这时缸内温度较低，导致燃烧的着火延迟期长，柴油机工作粗暴，常出现敲缸现象。同时还使上行的活塞受阻，起动困难，压缩负功增加，柴油机动力性能、经济性能下降。

相反，供油提前角过小，燃料不能在上止点附近迅速燃烧完全，后燃期延长，导致柴油机排气冒黑烟，冷却液温度过高，机体过热，动力、经济性能下降。

柴油机在使用中，由于精密偶件、各传动部件、油量控制部件、喷油提前器等的磨损或松动，都会使供油提前角产生变化，应经常进行检查调整。

9.2.3 柴油机典型燃烧室及其特性

柴油机燃烧室可分为两大类，即直喷式（Direct Injection，DI）燃烧室和非直喷式（Indirect Injection，IDI）燃烧室。进行燃烧室设计时，要同时考虑燃油喷射、气流运动和燃烧室结构，实现“油–气–室”三者的合理匹配。

1．直喷式燃烧室

直喷式燃烧室是指将燃油直接喷入主燃烧室中进行混合燃烧的各种燃烧室。典型的直喷式燃烧室结构如图 9-16 所示，分别为浅盘形、深坑形和球形。浅盘形燃烧室中的活塞凹坑开口较大，可看作与凹坑以外的燃烧室空间形成了一个统一的燃烧室空间，因而这种燃烧室也称为开式燃烧室（或称统一式燃烧室）；另外，深坑形和球形燃烧室也称为半开式燃烧室。

（1）浅盘形燃烧室

如图 9-16（a）所示，浅盘形燃烧室的结构比较简单，在活塞顶部设有开口大、深度浅的燃烧室凹坑。一般不组织进气涡流或只组织很弱的进气涡流，混合气形成主要依靠燃油射束的运动和雾化，可以说是一种“油找气”的混合方式，因此均采用多孔（5～8 孔）喷油器，高压喷射（最高喷油压力可达 100～200MPa），以使燃油尽可能分布到整个燃烧室空间。

由于采用高压和多孔喷油方式，浅盘形燃烧室在滞燃期内形成较多的可燃混合气，因而最高燃烧压力和压力升高率都很高，柴油机工作粗暴，燃烧温度高，NO_x 排量和排气烟度较大，噪声、振动及机械负荷较大。这种“油找气”的被动混合方式决定了浅盘式燃烧室的空气利用率差，必须在过量空气系数 $\phi_a \geq 1.6$ 时才能保证燃料完全燃烧。其优点是，燃烧室设计和加工难度较小（相比深坑形），气流运动速度低使得散热和流动损失小，燃油经济性好，柴油机容易起动。

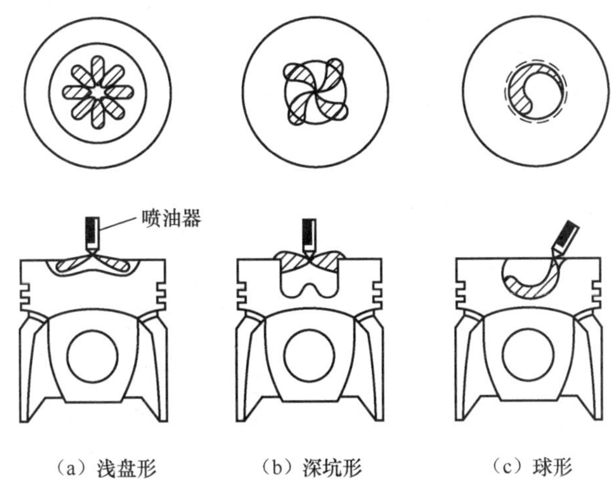

图 9-16　典型的直喷式燃烧室

浅盘形燃烧室最初主要用于缸径较大（≥120mm）、转速较低（≤2000r/min）的柴油机，适应了当时柴油机进气涡流普遍较低的实际情况。但近年来随着喷油压力的大幅度提高，有往更小缸径应用的趋势。

（2）深坑形燃烧室

与浅盘形燃烧室的“油找气”方式相比，深坑形燃烧室采用“油和气相互运动”的混合气形成方式[见图 9-16（b）]，以满足车用高速柴油机混合气形成和燃烧速度更高的要求。深坑形燃烧室一般适用于缸径 80～140mm 的柴油机，最突出的特点是适应高转速（最高可达 4 500r/min），因此在车用中小型高速柴油机上获得了最广泛的应用。典型的深坑形燃烧室有 ω 形燃烧室和后来发展起来的四角形燃烧室。

① ω 形燃烧室。如图 9-17 所示，ω 形燃烧室在活塞顶部设有比较深的凹坑，其中凹坑的中心凸起是为了帮助形成涡流以及排除气流运动很弱的中心区域的空气而设置的。采用 4～6 孔均布的多孔喷油器中央布置（4 气门时）或偏心布置（2 气门时），缸内空气运动以进气涡流为主，挤流为辅。由于利用燃油喷雾和空气运动两方面的作用形成混合气，因而比浅盘形更容易形成均匀的混合气，空气利用率提高，可在过量空气系数 ϕ_a =1.3～1.5 的条件下实现燃料完全燃烧。

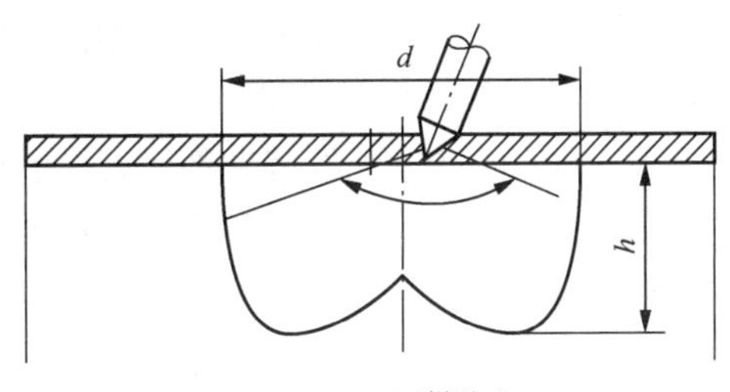

图 9-17　ω 形燃烧室

② 四角形燃烧室。涡流和挤流都是尺度较大的气体运动，为了促进燃油与空气的微观混合，适当引进微涡流或湍流是十分有益的。这类燃烧室中最具代表性的有日本五十铃公司在 20 世纪 70 年代开发的四角形燃烧室、日本小松公司的微涡流燃烧室（Micro Turbulence Combustion Chamber，MTCC），也称为非回转体型燃烧室（见图 9-18）。

MTCC 的上部（入口处）为四角形，下部为回转体。在气缸内做涡流运动的气体一边进入燃烧室凹坑，在凹坑入口处和下部产生大涡流 A 和 C，在入口的 4 个角上产生微涡流。同时，上部的低速涡流区（A 涡流）与下部的高速涡流区（C 涡流）的交界区域，由于两涡流的流速差产生湍流。因此，将燃油喷向四角处以及上下涡流交界处时，局部微涡流和湍流可加快混合气形成和燃烧速度。研究表明，四角形和微涡流燃烧室的碳烟排放和燃油消耗率均优于 ω 形燃烧室，并以微涡流燃烧室的性能为最好。这种燃烧室的最大特点是，可以改善一般直喷式燃烧室存在的低速时涡流太弱而高速时涡流过强的问题，因而可在宽广的转速范围内保持合适的气流运动强度。

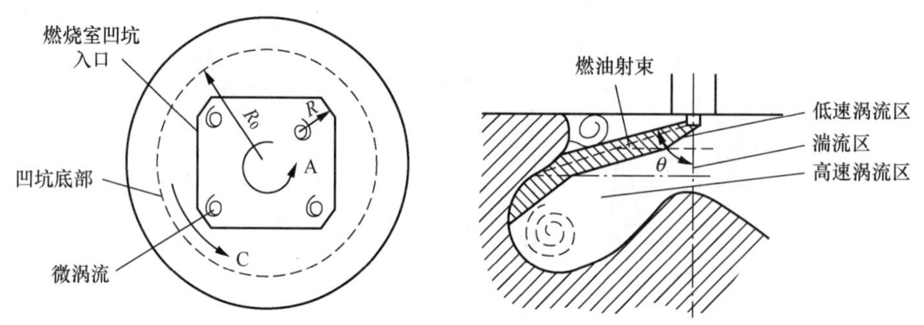

图 9-18　MTCC

（3）球形燃烧室

球形燃烧室是由 MAN 公司的 J. S. Meurer 博士在 20 世纪 50 年代提出的，球形燃烧室的燃烧过程也称为 M 燃烧过程。如图 9-16（c）所示，这种燃烧室以油膜蒸发混合方式为主，活塞顶部的燃烧室凹坑为球形，喷油器孔数为 1～2 孔（单一喷孔，或一个主喷孔和一个副喷孔），喷油油束沿球形燃烧室壁面并顺气流喷射，燃油被喷涂在壁面上形成油膜。为保证形成很薄的均匀的油膜，需要很强的涡流。在较低的壁温下，燃料在着火前以较低速度蒸发，在着火延迟期内生成的混合气量较少，因而初期燃烧放热率和压力升高率低。随着燃烧进行，缸内温度和火焰热辐射强度提高，使得油膜蒸发加速，燃烧也随之加速。

在理想的 M 燃烧过程中，燃料油膜按蒸发、被气流卷走、混合、着火燃烧的顺序十分有序地进行混合燃烧，避免了较大燃油颗粒暴露在高温下产生裂解。因而空气利用率好，可在 ϕ_a=1.1 的条件下正常燃烧。在早年柴油机喷油压力不高的条件下，球形燃烧室以轻声无烟而著称，动力性和燃油经济性都较好，并能适用于从汽油到柴油的各种燃料。但球形燃烧室也存在冷起动性能差（起动时燃烧室壁温低）、随工况变化性能差别大、对涡流强度十分敏感等因而工艺要求高等问题，目前已基本不用。

2．非直喷式燃烧室

非直喷式燃烧室往往具有主、副两个燃烧室，燃油首先喷入副燃烧室内，进行一次混合燃烧，然后冲入主燃烧室进行二次混合燃烧，根据在副燃烧室内形成涡流运动还是湍流运动，非直喷式燃烧室又分为涡流室式和预燃室式两种。

（1）涡流室式燃烧室

如图 9-19 所示，涡流室式燃烧室中，作为副燃烧室的涡流室设置在缸盖上，其容积与整个燃烧室容积之比为 0.5～0.7。主燃室由活塞顶与缸盖之间的空间构成，主燃烧室通过一连通通道与副燃烧室切向连接。

在压缩过程中，受活塞挤压的空气通过连通通道由主燃烧室进入副燃烧室，形成强烈的有组织的压缩涡流（一次涡流）。燃油以较低压力顺涡流方向喷入副燃烧室，迅速扩散、蒸发并与空气混合。浓混合气在副燃烧室内着火燃烧（一次混合燃烧），随温度和压力的升高，燃气带着未完全燃烧的燃料和中间产物经连通通道高速冲入主燃烧室，在活塞顶部导流槽导引下再次形成强烈的涡流（二次涡流），与主燃烧室内的空气进一步混合燃烧（二次混合燃烧），完成整个燃烧过程。

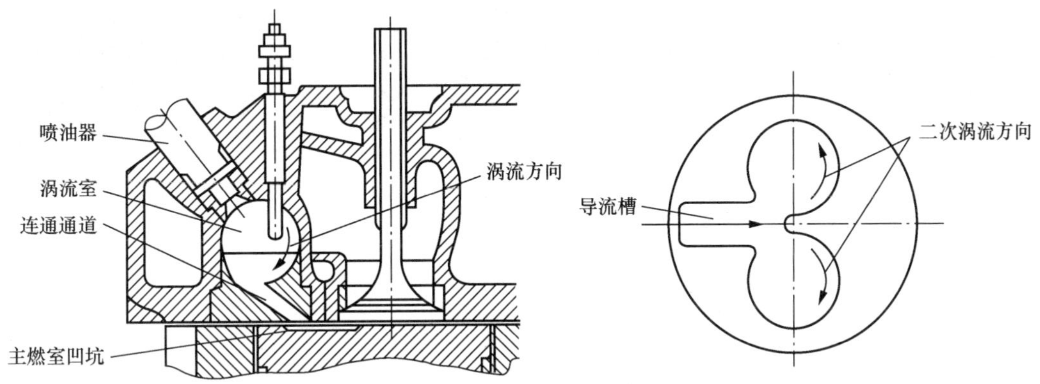

图 9-19　涡流室式燃烧室

与直喷式燃烧室相比，涡流室式燃烧室具有下列特点。

① 对喷雾质量要求不高，一般采用轴针式喷油器和较低喷射压力，喷油系统成本低。

② 由于副燃烧室内的燃烧是过浓混合气的不完全燃烧，所以初期放热率低，因而压力升高率和最高燃烧压力均低于直喷式燃烧室，工作柔和，振动和噪声小。

③ 压缩涡流随发动机转速升高而增强，即转速越高，混合气形成和燃烧速度越高，适合于高速柴油机，转速可高达 5 000r/min。

④ 缸内气流运动自始至终十分强烈，空气利用率好，可在 ϕ_a =1.2 的条件下充分燃烧。

⑤ 不需要进气涡流，进气道形状简单，加工制造成本低，同时充量系数高。

⑥ 涡流室式燃烧室的最大问题是油耗比直喷式燃烧室高 10%～15%。其原因是，燃烧室面容比大造成散热损失大，连通通道节流造成流动损失大，燃烧分两段进行导致燃烧持续期过长。

⑦ 涡流室式燃烧室由于散热损失大和喷雾质量不高，因此冷起动性能不如直喷式燃烧室。为改善冷起动性能采用高压缩比（ε=20～24），对热效率已无益处，反而降低了机械效率。

（2）预燃室式燃烧室

预燃室式燃烧室的结构如图 9-20 所示。整个燃烧室由位于气缸盖内的预燃室和活塞顶部的主燃烧室所组成，两者之间由一个或数个孔道相连。对于 2 气门布置，预燃室可偏置于气缸一侧；对于 4 气门布置，预燃室可置于气缸中心线上。预燃室的容积与整个燃烧室容积之比为 0.35～0.45，小于涡流室式燃烧室。

轴针式喷油器安装在预燃室中心线附近，低压喷出的燃油在强烈的空气湍流中扩散并与空气混合。着火燃烧后，随预燃室内的压力和温度升高，燃烧气体经狭小的连通通道高速喷入主燃烧室，产生强烈的燃烧涡流或湍流，进行第二次混合燃烧。

预燃室式燃烧室的工作原理与涡流室式燃烧室相似，都是采用两次混合及燃烧，主要不同之处是，由于连通通道不与预燃室相切，所以压缩行程期间在预燃室内形成的是无组织的湍流运动。

预燃室式燃烧室各项性能指标与涡流室式相近，但由于通道节流损失更大，因而燃油经济性更差一些，连通通道的热负荷更高，造成燃烧室使用寿命不长。

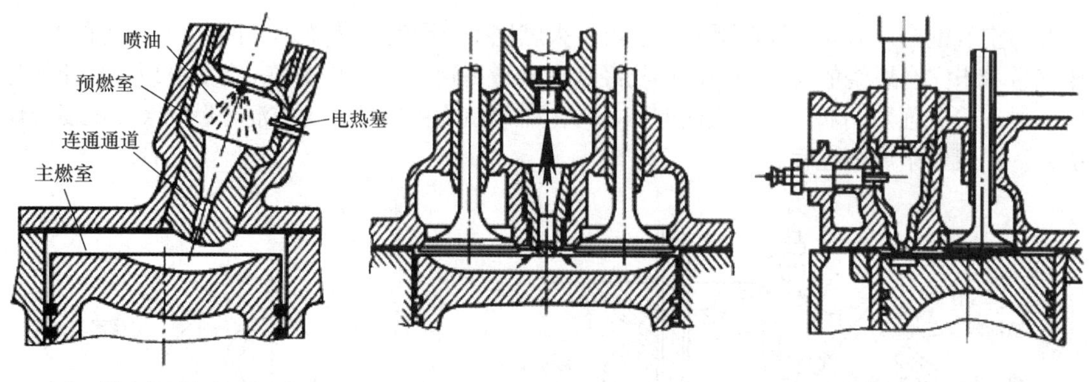

（a）预燃室倾斜偏置，单孔道　（b）预燃室中央正置，多孔道　（c）预燃室侧面正置，单孔道

图 9-20　预燃室式燃烧室的结构

3．不同柴油机燃烧室的对比

（1）燃油经济性

DI 柴油机油耗明显低于 IDI 柴油机。在能源问题已成为全球性重大问题的今天，DI 柴油机由过去主要用于中重型卡车变为现在基本占据中小型卡车领域并在轿车领域也有相当比例，目前新研制的缸径>100mm 的车用柴油机基本都采用 DI 燃烧室，以直喷和增压为技术特征的 TDI 轿车柴油机在欧洲轿车市场占有率超过 40%。

（2）排放特性

IDI 柴油机在原理上是低 NO_x、低微粒排放的燃烧方式，比 DI 柴油机有优势，但近年来发展的电控高压喷射和增压等技术，弥补了 DI 柴油机的弱点。

（3）功率密度

IDI 柴油机的功率密度理论上高于 DI 柴油机，因为前者的空气利用率高，并适应高转速。

（4）噪声与振动性能

IDI 柴油机比 DI 柴油机的噪声小、振动轻，因为前者的最高燃烧压力和压力升高率低于后者。

（5）制造成本

IDI 柴油机具有制造成本低的特点，而因为 DI 柴油机采用高压喷油等技术，所以两者在成本上的差距进一步增大。IDI 燃烧系统目前在部分轿车柴油机和非道路车用柴油机（尤其是农用汽车）上仍有应用。

9.3　均质混合气压燃

为了解决日益严峻的环境和能源问题，汽车发动机在努力提高热效率和降低排放的同时，也在不断探索新的燃烧模式。

9.3.1　发动机燃料可能的燃烧模式

燃烧模式的划分有两个基本判别指标，即混合气形成方式和着火方式。混合气形成方式可分为两种，即均质混合气与非均质混合气，分别对应着预混合燃烧和扩散燃烧；而着火方式也可分为两种，即火花点燃和压缩自燃。

由两种混合气形成方式和两种着火方式可以形成 4 种燃烧模式（见图 9-21）。传统的汽油机采用均质混合气火花点燃（Homogeneous Charge Spark Ignition，HCSI）模式，传统的柴油机采用非均质混合气压燃（Stratified Charge Compression Ignition，SCCI）模式。GDI 分层稀燃汽油机可以认为是一种非均质混合气火花点燃模式，或称分层混合气火花点火（Stratified Charge Spark Ignition，SCSI）模式。而目前被称为国际上研究热点的均质混合气压燃（HCCI）是第四种燃烧模式。在 HCCI 中，汽油或柴油首先用进气道喷射或缸内直喷方法形成均质混合气，然后在上止点附近被压缩，着火燃烧。

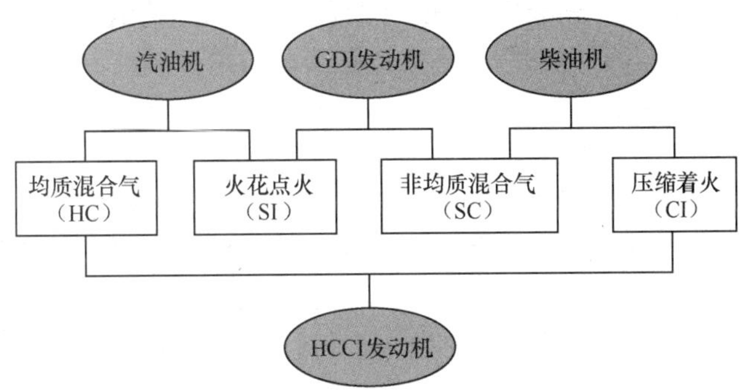

图 9-21　发动机可能的 4 种燃烧模式

上述 4 种燃烧模式的发动机性能对比如图 9-22 所示，HCCI 燃烧有可能使汽油机达到与柴油机同样高的热效率，而且可以使碳烟和 NO_x 排放同时降至几乎为零。HCCI 燃烧模式使柴油机采用了历来认为属于汽油机的均质混合气工作方式，使汽油机采用了柴油机的压缩着火工作方式，部分实现了研究者一致苦苦思索的“融合汽油机和柴油机优点于一身”的理想燃烧模式，是 100 多年来内燃机燃烧理论的一次重大创新。

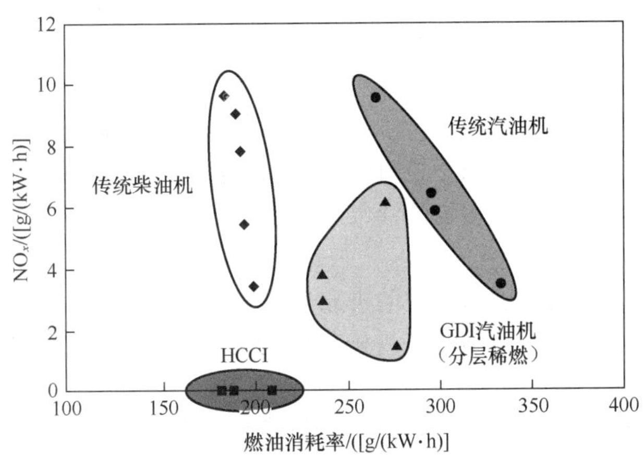

图 9-22　4 种燃烧模式的发动机性能对比

9.3.2　汽油机的 HCCI

传统汽油机中的自燃现象是产生爆燃的根源，往往是需要极力避免的，而汽油机 HCCI 实际是一种燃烧速率可控的自发着火燃烧过程，因此也被称为可控自燃（Controlled Auto Ignition，CAI）。

HCCI 现象最早于 1979 年由日本研究者 Onishi 等人在二冲程汽油机试验中发现，汽油机在一些中低负荷及中低转速工况时，不用火花点火也可以平稳运转；他们用高速摄影发现这种燃烧没有明显的火焰传播，混合气几乎是同时着火；用光谱分析在压缩行程中发现了 OH、CH 和 C_2 等活性成分，这些活性成分可能对着火有促进作用。基于这些现象，他们称这种燃烧为活化热氛围燃烧（Active Thermoatmosphere Combustion，ATAC）。

1983 年，美国威斯康星大学的 Najt 等人首次在四冲程汽油机上研究证实了采用外部排气再循环（Exhaust Gas Recirulation，EGR）和进气加热可以实现汽油和异辛烷燃料的自燃着火。1989 年，美国西南研究院的 Thring 等人第一次提出了 HCCI 的概念。

2000 年以后，国内外各研究部门和各大汽车公司纷纷开展对 HCCI 的研究。

1．汽油机 HCCI 的特点

（1）优点

① 采用 HCCI 模式的汽油机在压缩行程快结束时，通过喷嘴将汽油直接喷进气缸，HCCI 汽油机的压缩比较普通汽油机的高，喷出的小油滴在压缩行程结束前有时间在气缸内形成均匀的分布，这时缸内压力足以使均匀分布的油滴自动压燃，其燃烧是多点大面积同时压缩着火燃烧，没有火焰传播前锋面，因而它可以在极短时间内完成燃烧放热，其燃烧放热速率要远比传统的火花点燃火焰传播的 HCSI 模式高得多，因而油耗会明显改善。

② 由于采用压燃的缘故，汽油机可以使用相当稀薄的混合气，因此可以按照变质调节的方式，直接通过调节喷油量来调节扭矩，不需要节气门（类似于 GDI 发动机），改善了传统汽油机节流损失过高的弊端。

③ HCCI 采用稀薄均匀混合气，并将大量再循环的废气引入气缸，因而局部燃烧温度可控制在 1 800K 以下，对燃烧室壁的传热很低，能够减少辐射热的传递，还能大幅减少 NO_x 的形成。另外，由于采用均质混合气燃烧，理论上也不会生成碳烟。

④ 因为燃烧过程主要是受化学反应而不是受混合过程的支配，这使得 HCCI 汽油机燃烧周期比传统汽油机短。而且允许所采用的燃油辛烷值在一个广阔的范围内变动。可以采用汽油、天然气、二甲醚等辛烷值较高的燃油作为主要燃料，也可以采用多种燃料混合燃烧。还可以将对高辛烷值燃料和低辛烷值燃料配比的调整，用作 HCCI 中控制燃烧起点和负荷范围的方法。

但也有人试图用柴油作为 HCCI 燃料，效果远不及汽油，因为汽油有较高的挥发性，能够在气缸内尽快与空气混合形成均匀的油气混合气，而柴油沸点高，与空气较难混合均匀。

（2）缺点

① 在燃烧时刻的控制上，HCCI 发动机靠气缸的压力和温度自燃，油气混合气的密度，气缸的温度和压力都需要进行精确的检测和控制，所以发动机的 ECU 管理程序也要进行相应的加强。

② 由于 HCCI 同时压燃和放热，因此瞬时气缸和活塞会受到强大的压力，有可能产生爆燃现象，因此必须降低混合气的空燃比（低于传统的 14.7:1），这就需要 HCCI 在稀燃状态下工作，排气的温度也比较低，使得发动机较难采用涡轮增压。以上这些都使得 HCCI 可能达到的最大负荷比典型的火花点燃式和直喷式柴油机低得多。另外，低排气温度对催化转化器来说也是一个问题，因为需要相当高的温度才能发生氧化/还原反应。

③ HCCI 发动机可能达到的最大负荷比典型的火花点燃式和直喷式柴油机低得多，所以，在大负荷高转速的时候或者冷机状态下发动机还必须依靠传统的火花塞点火系统，这就间接要求了发动机的压缩比可变，在传统点火模式的时候变回低压缩比。所以气门正时系统及众多的压力传感器也是必需的。

所以就目前情况而言，HCCI 汽油发动机还不能实现完全的稀薄压燃模式，HCCI 只在发动机中低转速时介入工作，提高效率，降低油耗。

2．典型 HCCI 汽油机研究实例

（1）奥地利 AVL 研究所的 HCCI 研究

AVL 研究所在 2003 年开发了压缩火花点火（Compression and Spark Ignition，CSI）燃烧系统，它是压燃和火花点燃两种燃烧模式的组合；发动机部分负荷时采用 HCCI 燃烧；高负荷时采用 HCSI 燃烧。其四缸 CSI 试验发动机采用 GDI 喷油系统，火花塞布置于篷形燃烧室的顶部中央、壁面引导式燃烧室凹坑内，带有分缸独立控制的发动机管理系统。其最大特点是采用电控液压执行器控制排气门实现二次开启，使排气道内废气在进气行程中被回吸入气缸，形成内部 EGR 效应。

CSI 四缸试验发动机在平均指示压力 p_{mi}<0.55MPa、转速 n<3 500r/min 的工况范围内实现了 HCCI，比传统汽油机 NO_x 排放减少 95%以上，油耗最大降低 26%。

（2）清华大学的 ASSCI

清华大学在 2005 年开发了分层混合气火花辅助燃烧系统（Assisted Spark Stratified Compression Ignition，ASSCI）。其主要技术特征如图 9-23 所示，在 GDI 发动机基础上通过多次喷射与负气门重叠（Negative Valve Overlap，NVO）以及火花点火相结合，发动机可根据工况不同分别实现完全的 HCCI、反应活性控制压燃（Reactivity Controlled Compression Ignition，RCCI）、非均质混合器压燃（SCCI）以及火花点火辅助压燃（Spark Ignition Compression Ignition，SICI）等多种汽油自燃方式，其中 NVO 是用一个循环内完成切换的双凸轮系统实现的，这就使 HCCI 模式与传统 SI 燃烧模式能够快速切换。

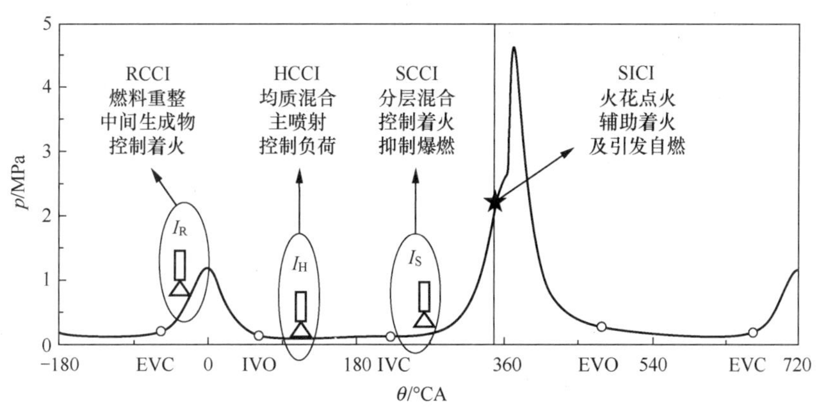

图 9-23　ASSCI 主要技术特征

一台采用 ASSCI 的四缸汽油机，相对于传统进气道喷射（PFI）汽油机，中小负荷时的油耗降低 10%～30%，NO_x 排放减少 99%。

（3）通用公司 HCCI 概念车

美国通用汽车公司（GM）在 2007 年 8 月推出了世界上第一台汽油 HCCI 概念车。其 HCCI 四缸汽油机的排量为 2.2L，最大输出功率 134kW，最大扭矩 230N·m。采用缸内直喷系统、可变气门相位机构、双凸轮实现 NVO 系统以及缸压传感器反馈控制等技术。道路测试表明，整车油耗降低 15%，在 90km/h 以内的车速行驶时发动机为 HCCI 模式，可在火花点火燃烧模式和 HCCI 模式之间顺畅切换。

（4）梅赛德斯–奔驰的“DiesOtto”汽油发动机

2007 年，梅赛德斯–奔驰发布了其全球首创的“DiesOtto”汽油发动机（见图 9-24），涵盖了可控自燃、汽油直喷和可变压缩比等众多先进技术。其中，可控自燃着火系统体现了 DiesOtto 技术的核心：当在发动机起动和全速运转时，将使用传统火花塞的点火方式；而在中低速运转状态下，发动机将自动采用可控自燃着火技术，实现类似柴油发动机的高效燃烧过程，从而极大减少了汽油机的 NO_x 排放，在带来高扭矩的同时大幅提高了燃油经济性。以奔驰的 2007 年的 F700 概念车为例，其 DiesOtto 1.8T 直列 4 缸分层汽油直喷（Stratified Charged Gasoline Injection，CGI）发动机在采用 HCCI 技术后，输出功率达到 177kW，最大扭矩达到 400N · m。

图 9-24 “DiesOtto” 汽油发动机

小　结

通过本章节的学习，重点掌握汽油机和柴油机的燃烧过程、汽油机的非正常燃烧，熟悉汽油机、柴油机典型燃烧室特点及均质混合气压燃（HCCI）技术。

1. 汽油机的燃烧方式属预混合燃烧方式，其特点是火花点火和火焰传播。其燃烧过程分为 3 个阶段：着火延迟期、速燃期和后燃期。目前汽油机最常用的燃烧室为篷形燃烧室。

2. 汽油机中有时会出现爆燃和表面点火等非正常燃烧现象，对发动机性能非常不利，应尽量避免。

3. 柴油机采用喷雾扩散燃烧方式，其燃烧过程要比汽油机复杂得多。其燃烧过程分为 4 个阶段：着火延迟期（滞燃期）、速燃期、缓燃期和后燃期。柴油机燃烧室主要有直喷式和非直喷式两种类型。

4. HCCI 使汽油机采用了柴油机的压缩着火工作方式，有可能使汽油机达到与柴油机同样高的热效率，而且可以使碳烟和 NO_x 排放同时降至几乎为零。

思 考 题

1. 简述汽油机对燃烧过程的要求。
2. 汽油机的非正常燃烧有哪几种？
3. 简述汽油机典型燃烧室结构及特性。
4. 简述柴油机混合气形成特点。
5. 柴油机燃烧室有哪几种类型？对比不同类型燃烧室的特性。
6. 为何要发展汽油机的均质混合气压燃？

第10章 汽车发动机排放净化装置

导入图例（见图 10-1）：2020 年度“中国心”十佳发动机之上汽大通 2.0T π Bi-Turbo 双增压柴油发动机采用了 2 000bar（200MPa）高压共轨燃油喷射系统、高性能 VGT、双回路 EGR、可变涡流比进气系统等技术，并达到了国六 b 排放标准。

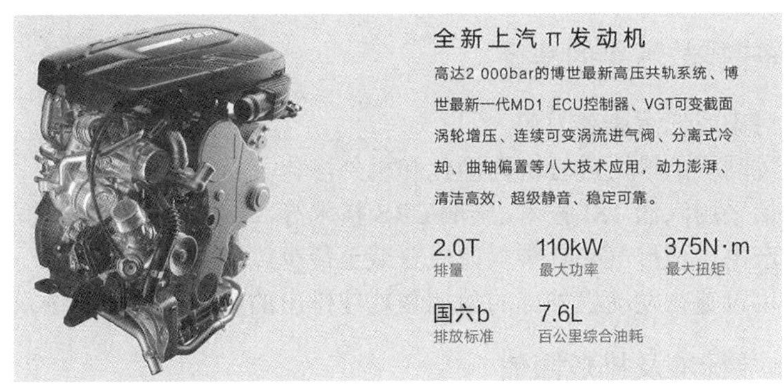

图 10-1　上汽大通 2.0T π Bi-Turbo 双增压柴油发动机

10.1　汽车排放概述

10.1.1　汽车排污及污染来源

从排气管排出的废气，主要成分是 CO、HC、NO_x，其他还有二氧化硫（SO_2）、PM、铅化合物等。

从活塞与气缸之间的间隙漏出，再自曲轴箱经通气管排出的燃烧气体，其主要成分是 HC。

从油箱、油泵接头等处蒸发出的汽油蒸气，主要成分是 HC。

10.1.2　有害排放物的生成及危害

CO：无色、无味的气体，是燃油不完全燃烧的产物。人吸入后，血液吸收和运送氧的能力会降低，可能导致头晕、头痛等症状。

NO_x：主要是 NO 和 NO_2，产生于燃烧室中高温富氧的环境中。空气中 NO_x 体积分数达 $10\times10^{-4}\%$～$20\times10^{-4}\%$，可刺激人的口腔和鼻黏膜、眼角膜等；空气中 NO_x 体积分数超过

20×10^{-4}%时，几分钟可使人出现肺气肿而死亡。

HC：包括未燃烧和未完全燃烧的燃油和润滑油蒸气。HC对人眼及呼吸系统均有刺激作用，对农作物也有害。

PM：主要指柴油机排气中的碳烟（而汽油机的微不足道）。它们往往黏附有SO_2等物质，对人和动物的呼吸道极为有害。碳烟粒子形成过程如图10-2所示，它是燃料在燃烧过程中经历了一系列物理、化学变化后形成的。

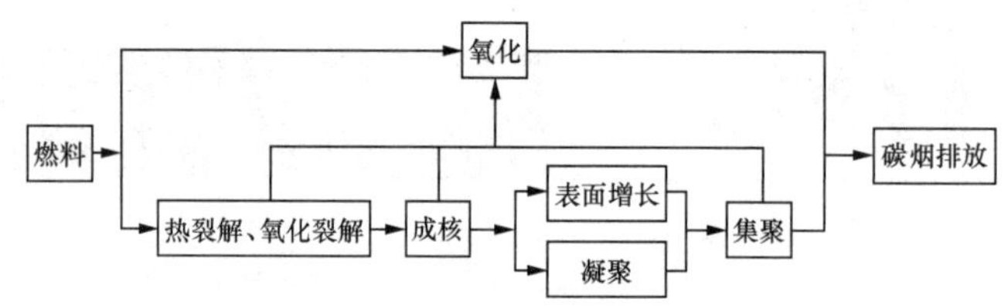

图10-2　燃烧过程中碳烟粒子形成过程

铅化合物：在使用加有四乙铅的汽油时，废气中还含有粉末状的铅化合物。如吸入人体内，会影响人的造血功能，对消化系统和神经系统也有刺激。

10.1.3　解决排放污染的途径

（1）研制无污染或低污染动力源。

（2）对现有发动机的排污进行机内净化和机外净化。

机内净化包括采用汽油TSI技术、柴油CRS技术等，改善可燃混合气的品质和燃烧状况，抑制有害气体的产生，使排气中有害气体成分减至最少。

机外净化采用设置在发动机外部的附加装置使排出的废气净化后再排入大气。

10.1.4　排放标准及排放限值

1. 排放标准的实施及特点

汽车排放标准是以国家环境目标和环境质量为目的，对汽车排放到环境中的CO、HC、NO_x和PM等有害物的数量或浓度所做的限制性规定。目前世界上汽车排放标准体系，主要分为三大体系，分别为欧洲、美国和日本体系。

（1）欧美等地排放标准

美国颁布的排放标准主要有两类：一类是由美国国家环境保护局（U.S. Environmental Protection Agency，EPA）制定的，遵从美国国家大气环境质量标准（National Ambient Air Quality Standards）；另一类是加利福尼亚州制定的比EPA标准更严的排放标准，该标准考虑到20世纪中期洛杉矶发生的光化学烟雾事件，故排放限值更严。美国各州或沿用EPA或采用加利福尼亚州标准。美国于1994年开始实施EPA标准Ⅰ，2004年开始执行EPA标准Ⅱ，2009年以后则大量采纳了更苛刻的加利福尼亚州排放标准，目的是通过控制CO_2的排放量以减少温室效应的影响。

欧洲标准是欧盟国家为限制汽车排放而共同采用的汽车尾气排放标准，排放法规由欧洲经济委员会（Economic Commission of Europe，ECE）成员根据协议自愿采用认可。欧洲从1992年开始实施欧Ⅰ标准，1996年开始实施欧Ⅱ标准，2000年实施欧Ⅲ标准，2005年实施欧Ⅳ标准，2009年9月欧Ⅴ排放标准生效，更严格的欧Ⅵ标准于2014年开始实施，欧Ⅵ排放标准已基本实现与美国现行标准的接轨。欧洲排放标准内容既包括新开发车的类型认证（Type Approval Standard，TAS）试验，又包含现生产车的生产一致性（Conformity of Production，COP）试验，欧III实施后又增加了在用车的COP检查。随着欧洲标准规定的排放限值不断严格和标准体系的完善，欧洲各国的空气质量得到较明显的改善。

日本对汽车排放控制虽晚于美国，但现行汽车排放标准与法规水平已与美国大致相当。

（2）我国排放标准

为了防治机动车排放对环境的污染，我国从2000年1月1日开始实施轻型汽车污染物排放限值第一阶段标准（相当于欧Ⅰ标准），2005年开始实施第二阶段标准（相当于欧Ⅱ标准），2007年7月1日又提高到第三阶段标准，2010年7月1日起开始实施轻型汽车国四排放法规（相当于欧Ⅳ标准）。为保证车辆使用过程中稳定达到排放限值要求，保证车辆排放控制性能的耐久性，增加了对车载诊断系统（OBD）和在用车符合性的要求。从国一至国四，每提高一次标准，单车污染减少30%～50%。2017年1月1日起，全国机动车全面实施国五排放标准（相当于欧Ⅴ标准），北京于2013年率先执行国五标准。

我国汽车排放标准基本参照欧洲排放标准执行，如我国国三标准与欧III标准等效，只是在测试方法上有所不同。标准规定新车必须加装OBD，用以监测汽车尾气排放情况，一旦尾气超标，该系统将发出故障警报。中国排放标准与欧盟相比，具体实施时间滞后5~8年（见表10-1），如欧盟已于2009年9月1日开始实施欧Ⅴ标准，其特点是对NO_x和PM排放量的控制更严格，如规定柴油轿车每千米NO_x的排放量不能超过180mg，与欧Ⅳ标准相比减少了28%，PM排放量减少更达到80%。

表10-1 我国轻型汽车排放标准与欧洲标准实施日期比较

标准	中国实施年份	欧洲实施年份	相差时间/年
国一（欧Ⅰ）	2000	1992	8
国二（欧Ⅱ）	2004	1996	8
国三（欧III）	2007	2000	7
国四（欧Ⅳ）	2010	2005	5
国五（欧Ⅴ）	2013	2009	5
国六（欧Ⅵ）	2020	2014	6

目前，我国正在实施第六阶段排放标准，2016年12月23日，环境保护部、国家质检总局发布《轻型汽车污染物排放限值及测量方法（中国第六阶段）》，自2020年7月1日起实施。2018年6月22日，生态环境部、国家市场监督管理总局发布《重型柴油车污染物排放限值及测量方法（中国第六阶段）》，自2019年7月1日起实施。

轻型车国六排放标准改变了以往等效转化欧洲排放标准的方式，邀请汽车行业全程参与编制，充分听取专家学者和企业界的意见和建议。轻型车国六标准在技术内容上具有以下6个突破。

① 采用全球轻型车统一测试程序，全面加严了测试要求，有效减少了实验室认证排放与实际使用排放的差距，并且为油耗和排放的协调管控奠定基础；

② 引入了实际行驶排放（Real Drive Emission，RDE）测试，改善了车辆在实际使用状态下的排放控制水平，利于监管，能够有效防止实际排放超标的作弊行为；

③ 采用燃料中立原则，对柴油车的NO_x和汽油车的PM不再设立较松限值；

④ 全面强化对挥发性有机物（Volatile Organic Compound，VOC）的排放控制，引入48h

蒸发排放试验以及加油过程 VOC 排放试验，将蒸发排放控制水平提高到 90%以上；

⑤ 完善车辆诊断系统要求，增加永久故障码存储要求以及防篡改措施，有效防止车辆在使用过程中超标排放；

⑥ 简化主管部门进行环保一致性和在用符合性监督检查的规则和判定方法，使操作更具有可实施性。

为保证汽车行业有足够的准备周期来进行相关车型和动力系统变更升级以及车型开放和生产准备，本次轻型车国六标准采用分步实施的方式，设置国六 a 和国六 b 两个排放限值方案，分别于 2020 年 7 月 1 日和 2023 年 7 月 1 日开始实施。同时，对大气环境管理有特殊需求的重点区域可提前实施国六排放标准。

2．排放限值

随着内燃机和汽车技术的进步以及公众对环境保护要求的提高，各国排放法规规定的各种内燃机和汽车的排放限值日趋严格。法规首先规定的是类型认证（TAS）限值，限定新定型发动机或汽车排放。成批生产发动机与类型认证批准机型的生产一致性（COP）用 COP 限值控制。COP 限值一般比 TAS 限值高 10%～20%。考虑到排放的耐久性，TAS 实测值应乘以 1.0～1.2 的劣化系数后再与 TAS 限值比较。

表 10-2 所示为欧洲 1992 年以来各阶段的轻型汽车排放限值。只要在轻型汽车范畴内，不论发动机排量和汽车尺寸大小，都用统一的排放限值，这样有助于鼓励使用小型汽车。

表 10-2　　欧洲轻型汽车排放限值（单位：g / km）

排放标准	实施年份	汽油车					柴油车			
		CO	CH+NO_x	HC	NO_x	PM	CO	CH+NO_x	NO_x	PM
欧Ⅰ	1992	2.72	0.97				2.72	0.97		0.14
欧Ⅱ	1995	2.2	0.5				2.2①	0.50①		0.08
							1.0②	0.90②		0.10
欧Ⅲ	2000	2.3③		0.20	0.15		0.64	0.56	0.50	0.05
欧Ⅳ	2005	1.0		0.10	0.08		0.50	0.30	0.25	0.025
欧Ⅴ	2009	1.0		0.10	0.06	0.005④	0.50	0.23	0.18	0.005
欧Ⅵ	2014	1.0		0.10	0.06	0.005④	0.50	0.17	0.08	0.005

注：① 非直喷式柴油机。

② 直喷式柴油机。

③ 实施欧Ⅲ以后，冷起动后马上测排放，而不是实施欧Ⅱ有 40s 的滞后，所以欧Ⅲ的 CO 限值虽高于欧Ⅱ，但实际却更加严格。

④ 直喷式汽油机。

表 10-3 所示为欧洲 1992 年以来各阶段的重型车用柴油机排放限值。欧Ⅰ、欧Ⅱ标准测试工况为稳态 13 工况（ECE-R49），欧Ⅲ标准开始测试工况修改为欧洲稳态循环（European Stationary Cycle，ESC）和欧洲瞬态循环（European Transient Cycle，ETC），欧Ⅲ标准允许制造商选择两种中的任一种进行认证，但限值不同。自欧Ⅳ开始必须采用 ETC 工况。

2020 年起我国轻型车全面实施国六标准，从试验过程和排放限值来看，国六排放标准较国五全面加严，涵盖面更广泛，有利于提高车辆的污染物排放控制水平，减少机动车排污对环境的影响。企业应对排放标准升级需升级对应的控制技术。国六排放限值加严，使得引入更先进的燃油供给系统成为必然，如采用多孔喷油、高压喷射、多次喷射、混合喷射等技术的系统；后处理器成本增加，包括增加贵金属含量，增大催化器载体体积，提高催化器的耐久性能。法规对所有车辆提出颗粒物质量和个数的限值要求是引入汽油机颗粒捕集器（Gasoline Particulate Filter，GPF）的契机，这将进一步加大后处理器布局的难度和成本。蒸发排放加严和车载加油蒸气回收系统（Onboard Refueling Vapor Recovery，ORVR）试验的引入，使得燃油系统需要重新设计改造，同时增加对活性炭罐的标定。OBD 监控项目增加，监测频率增大，可有效监控汽车的尾气排放。

表 10-3　欧洲重型车用柴油机排放限值 [单位：g/(kW·h)]

排放标准	测试工况	实施年份		排放限值					
				CO	HC	NMHC	NO_x	PM	k[①]
欧 I	ECE-R49	1992	<85kW >85kW	4.5	1.1		8.0	0.61 0.36	
欧 II	ECE-R49	1996 1998	<85kW >85kW	4.0	1.1		7.0	0.25 0.15	
欧III	ESC	2000		2.1	0.66		5.0	0.10 0.13[②]	0.8
	ETC					0.78		0.16 0.21[②]	
欧IV	ESC ETC	2005		1.5 4.0	0.46	0.55	3.5	0.02 0.03	0.5
欧 V	ESC ETC	2009		1.5 4.0	0.46	0.55	2.0	0.02 0.03	0.5
欧VI	ESC ETC	2014		1.5 4.0	0.13	0.16	0.40	0.01	0.5

注：① 动态消光烟度，单位为 m^{-1}。
② 适用于每缸排量小于 0.75L，并且额定功率下转速超过 3 000r/min 的柴油机。

3．国六技术路线

随着排放法规的日益严格，仅使用缸内净化技术已经无法满足当前的法规要求，柴油机后处理技术包括柴油机氧化催化器（Diesel Oxidation Catalyst，DOC）、柴油机颗粒捕集器（Diesel Particulate Filter，DPF）、选择性催化还原（Selective Catalytic Reduction，SCR）、稀燃氮氧化物捕集（Lean NO_x Trap，LNT）等。

在国六技术路线中，柴油机汽车主要采用以下 3 种方案。

（1）中高 EGR+DOC+DPF+SCR，冷却能力要求高，开发难度大，经济性差；

（2）低 EGR+DOC+DPF+SCR，开发难度适中，经济性好；

（3）无 EGR+DOC+DPF+Hi_SCR，开发难度相对较低，经济性最好，但对后处理要求较高。

10.2 汽车发动机排气净化装置

10.2.1 二次空气喷射系统

1．二次空气喷射系统作用

二次空气喷射系统是降低尾气排放的机外净化装置之一，它通过向废气中吹进额外的空气（二次空气），增加废气中氧气的含量。这样使废气中未燃烧的有害物质（CO 和 HC）在高温环境下再次燃烧。

发动机冷起动阶段未燃烧的HC及CO等有害物质排放相对较多，并且此时，三元催化转化器尚未达到工作温度（250℃以上），所以当轿车排放标准达到欧Ⅲ或欧Ⅳ要求时，必须装备此机外净化装置——二次空气喷射系统，以减少发动机冷起动阶段有害物质的排放。另一方面，再次燃烧的热量使三元催化转化器很快达到所需的工作温度。

2．二次空气喷射系统工作原理

如图10-3所示，二次空气喷射系统主要由二次空气泵、二次空气组合阀、二次空气控制阀、二次空气继电器及和其他系统共用的氧传感器和发动机电控单元组成。

二次空气泵4用来吸入新鲜空气并通过二次空气组合阀5将其送入排气管道。二次空气泵4一般由电动机驱动，其电动机由二次空气继电器2供电。

二次空气组合阀5用来控制二次空气泵4到排气管路的气路的通断，其动作由二次空气控制阀3来控制。当二次空气控制阀3送来真空时，在真空作用下，二次空气组合阀5的膜片下移，使阀门打开。这时从二次空气泵4到排气管路的气路便被连通，如图10-4所示。

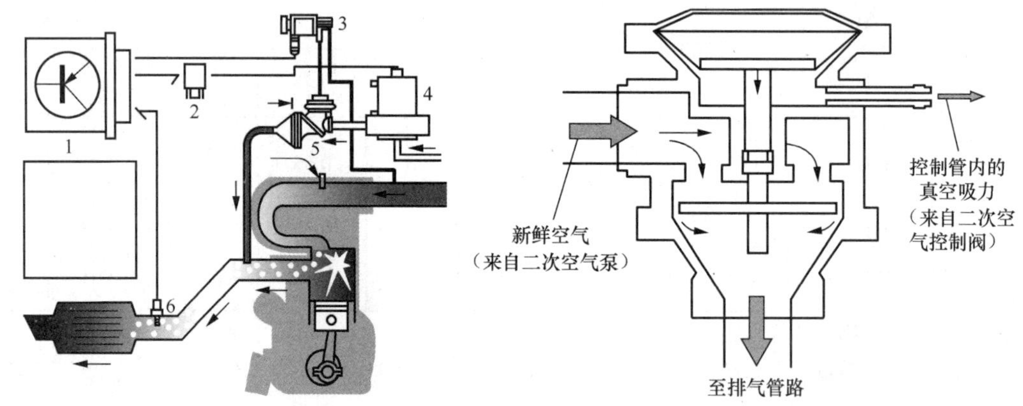

图10-3 二次空气喷射系统

1—发动机电控单元；2—二次空气继电器；3—二次空气控制阀；4—二次空气泵；5—二次空气组合阀；6—氧传感器

图10-4 二次空气组合阀阀门打开情况

当二次空气控制阀3切断真空气路而将二次空气组合阀膜片下方与大气连通时，在复位弹簧及排气压力作用下，二次空气组合阀5关闭，切断二次空气泵4到排气管路的气路，防止热的废气进入并损坏二次空气泵。

二次空气控制阀3用于控制二次空气组合阀5，它是一种电控气动阀，该阀由发动机电控单元1来控制其电路接通与否。当二次空气控制阀3通电时，便将二次空气组合阀膜片下方与真空连通，二次空气组合阀5处于打开状态；当二次空气控制阀3断电时，便将二次空气组合阀膜片下方与大气连通，二次空气组合阀处于关闭状态。

二次空气喷射系统只在部分时间内起作用，具体在以下两种工况下工作：冷起动后和热起动后怠速。其工作条件见表10-4（不同车型工作条件可能不同）。

表10-4 两种工况下的怠速自诊断

状态	冷却液温度	工作时间
冷起动后	5～33℃	100 s
热起动后怠速	直到最高96℃	10 s

当发动机电控单元1根据相关传感器输入的信息判断发动机具备二次空气喷射系统工作条件时，便通过二次空气继电器2起动二次空气泵4，与此同时给二次空气控制阀3通电，使二次空气组合阀5与真空连通，由真空驱动二次空气组合阀5，连通二次空气泵4与排气管，将新鲜空气送入排气管路。

二次空气喷射系统借助氧传感器 6 反馈信息进行自诊断。在发动机电控单元 1 控制二次空气喷射系统工作时，由于废气中所含氧气量的增加会导致氧传感器电压降低。

二次空气喷射系统工作一定时间后便在发动机电控单元 1 控制下关闭，具体运行时间会因车型不同而有所差异，一般冷起动后 100s 左右，热起动后 10s 左右，还有些车型在发动机因失火等原因造成排放废气中的 CO 和 HC 超标时，也会控制二次空气喷射系统再次起动工作，以提高三元催化转化器的工作效率。

10.2.2　汽油机催化转化装置

汽油机催化转化装置如图 10-5 所示。

1. 功用

利用催化剂的作用将排气中 CO、HC、NO_x 转换为对人体无害的气体。金属铂、钯或铑均可作催化剂。在化学反应过程中，催化剂只促进反应的进行，不是反应物的一部分。

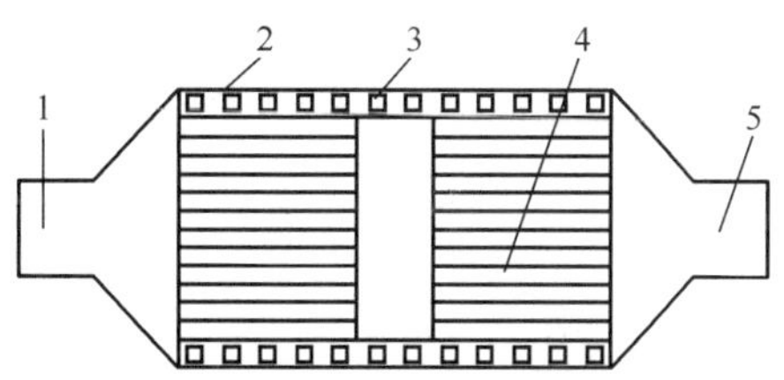

图 10-5　汽油机催化转化装置

1—入口；2—外壳；3—石棉隔热垫；4—陶瓷蜂窝载体；5—出口

2. 催化转化器类型

氧化催化转化器：将排气中的 CO 和 HC 氧化为 CO_2 和 H_2O ，以二次空气作为氧化剂。

三元催化转化器：以排气中的 CO 和 HC 作为还原剂，把 NO_x 还原为氮气（N_2）和氧气（O_2），而 CO 和 HC 在还原反应中被氧化为 CO_2 和 H_2O。

3. 催化转化器使用条件

装有催化转化器的发动机只能使用无铅汽油；仅当温度超过 250℃时，催化转化器才起作用；只有供给理论混合比的混合气时催化转化效果才最佳（见图 10-6）；发动机调节要适当。

4. 三元催化转化器

三元催化转化器（Three-Way Catalytic Convert，TWC）用来降低废气中 HC、CO 和 NO_x 等污染物的含量，它利用催化剂作用下发生的氧化还原反应，减少废气排放。带有氧传感器的三元催化转化器是汽车排放控制方面最重要的发明之一，它是在环保技术专家斯蒂芬·沃尔曼（Stephen Wallman）的领导下，由沃尔沃汽车公司在 20 世纪 70 年代初开发出的。催化转化器（Catalytic Converter）又叫催化净化器，该装置安装在汽车的排气系统内。三元催化转化器由一个金属外壳，一个网底架和一个催化层（含有铂、铑等贵重金属）组成，可除去 HC、CO 和 NO_x 这 3 种主要污染物的 90%（所谓三元是指除去这 3 种化合物时所发生的化学反应）。当废气经过净化器时，铂催化剂会促使 HC 与 CO 氧化生成水蒸气和 CO_2；铑催化剂会促使 NO_x 还原为氮气和氧气。这些氧化反应和还原反应只有在温度达到 250℃时才开始进行。如果汽油或润滑油添加剂选用不当，使用了含铅的燃油添加剂或硫、磷、锌含量超标的机油添加剂，就会使磷、铅等物质覆盖于三元催化转化器的催化层表面，阻止

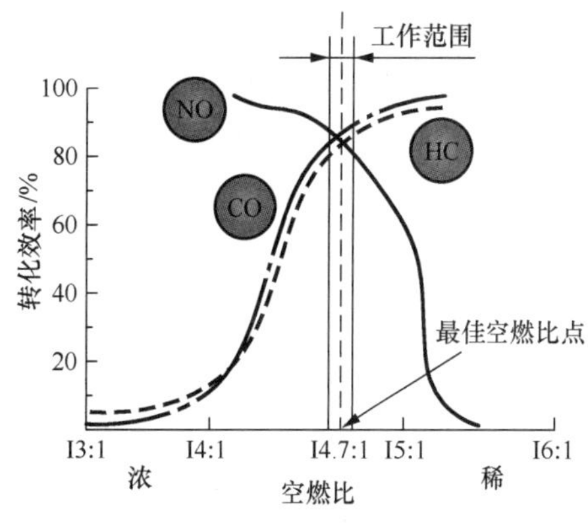

图 10-6　催化转化效果

废气中的有害成分与之接触而使之失去催化作用，这就是人们常说的三元催化转化器“中毒”。

10.2.3 排气再循环系统

排气再循环（EGR）是指把发动机排出的部分废气回送到进气歧管，并与新鲜混合气一起再次进入气缸，如图 10-7 所示。由于废气中含有大量的 CO_2，而 CO_2 不能燃烧却吸收大量热量，使气缸中混合气的燃烧温度降低，从而减少了 NO_x 的生成量。排气再循环是净化排气中 NO_x 的主要方法。在新鲜的混合气中掺入废气之后，混合气的热值降低，致使发动机的有效功率下降。要做到既减少 NO_x 排放，又保持发动机动力，必须根据发动机运行工况对再循环的废气量加以控制。NO_x 的生成量随发动机负荷的增大而增多，因此，再循环的废气量也应随负荷而增加。在发动机暖机期间或怠速工作时，NO_x 生成量不多，为保持发动机运转的稳定性，不进行排气再循环。在全负荷或高转速下工作时，为使发动机有足够的动力性，也不进行排气再循环。

10.2.4 颗粒捕集器

1. 功用

颗粒捕集器是一种安装在发动机排气系统中的陶瓷过滤器，它可以在颗粒物进入大气之前将其捕集。颗粒捕集器可以有效地减少颗粒物的排放，能够减少发动机产生的 90%以上的烟灰。它先捕集废气中的颗粒物，然后对捕集的颗粒物进行氧化，捕集到的颗粒物随后在车辆运转过程中燃烧殆尽，使颗粒捕集器再生。

颗粒捕集器主要有柴油机颗粒捕集器（DPF）和汽油机颗粒捕集器（GPF）。

2. 柴油机颗粒捕集器

柴油机颗粒捕集器（见图 10-7）的滤芯由多孔陶瓷制造，有较高的过滤效率。捕集器滤芯上喷涂金属铂、铑、钯，柴油发动机排出的含有碳粒的黑烟，通过专门的管道进入发动机尾气颗粒捕集器，经过其内部密集设置的袋式过滤器，将碳烟颗粒吸附在金属纤维毡制成的过滤器上；颗粒物的吸附量达到一定程度后，需及时将其清除，以恢复捕集器的工作能力和减小排气阻力。

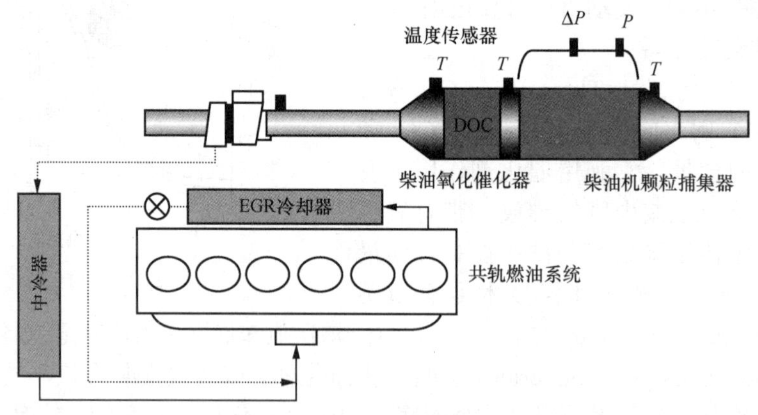

图 10-7 排气再循环、柴油机颗粒捕集器

颗粒捕集器可以有效地减少颗粒物的排放，它先捕集废气中的颗粒物，然后对捕集的颗粒物进行氧化，使颗粒捕集器再生。所谓捕集器的再生是指在长期工作中，捕集器里的颗粒物逐渐增加引起发动机背压升高，导致发动机性能下降，所以要定期除去沉积的颗粒物，恢复捕集器的过滤性能。捕集器的再生有主动再生和被动再生两种方法：主动再生指的是利用外界能量

来提高捕集器内的温度，使颗粒物着火燃烧。当捕集器中的温度达到550℃时，沉积的颗粒物就会氧化燃烧，如果温度达不到550℃，过多的沉积物就会堵塞捕集器，这时就需要利用外加能源（例如电加热器、燃烧器或发动机操作条件的改变）来提高捕集器内的温度，使颗粒物氧化燃烧。如 DPF 入口处设置一个燃烧器，通过喷油器向燃烧器内喷入少量燃油，并供入二次空气，利用火花塞或电热塞将其点燃，将滞留在滤芯上的颗粒物烧掉，变成对人体无害的CO_2排出。被动再生指的是利用燃油添加剂或者催化剂来降低颗粒物的着火温度，使颗粒物能在正常的发动机排气温度下着火燃烧。添加剂（有铈、铁和锶）要以一定的比例加到燃油中，添加剂过多会影响DOC的寿命，但是如果过少，就会导致再生延迟或再生温度升高。

3．汽油机颗粒捕集器

汽油机颗粒捕集器由流通式三元催化转化器演变而来，是一种安装在汽油发动机排放系统中的陶瓷过滤器，外形一般为圆柱体。

GPF 过滤机理与 DPF 基本相同，排气以一定的流速通过多孔的壁面，这个过程称为“壁流”（Wall-Flow）。壁流式颗粒捕集器（见图10-8）由有一定孔密度的蜂窝状陶瓷组成。通过交替封堵蜂窝状多孔陶瓷过滤体，排气气流被迫从孔道壁面通过，颗粒物分别经过扩散、拦截、重力和惯性4种方式被捕集过滤。

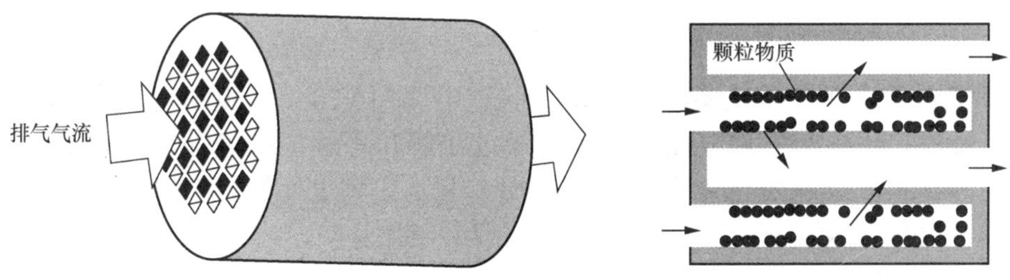

图10-8　壁流式颗粒捕集器

颗粒物通过拦截、碰撞、扩散、重力沉降等方式被捕集在载体的壁面内以及壁面上，从而实现在进入大气之前将其捕集。

GPF 过滤材料主要有堇青石、碳化硅（SiC）、钛酸铝（AT）、合金。目前研究与使用最多的是堇青石。堇青石的主要优点在于成本低、热膨胀系数小以及耐高温和机械强度高。

GPF 主要有3种布置安装方式（见图10-9）：后置式（Under Body，UB）即GPF布置在三元催化器下游位置。紧耦合式（Close Coupled，CC）即GPF与三元催化器集成到一起安装。四元催化器式（Four Way Catalyst，FWC）即GPF与三元催化器合二为一，在GPF载体表面涂覆一层催化剂。目前四元催化器在国内尚无成熟的产品，且成本较高，而紧耦合GPF周期性主动再生控制复杂度高，考虑效率和空间要求，通常采用后置式GPF方案。

当车辆行驶一段时间后，GPF里的颗粒物逐渐增加会引起发动机背压升高，导致发动机性能下降，所以需要定期除去沉积的颗粒物，恢复GPF的过滤性能。GPF的再生有被动再生和主动再生两种：被动再生是在日常驾驶工况下通过驾驶员松踏板时，发动机断油，大量氧气进入GPF参与燃烧，实现再生；主动再生是在被动再生无法满足的情况下，车辆运行特殊工况（例如：保持80km/h运行30min），利用ECM给发动机指令，推迟点火提前角，使尾气温度升高，待GPF温度升高后，再增加空燃比（过量氧气），实现GPF再生。需要注意的是GPF再生无法移除灰分（CaO、P_2O_5、ZnO、SO_3、Fe_2O_3），随着时间的累积，灰分积满后，需要到维修站更换GPF。

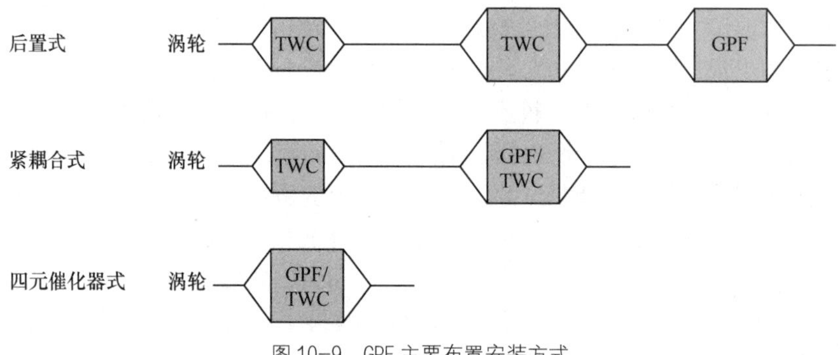

图 10-9　GPF 主要布置安装方式

10.2.5　柴油机氧化催化转化器

车用柴油机加装柴油机氧化催化转化器（DOC）（见图 10-10），以铂（Pt）、钯（Pd）等贵金属作为催化剂，主要降低颗粒物排放中可溶性有机物部分（Soluble Organic Fraction，SOF）的含量从而降低 PM 排放，同时可以有效减少排气中的 HC、CO。氧化催化转化器可以除去 90% 的 SOF，从而使 PM 排放减少 40% ～50%，其对 HC 和 CO 的处理效率可以分别达到 88%和 68%。

10.2.6　柴油机选择性催化还原系统

欧洲倾向于选择性催化还原（SCR）系统（见图 10-10），利用尿素溶液对尾气中的 NO_x 进行处理。还原剂尿素在尾气管道中经过热解和水解成氨气（NH_3），NH_3 与 NO_x 在催化剂的作用下反应生成无毒的氮气（N_2）和水。博世推出了 DENOXTRONIC 尿素喷射系统，它可以在降低排放的同时减少燃油消耗，能使 NO_x 排放降低约 85%，相比国三发动机节省燃油消耗约 5%。

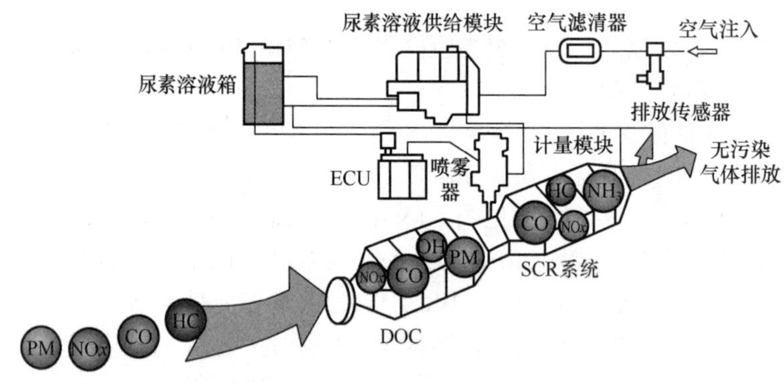

图 10-10　DOC、SCR 系统

10.3　曲轴箱强制通风系统

PVC 阀的工作原理

曲轴箱强制通风（Positive Crankcase Ventilation，PCV）系统（见图 10-11）的主要作用是将曲轴箱内的气体通过 PCV 阀导入进气歧管，并有少量的空气由空气滤清器经 PCV 阀直接进入进气歧管，这就避免了节气门处结冰、燃烧不充分、排放恶化等现象，防止窜气进入大气，同时防止机油变质。

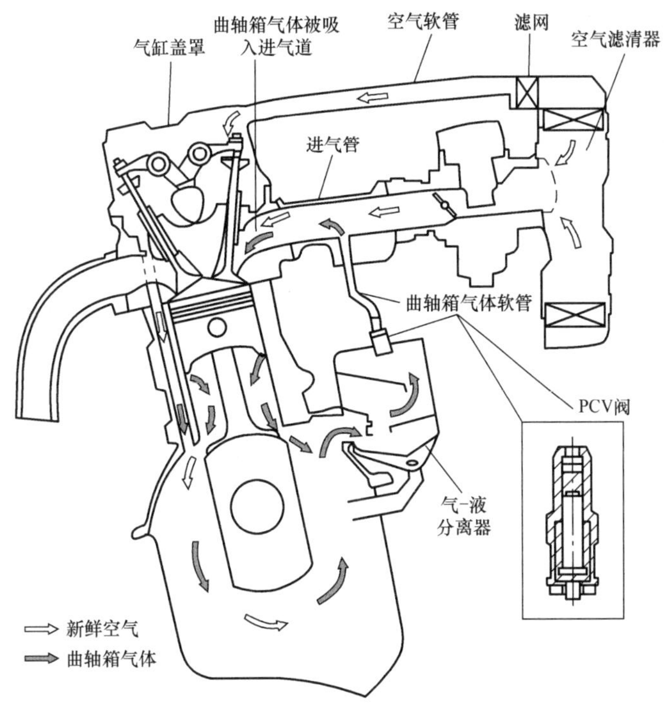

图 10-11 曲轴箱强制通风系统

每部车都有排气管将发动机燃烧的废气排出车外，但无法将废气百分之百地排出，仍会有少量的燃烧废气经由活塞与气缸壁的间隙钻进油底壳中。一旦进入油底壳的油气累积多了，无法排除的话，就会形成气压，不但会稀释机油，造成发动机机件润滑不良，而且会造成机油异常消耗等严重后果，因此油底壳中的油气必须有泄放的管道。在汽车排气污染立法管制之前，汽车都是从油底壳接根管子，让油气直接排放到大气当中。车子越老，燃烧油气窜漏越严重，从油底壳排出的废气就越多，形成严重的空气污染。从 20 世纪 60 年代起，美国加利福尼亚州就率先要求汽车加装 PCV 系统。

当发动机工作时，进气管真空度作用到 PCV 阀，此真空度还吸引新鲜空气经空气滤清器、滤网、空气软管进入气缸盖罩内，再由气缸盖和机体上的孔道进入曲轴箱。在曲轴箱内，新鲜空气与曲轴箱气体混合并经气–液分离器、PCV 阀和曲轴箱气体软管进入进气管，最后经进气门进入燃烧室烧掉，被气–液分离器分离出来的液体返回曲轴箱。

10.4 燃油蒸发控制系统

10.4.1 燃油蒸发控制系统的功用

燃油蒸发控制系统（Evaporative Emissive Control System）将燃油蒸气收集和储存在活性炭罐内，当发动机开始运转时，活性炭罐中的油气就会进入发动机进气管，从而作为燃料被送到气缸内烧掉。

10.4.2 燃油蒸发控制系统的组成与工作过程

活性炭罐内填满活性炭，燃油箱中的燃油蒸气进入活性炭罐后，被其中的活性炭吸附。

当发动机起动之后，进气管真空度经真空软管传送到压力控制电磁阀（Pressure Control Solenoid Valve，PCSV），在进气管真空度的作用下，PCSV 膜片上移并将限流孔开启。与此同时，新鲜空气自活性炭罐底部经滤网向上流过活性炭罐，并携带吸附在活性炭表面的燃油蒸气，经限流孔和燃油蒸气管进入进气歧管，如图 10-12 所示。

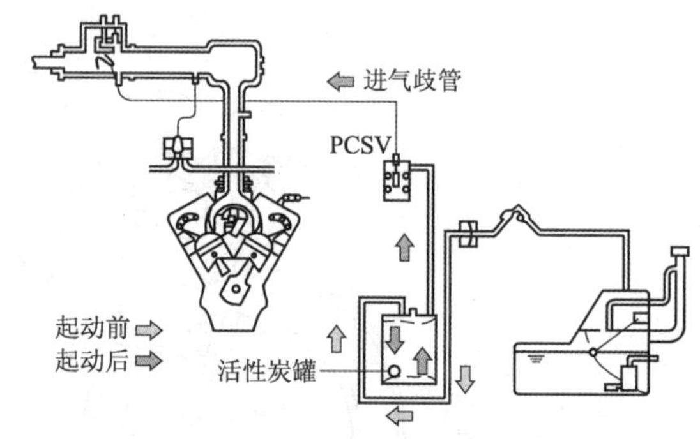

图 10-12　燃油蒸发控制系统

早期的燃油蒸发控制系统在加油过程中将燃油蒸气（HC）排放到大气中。车载加油蒸气回收系统（ORVR）能够显著降低 HC 蒸气的排放。当燃油流入直径较小的油箱加油管时会将空气吸入加油管，在加油过程中，油箱与活性炭罐相通，使得 HC 蒸气被活性炭罐吸收。随着空气流入加油管，没有燃油蒸气进入空气中。一旦加油时挥发的 HC 蒸气被活性炭罐吸收，车辆 ECU 就会控制燃油蒸发控制系统将 HC 从活性炭罐中吸入发动机中进行燃烧。蒸气流由电磁阀进行控制，ECU 根据发动机的不同工作状况，控制电磁阀开启时间的长短，即进入发动机的汽油蒸气量，最大限度地降低对驾驶性能和排气管尾气排放的影响。

小　结

通过本章学习重点掌握汽车有害排放物的生成及危害，排放标准及排放限值，国六排放技术路线；汽车发动机排气净化装置分类、组成、功用及工作原理；曲轴箱强制通风系统、燃油蒸发控制系统功用、组成及工作原理。

1．汽车有害排放物包括 CO、NO_x、HC、PM 等。国六排放标准是国家第六阶段机动车污染物排放标准，分两个阶段实施：第一阶段，从 2020 年 7 月 1 日起，所有销售和注册登记的汽车都必须符合国六 a 标准；第二阶段，从 2023 年 7 月 1 日起，所有销售和注册登记的汽车都必须符合国六 b 标准。

2．汽车发动机排气净化装置有二次空气喷射系统、汽油机催化转化装置、排气再循环系统、颗粒捕集器、氧化催化转化器、柴油机选择性催化还原系统。

3．曲轴箱强制通风（PCV）系统的主要作用是将曲轴箱内的气体通过 PCV 阀导入进气歧管，并有少量的空气由空气滤清器经 PCV 阀直接进入进气歧管，这就避免了节气门处结冰、燃烧不充分、排放恶化等现象；防止窜气进入大气，同时防止机油变质。燃油蒸发控制系统将燃油蒸气收集和储存在活性炭罐内，送到气缸内烧掉，既节能又环保。

思 考 题

1．简述汽车有害排放物的主要成分及其危害。

2．简述国六技术路线。

3．汽车发动机排气净化装置有哪些？简述其工作原理。

4．简述曲轴箱强制通风系统的工作原理。

第11章 典型汽车发动机

导入图例（见图 11-1）：中国、世界十佳发动机评选。

2006 年度中国十佳发动机名单

东风悦达·起亚	赛拉图的 1.6L 发动机
东风本田	CIVIC 的 1.8L 发动机
一汽-大众	速腾的 1.8T 发动机
奇瑞汽车	东方之子的 2.0L 发动机
一汽-大众	奥迪 A6L 的 2.0T 发动机
一汽轿车	马自达 6 Wagon 的 2.3L 发动机
上海通用	别克 LaCROSSE 君越的 2.4L 发动机
天津一汽	丰田皇冠的 3.0L 发动机
华晨宝马	宝马 530i 的 3.0L 发动机
东风日产	天籁的 3.5L 发动机

图 11-1　中国、世界十佳发动机评选①

2006 年，“中国心”年度十佳发动机开始评选，不是以升功率或者油耗的单一指标对发动机进行评测，而是通过动力性（20%）、技术先进性（20%）、市场表现（15%）、主观感受（25%）和节能减排（20%）5 项指标的综合来进行评价，让评选的结果既能体现国家对节能、环保的关注，也能够契合市场、引导消费潮流。从 2016 年起，“中国心”年度十佳新能源汽车动力系统评选参照年度十佳发动机评选标准，评审内容包括整车性能、电池电机性能、技术先进性、市场表现、主观评测五大评价体系。

全球十佳发动机又名沃德十佳发动机，是美国权威杂志 *Ward's Auto World* 杂志社创立的榜单。这份评选名单始于 1994 年，在每年年末发布。参评的发动机所装备的汽车售价须低于 6 万美元，评选历时大约两个月，不采用工具测试，而是通过日常的驾驶来对所有发动机进行评估。评选的重要依据是发动机的燃油经济性、噪声、振动以及冲击等各项指标，此外，科技的创新性、动力性，特别是单位质量的输出功率（比质量）也是评选的重要指标之一。2020 年，沃德十佳发动机改名为沃德十佳发动机及动力系统，改名的主要原因是不少车企开始生产 48V 轻混动力系统。

11.1　两缸机

菲亚特 TwinAir 双缸涡轮增压发动机如图 11-2 所示。

① 上海通用汽车有限公司于 2015 年将公司名称变更为上汽通用汽车有限公司，图中“上海通用”即现上汽通用汽车有限公司（简称上汽通用汽车）。

其排量为 0.875L，最大功率为 62.5kW，升功率 71.5kW，质量 85kg。采用 MultiAir 电子液压气门技术，能够不使用节气门，直接控制通过发动机进气门的空气以降低燃油消耗和通过燃烧策略控制有害气体的排放。

丰田 1.0T 直列两缸涡轮增压发动机如图 11-3 所示，其最大输出功率为 59kW。

图 11-2 菲亚特 TwinAir 双缸涡轮增压发动机

图 11-3 丰田 1.0T 直列两缸涡轮增压发动机

11.2 三缸机

11.2.1 奇瑞 SQR372 发动机

奇瑞 SQR372 发动机如图 11-4 所示，其技术参数见表 11-1。

图 11-4 奇瑞 SQR372 发动机

表 11-1 奇瑞 SQR372 发动机技术参数

项目名称	技术参数	项目名称	技术参数
产品代号	0.8L DOHC	最大扭矩/（N·m）	70（3 500～4 000r/min）
类型	直列 3 缸、12 气门、顶置双凸轮轴	升功率/（kW/L）	46.8
缸径×行程/mm×mm	72×66.5	外形尺寸/mm×mm×mm	481×443×699
压缩比	9.5	发动机总成净质量/kg	76
额定功率/kW	38（6 000r/min）		

11.2.2 福特 1.0L EcoBoost 涡轮增压发动机

福特 1.0L EcoBoost 涡轮增压发动机如图 11-5 所示。

EcoBoost 是福特对于未来使用涡轮增压和缸内直喷两项核心技术的发动机的总称。在传统汽油发动机的基础上，EcoBoost 发动机进一步添加了燃油缸内直喷、涡轮增压和双独立可变气门正时系统这三大关键技术，不仅保证了澎湃的动力输出，而且使燃油经济性提高了 20%，并降低了 15%的 CO_2 排放。

发动机参数
排量（mL）：999
进气形式：涡轮增压
气缸数（个）：3
每缸气门数（个）：4
压缩比：10:1
配气机构：DOHC
缸径×行程（mm×mm）：71.90×82.00
最大功率（马力）：125（6 000 r/min）
最大扭矩（N·m）：170（1 500 ～ 4 500 r/min）

图 11-5　福特 1.0L EcoBoost 涡轮增压发动机

注：1 马力=0.735kW。

11.3　四缸机

11.3.1　吉利 CVVT-JL4G18 发动机

吉利 CVVT-JL4G18 发动机主要技术参数见表 11-2。

表 11-2　　吉利 CVVT-JL4G18 发动机主要技术参数

序号	项目名称		技术参数
1	型号		CVVT-JL4G18
2	类型		直列四缸、四冲程、水冷、DOHC、16 气门、CVVT
3	燃烧室类型		单斜顶面屋脊型燃烧室
4	电控系统类型		无分电器、分组点火、多点顺序喷射
5	缸径×冲程/mm×mm		79×91.4
6	总排量/L		1.792
7	压缩比		10∶1
8	最大功率/kW		102（6 000～6 200r/min）
9	最大扭矩/（N·m）		172（4 100～4 300r/min）
10	全负荷最低燃油消耗率/[g/（kW·h）]		≤260
11	怠速/（r/min）		800±50（空调 A/C ON 时 1 000±50）
12	怠速污染物排放		EU Ⅲ
13	有效点火次序		1—3—4—2（1、4 缸和 2、3 缸分组点火）
14	火花塞电极间隙/mm		0.8
15	气门间隙（冷态）/mm	进气门	0.23±0.03
		排气门	0.32±0.03

续表

序号	项目名称		技术参数
16	燃油牌号		93 号及以上车用无铅汽油
17	润滑方式		压力与飞溅
18	机油牌号		SAE10W-30，API 质量等级 SG 以上 （冬季寒冷地区 SAE5W-30）
19	机油容量/L		4（干式充满）
20	机油消耗率/[g/（kW·h）]		≤2.2
21	机油压力/kPa	怠速	≥60
		≥3 000r/min	294～539
22	冷却方式		强制循环水冷
23	冷却液容量/L		（带储液罐）6.0
24	起动方式		电起动
25	汽油机干质量/kg		111.7
26	外形尺寸（长×宽×高）/mm×mm×mm		631×610×620

11.3.2 斯巴鲁 2.5L Turbocharged DOHC H-4 BOXER 发动机

斯巴鲁 2.5L Turbocharged DOHC H-4 BOXER 发动机如图 11-6 所示。

斯巴鲁

2.5L Turbocharged DOHC H-4 BOXER

最大功率：195kW（5 600r/min）
最大扭矩：350N·m（2 400～5 200r/min）

图 11-6 斯巴鲁的 2.5GT 发动机

斯巴鲁 2.5L 涡轮增压水平对置四缸发动机缸体与缸盖都由全铝制造，在散热和动力响应速度上都有非常好的表现，斯巴鲁对其进一步改进，使其在稳定性上也变得更好。

（1）涡轮增压器位置下移。新的涡轮增压器安置在发动机下部，降低了车辆重心，更利于车辆操控；同时也拉近了与三元催化器之间的距离，从而使三元催化器的工作温度上升更快，进一步降低了污染排放。

（2）水平对置发动机更稳定。发动机活塞平均分布在曲轴两侧，在水平方向上左右运动。使发动机的整体高度降低、长度缩短、整车的重心降低，车辆行驶更加平稳。发动机安装在整车的中心线上，两侧活塞产生的力矩相互抵消，大大降低车辆在行驶中的振动，使发动机转速得到很大提升，减少噪声。同时发动机产生的横向振动也容易被支架吸收、有效将全车较重的发动机重心降低，更容易达到整体平衡。

11.3.3 丰田 AE86 水平对置 D-4S 发动机

丰田 AE86 水平对置 D-4S 发动机如图 11-7 所示。发动机每个气缸设计有两个喷嘴，其中一个安装在缸体内，一个安装在传统的进气歧管处，二者通力协作可以确保发动机在低负荷和高负荷工况下都拥有出色的动力性和燃油经济性。为了实现更低的重心和更紧凑的布局，采用了较短的进气歧管的设计，同时油底壳也更浅。

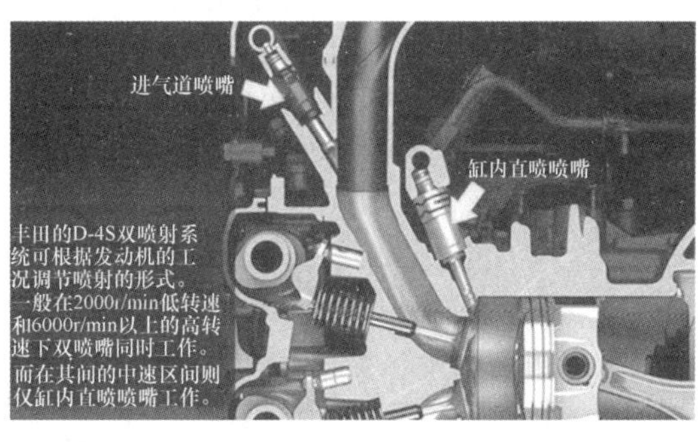

图 11-7 丰田 AE86 水平对置 D-4S 发动机

丰田 AE86 水平对置 D-4S 发动机主要技术参数见表 11-3。

表 11-3 丰田 AE86 水平对置 D-4S 发动机主要技术参数

项目名称	技术参数	项目名称	技术参数
排量/mL	1998	缸盖/缸体材料	铝合金/铝合金
气缸排列形式	水平对置 4 缸	最大功率/kW	148（7 000r/min）
缸径×行程/mm×mm	86×86	最大扭矩/（N·m）	205（6 400r/min）
压缩比	12.5:1	特有技术	混合喷射

11.3.4 大众 2.0L 柴油增压 DOHC 直 4 发动机

大众 2.0L 柴油增压 DOHC 直 4 发动机如图 11-8 所示。

图 11-8 大众 2.0L 柴油增压 DOHC 直 4 发动机

注：1 英制马力=0.745kW。

2004 年上市的宝来 TDI 轿车是中国第一辆涡轮增压柴油轿车，装备的是德国大众集团首创的直喷式涡轮增压柴油发动机，排量 2.0L。该发动机采用了高压泵喷嘴、喷嘴增压、EGR 和双质量飞轮等世界前沿的技术。特别是其泵喷嘴技术，改善了直喷式工作的部分缺陷，使发动机的运转更加平稳，一改人们心目中柴油发动机振动和噪声都比较大的印象。

11.3.5 比亚迪 472QA 发动机

为了降低油耗，比亚迪把 DM 插电混动技术进一步细化，划分为 DM-p 和 DM-i 这两个分支。前者以性能为导向，追求动力和加速；后者则更加注重燃油经济性，追求极致的效率。比亚迪 472QA 是一款四缸自然吸气发动机。它采用阿特金森循环，压缩比为 15.5:1，额定功率为 81kW（110 马力）（6 000r/min），最大扭矩为 135N • m（4 500r/min），它的峰值热效率达到了 43%。主要采用了图 11-9 所示的技术路线。

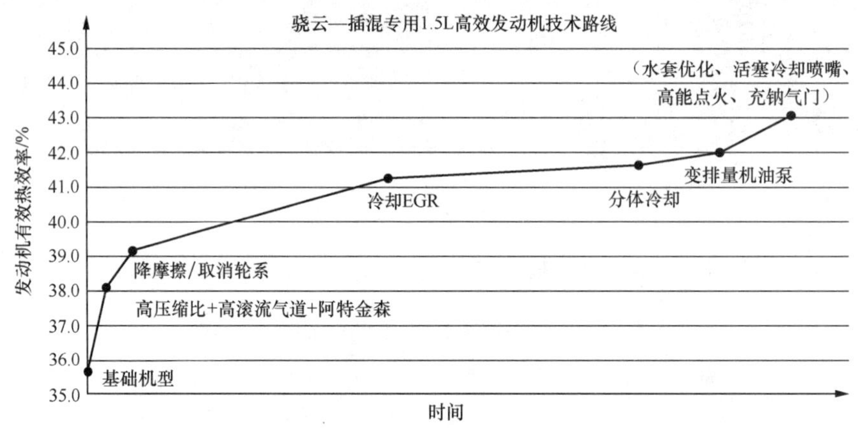

图 11-9 比亚迪 472QA 发动机技术路线

11.4 五缸机

11.4.1 奥迪五缸汽油机

奥迪五缸汽油机如图 11-10 所示。

轿车横向安装 4 缸以上的发动机必须采用紧凑结构，奥迪 R5 TFSI 发动机长度为 494mm，是目前市场上最为紧凑且最具动力性的一款发动机。结合涡轮增压，燃油直喷，进、排气凸轮轴正时调节以及进、排气调节技术，CO_2 的排放量是 213g/km。

图 11-10 奥迪五缸汽油机

11.4.2 沃尔沃五缸柴油机

沃尔沃五缸柴油机如图 11-11 所示。

直列五缸式的设计是一种折中的选择，在获得六缸发动机的平顺性和高动力输出的同时，兼具四缸发动机的紧凑结构及高燃油经济性。S80 车型搭载的 B524T2 由瑞典的 Skovde 工厂生产，发动机缸径与行程分别为 83mm、93.2mm，该发动机采用双顶置凸轮轴 20 气门设计，在涡轮增压器的作用下，配合可变气门正时及涡轮增压中冷技术，可在转速为 5 000r/min 时爆发出 155kW 的最大功率，而最高扭矩亦可达到 320N • m（转速为 1 500～5 000r/min 时），从 B524T2 发展而来的 B524T2-R 机型更可达到惊人的 224kW 的功率（转速为 5 500r/min 时）和 400N • m 的扭矩（转速为 1 950～5 250r/min 时）。

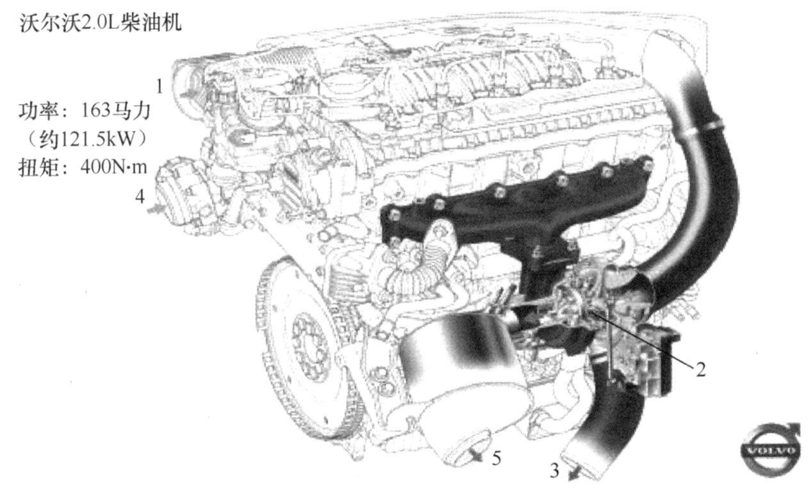

图 11-11 沃尔沃五缸柴油机

1—进气；2—VNT 涡轮增压器；3—流向中冷器的空气；4—流向燃烧室的空气；5—废气排出

11.5 六缸机

11.5.1 上汽通用汽车 SIDI 全铝直喷 V6 汽油机

上汽通用汽车 SIDI 全铝直喷 V6 汽油机如图 11-12 所示，其速度特性曲线如图 11-13 所示。

图 11-12 上汽通用汽车 SIDI 全铝直喷 V6 汽油机

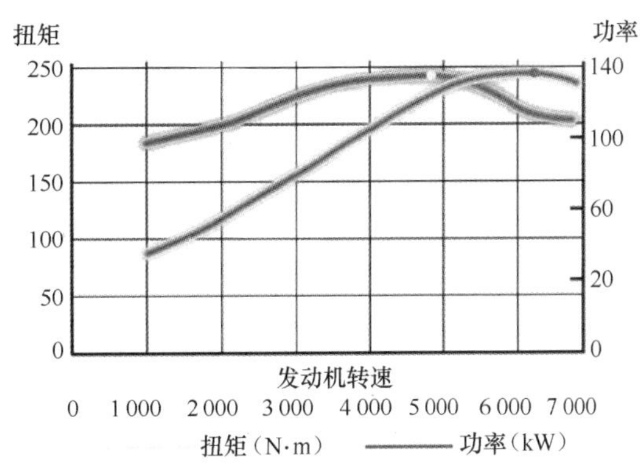

图 11-13 上汽通用汽车 SIDI 全铝直喷 V6 汽油机速度特性曲线

其主要技术特点：全铝 V 形 6 缸，双凸轮轴，每缸 4 气门；全铝活塞，浮动活塞销；屏蔽式汽油喷嘴，减少噪声和振动；缸内直喷发动机，改善燃料控制，燃烧更充分；可采用两种不同的注油燃烧模式，分层注油燃烧模式、均匀注油燃烧模式；可变气门正时增强发动机动力，提高燃油效率；智能电子节气门控制（Electronic Throttle Control，ETC）有效地控制油气混合比，减少排放，提高燃油经济性；长度可变进气歧管，优化动力和扭矩，降低油耗；高分子聚合活塞裙，有效降低 NVH 水平；高压，无回油系统－高压燃料泵提高压力，确保高效燃烧，减少尾气排放。

11.5.2 宝马 3.0L N55 涡轮增压 DOHC 直 6 发动机

宝马 3.0L 涡轮增压 DOHC 直 6 发动机如图 11-14 所示。它采用双涡管涡轮增压系统（Twin-Scroll Turbocharger），在一个涡轮叶片外“开凿”了两条气槽，配合双涡管的设计，按照点火顺序将各缸内的排气分别引入这两个流道，从而实现了利用一个涡轮达到双增压的效果。这一技术改进了普通双涡轮增压结构重量大、成本高的弊端，降低了发动机重量以及制造成本。另外，双涡管结构还减小了排气歧管内的气流干涉，使尾气流更加顺畅；第三代的 Valvetronic 进气系统，即连续可变气门正时电子控制系统，通过更加快速、平顺、精确的进气阀控制，省去了普通发动机上必不可少的节气门结构。

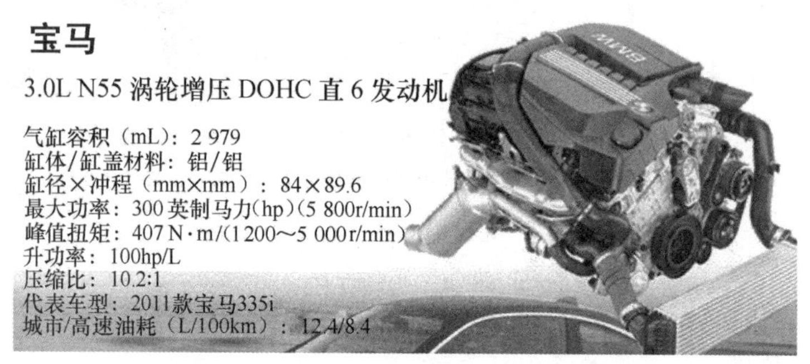

图 11-14 宝马 3.0L 涡轮增压 DOHC 直 6 发动机

11.5.3 潍柴 WP13H560E61 卡车用柴油机

潍柴 WP13H560E61 卡车用柴油机如图 11-15 所示，其技术参数见表 11-4。其中 WP 是潍柴使用的发动机名称抬头，13 代表 13L 排量，H 则代表着全新的发动机平台，拥有更先进的技术，560 是 560 马力（约 411.9kW），此外这台发动机还可以调校出最大功率 600 马力，后缀 E61 代表的是国六排放的含义。

图 11-15 潍柴 WP13H560E61 卡车用柴油机

表 11-4　　潍柴 WP13H560E61 卡车用柴油机技术参数

项目名称	技术参数
发动机类型	CR+DOC+DPF+Hi_SCR
排量/L	12.9
缸径×行程/mm×mm	130×162
气缸数	6
每缸气门数	4
喷油装置	电控高压共轨
额定功率/kW	412
最大扭矩/（N・m）	2 600

续表

项目名称	技术参数
额定转速/（r/min）	1 600
最大扭矩转速/（r/min）	900～1 300
排放水平	国六
旋转方向（从输出端看）	逆时针
发动机净重/kg	1 050

潍柴这款车用 WP13HH560E1 柴油机本体热效率能超过 50%，主要是用了协同燃烧技术、协调设计技术、排气能量分配技术、分区润滑技术、智能控制技术等五大技术，解决了高效燃烧、低传热、高可靠性、低摩擦损耗、低污染物排放、智能控制等一系列世界级难题，使柴油机本体热效率超过了 50%。

这款发动机 5 项专有技术如下。

（1）协同燃烧技术：通过对气道、喷油、燃烧室型线等更加巧妙的设计，可以使燃烧室内速度场、浓度场等物理场之间的关系更加和谐，燃烧速度提升 30%。

（2）协调设计技术：发动机本体对最高燃烧压力的承受能力极大地限制了燃烧的改善。为了适应更高的燃烧压力，需要有选择地弱化部分零件，从而使整体结构得到强化，系统的高爆压承受能力提升大约 60%。

（3）排气能量分配技术：伴随着燃烧的改善，污染物排放控制的难度大幅增加，恰当的排气系统的设计，可以在满足废气再循环的需求的同时，满足涡轮机提升效率的需求，遵从柴油机排放法规的同时提升 1%的热效率。

（4）分区润滑技术：根据系统各摩擦副的不同特性，分区域、有针对性地采用了不同的减摩技术，使整体的摩擦降低 20%。

（5）智能控制技术：利用自主 ECU 的优势，创造性地开发出一系列更加精准控制的预测模型，使柴油机工作的每一部分区域均能够更加高效。

11.5.4　奔驰 M256 直列 6 缸发动机

奔驰 M256 直列 6 缸发动机如图 11-16 所示，其技术参数见表 11-5。

图 11-16　奔驰 M256 直列 6 缸发动机

表 11-5　　奔驰 M256 直列 6 缸发动机技术参数

项目名称	技术参数
排量/L	2.999
进气形式	双涡轮增压
气缸排列形式	直列
气缸数	6
每缸气门数	4
配气机构	DOHC
最大功率/马力	408
最大扭矩/（N・m）	500
技术亮点	模块化、ISG 电机、电动涡轮、PPF、纳米涂层、48V 系统

11.6　八缸机

11.6.1　福特 5.0L DOHC V8 发动机

福特 5.0L DOHC V8 发动机如图 11-17 所示。

图 11-17　福特 5.0L DOHC V8 发动机

11.6.2　雪佛兰 6.2L V8 发动机

雪佛兰 6.2L V8 发动机如图 11-18 所示。

图 11-18　雪佛兰 6.2L V8 发动机技术参数

11.7 十缸机

11.7.1 宝马 V 形 10 缸发动机

宝马 V 形 10 缸发动机如图 11-19 所示。

理论上讲，V10 发动机的平衡性不是特别好，因此一般量产销售的汽车上很少采用 V10 发动机。F1 比赛规则规定，所有赛车的发动机排量不能超过 3L，如采用 V8，气缸数较少，不利于提高发动机转速，每个气缸直径也太大，很难达到所要求的功率；如采用 V12，功率是提高了，但发动机重量太大，整车性能又受到影响。综合考虑，还是用 V10 最合适，赛车的平衡性在 F1 中并不是非常重要，车身振动也是次要的，只要发动机功率强大即可。

11.7.2 曼 V10 柴油发动机

排量为 18.27L 的曼 V10 柴油发动机（见图 11-20）采用外部冷却废气再循环、共轨喷射系统（每组气缸配有一个）和一个带有废气门的涡轮增压器（每列气缸配有一个）。该牵引车拥有 485kW（660hp）的强劲动力，最大扭矩在 1 000～1 600r/min 时可达到 2 700N · m，因此完全可以牵引非常重的物体。发动机制动扭矩已通过电子调节的排气阀制动（Exhaust Valve Brake，EVB）系统得到了进一步升级。调节排气阀与转换离合器基本减速器之间的相互配合，可以在较长的下坡道路上减轻脚踏制动器的负担。

图 11-19 宝马 V 形 10 缸发动机

图 11-20 曼 V10 柴油发动机

11.8 十二缸机

11.8.1 大众 W12 发动机

大众 W12 发动机如图 11-21 所示，其技术参数见表 11-6。

图 11-21 大众 W12 发动机

表 11-6 大众 W12 发动机技术参数

项目名称	技术参数	项目名称	技术参数
进气方式	自然吸气	缸径×行程/mm×mm	84×90.2
气缸排列形式	W 形	发动机特有技术	可变正时气门，液压补偿摇臂
气缸数	12	燃油类型、燃油标号	汽油、97 号
每缸气门数	4	供油方式	多点电喷
压缩比	10.75:1	缸盖材料、缸体材料	铝、铝
配气机构	DOHC	排放标准	欧VI

11.8.2 中国一汽 V12 发动机

2008 年 2 月 22 日，我国第一款自主研发的 V 形 12 缸发动机（见图 11-22）——CA12GV 在中国一汽技术中心点火成功，它填补了国内高端乘用车发动机的空白。

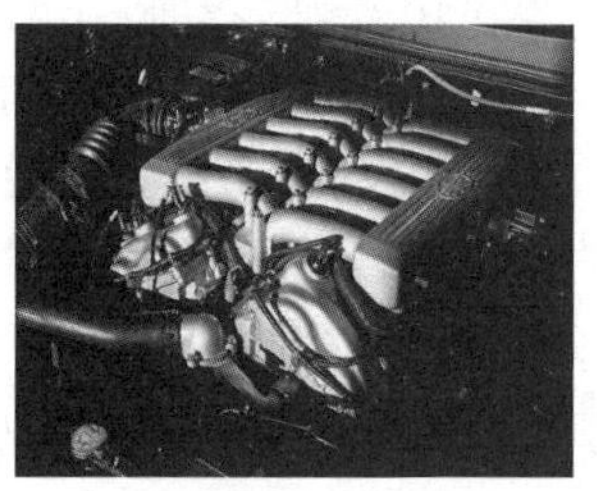

图 11-22 中国一汽 V12 发动机

CA12GV 发动机具有七大先进技术和特点。

（1）先进的燃烧系统平台。由于 CA12GV 发动机用于高端乘用车，一方面要满足由高配置带来的整车重量的增加对发动机强劲动力的需求，特别是优异的中低速扭矩需求；另一方面又要满足不断严格的排放法规以及用户日益高涨的降低油耗的需求。因此，CA12GV 首先采用了中国一汽专门开发的燃烧系统平台。该燃烧系统平台不仅可以满足气道喷射发动机的需求，未来也可以满足汽油直喷发动机的需求。由于精心调整了进气道在发动机中低转速工况下的流速和滚流，加强了在这些工况下的油气混合，使得发动机不仅可以获得优异的中低速扭矩，更可以获得优异的整车常用行驶工况油耗。在不使用排气可变气门正时（Variable Camshaft Timing，VCT）的情况下，发动机万有特性最低比油耗达 241g/（kW • h），常用工况油耗更是达到了 365g/（kW • h）。采用排气 VCT 后，由于 EGR 率的提高，可以使油耗进一步降低 5%左右。

（2）12 缸/6 缸自由切换技术。12 缸/6 缸自由切换技术的开发可进一步降低发动机的油耗水平。当整车需要强劲动力大负荷运行时，12 个气缸将同时工作提供整车所需要的扭矩；为避免汽油机在城市道路中低速、小负荷下工作时由于泵气损失大引起的比油耗高的问题，发动机将由 12 缸工作模式平顺切换到直列 6 缸工作模式，通过停止 6 个气缸的工作而提高另外工作的 6 个气缸的负荷，使其在高效区运行，降低发动机油耗。

（3）进、排气 VCT 技术。除了采用先进的燃烧系统外，CA12GV 发动机通过采用进排、气 VCT 实现大量的内部 EGR 来降低 NO_x 的排放，同时采用两个紧耦的三元催化转化器进一步实现发动机的低排放。

（4）完美的振动噪声水平。为保证CA12GV发动机具有优异的振动噪声水平，在主要零部件的结构设计阶段就和国际先进水平样机进行了对标，测量分析了对标样机主要零部件的刚度及振动噪声特性。结构设计完成后，对主要零部件进行了详细的模态分析，保证了主要结构件的刚度和振动噪声特性达到或超过了对标机型的水平。

以缸体为例，CA12GV采用了“用有用的结构加强刚度”的设计理念，和传统的通过加强筋提高刚度的方法相比，此方法既可以提高结构刚度，又可以控制发动机重量的增加。缸体两侧面采用回油孔结构以及精心设计的沿缸体高度方向分布的加强筋来提高缸体垂直方向的刚度；同时采用3条水平分布的加强筋提高缸体的水平刚度。左、右列缸体之间铸出一个三角形通道，既可以加强缸体的刚度，又可以作为曲轴箱通风系统的通道。缸体后端采用封闭的钟形结构并辅助以加强筋来提高和变速器的连接刚度。通过上述措施，缸体的一弯和一扭频率均比对标样机提高25%以上，使缸体具有很强的降低辐射噪声的能力。此外，该缸体采用侧向螺栓将主轴承座和缸体两侧连接起来，同时采用铸铝机油盘上体加强缸体两侧面的连接，使得缸体的刚度及降低辐射噪声的能力得到进一步增强。

通过上述措施和技术，CA12GV发动机的振动噪声水平达到了近乎完美的境界：发动机在台架运转时，将一枚1元硬币立在发动机上侧的进气歧管上，硬币会稳稳立在上面而不倒。

（5）轻量化设计。为降低发动机重量，CA12GV发动机的缸体、缸盖、进气歧管、前罩盖、气门室罩盖及机油盘上体等主要零部件均采用铝金属制造。此外，在设计过程中对所有结构件都进行了有限元分析，降低每一克多余的重量。同时采用先进的模块化设计技术，通过将不同的零部件集成来降低发动机重量。通过采取上述技术，使得6L发动机质量被控制在310kg以内。

（6）先进而完善的设计分析。作为高端车用发动机，必须保证其动力性、经济性、排放水平以及振动噪声水平都能满足整车苛刻的要求。为达到上述各方面要求的完美平衡，在概念设计和详细设计阶段对发动机各主要零部件和系统进行了全面的CAE分析。

采用计算流体力学（Computational Fluid Dynamics，CFD）软件对发动机冷却系统进行了详细分析，保证了由水泵分配到左右两列缸体、缸盖的冷却液流量偏差小于1%，同时优化了缸体和缸盖水套各部位的水流速度，保证水流都能达到满足冷却要求所需要的流速，同时不会因为流速过高而产生气蚀或压力损失过大的问题。通过精细调整从缸体到缸盖各个水孔的尺寸和位置，保证了缸盖危险部位的水流速度，特别是火花塞周围和两排气门之间的水流速度，保证了气缸盖在发动机大负荷工作时的可靠性和耐久性。

为保证发动机的可靠性和耐久性，利用有限元方法计算了缸体和缸盖的疲劳安全系数和危险点的金属温度，保证在各种发动机工况下缸体、缸盖的疲劳安全系数和温度水平都在安全界限以内。此外，还系统进行了发动机热力学模拟分析、主要零部件噪声辐射特性分析、配气机构运动学和动力学分析、曲轴和连杆疲劳安全系数计算及缸筒变形分析等一系列计算分析工作，对发动机的结构设计起到了很好的指导作用，在设计阶段就很好地保证了发动机的可靠性和耐久性。

（7）澎湃的动力。由于采用了上述先进技术，使得CA12GV发动机能够在很宽的发动机转速范围内向整车提供澎湃动力。发动机在1 000 r/min时就可以拥有450N·m以上的强劲扭矩，并在转速为3 500～5 000 r/min时达到550 N·m以上的最大扭矩。

小结

通过本章的学习，重点熟悉典型汽车发动机的先进技术及特点。

1．分别对两缸机、三缸机、四缸机、五缸机、六缸机、八缸机、十缸机、十二缸机中的典型汽车发动机技术及特点进行介绍。

2．随着发动机技术的不断升级，汽车发动机性能也在不断提升。菲亚特 TwinAir 双缸涡轮增压发动机采用 MultiAir 电子液压气门技术；福特 EcoBoost 发动机采用了燃油缸内直喷、涡轮增压和双独立可变气门正时系统三大关键技术；丰田 AE86 水平对置 D-4S 发动机采用了缸内直喷和进气道喷射进行混合喷射的特有技术；大众 2.0L 柴油增压 DOHC 直 4 发动机采用了高压泵喷嘴、喷嘴增压、EGR 和双质量飞轮等世界前沿的技术；比亚迪 472QA 发动机采用阿特金森循环；上汽通用汽车 SIDI 全铝直喷 V6 汽油机采用屏蔽式汽油喷嘴、智能电子节气门控制（ETC），长度可变进气歧管，高分子聚合活塞裙、高压、无回油系统等技术；宝马 3.0L N55 发动机采用了双涡管涡轮增压系统；潍柴 WP13H560E61 卡车用柴油机主要是用了协同燃烧技术、协调设计技术、排气能量分配技术、分区润滑技术、智能控制技术等五大技术，其本体热效率能超过 50%，排放达到国六水平；奔驰 M256 发动机采用双涡轮增压技术；大众 6.3L W12 FSI 发动机采用自燃吸气缸内直喷分层燃烧技术；中国一汽 V 形 12 缸 CA12GV 发动机具有七大先进技术：先进的燃烧系统平台，12 缸/6 缸自由切换技术，进、排气 VCT 技术，完美的振动噪声水平，轻量化设计，先进而完善的设计分析，澎湃的动力。

思 考 题

1．简述符合中国国情的发动机评价体系。

2．简述潍柴 WP13H560E61 卡车用柴油机的 5 项专有技术。

3．简述中国一汽 CA12GV 发动机具有的七大先进技术和特点。

第12章 新能源汽车发动机

导入图例：丰田普锐斯（Prius）混合动力汽车（见图 12-1）。作为超群的低油耗混合动力车，丰田普锐斯的燃料消耗率为综合值 4.3L/100km（城市 5L/100km，城市以外 4.2L/100km），居世界前沿，普锐斯混合动力汽车提高能量转换效率的措施主要有 3 个：一是通过优化控制，使发动机不在高油耗的低功率工况区域工作；二是采用具有特殊结构的、有效热效率高的发动机；三是装备发动机自动怠速停止和起动系统。

本田公司开发的燃料电池汽车（见图 12-2）。燃料电池汽车也是电动汽车，只不过“电池”是氢氧混合燃料电池。燃料电池是由含催化剂的阳极、阴极和离子导电的电解质构成的。燃料在阳极被氧化，氧化剂在阴极被还原，电子从阳极通过负载流向阴极构成电回路，产生电能从而驱动负载工作。它工作时需要连续不断地向电池内输入燃料和氧化剂，通过电化学反应生成水，并释放出电能，只要保持燃料供应，电池就会不断工作提供电能。

图 12-1 丰田普锐斯混合动力汽车

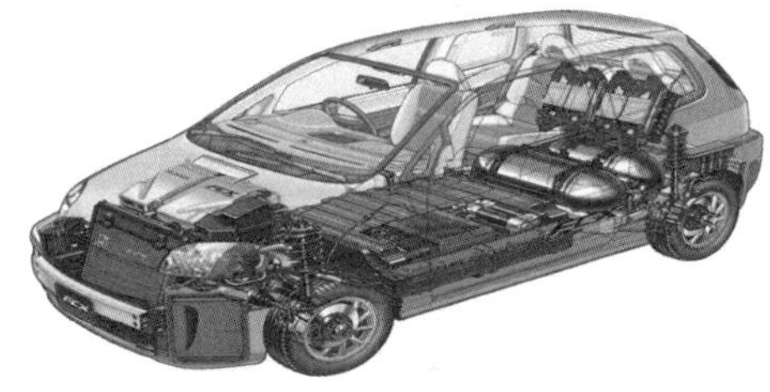

图 12-2 本田公司开发的燃料电池汽车

12.1 代用燃料汽车发动机

12.1.1 代用燃料的定义与特征

20 世纪 70 年代出现石油危机以来，世界各国开始重视汽车代用燃料的研究与应用，因为代用燃料汽车能够缓解石油危机，同时具有降低排放、保护环境的功效。代用燃料是指能够取代或部分取代目前内燃机传统燃料（汽油、柴油、煤油）的燃料。作为内燃机实际使用的代用燃料具有以下特征：发动机本身不需要做大的改动即能利用；有足够的资源；加工、运输、使用和保管比较方便且安全可靠；使用代用燃料的发动机的动力性、经济性、排放性、耐久性和可靠性不应大幅度降低。常见的代用燃料有醇类燃料、二甲基醚、氢气、天然气、液化石油气等。

氢气是非常好的燃料，燃烧产物是水，理论上可实现零排放，但目前尚存在价格高，存储、运输复杂，寿命短，起动时易回火，最大功率不足等问题。天然气、液化石油气在内燃机上的应用已取得了比较成熟的经验，但从总体来看，气体燃料的能量密度低，需庞大的专用储气装置，车载燃料一般需压缩或液化。醇类燃料因其辛烷值高，抗爆性好，可通过提高压缩比来提高热效率，在汽油机上得到了广泛应用，但醇类燃料热值低、汽化潜热大、吸水性强、化学活性高、腐蚀性大、容易发生早燃等。

12.1.2 代用燃料汽车发动机实例

1. 长安公司氢燃料内燃机及技术参数

长安氢动力概念跑车“氢程”，不仅外观造型美观和谐，更以其零排放成为真正的绿色汽车，是目前世界上为数不多的几款氢燃料汽车之一。“氢程”氢动力概念跑车，搭载长安具备全球领先技术的增压中冷氢内燃机，以氢能源作为直接燃料，配合总线电控及紧凑的人机工程布置，体现了长安汽车在新能源运用和动力系统研究等领域的核心突破和创新成就。其性能不仅可以达到汽油机的水平，效率上还比同排量的汽油机高 30%以上，HC、CO、CO_2 排放几乎为零，完全可实现超低排放并具有良好的低温起动性。而且，“氢程”在一次性加足燃料的情况下，巡航距离可达 230km 以上。长安公司氢燃料内燃机如图 12-3 所示，其技术参数见表 12-1。

图 12-3 长安公司氢燃料内燃机

表 12-1 长安公司氢燃料内燃机技术参数

项目名称	技术参数	项目名称	技术参数
产品代号	JL486QH	压缩比	10:1
长×宽×高（不含变速器）/mm×mm×mm	541×761×662	气门结构	DOHC、四气门
额定功率/kW	≥60	燃料形式	氢、汽油
扭矩/（N・m）	≥110	点火顺序	1—3—4—2
排量/mL	1995		

2. 天然气发动机（玉柴 6K1346N-60）及技术参数

玉柴 6K1346N-60 型 460 马力（约 338kW）、13L、国六天然气发动机采用了顶置凸轮轴结构设计，集成了玉柴最新的内燃机技术成果，它可以保证车辆在具有高燃油经济性的同时，还拥有强劲动力和超高的可靠性能。发动机如图 12-4 所示，其技术参数见表 12-2。

图 12-4 玉柴 6K1346N-60 发动机

表 12-2 玉柴 6K1346N-60 技术参数

项目名称	技术参数	项目名称	技术参数
气缸数	6	最大扭矩转速/（r/min）	1 050～1 500
燃油种类	CNG（压缩天然气） LNG（液化天然气）	发动机尺寸（长×宽×高）/mm×mm×mm	1 425×830×1 177
气缸排列形式	直列	发动机形式	理论空燃比+EGR+TWC+ASC
排量/L	12.939	发动机净重/kg	≤1 080
额定功率转速/（r/min）	1700	最大马力（kW）	460（338）
最大扭矩/（N・m）	2100	行程×缸径/mm×mm	165×129
排放标准	国六	进气形式	增压中冷
最大输出功率/kW	339	适配范围	高效物流牵引车、重型工程车

3．多点电喷甲醇发动机（一汽靖烨发动机有限公司 CA6SH-ME3M100 发动机）及技术参数

一汽靖烨发动机有限公司在 CA6102B6 汽油发动机基础上研制开发 CA6SH-ME3 M100 甲醇发动机，发动机压缩比由原来的 7.4 提高到 10，燃料替代比可控制在 1.7 内，从而使该发动机的燃料经济性及排放指标得以极大的改善。发动机如图 12-5 所示，其技术参数见表 12-3。

图 12-5 一汽靖烨发动机有限公司 CA6SH-ME3M100 发动机

表 12-3 一汽靖烨发动机有限公司 CA6SH-ME3M100 技术参数

项目名称	技术参数
类型	四冲程，直列六缸水冷，多点电喷高压缩比甲醇发动机
缸径×行程/mm×mm	101.6×114.3
排量/L	5.56
压缩比	10.1
燃料	M100 甲醇
额定功率/kW	110（3 000r/min）
最大扭矩/（N・m）	420（1 800～2 000r/min）
最低燃料消耗率	500
怠速转速/（r/min）	650±50
燃烧室类型	半楔形燃烧室
点火顺序	1—5—3—6—2—4
机油牌号/容量	10W30SG 级机油，机油/10（10.5 带内置机油冷却器）
起动机功率/W	3 000
发电机功率/W	500/1 000/1 500（选装）
发动机悬置方式	三点前置，四点前置，四点后置（选装）
整机净重/kg	520
排气污染物	国三

4．江淮 HFC4EB2.3D1 乙醇灵活燃料发动机

江淮汽车自主研发的一款排量为 1.5L 的全铝 VVT 乙醇灵活燃料（乙醇含量在 E22-E100）发动机 HFC4EB2.3D1，通过集成创新，突破了目前必须带副油箱解决 E100 冷起动的技术难题，创新开发燃料自适应功能，能实现 E22-E100 燃料的自动切换，在乙醇燃料发动机领域实现了重大技术创新，并在全球范围内首次应用。

该发动机采用电加热型喷油器、PWM 控制模块、冷起动控制策略、冷型火花塞等先进技术，成功实现乙醇燃料自动切换及低温冷起动，采用 VVT、双顶置凸轮轴、16 气门、正时链传动、集成式机油泵等先进技术，有效地提高了发动机的动力性、经济性；采用活塞头部阳极氧化处理、活塞环表面物理气相沉积（Physical Vapor Deposition，PVD）处理等新工艺，气门、轴瓦使用耐乙醇腐蚀性新材料，有效解决了发动机须耐乙醇腐蚀的问题，提高了耐久性能；采用铝合金缸体、塑料进气歧管、塑料气缸罩、铝合金链条盖罩、不锈钢排气歧管等新部件，有效降低了发动机的排放、噪声，升功率达 55.4kW/L，升扭矩达 97.4N·m/L，排放达到巴西最新法规要求。该发动机在实际驾驶中低速扭矩良好，与汽油发动机相比展现出了乙醇燃料的优势。

12.2 混合动力汽车发动机

目前，采用混合动力驱动系统是解决电动汽车续航距离短问题的快捷、有效的途径。混合动力汽车有两套驱动系统，即燃油驱动系统和电驱动系统。其动力源主要是燃油，在低速、起动和加速时用电力，以提高整车系统的能量利用率。混合动力系统有节能减排的优点。这种系统既能发挥电驱动汽车在城市里运行时低排放、低噪声的优点，同时又能保留内燃机汽车能长距离运行的优点，还可以利用驱动系统中的电机回收汽车制动能量。当汽车起动和爬坡时可以利用电机的辅助转矩，使汽车配置的内燃机排量减小。当汽车在城市内处于低速运行时，可完全依靠电机运行。在长途运输过程中可利用内燃机为电驱动系统中的动力电池充电。图 12-6 所示为奔驰公司的量产混合动力汽车。

随着国家节能减排法规的逐渐加严，混合动力汽车仍然保留传统内燃机，因此需要在传统内燃机领域应用先进技术以进一步提升节能减排效果。在提高发动机燃油经济性的过程中要综合考虑混合动力系统的工作特征。

图 12-6　奔驰公司的量产混合动力汽车

12.2.1　普锐斯混合动力汽车发动机

图 12-7 所示是汽车发动机有效热效率曲线，在汽车低速和小负荷工作时，能量转换效率非常低。普锐斯混合动力汽车（Hybrid Electrical Vehicle，HEV）通过 3 个措施提高能量转换效率：一是通过优化控制，使发动机不在高油耗的低功率工况区域工作；二是采用特殊结构的发动机；三是装备发动机自动怠速停止和起动系统。前两个措施使发动机的有效热效率提高约 80%。自动起、停系统使得当车辆停止或从低速到减速时，发动机自动停止，以节约燃料，减少无端的燃料消耗和污染排放；当汽车起步时，应用转矩性能良好的电动机开始起步，然后，迅速起动发动机；在低效率的运转车速范围内，发动机会自动切断燃油供应，停止驱动力输出，也就是只利用电动机驱动车辆行驶。

采用先进的发动机技术是普锐斯提高发动机性能的重要措施之一。普锐斯的发动机主要特点有4点。

① 在篷形燃烧室的周围设有较大的挤气面积以保证燃烧室的整个空间都获得均匀的火焰传播（见图 12-8）。

② 采用智能可变气门正时（VVT-i）系统。VVT-i 系统可以按照运行条件精确控制进气门开闭正时，并且可调整范围达 60°CA，从而确保发动机高效率运转（见图 12-9），另外由于进气门开闭正时可以改变，可以实现发动机实际压缩、膨胀比的改变。

③ 采用了阿特金森循环（注：英国学者 James Atokinson 提出的压缩和膨胀可以独立设定的机构，其后由美国学者 R.H.Miller 通过改变进、排气门定时而实现的系统），即高膨胀比循环（见图 12-10），通过减少燃烧室容积，提高膨胀比，实现对燃烧能量的有效利用，使发动机效率大约提高了 10%。

④ 摩擦损失少，最高转速规定在较低的 4 000r/min 转速点上，由于最高转速降低，发动机的各个结构部件的设计强度也可以降低。

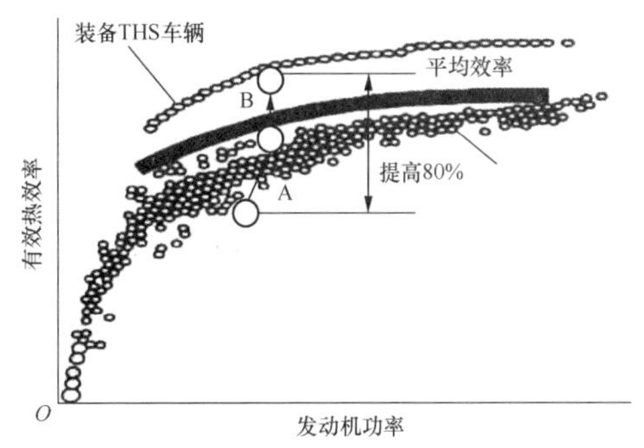

图 12-7　汽车发动机有效热效率曲线

A—发动机使用范围最佳化；B—效率提高部分

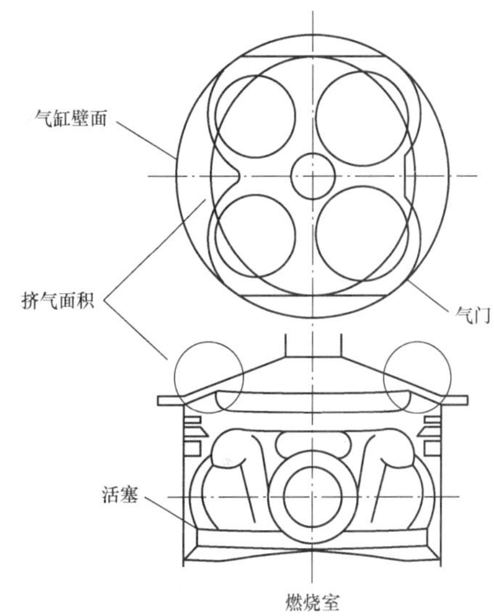

图 12-8　普锐斯 HEV 发动机的燃烧室结构

丰田混合动力系统（THS）将发动机、发电机、电动机三者通过一个行星排耦合在一起，发电机与太阳轮连接，发动机与行星架连接，电动机与外齿圈连接并通过主减速器与轮端连接。通过先进的控制系统综合调节内燃机与电动机之间的动力耦合关系以提高系统综合效率。THS 采用的发动机的转速特性和万有特性曲线如图 12-11 和图 12-12 所示。万有特性曲线中的实心圆点是巡航条件下车速分别为 30km/h、40km/h、50km/h、60km/h、70km/h 和 80km/h 时发动机的转速和转矩。在车速小于 30km/h 时车辆控制系统不让发动机工作，在车速等于 80km/h 时，发动机的油耗小于 210g/（kW·h）。

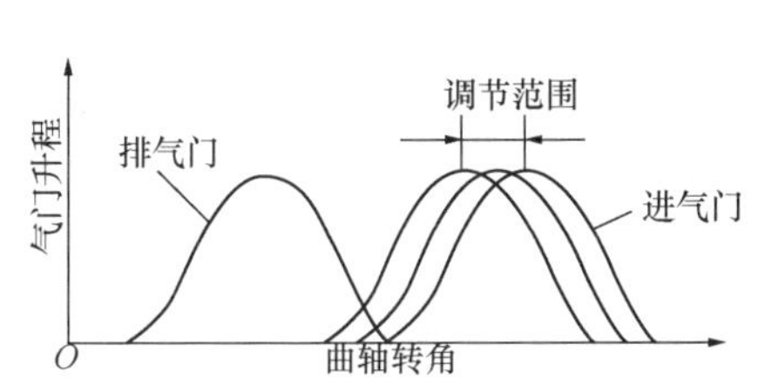

图 12-9　WT-i 系统对发动机进排气时间的控制范围

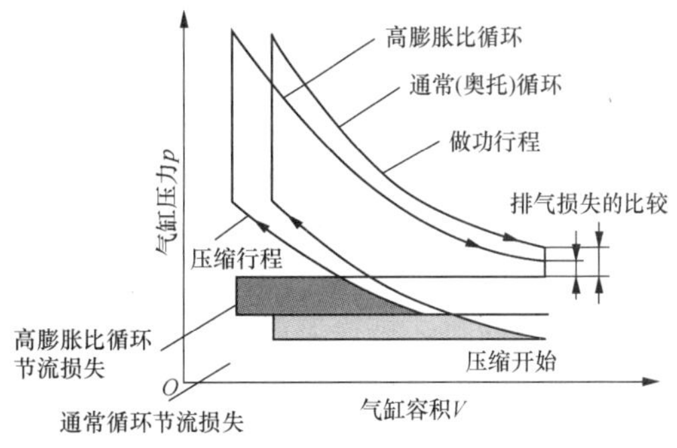

图 12-10　THS 车发动机工作的 p-V图

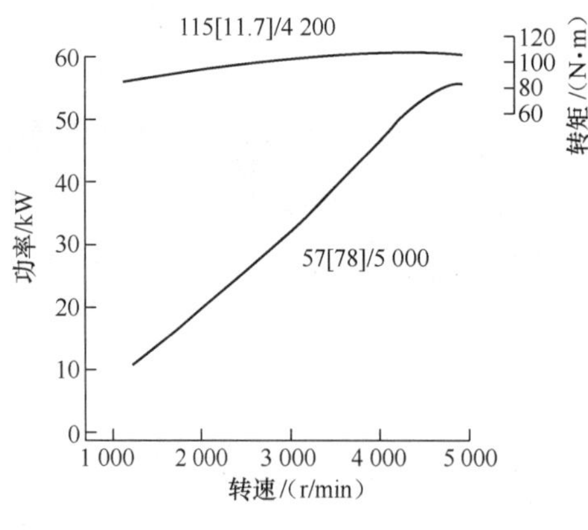

图 12-11　发动机的转速特性曲线

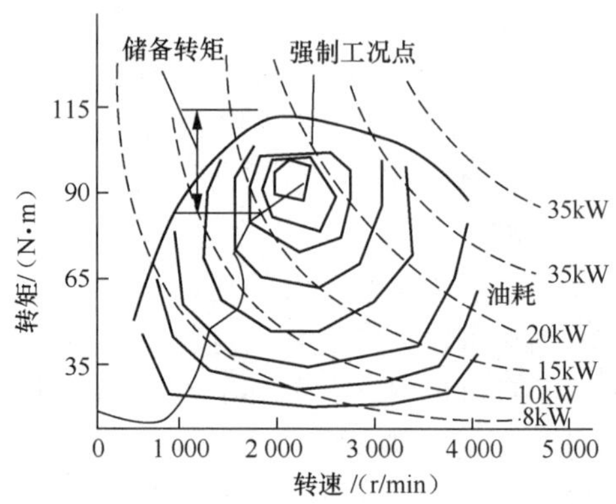

图 12-12　THS 发动机（Atkinson）万有特性曲线

12.2.2　本田 Insight 混合动力汽车发动机

本田混合动力系统 IMA（Integrated Motor Assist）系统采用 1.3L i-DSI VTEC 发动机。其特点主要有内置棍子式摇杆臂结构 VTEC 技术、内燃机燃烧改善技术、排气管缸盖一体式技术、镁机油盘技术和吸附型 NO 催化器等（见图 12-13）。

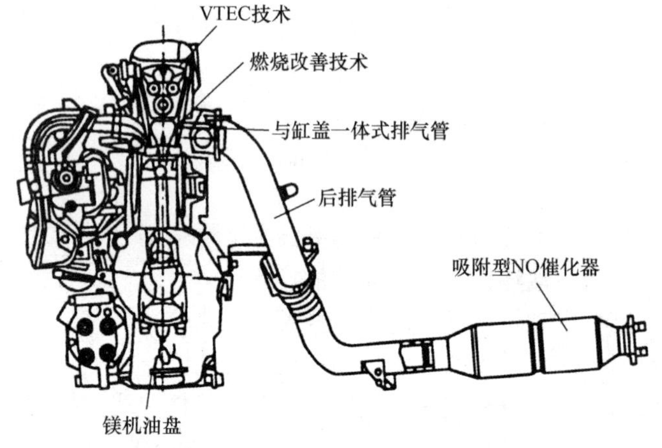

图 12-13　IMA 用发动机采用的主要先进技术

表 12-4 所示为一个 IMA 用 1L VTEC 发动机的主要结构特点与性能参数。图 12-14 所示为 IMA 用发动机的配气机构，其特点是单顶置凸轮轴 SOHC，每缸四气门，进、排气门共用一根摇臂轴和凸轮轴，进、排气门杆之间的夹角为 30°（普通燃油车发动机为 46°），因而结构更为紧凑。图 12-15 所示为 IMA 用发动机的 VTEC 机构，其为共轴滚筒式 VTEC 机构，降低了驱动功率。为了减少混合动力系统 IMA 用发动机的机械摩擦损失，还采用了顶面微凹坑型活塞、渗碳连杆、低张力活塞环等。在正常的发动机技术条件下，在极限摩擦值时，可采用的润滑油的 HTHS 黏度大约为 2.5mPa·s（见图 12-16），当进一步采用低黏度润滑油时，普通发动机的摩擦转矩又增加。由于 1L IMA 用发动机采用了上述一系列技术，因而润滑油在极限摩擦值时的 HTHS 黏度低于 2.5mPa·s，接近 2mPa·s，发动机摩擦力比传统的 1L 发动机可降低 10%以上（见图 12-17）。

表 12-4 IMA 用 VTEC 发动机的主要结构特点与性能参数

项目名称	技术参数	项目名称	技术参数
发动机类型	水冷汽油机	压缩比	10.8
气缸布置类型	直列 3 缸	凸轮轴驱动类型	链条
排量/L	0.995	最大功率/kW	50（5 700r/min）
气缸直径×冲程/mm×mm	72×81.5	最大转矩/（N • m）	91/（4 800r/min）
气门机构	SOHC，VTEC，每缸四气门		

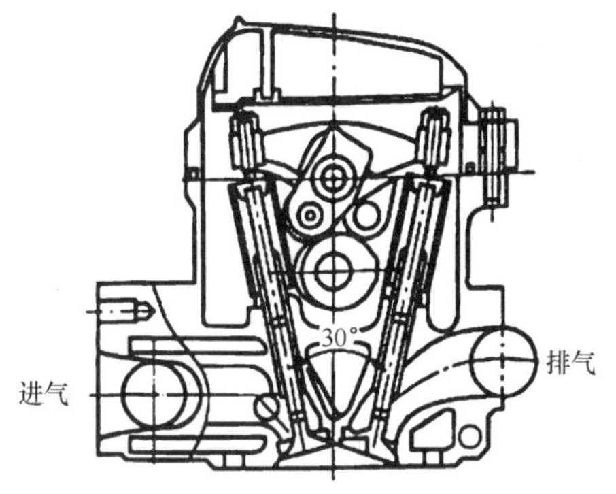

图 12-14 IMA 用发动机的配气机构

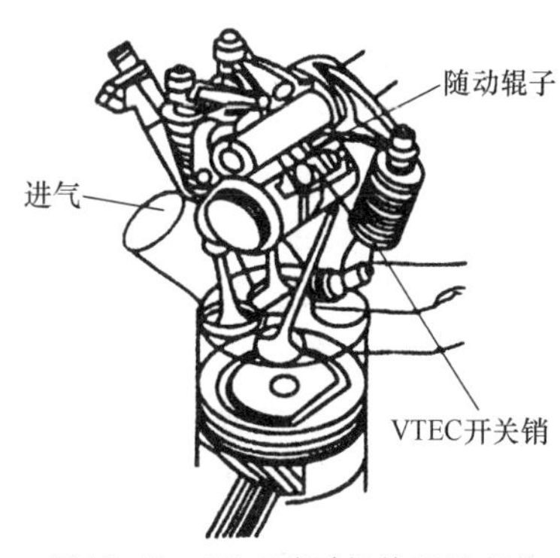

图 12-15 IMA 用发动机的 VTEC 机构

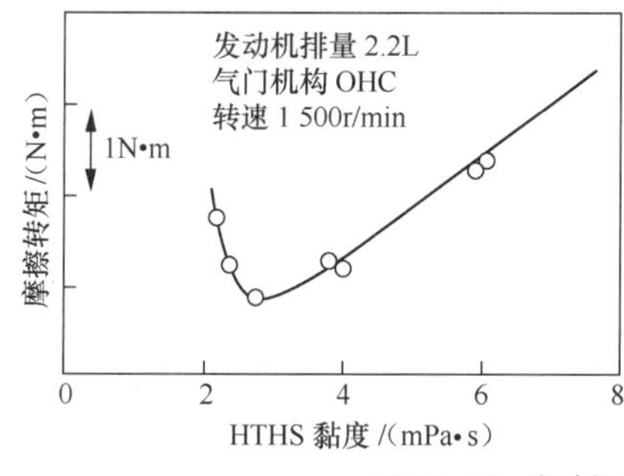

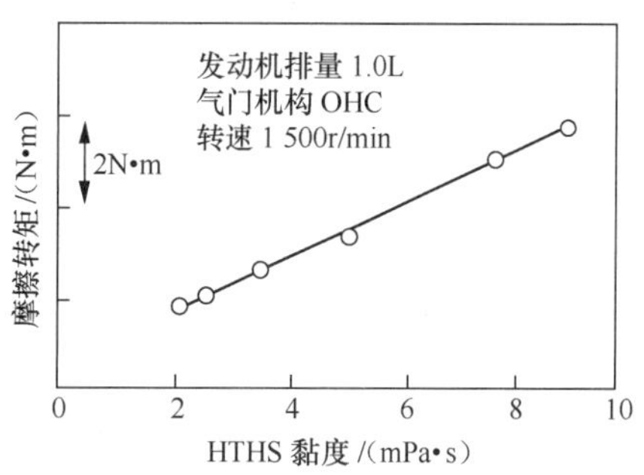

图 12-16 发动机摩擦转矩随黏度的变化

IMA 用发动机还在进气管、缸盖罩、水泵滑轮、进气系统零件等上采用塑料材料，使发动机的干质量低于 60kg，成为世界上 1L 车用发动机中最轻的发动机。发动机机油箱采用了轻质镁材料，使其质量比传统的铝制机油箱轻 35%（见图 12-18）。为了防止电化腐蚀，机油箱的紧固采用带有铝垫片的钢螺栓。

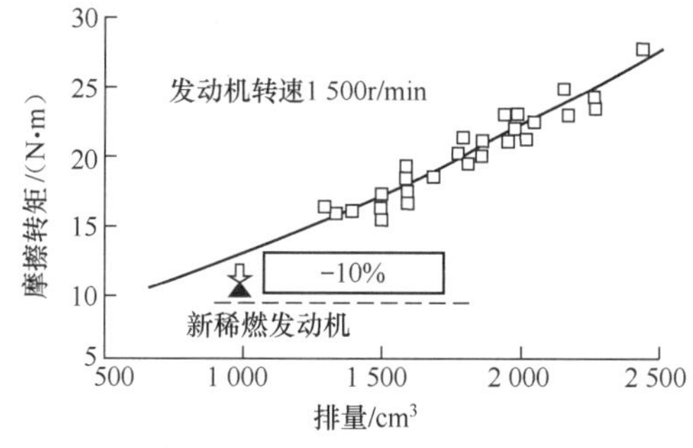

图 12-17 IMA 用发动机与传统发动机摩擦转矩比较

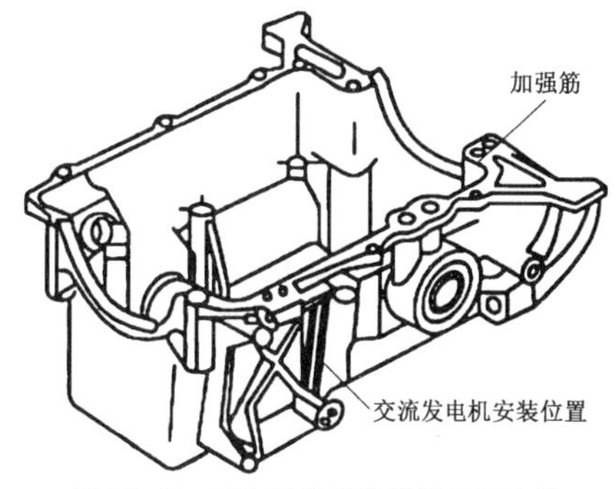

图 12-18 IMA 用发动机的镁制机油箱

12.3 燃料电池汽车发动机

12.3.1 燃料电池工作原理

燃料电池（Fuel Cell，FC）是一种化学电池，它直接把物质发生化学反应时释出的能量变换为电能，工作时需要连续地向其供给活物质（起反应的物质）即燃料和氧化剂。燃料电池能量密度极高，接近于汽油和柴油的能量密度，几乎是零污染，号称“终极电池”，代表着电动汽车未来的发展方向。但是其成本太高，目前高成本瓶颈表现在：第一，燃料电池反应中需要使用贵金属铂作为催化剂，使得成本高居不下；第二，在后续使用上，储存和运输氢成本高昂；第三，加氢站等配套设施不够完善，提高加氢站安全性也需高额的前期投入。因此，燃料电池目前离产业化还有较长的距离要走，预计在 2025 年以后才会商业化。

目前常用的质子交换膜燃料电池（Proton Exchange Membrane Fuel Cell，PEMFC）采用可传导离子的聚合膜作为电解质，所以也叫聚合物电解质燃料电池、固体聚合物燃料电池或固体聚合物电解质燃料电池。质子交换膜燃料电池由质子交换膜、催化剂层、扩散层、集流板（又称双极板）组成，如图 12-19 所示。PEMFC 在原理上相当于水电解的“逆”装置。其单电池由阳极、阴极和质子交换膜组成，阳极为氢燃料发生氧化的场所，阴极为氧化剂还原的场所，两极都含有加速电极电化学反应的催化剂，质子交换膜为电解质。

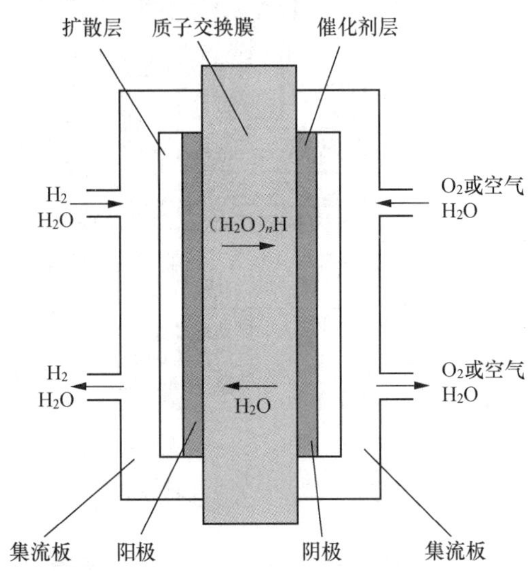

图 12-19 质子交换膜燃料电池工作原理

12.3.2 燃料电池发动机的基本结构

在燃料电池电动汽车所采用的燃料电池发动机中，为保证 PEMFC 组的正常工作，除以 PEMFC 组为核心外，还装有氢气供给系统、氧气供给系统、气体加湿系统、反应生成物的处理系统、冷却系统和电能转换系统等。只有这些辅助系统匹配恰当和正常运转，才能保证燃料电池发动机正常运转。图 12-20 所示是以氢为燃料的燃料电池发动机系统，图 12-21 所示是以氢为燃料的燃料电池电动汽车的总布置基本结构模型。

（1）氢气供应、管理和回收系统——气态氢的储存装置通常是高压储气瓶。液态氢气虽然比能量高于气态氢，由于液态氢气处于高压状态，不但需要用高压储气瓶储存，还要用低温保温装置来保持低温。

（2）氧气供应和管理系统——氧气的来源有从空气中获取氧气或从氧气罐中获取氧气，从空气中获取氧气需要用压缩机来提高压力，以增加燃料电池反应的速度。

（3）水循环系统——燃料电池发动机在反应过程中将产生水和热量，在水循环系统中用冷凝器、气水分离器和水泵等对反应生成的水和热量进行处理，其中一部分水可以用于空气的加湿。另外还需要装置一套冷却系统，以保证燃料电池的正常运作。

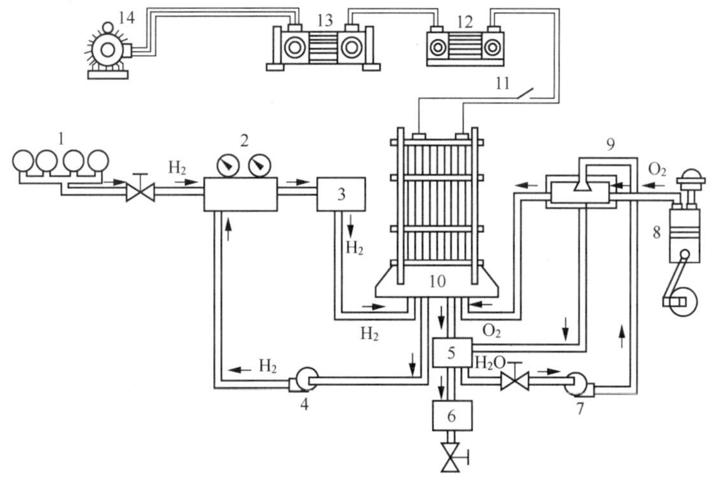

图 12-20 以氢为燃料的燃料电池发动机系统

1—氢储存罐；2—氢气压力调节仪表；3—热交换器；4—氢气循环泵；5—冷凝器及气水分离器；6—水箱；7—水泵；8—空气压缩机（或氧气罐）；9—加湿器及去离子过滤装置；10—燃料电池组；11—电源开关；12—DC / DC 转换器；13—DC / AC 逆变器；14—驱动电动机

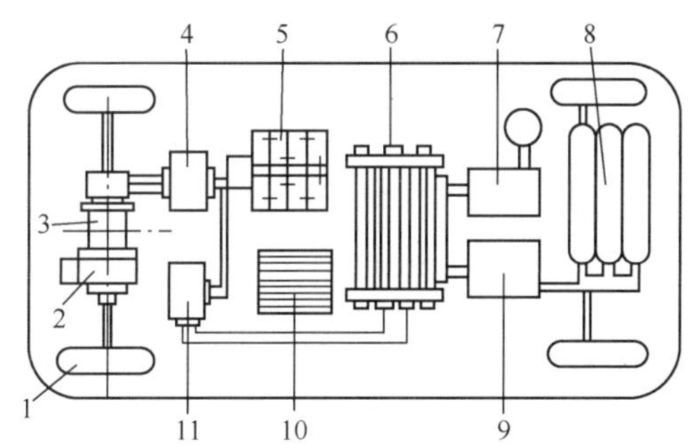

图 12-21 以氢为燃料的燃料电池电动汽车的总布置基本结构模型

1—驱动轮；2—驱动系统；3—驱动电动机；4—DC/AC 逆变器；5—辅助电源装置（动力电池组＋飞轮储能器＋超级电容）；6—燃料电池发动机；7—空气压缩机及空气供应系统辅助装置；8—氢气储存罐；9—氢气供应系统辅助装置；10—中央控制器；11—DC / DC 转换器

（4）电力管理系统——燃料电池所产生的是直流电，需要经过 DC/DC 转换器进行调压，在采用交流电动机的驱动系统中，还需要用 DC/AC 逆变器将直流电转换为三相交流电。

（5）热管理系统——大功率燃料电池发电的同时，由于电池内阻的存在，不可避免地会产生热量，通常产生的热与其发电量相当。而燃料电池的工作温度是有一定限制的，需要及时将电池生成热带走，防止烧坏电解质膜。水和空气通常是常用的传热介质。

（6）控制系统——燃料电池控制系统的功能主要包括电池系统的起动与停工；维持电池系统稳定运行的各操作参数的控制；对电池运行状态进行监测、判断等。

（7）安全系统——由于氢是燃料电池的主要燃料，氢的安全十分重要，由氢气探测器、数据处理系统以及灭火设备等构成氢的安全系统。

12.3.3 燃料电池发动机关键技术

1. 燃料电池堆技术

燃料电池堆技术是燃料电池汽车发展的关键技术之一。燃料电池堆技术发展趋势可用耐久性、起动温度、净输出比功率以及制造成本 4 个要素来评判。降低成本也是燃料电池堆研究的目标，控制成本的有效手段是减少材料（电催化剂、电解质膜、双极板等）费，降低加工（膜电极制作、双极板加工和系统装配等）费。另外，作为车用燃料电池系统还需要打破许多工程技术壁垒，包括系统起动与关闭时间、系统能量管理与变换操作、电堆水热管理模式以及低成本高性能辅助设施（包括空气压缩机、传感器和控制系统）等。

2．车载储氢技术

车载储氢技术是氢能利用走向规模化的关键。目前，常见的车载储氢系统有高压储氢、低温储存液氢和金属氢化物储氢 3 种基本方案。如何有效减小储氢系统的质量与体积，是车载储氢技术开发的重点。需要积极探索采用储氢材料与高压储氢复合的车载储氢新模式，复合式储氢模式的技术难点是如何开发吸、放氢性能好，成形加工性良好，质量轻，价格便宜的储氢材料。

3．车载蓄电系统

目前车载蓄电系统包括镍氢蓄电池、锂离子电池等蓄电池及电化学超级电容器。

（1）镍氢蓄电池具有高比能，大功率，快速充、放电，耐用性优异等特性，是混合动力汽车中常用的动力蓄电系统。

（2）锂离子电池具有比能量大、比功率高、自放电小、无记忆效应、循环特性好、可快速放电等优点，目前广泛应用于纯电动与重度混合动力系统中。

（3）电化学超级电容器能在短时间内提供或吸收大的功率，功率为蓄电池数十倍，效率高、具有上万次的循环寿命和极长的储存寿命、工作温度范围宽、能使用的基础材料价格便宜，可以作为混合型动力汽车的有效蓄电系统。但其能量密度低，能否作为独立的车用动力系统大规模推广，还有待更多运行数据佐证。

4．整车热管理

（1）燃料电池发动机自身的运行温度为 60～70℃，实际的散热系统工作温度大致可以控制在 60℃，必须依赖整车动力系统提供额外的冷却动力为系统散热，因此二者之间的平衡是在热管理开发方面必须关注的。

（2）目前整车各零部件的体积留给整车布置回旋的余地很小，造成散热系统设计的改良空间不大，无法采用通用的解决方案应对，必须开发专用的零部件。

5．多能源动力系统的能量管理策略

对于燃料电池动力系统而言，整车能量管理控制策略的核心就是良好地分配燃料电池和动力电池的功率输出，优化二者的效率，控制电池荷电状态（State of Charge）在合理的范围内波动，同时保护燃料电池，尽量避免燃料电池工作在对寿命不利的工况（大幅变载、起停、连续低载和过载），并能够让燃料电池汽车在驾驶员的意图下工作。另外，制动能量回收是提高燃料经济性的重要措施，也是一个关键技术。

12.4 其他清洁能源动力发动机

12.4.1 太阳能驱动系统

太阳能电池利用太阳光和材料相互作用直接产生电能，太阳能是对环境无污染的可再生能源。太阳能电池的应用可以解决人类社会发展在能源需求方面的问题。太阳能是一种储量极其丰富的洁净能源，太阳每年向地面输送的能量高达 3×10^{24} J，相当于世界年耗能量的 1.5

万倍。因此太阳能电池是解决世界范围内的能源危机和环境问题的一条重要途径。

如图 12-22 所示，由于太阳能电池板输出的是直流电流，而蓄电池也是直流充电，两者的结合更能提高整个系统的效率，太阳能电池板在太阳光的照射下，其内部 PN 结形成新的电子-空穴对，在一个回路里就能产生直流电流，这个电流流入控制器，会以某种方式给蓄电池充电。蓄电池的充电完全通过太阳能来实现，以确保最大限度使用太阳能。

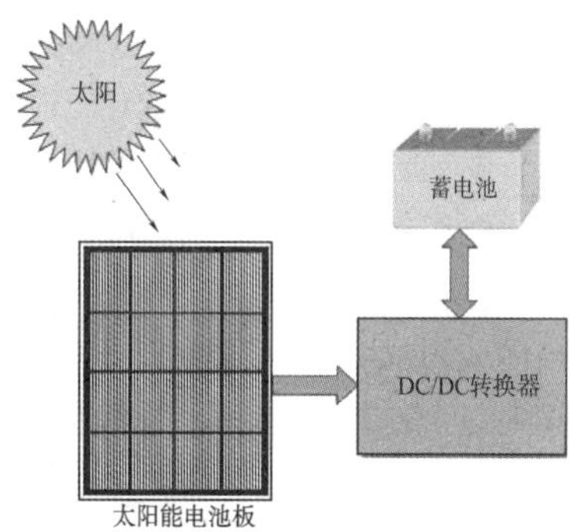

图 12-22　太阳能电池工作原理

太阳能汽车是利用太阳能电池将太阳能转换为电能，并利用该电能驱动汽车行驶，它是电动汽车的一种。太阳能汽车主要由太阳能电池组、自动阳光跟踪系统、驱动系统、控制器、机械系统等组成。第一台薄膜式太阳能发电的汽车利用太阳能发电直接转化为汽车的动力。如图 12-23 所示，薄膜太阳能汽车在充足光照下 5～6h，就可以发电 8～10kW • h，日均可行驶 80～100km。加上自身的蓄电池最大续航里程可以达到 350km。

图 12-23　薄膜太阳能汽车

12.4.2　压缩空气动力驱动系统

早在 19 世纪，法国著名科幻小说家儒勒 • 凡尔纳就曾描绘过这样一幅图景：一辆满街跑的用空气作为动力的汽车。2002 年在巴黎举行的国际汽车展上，展出了一种不用燃油而使用高压空气驱动发动机的小型汽车“城市之猫”（City CAT），如图 12-24 所示，发明者为居伊 • 内格尔（Guy Negre）。该车行驶 200km 仅需要 0.3 美元。它的发动机采用压缩空气动力技术，把空气压缩后储存在一个气缸内，发动机接上电源充气 4h 后，可以以 80km/h 的平均速度行驶 10h。空气具有高度可压缩性，因而能够作为能量载体，利用压缩空气作为气动汽车的动力源。

图 12-24　“城市之猫”

12.4.3　飞轮电池驱动系统

飞轮电池中有一个电机，充电时该电机以电动机形式运转，在外电源的驱动下，电机带动飞轮高速旋转（即用电给飞轮电池“充电”）增加了飞轮的转速从而增大其动能；放电时，电机则以发电机状态运转，在飞轮的带动下对外输出电能，完成机械能（动能）到电能的转换。当飞轮电池发电时，飞轮转速逐渐下降，飞轮电池的飞轮是在真空环境下运转的，转速极高（高达 200 000r/min，使用的轴承为非接触式磁轴承。飞轮电池比能量可达 150W • h/kg，比功率达 5 000～10 000W/kg，使用寿命长达 25 年，可供电动汽车行驶 500 万千米。美国飞轮系统公司已用最新研制的飞轮电池成功地把一辆克莱斯勒 LHS 轿车改成电动轿车，该轿车一次充电可行驶 600km，由静止到 96km/h 的加速时间为 6.5s。

飞轮电池具体结构如图 12-25 所示，它主要由飞轮、轴、轴承、电机、真空容器和电力电子变换器等部件组成。飞轮是整个电池装置的核心部件，它直接决定了整个装置的储能。电力电子变换器通常是由场效应晶体管和绝缘栅极场效应晶体管组成的双向逆变器，它决定了飞轮装置能量输入、输出量。由于技术和材料价格的限制，飞轮电池的价格相对较高，在小型场合还无法体现其优势。但在一些需大型储能装置的场合，飞轮电池已得到逐步应用。飞轮电池充电快，放电完全，非常适合应用于混合能量驱动的车辆中。车辆在正常行驶时和制动时，给飞轮电池充电，飞轮电池则在车辆加速或爬坡时，给车辆提供动力，保证车辆运行在一种平稳、合适的转速状态下，减少能量消耗、空气和噪声污染、发动机的维护，延长发动机的寿命。

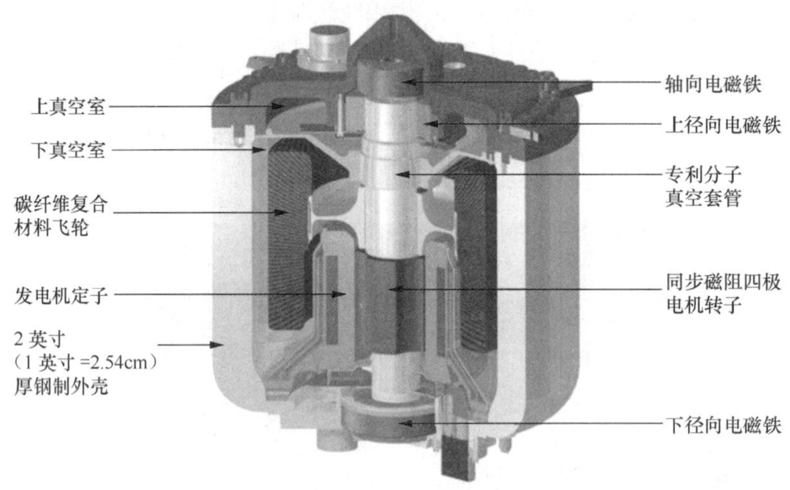

图 12-25 飞轮电池具体结构

12.4.4 磁悬浮驱动系统

磁悬浮汽车的所有车轮的中间都安装了旋转发动机，车轮外侧安装了两个磁铁。车轮旋转时，路面铝板上的磁场发生变化，产生感生电流，路面磁场与车轮上的磁铁相互作用产生浮力和推动力。首辆磁悬浮汽车模型是日本开发研制的。如图 12-26 所示，这个长 52cm，宽 23cm，高 14cm、重 4kg 的微型磁悬浮汽车模型，在 26m 长的直线距离上成功地进行了一次行驶试验，时速达 25km。时速超过 10km 时，汽车模型悬浮距路面 6～7mm，异常平稳地向前行驶。

图 12-26 首辆磁悬浮汽车模型

12.4.5 核动力驱动系统

自工业革命以来，人类对于能源的需求不断增加，也给自然环境带来了非常深远的影响，然而地球数十亿年积累的能源却是短期不能再生的，所以使用更为高效、更为环保的新能源将是人类发展的必然趋势。核动力汽车便在此基础上诞生了。科学家们的大胆想象当然不会停滞不前，21 世纪凯迪拉克又有了全新的 WTF。WTF 概念车拥有 4 组共 24 个车轮，每组车轮由 6 个单车轮胎组成，并有 4 个单独的电动机。

WTF 这样一个命名组合是在凯迪拉克现有车型中不曾看到过的，这也清楚地传达了它是独一无二的一款凯迪拉克的概念（见图 12-27）。WTF 是取自 World Thorium Fuel 的词首字母，意思是钍燃料。钍是一种放射性的金属元素，它在地球上的储量几乎同铅一样丰富。钍在核反应中可以转化为原子燃料铀-233，驱动这辆车所需要的钍燃料极少，因此它的发动机几乎在 100 年之内不需要保养，轮胎也只需每隔 5 年进行一次保养，无须增添任何辅料。真是令人吃惊的概念设计。

图 12-27 凯迪拉克 WTF 核动力概念汽车

小 结

通过本章的学习了解新能源汽车领域内发动机的基本特征与工作原理。

1. 实例介绍了 4 类国产代用燃料汽车发动机，分析了氢燃料内燃机、天然气发动机、甲醇发动机及乙醇燃料发动机的主要技术参数与工作特征。

2. 阐述普锐斯混合动力汽车发动机与本田 Insight 混合动力汽车发动机的结构特征，通过发动机的先进制造技术与控制技术实现节能减排的目标。

3. 从氢燃料电池系统的基本工作原理出发论述了燃料电池电动汽车的总布置方案，阐述燃料电池发动机工作方式、工作过程与关键技术。

4. 基于各大汽车厂商开发的部分车型介绍了一些其他特殊清洁能源动力发动机系统，以拓宽读者的视野。

思 考 题

1. 试分析代用燃料发动机与常规燃料发动机的差异。
2. 请简述混合动力汽车发动机的特征。
3. 混合动力汽车的发动机还可以通过哪些新技术来进一步实现节能减排？
4. 氢燃料电池发动机的关键技术。
5. 请预测未来新能源汽车发动机的发展趋势。

第 13 章 汽车发动机制造工艺

导入图例（见图 13-1）：2019 年，国内首个重型车用发动机智能制造工厂——一汽解放动力惠山工厂投入使用。在未实现智能制造以前，国内发动机制造流程多采用人力登记纸标的方法，记载简单且费时费力，制造效能极其低下。2016 年，一汽解放率先吹响智能制造号角，一汽解放“重型车用发动机智能制造试点示范”项目经工业和信息化部评审，成为全国首批 64 个试点示范项目之一后，发动机事业部的智能制造程度不断提高。历时 3 年的发展，一汽解放动力惠山工厂进行着脱胎换骨的改造，通过数字化、场景化、智能化 3 个阶段，完成了对智能制造的成功探索，形成 27 个模块、476 个场景、1 692 条智能化逻辑，率先建成了中国第一个重型车用发动机智能制造工厂。

图 13-1　国内首个重型车用发动机智能发动机工厂——一汽解放动力惠山工厂

13.1　发动机生产过程

13.1.1　概述

在全球汽车制造技术高速发展的大背景下，如何提高我国汽车发动机制造工艺水平成为我们必须面对的问题，对汽车发动机生产过程中的质量、生产率和经济性 3 类问题进行研究，以此来促进我国现代汽车产业的高质量发展。发动机核心部件的智能加工、精益生产及生产线的布置是发动机生产最关注的话题。发动机精密零部件或关键部位的高精度加工及发动机数字化装配的解决方案、先进制造技术研究和智能工厂实践对汽车发动机制造的发展动向的研究有非常重要的意义，特别是数字化工艺平台的实施，把产品设计与工艺设计数据协同，实现工艺设计及管理平台与外部系统的集成，进一步完成工艺过程仿真及工艺过程统一管理，这一系列发展变化更需要用系统的概念研究发动机生产过程。

13.1.2 发动机生产过程及系统

1. 生产过程

（1）生产过程及制造过程

汽车发动机的生产过程是指将原材料转变为成品（发动机）的全部劳动过程。汽车发动机结构复杂，零部件数量繁多，汽车发动机生产通常为大批量生产，涉及多种制造和装配工艺技术。上述生产过程主要研究产品怎么生产的问题，现代生产必须考虑可持续发展，还需研究生产什么产品和为何要生产该产品的问题，就需要把生产过程延伸到研究产品的整个生命周期，我们把这个过程称为制造过程，研究制造过程的物质流、信息流和能量流，制造过程实质上是传统的制造工艺（技术）学科和电子信息学科、经济管理学科、产品设计学科相互渗透、融合的产物，制造过程比生产过程的含义更广、更丰富，需结合现代制造业发展展开研究。

（2）生产过程的组成

生产过程包括原材料、半成品和成品（产品）的运输及保管，生产和技术准备工作，毛坯的制造，零件的机械加工、热处理和其他表面处理等，部件和产品的装配以及机器的总装，产品的调整、检验和试车以及成品的油漆和包装等。其中把与原材料变为成品直接有关的过程称为生产过程的主要过程，间接有关的过程称为生产过程的辅助过程，汽车发动机生产过程如图 13-2 所示。

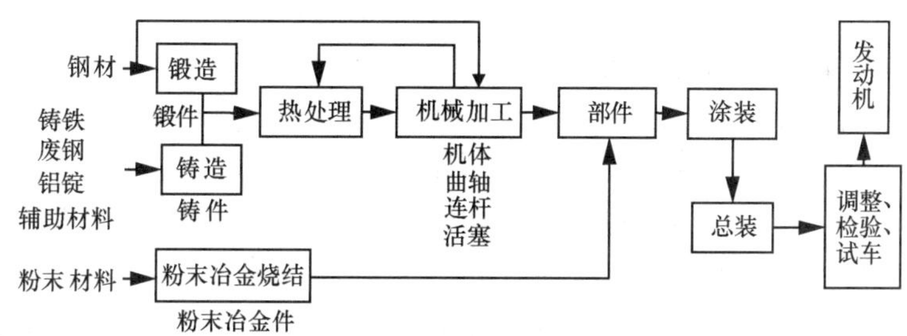

图 13-2 汽车发动机生产过程

2. 系统

（1）系统的概念

由若干个相互作用和相互依赖的元素（或部分）组成、具有特定功能和目标的有机整体称为系统。系统的基本特征包括整体性、环境适应性（柔性）、元素集合性、元素之间及其和整体之间的关系以及层次性，用系统工程的理论和方法分析生产过程具有重要意义。

（2）工艺系统

用系统的概念分析传统工艺过程就产生了工艺系统。

工艺过程中的工序，由工作地点的机床和机床上的工艺装备（夹具、辅具、刀具、量具等）、工件还有技术工人等元素组成，只有协调各相关元素的工艺要求，才能实现工序的最优化目标。因此，工序可以认为是一个简单的工艺系统，如果以一个零件的机械加工工艺过程作为高一级的工艺系统，那么该系统的元素就是组成工艺过程的各个工序，必须全面协调组成该零件机械加工工艺过程的各个工序的有关工艺参数，才能实现一个零件机械加工的最优化目标。

对于一个机械制造商来说，除机械加工外，还有铸造、锻压、冲压、焊接、热处理和装配等工艺，各种工艺都可以形成各自的工艺系统。

（3）生产系统

用系统的概念分析传统生产过程就产生了生产系统。

生产系统是指一个具有输入与输出的所有生产活动的总和，它的基层单位是工厂。工厂的生产过程又可分为若干个车间的生产过程。某个车间所用的原材料（或半成品）可能是另一车间的成品。

现代化生产中，一台汽车发动机的生产过程，往往由许多专业厂分工协作完成。如油泵油嘴、轴瓦、活塞、增压器等零部件，分别是由各专业厂生产的，这样分工有利于专业化生产，提高产品质量和劳动生产率，降低生产成本。生产过程中各个组成环节、生产工艺、加工计划和管理工作，应作为一个系统工程进行科学、全面地管理才能提高产品质量，减少消耗，实现良好的经济效益和产品更新。借助电子计算机进行分析和控制成为当前的趋势，促进了生产系统的研究和发展。

（4）制造系统

用系统工程的理论和方法分析和研究制造过程就产生了制造系统。

机械制造系统通常由物质子系统、信息子系统和能量子系统 3 部分组成。负责物料存储、运输、加工、检验的各单元可总称为物质子系统；进行加工任务、顺序、方法、管理指令等信息存储处理和交换的有关软、硬件资源称为信息子系统；进行能量传递、转换的有关元件称为能量子系统。

现代制造业用系统的观点来分析、研究和组织制造过程，有两个最基本的特征：一是整体性，从全局出发寻求整体目标的最佳效果；二是系统具有很好的环境适应能力（柔性），能适应市场动态的变化，及时改变和调节生产，不断更新产品，以最快的速度满足市场和社会需求。制造系统是一个庞大而复杂的系统，而计算机科学的发展为制造系统的实现提供了可能。系统工程的引入，使制造系统建立在更加科学的基础上，为多品种自动化技术和现代制造模式开辟了新途径。

13.1.3 生产性质、生产纲领和生产类型

1．生产性质

生产性质包括产品试制、试生产和正式生产。

（1）产品试制是生产出少量样机，其目的是验证新产品的性能和可靠性，常采用通用机床和标准工装加工。

（2）试生产是小批生产，目的是验证生产准备中的工艺设计、设备及工装的完善程度。

（3）正式生产是大量生产，是按生产计划、工艺条件进行的正规生产。

2．生产纲领

生产纲领是企业在计划期内（一般是一年）应当生产的产品总量和进度计划称为生产纲领，生产纲领应计入备品和废品的数量，年生产纲领的计算式为

$$N = Q \cdot n \cdot (1 + a\% + b\%)$$

式中：N——零件的年生产纲领，件/年；

Q——产品的年产量，台/年；

n——每台产品中，该零件的数量，件/台；

$a\%$——备品率；

$b\%$——废品率。

3．生产类型

生产类型一般是对企业生产专业化程度和企业生产规模的分类。根据生产纲领及产品的结构、尺寸、特征和批量，可将产品的生产分为 3 种类型，即单件生产、成批生产和大量生产。

（1）单件生产一般是指产品品种多，而每个品种数量很少（10 件以下），工作地点和加工件经常变动。

（2）成批生产（小批、中批、大批）一般是指产品品种不多，而产量较多（5 000 件以下），工作地点和加工件周期性轮换。

（3）大量生产一般是指产品品种单一或为几种系列化的产品，生产量很大（万件以上），工作地点和加工件固定不变。

生产类型和生产纲领的关系见表 13-1，随着科学技术的发展、市场需求的变化及竞争的加剧，产品更新换代的周期越来越短，多品种、小批量生产的趋势还会不断增长。

生产类型不同，零件和产品的制造工艺、所用设备及工艺装备、对工人的技术要求、采取的技术措施和达到的技术经济效果也会不同。各种生产类型的工艺特征归纳见表 13-2，在制订零件机械加工工艺规程时，先确定生产类型，再参考表 13-2 确定该生产类型下的工艺特征，以使所制订的工艺规程正确合理。

表 13-1　生产类型和生产纲领的关系

生产类型	零件的年生产纲领/（件/年）		
	重型零件	中型零件	轻型零件
单件生产	≤5	≤10	≤100
小批生产	5～100	10～200	100～500
中批生产	100～300	200～500	500～5 000
大批生产	300～1 000	500～5 000	5 000～50 000
大量生产	≥1 000	≥5 000	≥50 000

表 13-2　各种生产类型的工艺特征

项目	工艺特征		
	单件、小批生产	中批生产	大批、大量生产
产品数量与加工对象	少量、经常变换	较多、周期性变换	大量、固定不变
毛坯制造方法与加工余量	铸件用木模手工造型，锻件用自由锻。毛坯精度低，加工余量大	部分铸件采用金属模铸造，部分锻件采用模锻。毛坯精度和加工余量中等	铸件采用金属模机器造型，锻件采用模锻或其他高效方法。毛坯精度高，加工余量小
零件的互换性	配对制造，没有互换性，广泛采用钳工修配	大部分有互换性，少部分采用钳工修配	全部互换，某些高精度配合件可采用分组装配法和调整装配法

续表

项目	工艺特征		
	单件、小批生产	中批生产	大批、大量生产
机床设备与布局	通用机床、数控机床或加工中心。按机床类别采用机群式布置	数控机床、加工中心和柔性制造单元；也可采用通用机床和专用机床。按零件类别，部分布置成流水线，部分采用机群式布置	广泛采用高效专用生产线、自动生产线、柔性制造生产线。按工艺过程布置成流水线或自动线
工艺装备	多数情况采用通用夹具或组合夹具。采用通用刀具和万能量具	广泛采用专用夹具、可调夹具和组合夹具。较多采用专用刀具与量具	广泛采用高效专用夹具、复合刀具、专用刀具和自动检验装置
工人技术水平的要求	技术水平要高	技术水平中等	技术水平一般
工艺规程的要求	有简单的工艺过程卡	编制工艺规程，关键工序有较详细的工序卡	编制详细的工艺规程、工序卡和各种工艺文件
生产率	低	中	高
生产成本	高	中	低

13.2 发动机制造及装配

13.2.1 概述

发动机的零部件设计时除需满足工作性能外，还需满足加工制造及装配的技术要求，应具有良好的工艺性要求。发动机制造主要是指主机厂完成轴、机体、活塞及连杆等主要件的加工，由于篇幅所限，本章选择曲轴作为典型零件分析机械加工工艺。发动机装配工艺是决定发动机产品质量的重要环节。只有通过良好的装配工艺才能达到发动机设计的技术要求。发动机装配工艺内容主要包括装配尺寸链的计算、装配工艺规程的制订及装配工艺过程，本节主要介绍装配工艺过程，通过两部分内容简单叙述发动机制造及装配问题。

13.2.2 曲轴制造工艺

1. 曲轴的主要技术要求

曲轴作为发动机中的关键零件，造型比较特殊，加工时刚性差，要求精度高，机械加工难度大，设计上对曲轴除规定了严格的尺寸精度、形状精度、位置精度和表面粗糙度方面的技术要求外，还有材质及金相热处理、动平衡、表面强化、油道孔的清洁度、曲轴裂纹、曲轴旋转方向等的规定和要求，部分技术要求如图 13-3 所示。

2. 曲轴加工工艺过程概述

曲轴在工作过程中承受较大的弯曲应力和扭转应力，对曲轴的抗拉强度、刚度、疲劳强度、耐磨性以及冲击韧性都提出了更高的要求，因此必须对曲轴进行强化，目前曲轴的强化手段主要有氮化、喷丸、圆角滚压、感应淬火以及复合强化等，曲轴的主要加工顺序如图 13-4 所示。

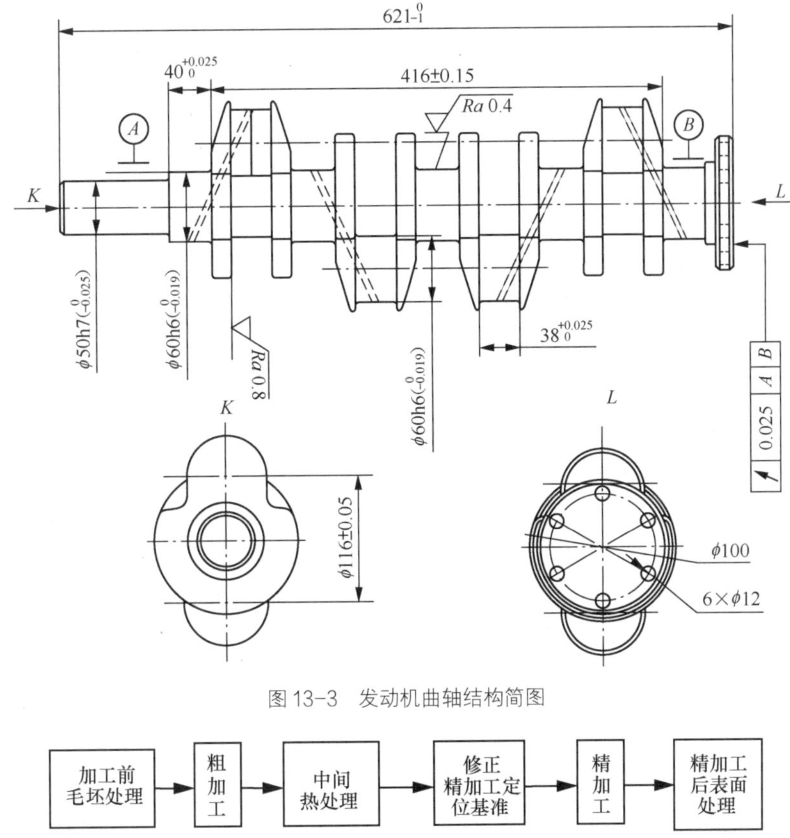

图 13-3　发动机曲轴结构简图

图 13-4　曲轴的主要加工顺序

曲轴的主要加工顺序中不同材料处理工艺不同，加工前毛坯处理：碳素钢、合金钢锻件，正火处理；铸钢件，正火或回火处理；铸铁件，正火处理。中间热处理：碳素钢，退火处理；合金钢，调质处理；铸钢、铸铁，回火处理。精加工后表面处理：碳素钢，高频表面淬火；合金钢，氮化；低碳钢，渗碳。

3．曲轴加工先进技术

（1）质量中心孔技术

曲轴的中心孔加工有两种方法：几何定心法和质量定心法。

用几何定心法加工中心孔时，以两端主轴颈外圆为径向基准，以中间主轴颈两侧的曲柄臂斜面为轴向基准。这样加工出来的中心孔位于曲轴的几何轴线上，称为几何中心孔。由于曲轴毛坯的精度、曲轴产品的结构以及钻出的几何中心孔的位置精度等因素，使其几何轴线与质量轴线偏离，会造成曲轴在动平衡时去重较多，无法达到动平衡的要求，造成废品。

质量定心法先对曲轴进行动平衡找出曲轴的质量轴线，再按此质量轴线钻出中心孔，这样钻出的中心孔称为质量中心孔，采用质量中心孔定位加工曲轴的主要优点是减少曲轴动平衡时的去重工作量，提高动平衡的合格率等。采用质量定心法加工后，虽然钻出的中心孔仍会偏离质量中心，但它改善了曲轴内部的质量补偿，曲轴的原始不平衡量比采用几何定心法的有较大的改善。

（2）主轴颈无心磨削加工

曲轴主轴颈的无心磨削加工须将曲轴的每一个主轴分别支承在与多片组合砂轮相对应的导

轮和支板之间，曲轴通过导轮带动旋转，为了能带动自身重量较大的工件旋转，无心磨床上都专门设有弹簧加载的滚轮装置压在工件上，以使工件与导轮在全长上被砂轮、导轮和支板所包容，这是克服刚性较差的曲轴在磨削过程中弯曲变形、振动的较理想的磨削状态，也是无心磨削曲轴主轴颈比传统的顶尖定位式多砂轮磨削获得较高效率、较高尺寸和几何精度的关键所在。

（3）圆角深滚压技术

曲轴工作时需承受较大而复杂的冲击载荷，对抗疲劳强度有着较高的要求。曲轴轴颈与侧面的连接过渡圆角处为应力集中区，也是曲轴疲劳破坏的敏感区域，属薄弱环节。因此，用圆角深滚压技术代替成形磨削方式。曲轴的圆角滚压就是利用滚轮的压力作用，在曲轴的主轴颈和连杆颈过渡圆角处形成一条滚压塑性变形带，这条塑性变形带硬度提高、表面粗糙度降低，完全满足曲轴加工技术要求。

（4）滚磨光整工艺

光整加工技术应用于发动机曲轴，可以使其表面质量上升一个档次。其主要工作原理是由颗粒状磨料和多功能磨液以及水组成磨具，磨具在料箱中做复杂的自由运动，将工件沉没于磨具之中做旋转运动，工件与磨具以一定的相对速度和作用力发生摩擦、挤压、刻划和微量切削，以达到提高工件表面质量的目的。尤其是对曲轴来讲，曲轴结构复杂，人工去除毛刺困难，光整技术的应用就显得尤为重要。

（5）砂带抛光工艺

曲轴的超精加工采用数控砂带抛光工艺，这种砂带是防潮静电植砂的（保证砂粒尖锋朝外），为了能对圆角和轴肩抛光，砂带两侧开槽以便与加工面贴合。数控砂带抛光机可同时抛光曲轴主轴颈、连杆轴颈、圆角、轴肩及止推面。

4．曲轴加工工艺过程

曲轴的加工多属于大批量生产，按工序分散原则安排工艺过程，表 13-3 所示为大量生产四缸汽油机曲轴机械加工工艺过程，广泛采用先进工艺和高效专用机床，实现各工序的自动化和数字化。

表 13-3　大量生产四缸汽油机曲轴机械加工工艺过程

工序号	工序内容	设备名称
1	铣端面、钻中心孔、粗车法兰盘面及外圆、粗车前端	数控车削中心
2	半精车法兰盘、沉割槽、前端及第 1、2 主轴颈	数控车床
3	半精铣第 3、4、5 主轴颈及连杆轴颈	曲轴铣床
4	钻斜油孔及倒角	钻斜油孔及倒角机床
5	真空清洗	真空清洗机
6	圆角滚压、校直	圆角滚压校直机
7	磨法兰盘、前端、第一主轴颈、止推面	曲轴磨床
8	磨其余主轴颈、连杆轴颈	数控曲轴磨床
9	加工法兰盘孔、法兰盘销孔、键槽、前端孔、轴承孔	数控车削中心
10	动平衡	动平衡去重机
11	主轴颈及连杆轴颈抛光	数控抛光机
12	最终清洗	清洗机
13	检测	曲轴综合检测机

13.2.3 发动机装配工艺

1. 装配的概念

发动机作为机械产品，由许多零件和部件组成，按规定的技术要求，将若干个零件组合成组件和部件并进一步将零件、组件和部件组合成机器的过程称为装配。将零件与零件的组合过程称为组装，将零件与组件的组合过程称为部装，将零件、组件和部件的组合过程称为机器装配或总装（配）。机械装配工艺过程是整个机械制造过程中的最后阶段，是决定机械产品质量的关键环节。发动机的装配工作包括组装、部装、总装、调试、检验、试车、涂装与包装等工作。

装配工作对发动机质量影响很大。若装配方法选择不当，即使所有零件都符合质量要求也不一定能够装配出合格的、高质量的机器。反之，当零件制造合格，质量并不十分精良时，只要装配过程中采用合适的装配工艺方法，也能使机器达到规定的要求。因此，研究和制订合理的装配工艺和采用有效的装配方法，对保证机器的装配精度、提高生产率和降低成本都具有十分重要的意义。

2. 装配精度

（1）装配精度的内容

装配精度是指整机装配后达到的装配技术要求。装配精度一般包括：零、部件间的尺寸精度，位置精度，相对运动精度和接触精度等。

（2）装配精度与零件精度的关系

一般来说，机器和部件的装配精度与其相关的若干个零件的加工精度有关，应当合理地规定和控制这些相关零件的加工精度。装配精度与几个零件有关时需要用装配尺寸链解决，如果装配精度只与某一个零件有关那只要单件自保就行。

3. 保证装配精度的方法

（1）互换装配法，有完全互换法、大数互换法。

（2）选择装配法，有直接选配法、分组选配法和复合选配法。

（3）调整装配法，有固定调整法、可动调整法和误差抵消调整法。

（4）修配装配法，有单件修配法、合件加工修配法和自身加工修配法。

4. 选择装配方法的原则

选择装配方法的一般原则为：首先应优先选择完全互换法，因为这种方法的装配工作简单、可靠、经济、生产率高，零、部件具有互换性，能满足产品（或部件）成批大量生产的要求；当装配精度要求较高时，采用完全互换法装配会使零件的加工比较困难或很不经济，这时应该采用其他装配方法；在成批大量生产中，尺寸链环数少时可采用分组装配法，尺寸链环数多时采用大数互换装配法或调整装配法；单件、成批生产时可采用修配装配法。此外，装配精度要求很高，不宜选择其他装配方法时也可采用修配装配法。

5. 装配工作的基本内容

（1）清洗

零件装配前必须先进行清洗，除去在制造、贮存、运输过程中所黏附的切屑、油脂和灰尘等，部件、总成在运转磨合后也要清洗。清洗对于保证和提高装配质量、延长产品的使用寿命具有重要意义。

（2）连接

装配过程包含大量的连接工作，连接的方式一般有可拆卸连接和不可拆卸连接两种。常见的可拆卸连接有螺纹连接、键连接和销连接等，其中螺纹连接应用最广。不可拆卸连接有焊接、铆接和过盈连接等。

（3）平衡

旋转体的平衡是装配过程中的一项重要工作。对于转速高、运转平稳性要求高的机器，其零、部件的平衡工作更为重要和严格。实现旋转体的平衡有静平衡和动平衡两种方法。

（4）校正

校正是指各零部件本身或相互之间位置的找正及相应的调整工作，校正使用的仪器有水平尺、水平仪、光学仪器、激光仪器等。

（5）密封性和强度试验

密封性和强度试验包括发动机缸体、缸盖的水压试验，气缸套等零部件的密封性试验，压力容器耐压试验等。

（6）试车

试车包括空载试车和有载试车。应根据有关的技术标准和规定，对产品进行全面的试验工作。

除上述装配工作的基本内容外，部件或总成以至整个产品装配中和装配后的检验、油漆、包装等也属于装配工作的内容，应充分考虑安排。

6. 装配工作的组织形式

装配工作的组织形式一般分为固定式装配和移动式装配两种。装配组织形式的选择主要取决于产品的结构特点（包括尺寸和重量等）、生产类型和装配工作量，并结合现有生产条件和设备来考虑。

（1）固定式装配

固定式装配是把所需装配的零件、部件或总成全部运送至固定的装配地点，并在该固定场地完成全部装配工作。根据生产规模，固定式装配又可分为集中式固定装配和分散式固定装配。按集中式固定装配形式装配，整台产品的所有装配工作都由一个工人或一组工人在一个工作地点集中完成。它的工艺特点是装配周期长，工人技术水平要求高，工作场地面积大。按分散式固定装配形式装配，整台产品的装配可分为部装和总装，各部件的部装和产品总装分别由几个或几组工人同时在不同工作地点分散完成。它的工艺特点是产品的装配周期短，装配工作专业化程度较高。固定式装配多用于单件、小批生产；在成批生产中装配那些重量大、装配精度要求较高的产品（如车床、磨床）时，有些工厂采用固定流水装配形式进行装配，装配工作地点固定不动，装配工人则带着工具沿着装配线上一个个固定式装配台重复完成某一装配工序的装配工作。

（2）移动式装配

移动式装配是把所需装配产品的基础件（基准件）不断地从一个工作地点移至另一个工作地点，将装配过程所需的零件及部件送到相应的工作地点，在每个工作地点有一个（组）工人采用专用的工艺装备重复地进行固定的装配工作。移动式装配又有自由移动式和强制移动式两种。自由移动式装配适于在大批量生产中装配那些尺寸和重量都不大的产品或部件；强制移动式装配又可分为连续移动和间歇移动两种方式。连续移动式装配不适于装配那些装配精度要求较高的产品；移动式装配的生产率很高，适用于大批、大量生产。批量很大的定型产品可采用自动装配线进行装配。

7. 装配工艺过程

制订装配工艺过程并形成指导装配工作的工艺文件，是制订装配生产计划和技术准备工作的依据；在工厂设计和改建时，则是设计装配车间（或分厂）的主要技术资料。

制订装配工艺过程所需的原始资料如下。

① 产品的装配图、重要件的零件图以及相关的技术要求，产品验收的技术条件。

② 产品的生产纲领。

③ 现有生产条件。

制订装配工艺过程时，应遵循下列原则。

① 保证产品装配质量，以达到产品的工作性能，并延长使用寿命。

② 合理安排装配工序，尽量减少钳工装配的工作量，提高装配效率以缩短装配周期。

③ 占用生产面积尽量小，装配方式应与生产规模相适应，要有科学的物流管理，投资合理。

遵循装配工艺过程原则，装配工艺过程需完成以下关键内容。

（1）划分装配单元

将产品划分为可进行独立装配的单元是制订装配工艺规程中最重要的一个步骤，也是装配工艺的重要内容，特别是对大批、大量生产，结构比较复杂的机器装配尤为重要。只有划分好装配单元，才能合理地安排装配顺序和划分装配工序，以便有序组织装配工作。

（2）选择装配基准

任何一级装配单元，都必须选定某一零件或比它低一级的装配单元作为装配基准件，装配基准件通常是产品的机体或主干零部件，基准件一般都有较大的体积和重量，有足够的支承面，以满足陆续装入零、部件的作业要求和稳定性要求。发动机缸体是发动机缸体组件的装配基准。

（3）确定装配顺序，绘制装配系统图

在划分装配单元、确定装配基准零件后，即可安排装配顺序。往往需要进行尺寸链分析才能合理地确定装配顺序，并以装配系统图的形式表示出来。装配系统图有多种形式，能比较清楚、全面地描述装配单元划分、装配顺序和装配工艺方法。它是装配工艺规程制订中主要的文件之一，也是划分装配工序的依据。如图 13-5 所示。

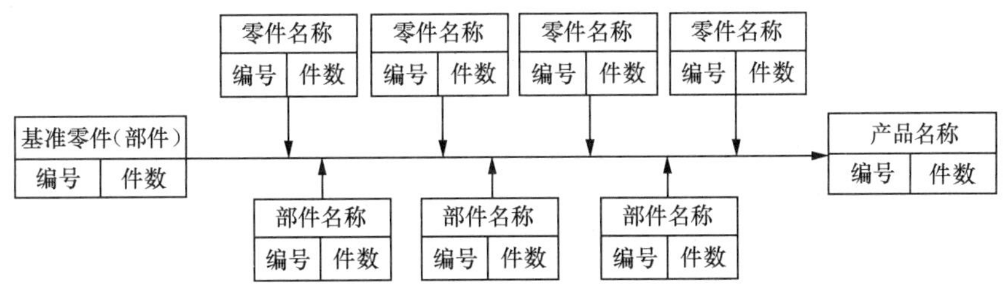

图 13-5 装配系统图

（4）划分装配工序

装配顺序确定后，就可将装配工艺过程划分为若干工序。其主要工作为：确定工序集中与分散的程度；划分装配工序，确定各工序的内容；制订工序的操作规范（如过盈配合所需的压力；变温装配的温度值；紧固螺栓连接的预紧扭矩；装配环境要求等）；选择设备和工艺装备（若需要专用设备和工艺装备，则应提出设计任务书）；制订各工序装配质量要求及检测项目；确定工时定额，并协调各工序内容。在大批、大量生产时，要平衡工序的节拍，均衡生产，实现流水装配。

（5）确定装配顺序应注意的事项

确定装配顺序应注意的事项包括：预处理工序在前；先下后上（首先进行基础零、部件的装配，使机器在装配过程中重心处于最稳定状态）；先内后外；先难后易；先进行能破坏后续工序装配质量的工序；及时安排检验工序；集中安排使用相同设备、工艺装备以及具有共同特殊环境的工序，这样可以减少装配设备和工艺装备的重复使用，以及产品在装配地的迂回；处于基准件同一方位的装配工序应尽可能集中连续安排以防止基准件的多次转位和翻身；电线、油（气）管路的安装应与相应工序同时进行，以防止零、部件的反复拆装；易燃、易爆、易碎、有毒物质或零、部件的安装，尽可能放在最后，以减少安全防护工作量，保证装配工作顺利完成。

小　结

通过本章学习重点掌握发动机生产过程和发动机制造及装配理论。

1．发动机生产过程及系统

明确系统的概念及特点，能用系统的概念分析生产过程，进一步掌握制造系统。

2．生产性质、生产纲领和生产类型

理解生产性质、生产纲领和生产类型并分析三者之间的关系。

发动机制造及装配需掌握以下知识点。

1．发动机典型零件制造工艺

以曲轴制造工艺为例说明典型零件工艺过程及先进制造技术应用。

2．发动机装配工艺

理解装配的基本概念、装配方法和装配工作的基本内容，在掌握装配精度的基础上完成装配工艺过程。

思 考 题

1．“系统”的含义是什么？它具有哪些属性？为何要用系统的概念来分析制造过程？

2．简述不同生产类型的主要工艺特点，并分析其原因。

3．简述曲轴加工的工艺特点及曲轴加工先进技术。曲轴加工工艺路线是怎样安排的？

4．简述装配工作的基本内容。

5．什么是装配精度？它与有关零件精度的关系如何？

第 14 章 汽车专业英语

14.1 Automobile Overview 汽车概述

14.1.1 Structure of an Automobile 汽车构造

Automobile, byname auto, also called motorcar or car, a usually four-wheeled vehicle designed primarily for passenger transportation and commonly propelled by an internal-combustion engine using a volatile fuel. The major structure of an automobile are the engine, chassis, body and the electrical system (Figure 14-1). This will be found in every form of motor vehicle.

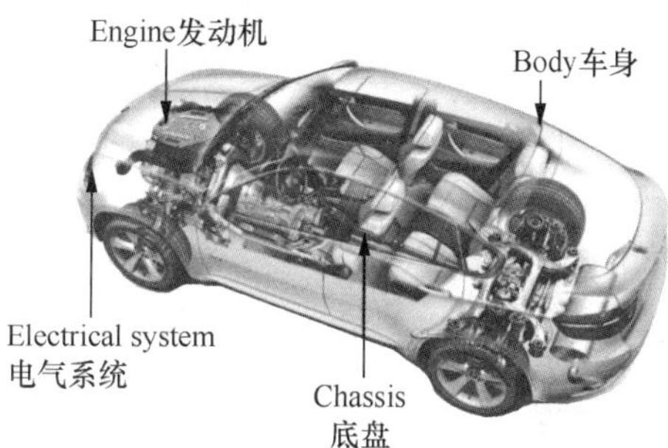

Figure 14-1 Four components of automobile
图 14-1 汽车四大组成部分

1. Engine 发动机

The engine-the"heart"of the automobile-operates on internal combustion, meaning the fuel used for its power is burned inside of the engine. The four-stroke engine is the most common type of automobile engine. The engine is comprised of pistons, cylinders, tubes to deliver fuel to the cylinders, and other components (Figure 14-2). Each system is necessary for making the automobile run and reducing noise and pollution.

2. Chassis 底盘

The chassis is the framework to which the various parts of the automobile are mounted. The chassis must be strong enough to bear the weight of the car, yet somewhat flexible in order to sustain the shocks and tension caused by turning and road conditions. Attached to the chassis are the wheels and steering assembly, the brakes, the suspension, and the body (Figure 14-3).

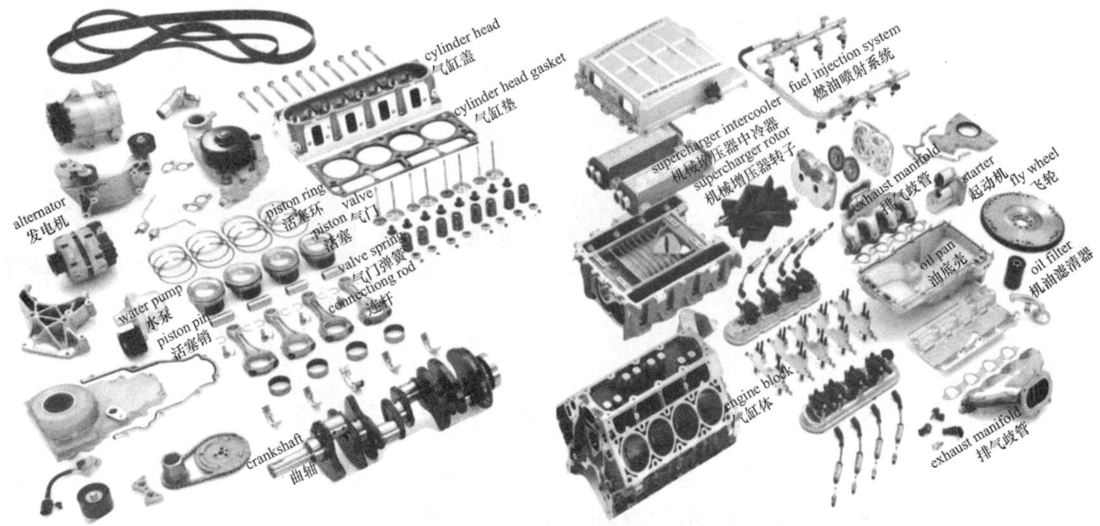

Figure 14-2 Exploded view of Chevrolet corvette V8 engine
图 14-2 雪佛兰克尔维特 V8 发动机部件分解图

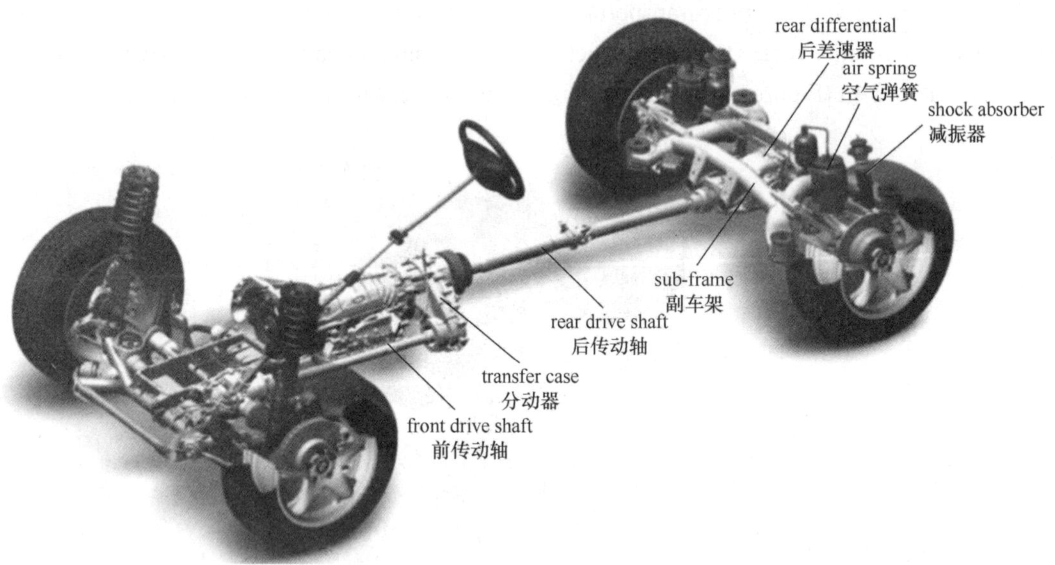

Figure 14-3 Chassis system of BMW X5
图 14-3 宝马 X5 车型底盘系统

3. Body 车身

The body of a car is usually composed of steel or aluminum, although fiberglass and plastic are also used (Figure 14-4). While the body forms the passenger compartment, offers storage space, and houses the automobile's systems, it has other important functions as well. In most instances, its solid structure protects passengers from the force of an accident. Other parts of the car, such as the front and hood, are designed to crumple easily, thereby absorbing much of the impact of a crash.

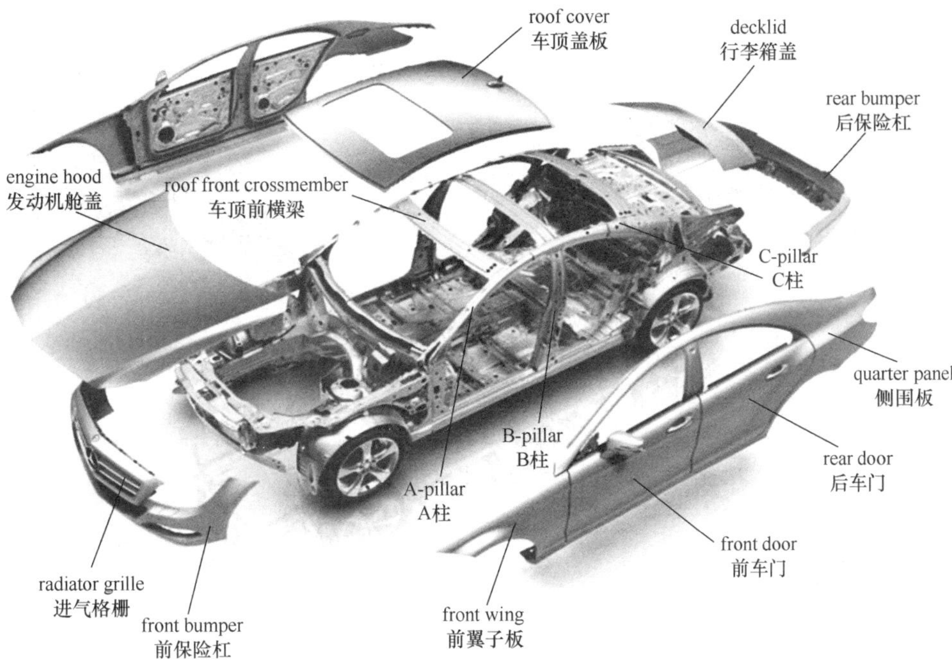

Figure 14-4 Exploded view of body metal parts of Mercedes Benz GLS
图 14-4 奔驰 GLS 级轿车车身钣金件分解图

4. Electrical System 电气系统

Electricity is used for many parts of the car, from the headlights to the radio (Figure 14-5 and Figure 14-6), but its chief function is to provide the electrical spark needed to ignite the fuel in the cylinders. The electrical system is comprised of a battery, starter motor, alternator, distributor, ignition coil, and ignition switch.

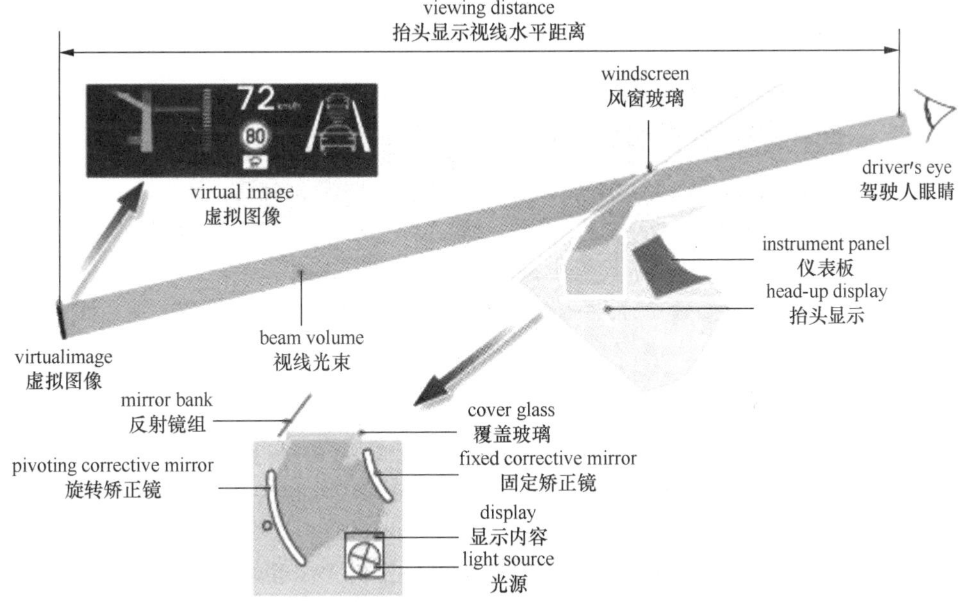

Figure 14-5 Instrument signal (head up display)system of Audi
图 14-5 奥迪轿车仪表信号 (抬头显示)系统

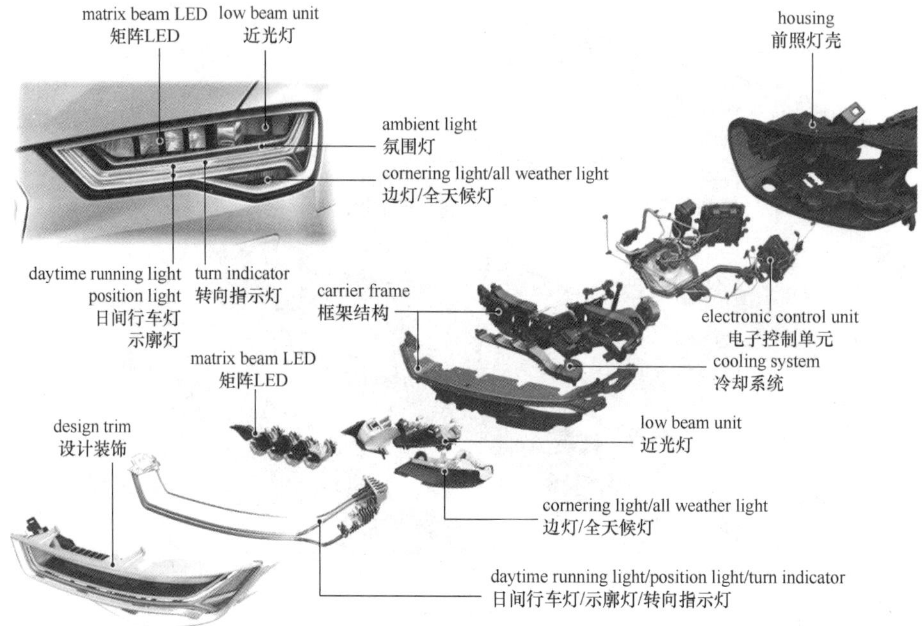

Figure 14-6 LED lighting system of Audi
图 14-6 奥迪 LED 灯光照明系统

14.1.2 Car Production 汽车生产

1. Press Shop 冲压车间 (Figure 14-7)

It's here that steel is shaped and moulded to form the panels that will become a bare bodyshell.The first step in the production process is to prepare the raw steel that will be used to make our vehicles. Sheet steel arrives in rolls before it is chopped and formed to make the individual components that will be welded together to make each car.

Figure 14-7 Automobile sheet metal stamping workshop
图 14-7 汽车钣金件冲压车间

2. Weld Shop 焊接车间 (Figure 14-8)

In the Welding Shop, pressed panels are welded together to create a bodyshell. Each bodyshell is given an identity tag that will remain with it right the way through the production process.

Created by the production system, this tag determines the car's colour, engine specification, trim etc. In its simplest form, the Weld Shop can be divided into two-the welding stations staffed by skilled people, and those powered by machines. Both stations bring together thousands of individual steel components to create a new bodyshell.

Figure 14-8　Automatic welding workshop
图 14-8　自动化焊接生产车间

3．Paint Shop 涂装车间 (Figure 14-9)

Coating is a systematic engineering, which includes threc basic processes of surface treatment, coating process and drying before coating, as well as a reasonable coating system. Maintaining a spotlessly clean, dust-free environment is critical to the quality and consistency of each car's paint job.

Now, in order to make the quality standard for line-off, there are four layers in painting including: ED, Sealer & PVC, Primer and Topcoat.

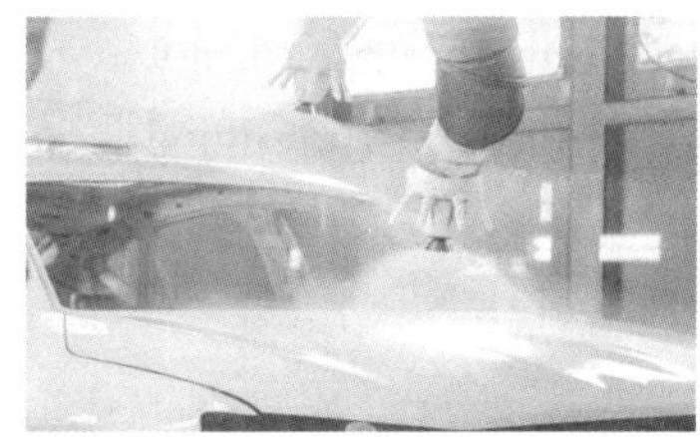

Figure 14-9　Automobile painting workshop
图 14-9　汽车涂装车间

4．Assembly Shop 装配车间 (Figure 14-10)

As soon as the bodyshell arrives in the assembly shop, the doors are removed and sent to another line to have their trim, glass, speakers and mirrors installed.The body, meanwhile, has covers laid in strategic locations to protect the paintwork and components from potential damage.Because assembly is so complex,the whole task is divided into several parts: the trim line, the power train line and the final line.

Figure 14-10　Automobile assembly line
图 14-10　汽车总装生产线

5．Inspection 检查 (Figure 14-11)

It was the final step in the production process before delivery to dealers. In order to ensure the highest quality products, all vehicles must go through the final check where its engine is audited, its lights and horn checked, its tires balanced, and its charging system examined.

Figure 14-11 Vehicle inspection tine
图 14-11 汽车整车检测线

14.2 Automobile Engines 汽车发动机

The purpose of a gasoline car engine (Figure 14-12) is to convert gasoline into motion so that your car can move. Currently the easiest way to create motion from gasoline is to burn the gasoline inside an engine. Therefore, a car engine is an internal combustion engine——combustion takes place internally.

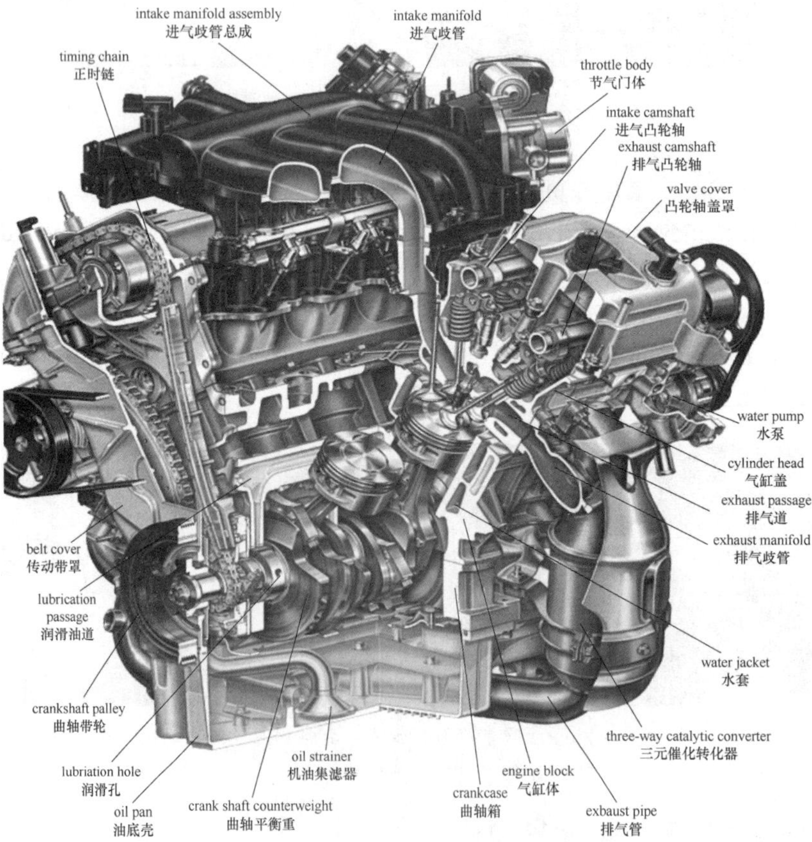

Figure 14-12 Sectional view of V-type six cylinder gasoline engine
图 14-12 V 形六缸汽油发动机剖视图

14.2.1　The Four-stroke Cycle 四冲程循环

Almost all cars currently use what is called a four-stroke combustion cycle to convert gasoline into motion. The four-stroke approach is also known as the Otto cycle, in honor of Nikolaus Otto, who invented it in 1867. The four strokes are: intake stroke, compression stroke, power stroke, and exhaust stroke (Figure 14-13).

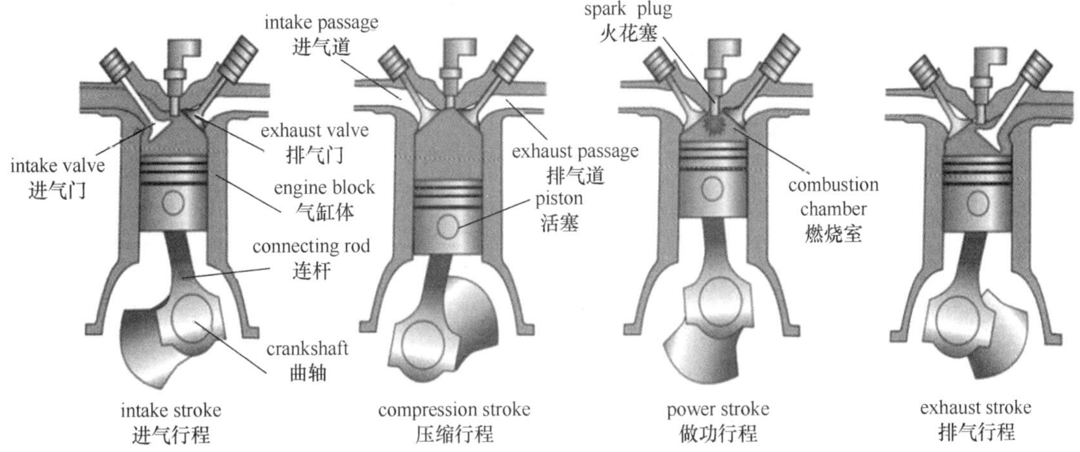

Figure 14-13　Schematic diagram of four stroke working principle of gasoline engine
图 14-13　汽油发动机四行程工作原理示意

14.2.2　Two Mechanisms 两大机构

1. The Crank Train 曲柄连杆机构

The Crank train (Figure 14-14 and Figure 14-15) is at the heart of the reciprocating piston engine, and its purpose is to translate the linear motion of the pistons into rotary motion for the purpose of extracting useful work.

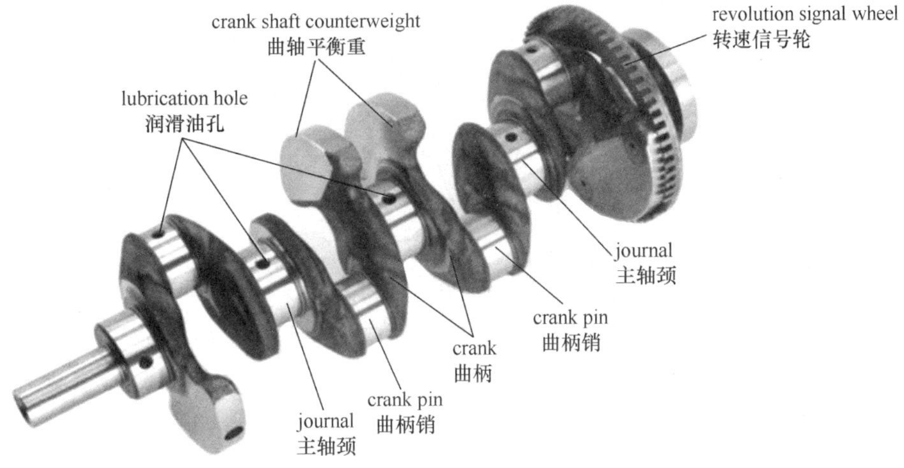

Figure 14-14　Structure of engine crankshaft
图 14-14　发动机曲轴结构

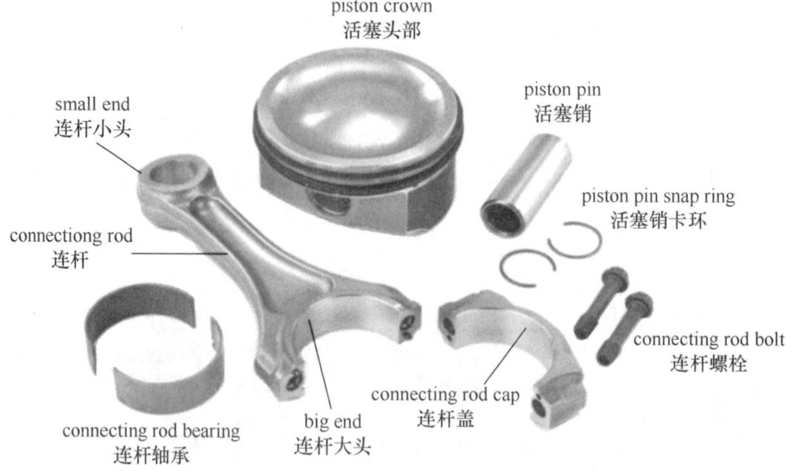

Figure 14-15 Exploded view of engine piston connecting rod
图 14-15 发动机活塞连杆分解图

2. The Valve Train 配气机构

The valve train consists of valves, rocker arms, pushrods, lifters, and the camshaft (Figure 14-16 and Figure 14-17). The valvetrain's only job is that of a traffic cop. It lets air and fuel in and out of the engine at the proper time.

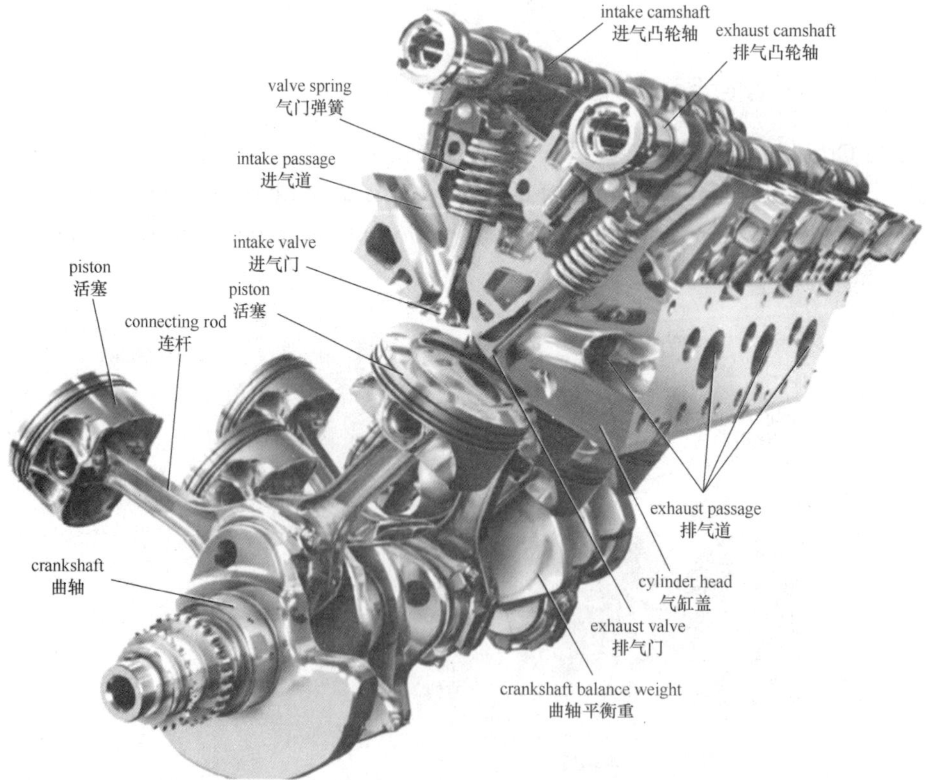

Figure 14-16 Structure of Mercedes Benz SLS AMG 6.3L V8 double orenhead camshaft engine
图 14-16 奔驰 SLS AMG 6.3L V8 双顶置凸轮轴发动机结构

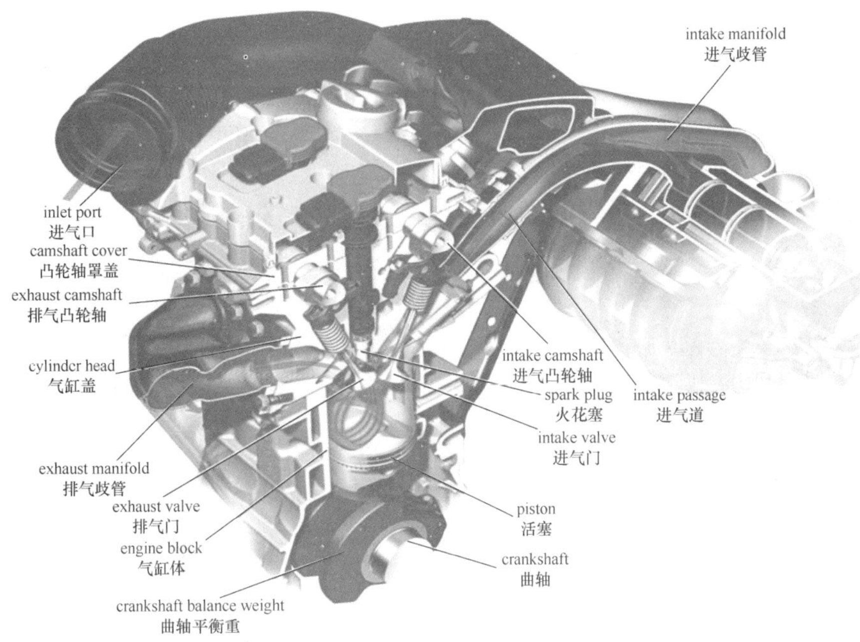

Figure 14-17 Intake and exhaust system structure of gasoline engine
图 14-17 汽油发动机进气和排气系统构造

14.2.3 Five Systems 五大系统

1. The Fuel Supply System 燃料供给系统

The fuel pump draws the gasoline from the gas tank mounted at the rear of the car (Figure 14-18). The gasoline is drawn into a carburetor on some cars, while it is fuel-injected on others (Figure 14-19). Both devices mix the gasoline with air and spray this mixture as a fine mist into the cylinders.Other parts of the fuel supply system include the air cleaner and the intake manifold.

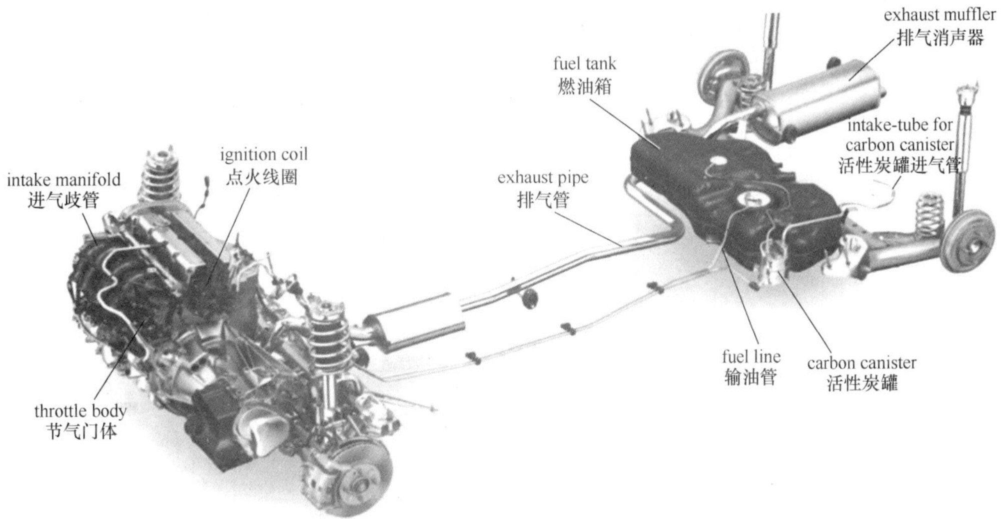

Figure 14-18 Fuel supply system of Fond Fiesta
图 14-18 福特嘉年华燃油供给系统

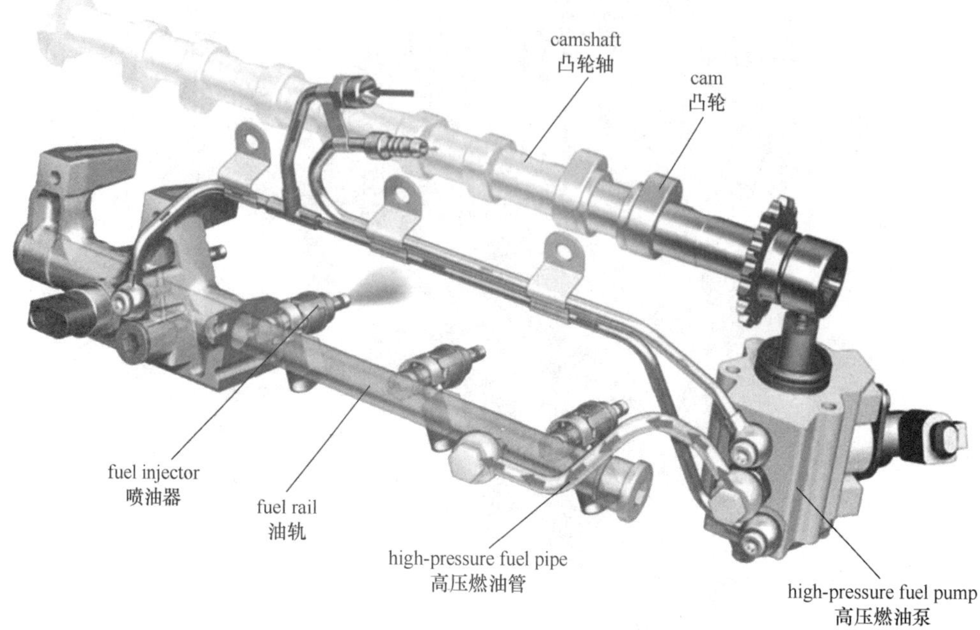

Figure 14-19 Fuel injection system of Audi in-link four cylinder gasoline engine
图 14-19 奥迪直列四缸汽油发动机燃油喷射系统

2. The Lubrication System 润滑系统

The purpose of the lubrication system is to circulate oil through the engine (Figure 14-20). An engine must have a good lubrication system. Without it, the friction heat from the contact of moving parts would wear the parts and cause power loss.

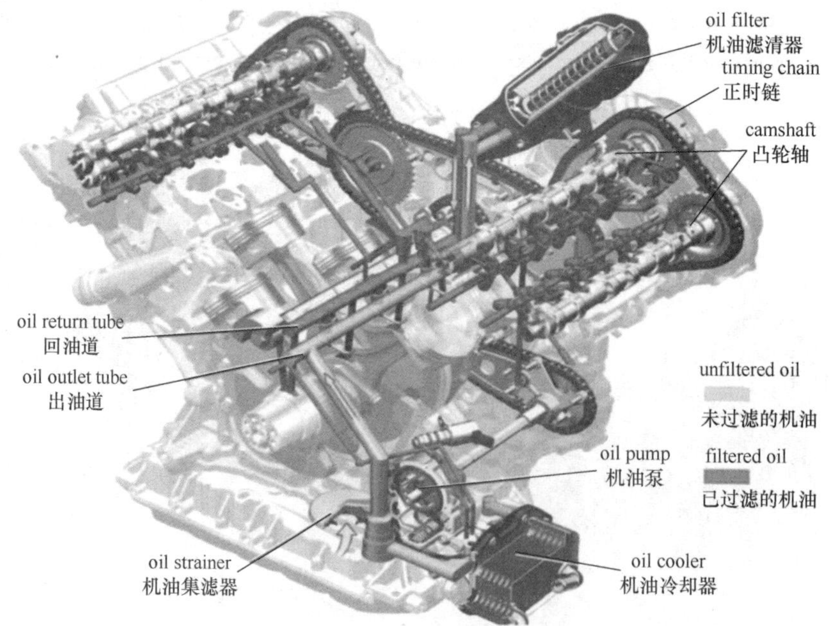

Figure 14-20 Lubrication cycle system of Audi 3.0L V6 TFSI engine
图 14-20 奥迪 3.0L V6 TFSI 发动机润滑循环系统

3. The Cooling System 冷却系统

The primary job of the cooling system (Figure 14-21)is to keep the engine from overheating by transferring this heat to the air. Another important job of the cooling system (Figure 14-22)is to allow the engine to heat up as quickly as possible, and then to keep the engine at a constant temperature.

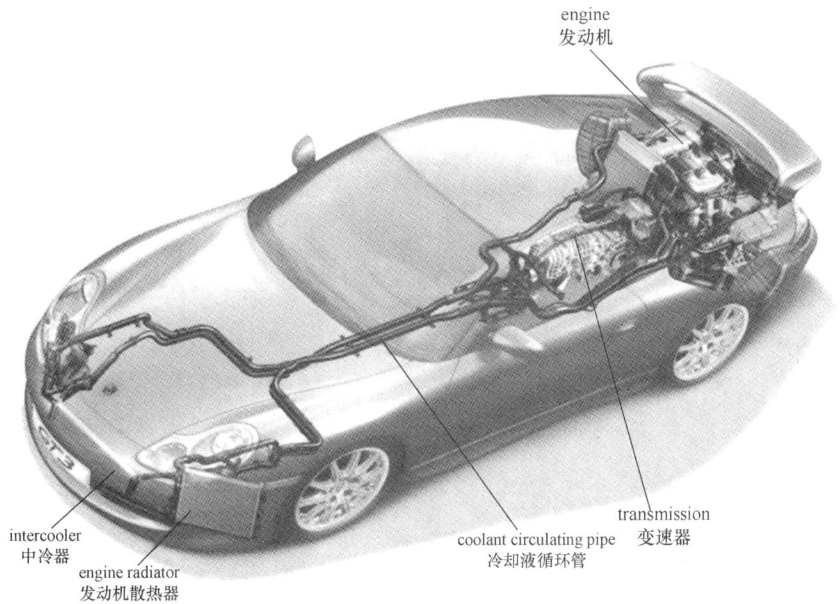

Figure 14-21　Layout of engine cooling system in Porsche cars
图 14-21　保时捷汽车发动机冷却系统布局示意

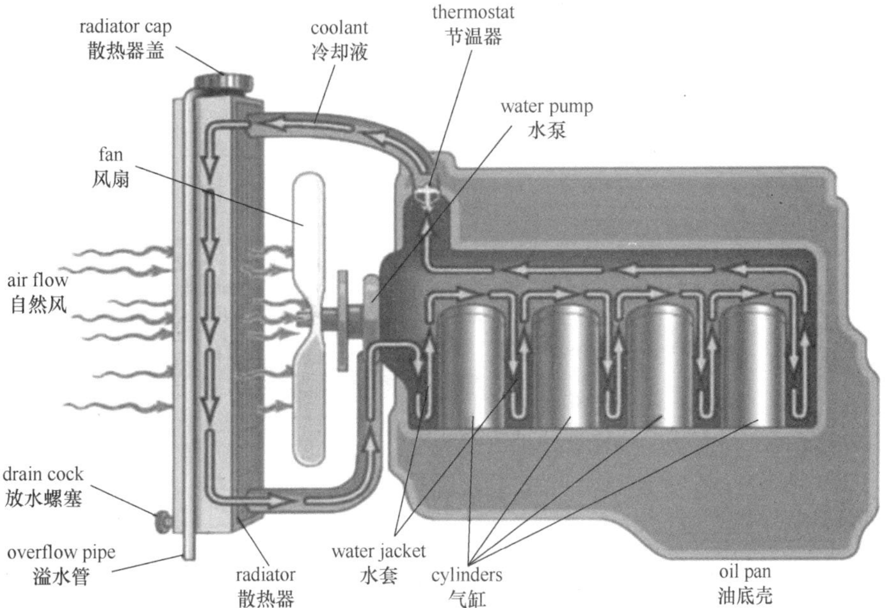

Figure 14-22　Schematic diagram of engine cooling circulation system
图 14-22　发动机冷却循环系统示意

4. The Ignition System 点火系统

The ignition system (Figure 14-23 and Figure 14-24)has two tasks to perform.First, it must create a voltage high enough（20,000+）to arc across the gap of a spark plug, thus creating a spark strong enough to ignite the air and fuel mixture for combustion.Second, it must control the timing of the spark so it occurs at the exact right time and send it to the correct cylinder.

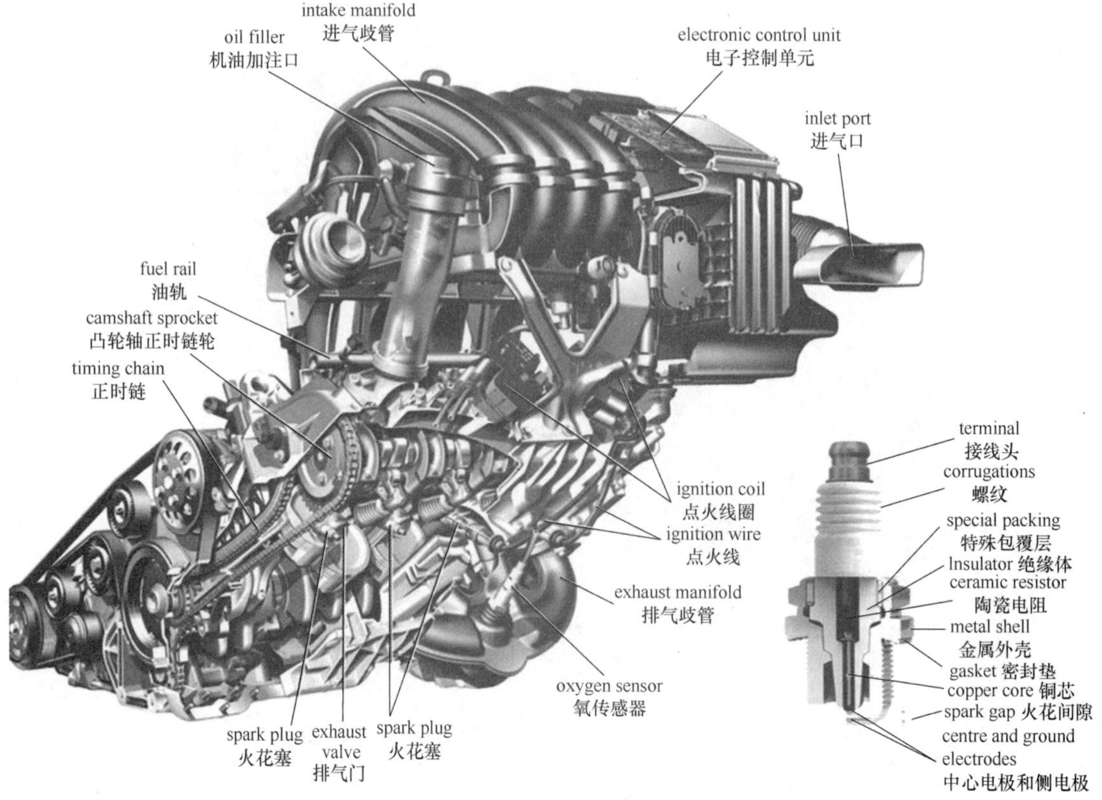

Figure 14-23 Engine construction without distribution
图 14-23 不带分电器的发动机构造

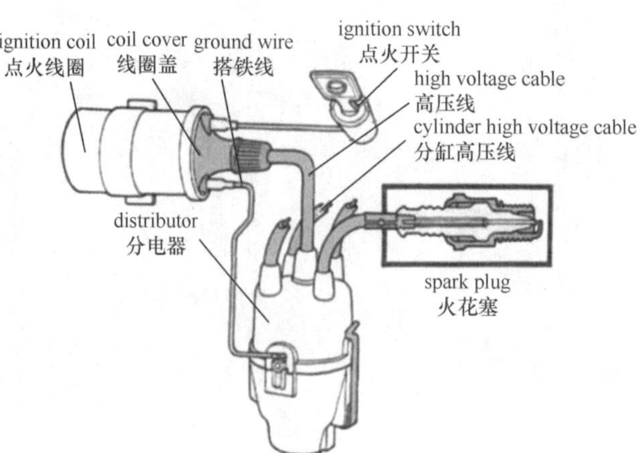

Figure 14-24 Ignition system with distributor
图 14-24 带分电器的点火系统示意

5. The Starting System 起动系统

Starting the engine is possibly the most important function of the vehicle's electrical system. The starting system performs this function by changing electrical energy from the battery to mechanical energy in the starting motor (Figure 14-25).

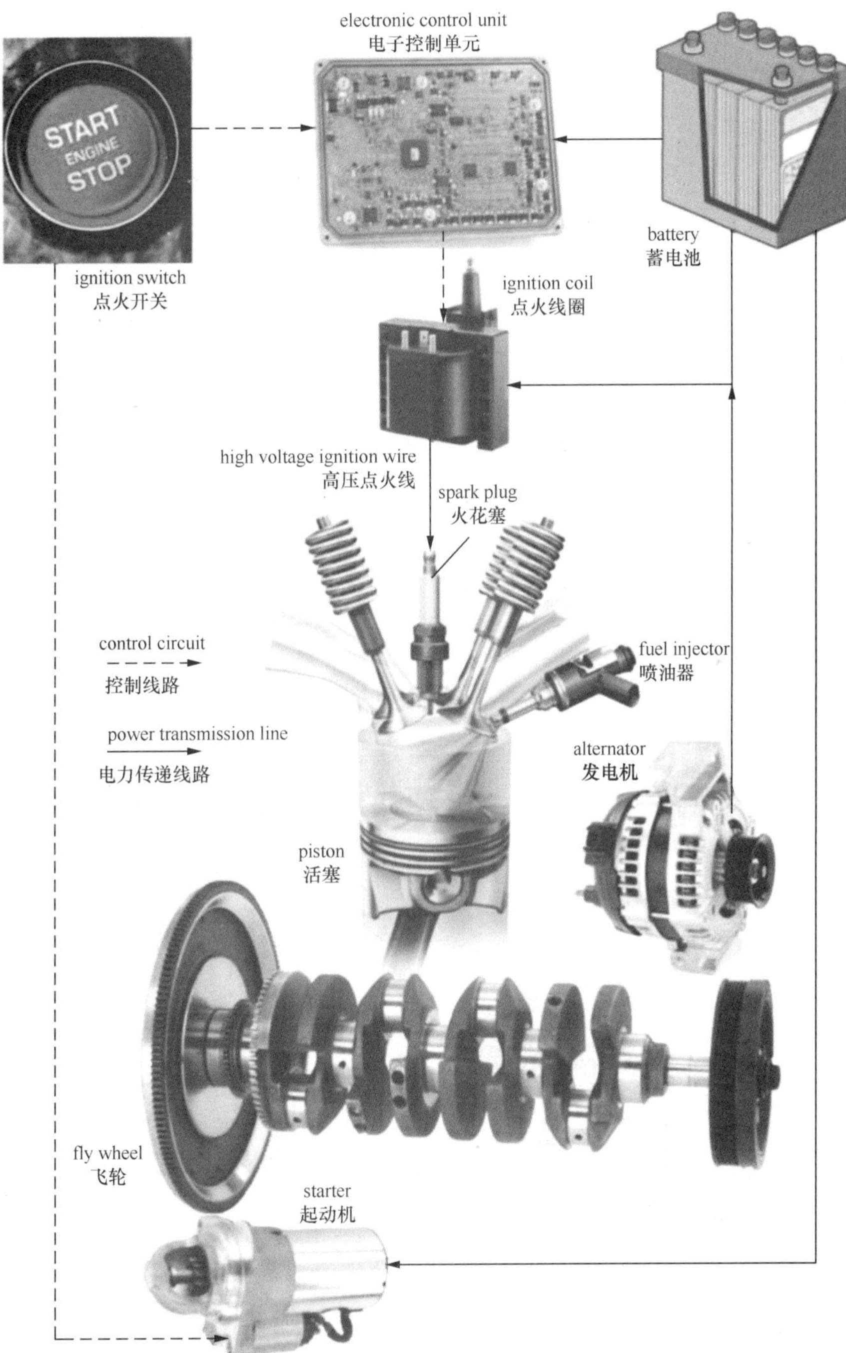

Figure 14-25 Schematic diagram of vehicle starting and power transmission process

图 14-25 汽车起动和动力传递流程示意

14.3 New Energy Power System 新能源动力系统

Electric vehicles are broadly categorized into four groups based on the electric design of their powertrains, namely battery electric vehicles（BEV), plug-in hybrid electric vehicles（PHEV）(Figure 14-26), hybrid electric vehicles （HEV） (Figure 14-27), and fuel-cell electric vehicles （FCEV）. Only BEVs and PHEVs are plug-capable, and are referred to as plug-in electric vehicles （PEV）.

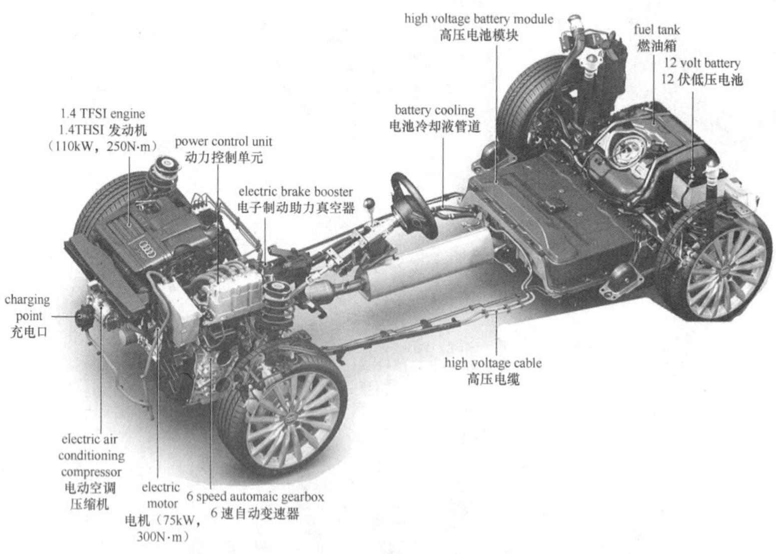

Figure 14-26 Structure of Audi A3 e-torn plug-in hybrid electric vehicle
图 14-26 奥迪 A3 e-torn 插电式混合动力汽车结构

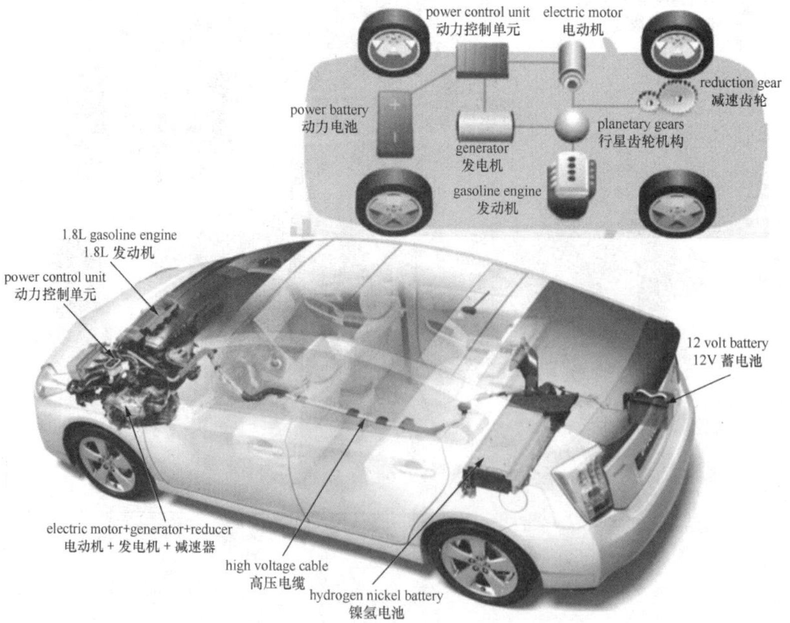

Figure 14-27 Structure of Toyota Prius hybrid electric vehicle
图 14-27 丰田普锐斯混合动力汽车构造

14.3.1 Battery Electric Vehicles 纯电动汽车（BEV）

BEVs also known as pure electric vehicles, full electric vehicles or electric vehicles （EV）, are powered by an electric motor and do not employ an internal combustion engine (Figure 14-28 and Figure 14-29). The battery provided electric energy to the motor and used as the energy storage unit of a BEV is charged primarily by the power grid and partially via regenerative braking.Battery electric vehicles do not have tailpipe emissions; therefore, they are also called zero-emission vehicles. In order to facilitate reasonable driving ranges, the BEVs typically have the largest battery packs compared to other models. The size of these battery packs usually varies between 20 kW·h to 85 kW·h with all-electric-range （AER） of 80-300 miles.Currently, a variety of commercial battery electric vehicles are available in the market.

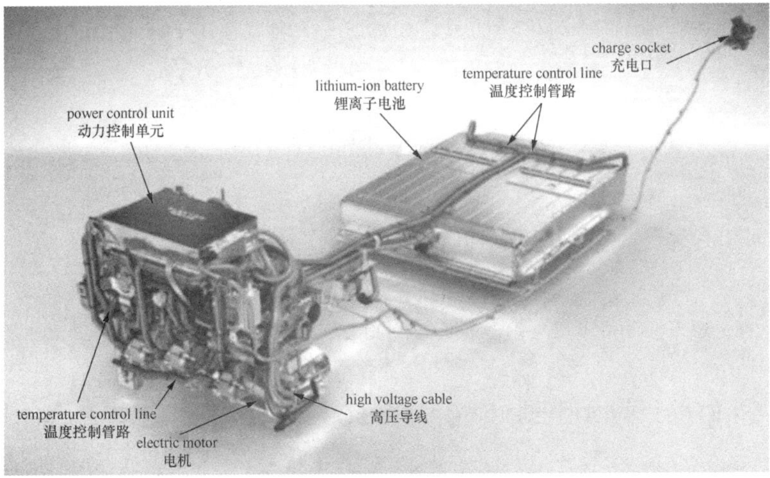

Figure 14-28 Power and temperature control system of Benz-class electric vehicle
图 14-28 奔驰 B 级纯电动汽车动力和温度控制系统

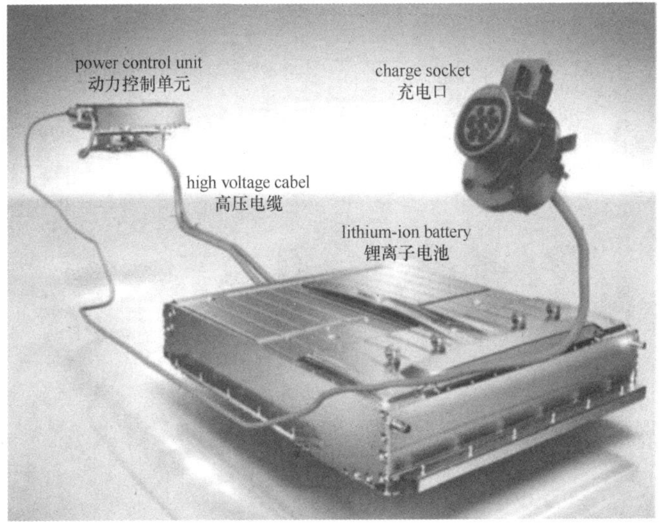

Figure 14-29 Charging system of Benz B-class pure electric vehicle
图 14-29 奔驰 B 级纯电动汽车充电系统

14.3.2 Hybrid Electric Vehicles 混合动力汽车（HEV）

HEVs are primarily powered by internal combustion engines, which use conventional fuels such as gasoline and diesel. These vehicles are also equipped with battery packs, which are charged by regenerative braking systems and are mainly used to enhance the fuel efficiency of the vehicle (Figure 14-30). The first generation of HEVs was presented to the market in 1997, when Toyota introduced the Prius model, and two years later Honda introduced the Insight model. As of mid-2015 more than 10 million HEVs were deployed worldwide.

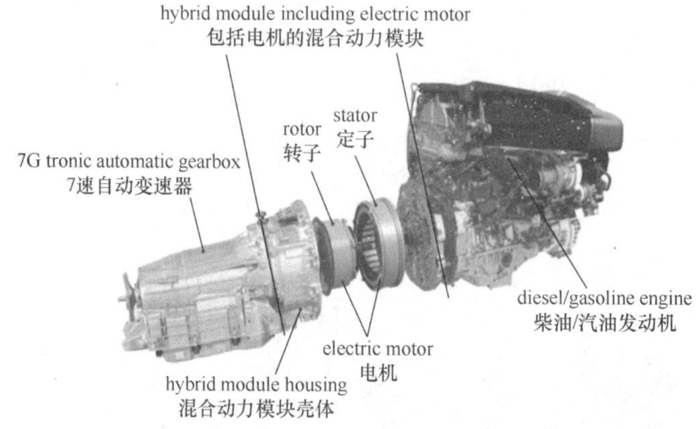

Figure 14-30 Powertrain of Mercedes Benz S400 hybrid vehicle
图 14-30 奔驰 S400 Hybrid 混合动力车型动力系统

14.3.3 Plug-in Hybrid Electric Vehicles 插电混合动力汽车（PHEV）

PHEVs employ both an electric motor and an internal combustion engine（ICE）, which can use gasoline or diesel (Figure 14-31).

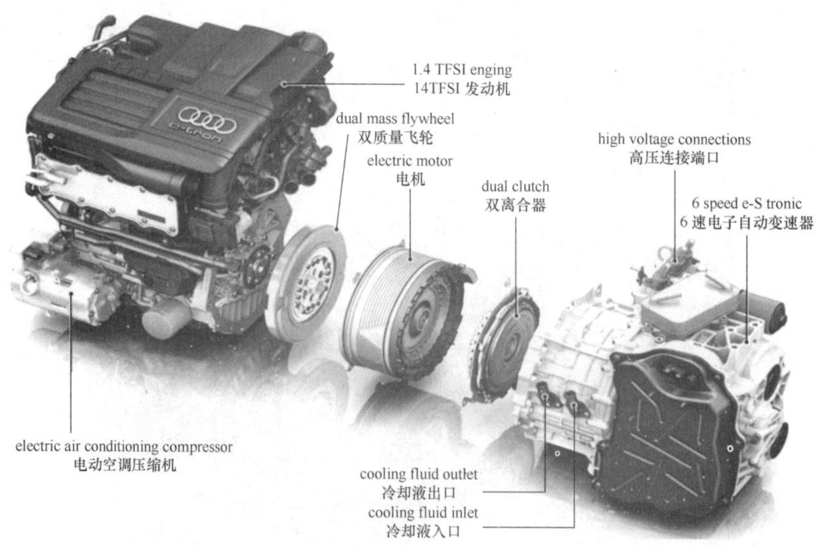

Figure 14-31 Hybrid System of Audi A3 e-torn
图 14-31 奥迪 A3 e-torn 混合动力系统

Typically, PHEV batteries (Figure 14-32)are smaller than those of BEVs, because the required driving range is mostly supported by internal combustion engines and their combined driving range is higher than that of BEVs. As a result, the main advantage of PHEVs is employing both engines' types, which helps the consumers overcome range anxiety. In PHEVs, the electric motor is used mostly in urban environments where driving involves frequent stops. On the other hand, an internal combustion engine is used when the battery is depleted, during intensive cooling or heating, or during rapid acceleration.

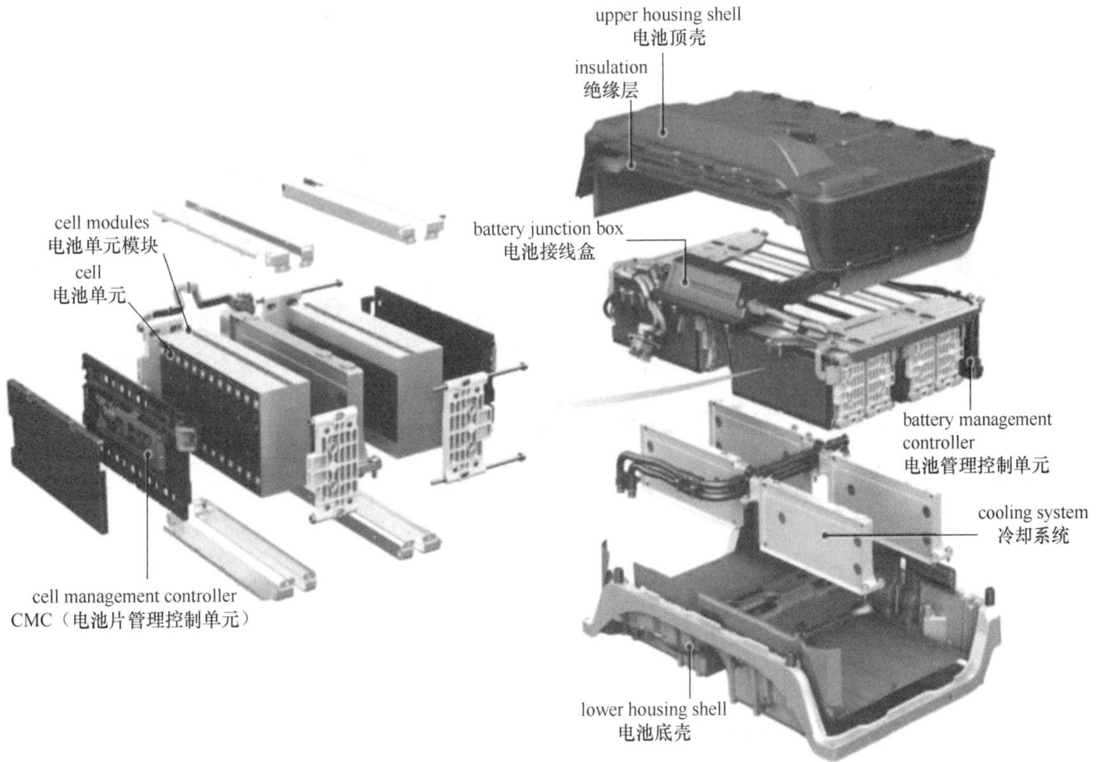

Figure 14-32 Structure of Audi A3 e-torn power battery
图 14-32 奥迪 A3 e-torn 动力电池结构

14.3.4 Fuel-Cell Electric Vehicles 燃料电池电动汽车（FCEV）

FCEVs use fuel cells, typically hydrogen, to power their onboard electric motors or charge their storage units (Figure 14-33). The propulsion system in FCEVs is more efficient than those in the conventional ICEVs, and they do not emit any pollutants. FCEVs can be fueled within 10 minutes and they can drive up to 300 miles. Over the last few years, a number of car manufacturers and government agencies have supported research and development activities that accelerate fuel-cell technology. Unlike BEVs and PHEVs, the FCEVs do not use power grid to charge their batteries. Also, their onboard batteries are fairly small in size compared to those of BEVs, PHEVs, and HEVs. The disadvantages of FCEVs included having limited networks of hydrogen fueling stations and the technology being still in its infancy stages.

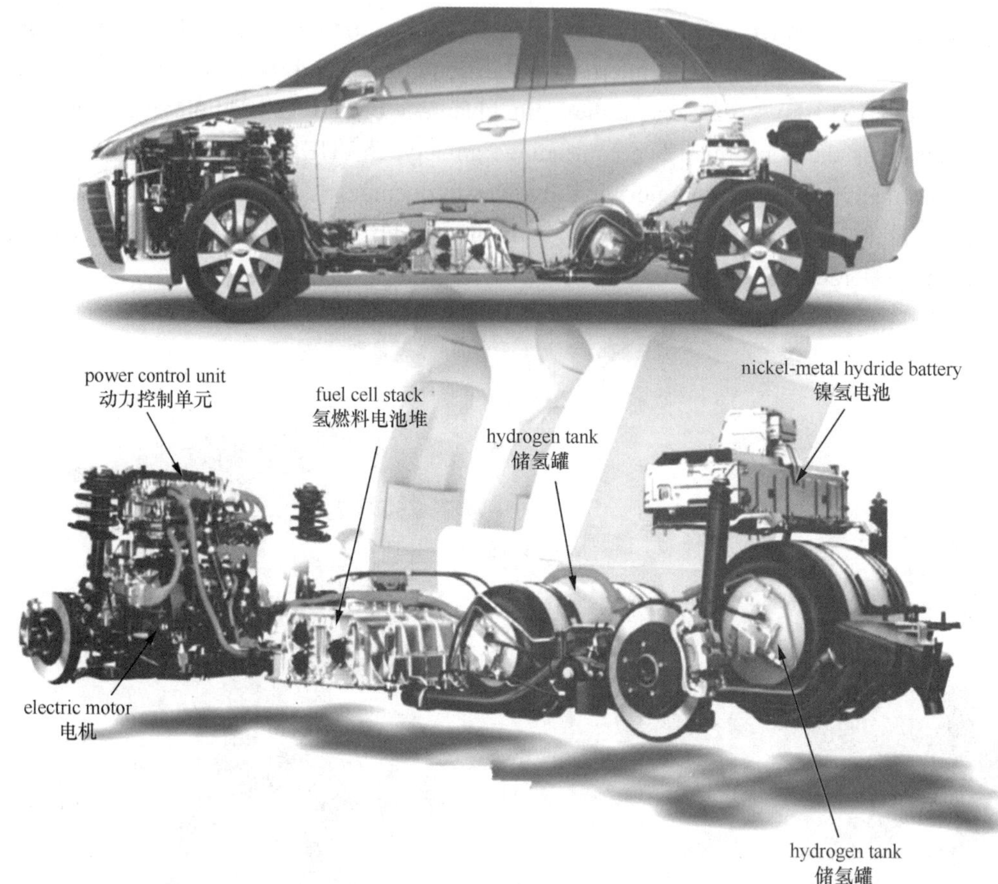

Figure 14-33 Structure of Toyota Mirar fuel cell vehicle
图 14-33 丰田 Mirar 燃料电池汽车构造

14.4 Engine Terminology 汽车发动机专业词汇缩写

ABB 奥迪、宝马、奔驰的简称
AC （alternating current）交流电
A/F （A：air——空气，F：fuel——燃料）空燃比
AFS （Air Flow Sensor）空气流量传感器
API （American Petroleum Institute）美国石油学会
AVL 李斯特内燃机及测试设备公司（AVL List GmbH）
AVS （Audi Valve-lift System）奥迪可变气门升程系统
BBC 奔驰、宝马、凯迪拉克的简称
BBDC 北京奔驰-戴姆勒·克莱斯勒汽车有限公司简称
BDC （Bottom Dead Center）下止点
BFCEC （Beijing Foton Cummins Engine Co., Ltd）北京福田康明斯发动机有限公司
BIVT （BYD Intake Variable Technique）比亚迪进气歧管可变技术

Blue Core 长安汽车动力品牌，是集所有动力研发与创新成就，并融入极具前瞻性的未来创想，打造的“高效节能环保动力总成”的解决方案。该动力品牌涵盖长安汽车自主研发的 TEi、i-GDI、TC 等动力提升技术和 DCT、AT、CVT、IMT 等先进变速箱技术，使其应用搭载整车具备“动力强劲、高效洁净、安静舒适”的特点

BMW 宝马（德文：Bayerische Motoren Werke AG）公司全称为巴伐利亚机械制造商股份公司

Borg-Warner 博格华纳动力系统技术革新。博格华纳涡轮增压系统是全球领先的轿车、轻型卡车和商用车辆的涡轮增压器、废气再循环阀以及其他发动机空气管理系统的制造商

BOSCH 博世公司，世界第一大汽车零部件供应商。在中国，博世的汽油发动机管理系统一直保持着领先优势，原厂配套市场份额第一。博世 ECU 占了全球市场约 40%的份额，除了日本车，欧美车系绝大部分、国产自主品牌基本都用此品牌产品

BYD 比亚迪汽车

3C （China Compulsory Certification）中国强制认证

CAN （Controller Area Network）控制器局域网络，是 ISO 国际标准化的串行通信协议。在汽车产业中，出于对安全性、舒适性、方便性、低公害、低成本的要求，各种各样的电子控制系统被开发了出来。由于这些系统之间通信所用的数据类型及对可靠性的要求不尽相同，由多条总线构成的情况很多，线束的数量也随之增加。为适应“减少线束的数量”“通过多个局域网（Local Area Network，LAN），进行大量数据的高速通信”的需要，1986 年德国电气商博世公司开发出面向汽车的 CAN 通信协议。此后，CAN 通过 ISO11898 及 ISO11519 进行了标准化，在欧洲已是汽车网络的标准协议

CCAG （China Changan Automobile Group）中国长安汽车集团股份有限公司

CGI （Stratified-Charged Gasoline Injection）分层汽油直喷

Chery 奇瑞汽车

CKP （Crankshaft Position Sensor）曲轴位置传感器

CNG （Compressed Natural Gas）压缩天然气

CO （Carbon Monoxide）一氧化碳

CO_2 （Carbon Dioxide）二氧化碳

CRDI （Common Rail Direct Injection）高压共轨柴油直喷

CTS （Coolant Temperature Sensor）冷却液温度传感器

CVVT （Continue Variable Valve Timing）连续可变气门正时

CVTC （Continuous Valve Timing Control）连续可变气门正时控制

DAE 哈尔滨东安汽车发动机制造有限公司，简称东安汽发，成立于 1998 年 9 月 4 日，是由中国、日本、马来西亚“三国六方”投资兴建的。公司主要从事引自日本三菱汽车的 4G1 和 4G9 两大系列、排量为 1.3～2.0L 汽油发动机和自动变速器（Automatic Transmission，AT，4AT/5AT）及手动变速器（Manual Transmission，MT）产品的研制、开发、生产和销售，是国内首家同时拥有发动机、自动变速器和手动变速器制造技术的企业

DCEC （Dongfeng Cummins Engine Co）东风康明斯发动机有限公司。美国康明斯发动

机有限公司是全球最大的独立发动机制造商，产品线包括柴油和代用燃料发动机、发动机关键系统（燃油系统、控制系统、进气处理、滤清系统和尾气处理系统）及发电系统

Delphi 德尔福公司原为通用汽车公司的零部件子公司。1999 年 5 月 28 日，德尔福正式与通用汽车公司分离，成为一家完全独立的、公开在纽约证券交易所上市的公司

DENSO 电装，是日本第一、世界第二大汽车系统部件供应商

DEUTZ 道依茨发动机公司

DFM （Dong Feng Motor）东风汽车

DHT （Dedicated Hybrid Technology）混合动力专用技术。也可以理解为长城汽车柠檬混动技术。DHT 的架构还可概括为“1-2-3”，即 1 套 DHT 高集成度油电混动系统、2 种动力架构、3 套动力总成。长城汽车柠檬混动 DHT 系统是以“七合一”高效能多模混动总成为核心构建的混合动力技术体系，包含 1.5L/1.5T 混动专用发动机、定轴式两挡变速箱、GM/TM 双电机、双电机控制器和集成 DCDC

DIG （Direct Injection Gasoline）直接喷射汽油机

DM （Dual Model）代表的是双模式汽车。比亚迪的 DM 车型都是插电式混合动力汽车。为了降低油耗，比亚迪把 DM 插电混动技术进一步细化，划分为 DM-p 和 DM-i 这两个分支。p 是 powerful（动力强劲）的缩写，i 是 intelligent（节能高效）的缩写

DOD （Displacement On Demand）直译为排量自适应，通用汽车公司可变排量技术的名称

DOHC （Double Over Head Camshaft）双顶置凸轮轴

DPF （Diesel Particulate Filter）柴油机颗粒捕集器

DSI （Dual Spark Ignition）双火花塞点火

DYK 东风悦达起亚汽车有限公司

ECD （Electronic Control Diesel）电子控制柴油机

ECGI （Electronically Controlled Gasoline Injection）电控汽油喷射

ECI （Electronic Control Injection）电子控制喷射

Ecotec 发动机是通用汽车高科技打造的具有全球顶尖水平的四缸发动机系列。Ecotec 是由 Ecology（生态）和 Technology（技术）两个词合成而得

EcoBoost 福特对于未来使用涡轮增压和缸内直喷两项核心技术发动机的总称

ECS （Evaporation Control System ）汽油蒸发控制系统

ECU （Electronic Control Unit）电子控制单元，又称“行车电脑”、汽车专用单片机

EGR （Exhaust Gas Recirculation）排气再循环

EFI （Electronic Fuel Injection）电子控制燃油喷射

EGI （Electronic Gasoline Injection）电子控制汽油喷射

EHV （Electric and Hybrid Vehicle）电动和混合动力汽车

EP （Electronic Petrol Injection）电子汽油喷射

ESC （Electronic Spark Control ）电子点火控制

Euro Ⅱ 欧洲第二阶段排放限制标准

ETC （Electronic Throttle Control） 电子节气门控制

FAW　（First Automobile Work ）第一汽车制造厂，现中国第一汽车集团有限公司

FAWDE　一汽解放汽车有限公司无锡柴油机厂，是柴油机行业唯一同时掌握 VCU、GPS、EGR、发动机制动等多项关键核心技术、我国第一家成功研制四气门柴油机、第一家成功研制电控共轨柴油机、第一家成功研制两级增压柴油机并成功推广的企业

FES　（Federal Emission Standard）　（美）联邦排放标准

FF　（Front Front ）（发动机）前置前驱动

FMS　（Flexible Manufacturing System）柔性制造系统

FR　（Front Rear）（发动机）前置后驱动

F1　（Formula-1）世界一级方程式赛车锦标赛的简称

Fiat　（全称 Fabbrica Italiana Automobile Torino，意大利汽车公司名或其出产的轿车品牌名）菲亚特

Ford　美国汽车制造者或福特汽车

FPT　菲亚特动力科技公司

FSI　（Fuel Stratified Injection）燃料分层喷射

FUNTEC　为本田汽车技术总称，包含环保、安全、舒适三大方面内容。FUNTEC 不是一个单词，其为本田独创，是 Fun 和 Technology 的结合体，指提供移动乐趣的汽车技术

Geely　吉利汽车控股有限公司

GDI　（Gasoline Direct Injection）汽油直喷，亦称“汽油缸内直喷”

GM　（General Motors Corporation）通用汽车公司

GeTec　吉利高效绿色节能发动机系列，取义自 G=Green=Geely，e=Efficient=Engine，Tec=Technology

GTMC　广汽丰田汽车有限公司（简称广汽丰田）

GWM　（Great Wall Motor）长城汽车

HC　（Hydro Carbon）碳氢化合物

HEMI　克莱斯勒汽车公司研发的一种发动机可变排量技术的名称（源于“hemispherical”一词，由于发动机采用了半球形燃烧室而得名）

HCCI　（Homogeneous Charge Compression Ignition）均质混合气压燃

HEV　（Hybrid Electrical Vehicle）混合动力汽车

HONDA　本田技研工业株式会社（日本的株式会社类似于中国的股份有限公司）

ICE　（Internal Combustion Engine）内燃机

iDD　（intelligent Dual Drive）智能双驱。iDD 为长安汽车全域高效电气平台。由蓝鲸 NE1.5T 发动机、蓝鲸三离合电驱变速器、大容量 PHEV 电池、智慧控制系统 4 部分组成

IMA　（Integrated Motor Assist）直译为整合电机辅助动力，本田混合动力系统的名称

i-MMD　（intelligent Multi-Mode Drive）智能多模式驱动。本田 i-MMD 系统是由 2.0L 阿特金森循环双顶置凸轮轴汽油发动机、高功率电机、电动 CVT、控制双电机工作的动力控制单元，以及由高功率锂离子电池和 DC/DC 变频器等构成的智能动力单元，可以在电动、混合动力、发动机 3 种驱动模式之间平顺切换，节能优

势突出，并且加速迅敏，具备卓越的动力性能

ISO　（International Organization for Standardization）国际标准化组织

IATS　（Intake Air Temperature Sensor）进气温度传感器

JAC　江淮汽车公司

L4　直列（LINE）4 缸发动机；V 代表气缸排列方式为 V 形，如 V6、V8 等；W 代表气缸排列形式为 W 形；H 代表水平（horizontal）对置发动机；R 代表转子（Rotary）发动机

LNG　（Liquefied Natural Gas）液化天然气

LMG　（Liquefied Mathane Gas）液化甲烷气

MAN　德国曼集团

MDS　（Multi-Displacement System）多级可变排量控制系统，奔驰汽车公司的一种发动机可变排量技术

MIL　（Malfunction Indicator Lamp）故障指示灯

MIVEC　（Mitsubishi Innovative Valve timing Electronic Control system）三菱智能可变气门正时与升程管理系统

MPI　（Multi Point Injection）多点喷射

NCAP　（New Car Assessment Program）新车碰撞测试

NISSAN　日产汽车公司

NVH　（Noise Vibration Harshness）噪声、振动与舒适性

NO_x　（Nitrogen Oxide）氮氧化合物

OBD　（On-Board Diagnostics）车载诊断系统

PCV　（Positive Crankcase Ventilation）曲轴箱强制通风

PCM　（Power Control Module）动力控制模块

PGM-FI　（Programmed Fuel Injection）程序电控汽油喷射

PM　（Particulate Matter）颗粒物

PSA　法国标致雪铁龙集团

p-V 图　（Pressure Volume diagram）压容图

RR　（Rear Rear）（发动机）后置后驱动

SAAB　瑞典萨博汽车公司，脱胎于飞机制造企业，第一家把源于航空领域的涡轮增压器应用到汽车产品上的汽车制造商

SAE　（Society of Automotive Engineers）原译美国汽车工程师学会，现称国际自动机工程师学会（SAE International，简称 SAE）

SAIC　（Shanghai Automotive Industry Corporation）上海汽车工业（集团）总公司（简称上汽集团）

4S　是一种以“四位一体”为核心的汽车特许经营模式，包括整车销售（Sale）、零配件（Sparepart）、售后服务（Service）、信息反馈（Survey）等

SCR　（Selective Catalytic Reduction）选择性催化还原

SDI　（Suction Direct Injection）自然吸气直接喷射（柴油发动机）

SFI　（Sequential Fuel Injection）顺序式燃油喷射

SIDI　（Spark Ignition Direct Injection）直译为火花点燃直接喷射，通用汽车公司汽油

缸内直喷技术的名称

SKYAC TIV-G 马自达引擎技术攻克了高压缩比发动机异常燃烧的课题，是一款实现了全球最高压缩比（14:1）的新一代高效能直喷式汽油发动机

SOHC （Single Overhead Camshaft）单顶置凸轮轴

SVC （Saab Variable Compression）发动机，萨博可变压缩比发动机

TBI （Throttle Body fuel Injection）节气门体燃油喷射

TCI （Turbocharger with Inter-cooler）涡轮增压中冷

TDC （Top Dead Center）上止点

TDI （Turbo Direct Injection）涡轮增压直喷

THS （Toyota Hybrid System）丰田混合动力系统。同时拥有“发动机”和“电动机”两大动力源的划时代技术，不需要外部充电

TPS （Throttle Position Sensor）节气门位置传感器

T-VIS （Toyota Variable Induction System）丰田可变进气系统

TWC （Three-Way Catalytic Convert）三元催化转化器

UAES 联合汽车电子有限公司（简称联合电子）是中联汽车电子有限公司和德国罗伯特·博世有限公司在中国的合资企业

VCM （Variable Cylinder Management）直译为可变气缸管理，本田公司研发的一种发动机可变排量技术的名称。它可通过关闭个别气缸的方法，使 3.5L V6 发动机在 3、4、6 缸之间变化，使得发动机排量也能在 1.75～3.5L 之间变化，从而大大节省燃油

VGIS （Variable Geometric Intake System）可变几何进气系统

VGT （Variable Geometry Turbocharger）可变几何截面涡轮增压器

VIN （Vehicle Identification Number）车辆识别代号

VOLVO 瑞典沃尔沃汽车公司

VTC （Variable Timing Control）可变正时控制

VTEC （Variable Valve Timing and Lift Electronic Control）可变气门正时及升程电子控制

VVL （Variable Valve Lift）可变气门升程

VVT （Variable Valve Timing）可变气门正时

VWFAW EDL （Volkswagen FAW Engine（Dalian）Co.,Ltd）大众一汽发动机（大连）有限公司

WD615 是 WD615 柴油机的简称（W 是水冷，D 是柴油机，6 代表 6 缸，15 代表单缸排量 1.5L）

WRC （World Rally Championship）世界拉力锦标赛。拉力赛一词取自英文“Rally（集结）”

ZEV （Zero-Emissions Vehicle）零排放车辆

参考文献

[1] 苏铁熊, 尉庆国, 李铁. 汽车发动机构造及原理[M]. 北京: 人民邮电出版社, 2015.
[2] 尉庆国, 董小瑞. 现代汽车营销实用技术[M]. 北京: 北京理工大学出版社, 2005.
[3] 尉庆国, 苏铁熊. 汽车营销[M]. 北京: 国防工业出版社, 2010.
[4] 尉庆国. 汽车营销技术 12 字[M]. 北京: 国防工业出版社, 2011.
[5] 陈家润. 汽车构造[M]. 5 版. 北京: 人民交通出版社, 2006.
[6] 蔡兴旺. 汽车构造与原理 (上册 发动机)[M]. 2 版. 北京: 机械工业出版社, 2010.
[7] 陈礼璠, 杜爱民. 汽车构造 (发动机分册)[M]. 北京: 人民交通出版社, 2010.
[8] 尉庆国, 苏铁熊, 董小瑞. 汽车发动机构造及原理[M]. 北京: 国防工业出版社, 2012.
[9] 陈因达. 上海桑塔纳 2000GSi 轿车结构图册[M]. 北京: 人民交通出版社, 2000.
[10] 尉庆国, 韩文艳, 苏铁熊. 汽车构造 (上)[M]. 长沙: 中南大学出版社, 2016.
[11] 苏铁熊, 尉庆国. 发动机构造课程教学改革实践[J]. 中北大学学报, 2006 (12).
[12] 尉庆国, 刘新华. 汽车节能探讨[J]. 交通节能与环保, 2006 (1).
[13] 司景萍, 高志鹰. 汽车电器及电子控制技术[M]. 北京: 北京大学出版社, 2012.
[14] 孙建民, 周庆辉, 等. 汽车电气及电子控制系统[M]. 北京: 机械工业出版社, 2016.
[15] 黄费智, 黄理经. 汽车发动机电控技术图解教程[M]. 北京: 机械工业出版社, 2013.
[16] 麻友良. 汽车电器与电子控制系统[M]. 2 版. 北京: 机械工业出版社, 2007.
[17] 孙仁云, 付百学. 汽车电器与电子技术[M]. 北京: 机械工业出版社, 2006.
[18] 关文达. 汽车构造[M]. 4 版. 北京: 机械工业出版社, 2016.
[19] 王建昕, 帅石金. 发动机原理[M]. 北京: 清华大学出版社, 2011.
[20] 许峰, 满长忠. 内燃机制造工艺教程[M]. 大连: 大连理工大学出版社, 2006.
[21] 张俊红, 赵昌普, 王玉春. 内燃机制造工艺学[M]. 天津: 天津大学出版社, 2009.
[22] 郑修本. 机械制造工艺 [M]. 北京: 机械工业出版社, 2017.
[23] 田晋跃. 现代汽车新技术概论[M]. 3 版. 北京: 北京大学出版社, 2018.
[24] 李兴虎. 混合动力汽车结构与原理[M]. 北京: 人民交通出版社, 2009.
[25] 崔胜民. 新能源汽车技术[M]. 2 版. 北京: 北京大学出版社, 2014.